中华人民共和国史论丛

★★★★★

中国工业化与中国当代史

ZHONGGUO GONGYEHUA
YU ZHONGGUO DANGDAISHI

朱佳木／著

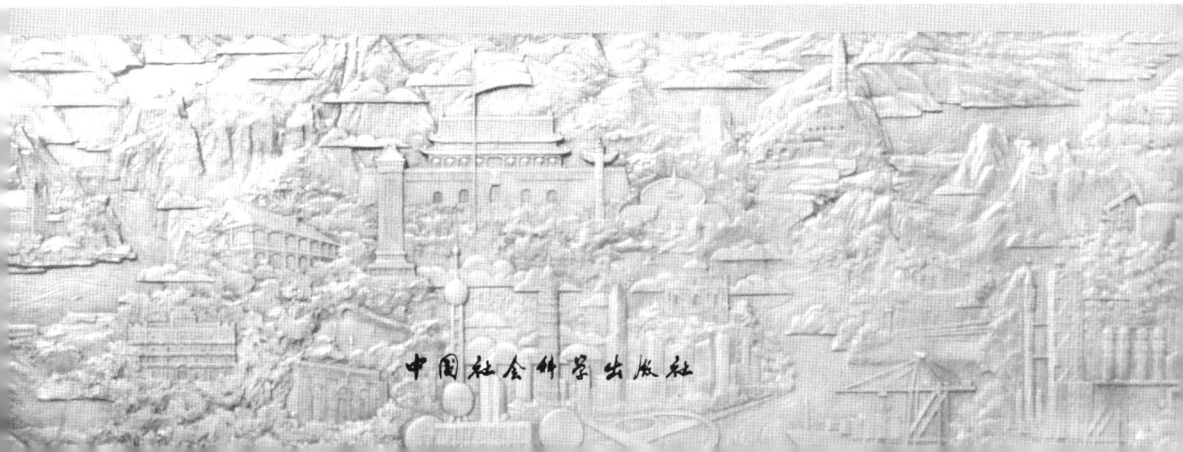

中国社会科学出版社

图书在版编目（CIP）数据

中国工业化与中国当代史／朱佳木著．—北京：中国社会科学
出版社，2009.10
　（中华人民共和国史论丛）
　ISBN 978 - 7 - 5004 - 8141 - 6

　Ⅰ．①中…　Ⅱ．①朱…　Ⅲ．①工业化—中国—文集②中国—
现代史—文集　Ⅳ．F42 - 53②K270.7 - 53

中国版本图书馆 CIP 数据核字（2009）第 162846 号

责任编辑　田　文
责任校对　修广平
封面设计　李尘工作室
技术编辑　王炳图

出版发行　中国社会科学出版社
社　　址　北京鼓楼西大街甲 158 号　　邮　编　100720
电　　话　010—84029450(邮购)
网　　址　http://www.csspw.cn
经　　销　新华书店
印　　刷　北京奥隆印刷厂　　　　　装　订　广增装订厂
版　　次　2009 年 10 月第 1 版　　　印　次　2009 年 10 月第 1 次印刷
开　　本　787×1092　1/16
印　　张　28　　　　　　　　　　　插　页　2
字　　数　430 千字
定　　价　56.00 元

《中华人民共和国史论丛》
编委会名单

（按姓氏笔画排列）

前　言

伴随中华人民共和国历史的不断发展，中华人民共和国史的研究越来越深入，产生了越来越多的学术成果。今年恰逢新中国成立60周年，为了庆祝中国人民的这个伟大节日，同时也是为了检阅国史研究的成绩，促进国史研究的进一步发展，我们从长期从事国史研究的学者中遴选了一批作者，将他们的自选文集汇编成这套《中华人民共和国史论丛》，承蒙中国社会科学出版社大力支持，予以出版。

本丛书以公开发表的论文为主，每本文集的书名由作者自拟，目录按照发表时间顺序或专题排列，书后附后记。全国政协副主席、中国社会科学院院长、中华人民共和国国史学会会长陈奎元同志于2009年在中华人民共和国国史学会第四届理事会上的讲话，对如何正确看待和研究新中国60年的历史，作了深刻的阐述。这篇讲话与本论丛的编辑宗旨完全一致，经征得本人同意，作为总序放在每本文集的卷首。

《中华人民共和国史论丛》编委会

2009年9月30日

★ ★ ★ ★ ★ 目录

▌加强国史研究的学科建设▐

■坚持和发展马克思主义的史学理论■

总　序

正确认识新中国 60 年，为推动
国史研究作出新贡献*

陈奎元

　　回眸新中国的 60 年，是光辉灿烂的 60 年，是令共产党人、全中国人民足以自豪的 60 年。以 60 年为着眼点，新中国取得的成就与中国历史上各个兴旺的时期比，与世界上资本主义各个大国开国以后的历程比，不仅是毫不逊色的，也是无与伦比的。在国际共运史上，18 年前，世界上第一个社会主义国家倒塌，苏联共产党在压力下自动解散、社会主义的经济政治制度和社会秩序土崩瓦解，国家解体，人民陷于困境，东欧的社会主义国家不战自溃，形成历史的倒退，这是国际社会主义事业惨痛曲折的一页。那时中国也面临严峻的考验，在党中央的有力领导下，安然渡过 1989 年的政治风波。中国共产党领导的社会主义中国站在时代的潮头，正像宋词中所描写的"弄潮儿向涛头立，手把红旗旗不湿"①，党中央坚如磐石，坚持了共产党人的理想和信念，坚持了独立自主的传统，走向改革和发展的新里程。到今天，回顾 60 年的风风雨雨，应当相信和肯定，毛泽东及其战友们领导中国人民奠定的中国社会主义江山根基是牢固的；以邓小平为核心的第二代中央领导集体和以江泽民为核心的第三代中央领导集体进行的改革开放和社会主义现代化建设是成功的；以胡锦涛为总书记的党

---

　　* 这是陈奎元同志 2009 年 8 月 26 日在中华人民共和国国史学会第四届理事会成立大会上讲话的节选。
　　① （宋）潘阆：《酒泉子·长忆观潮》，载《唐宋名家词选》，中华书局 1962 年版，第 52 页。弄潮儿，《全宋词》作弄涛儿。

中央全面贯彻落实科学发展观、妥善应对国际金融危机，成就是显著的。假如当年中国共产党的领导人降下自己的旗帜，在西方咄咄逼人的攻势面前卑躬屈膝，今天有谁会来研究所谓的"中国模式"，中国何以被人称作"金砖四国"之一？中国怎能令世人刮目相看？中国13亿人会面向什么样的未来？

如何对待中共的历史，如何对待中华人民共和国的历史，是最严肃的科学事业，关系社会主义事业和中国人民的命运。研究国史要求政治思想性强，要讲政治、讲正气，要秉持古来史学家优良的道德操守。有关国史的著述一字千金，决不允许凭个人好恶臧否革命领袖和其他先烈。"举之则使升天，按之则使入地"，轻薄为文、信口雌黄，不但是对先人的不敬，也是对中国人民的捉弄。国史研究工作者应当善于明察，并且作出令人信服的阐述。

经历60个春秋，革命战争的硝烟早已散去；改革开放初期的艰难选择也逐渐淡漠，有些人对国家取得的成就不知是从哪里来的，看到有些不尽如人意处，也不知根源何在，看不清中国未来的前途应当向什么方向发展，甚至发生某些误解，这并不奇怪。如果我们听信那些告别革命的呓语，这种种疑惑就会使人们疏远并最终脱离社会主义的正确轨道。一千六百多年前，中国历史上的南北朝、五胡十六国时期，后赵统治下的凉州地方首领张骏不忘故国，他在向东晋皇帝的上疏中说："先老消落，后生不识，慕恋之心，日远日忘。"① 这几句话用之于今天，足以发人深省。我们国史工作者应当弘扬前辈的志愿，启发人们对中国革命历史的了解和对社会主义的热爱，引导人们对社会主义、共产主义事业的信仰不要日远日忘而是日久弥新。

---

① 《资治通鉴》（卷95，晋纪17，成帝咸康元年）第7卷，中华书局1956年版，第3004页。

从中国工业化的视角
解读中国当代史

中国工业化与中国共产党[*]

中国工业化是中国自 1840 年以来面临的基本问题之一，也是与中国共产党关系极为密切的一个问题。恩格斯曾说过：新的学说必须首先从已有的思想材料出发，但"它的根子深深扎在经济的事实中"。① 他又说：唯物史观从下述的原则出发："一切社会变迁和政治变革的终极原因，不应当到人们的头脑中，到人们对永恒的真理和正义的日益增进的认识中去寻找，而应当到生产方式和交换方式的变更中去寻找；不应当到有关时代的哲学中去寻找，而应当到有关时代的经济中去寻找。"② 考察中国工业化与中国共产党之间的关系，便是这样一条寻找当代中国社会变迁和政治变革终极原因的有效途径，它不仅对于我们深刻认识中国共产党的先进性有着重要意义，而且对我们解读中华人民共和国史中的一些重大事件，也很有益处。

一 中国工业化是中国共产党始终不渝的奋斗目标

江泽民同志在提出"三个代表"思想时指出："我们党所以赢得人民的拥护，是因为我们党在革命、建设、改革的各个历史时期，总是代表着中国先进生产力的发展要求。"③ 什么是先进生产力？自中国进入近代社会以来，先进生产力一直是用机器生产特别是以机器制造业为主的工业化生产。直到今天，尽管更加先进的生产力如信息工程、生物工

---

* 这是 2002 年 6 月在当代中国研究所国史讲座上的报告。

① 《马克思恩格斯选集》第 3 卷，人民出版社 1995 年版，第 355 页。

② 同上书，第 741 页。

③ 江泽民：《论"三个代表"》，中央文献出版社 2001 年版，第 2 页。

程已经出现，但工业化生产相对于还大量存在的手工生产、半机械化生产来说，仍然是先进的生产力。换句话说，在中国，要代表先进生产力的发展要求，就要代表工业化的发展要求。只要我们客观地而不是戴着有色眼镜或先入为主地回顾中国共产党的历史，就不难看出，不是别的什么政党，正是中国共产党，从建立之日起一直到今天，始终代表了这一要求。

当中国还没有自己工业的时候，爱国的中国人曾提出"师夷长技以制夷"。于是买外国大炮军舰，建兵工厂、船政局。后来，有识之士又提出"先富后强"，"寓强于富"。于是又办铁厂，开矿山，修铁路，建纺织企业，政府中的洋务派搞了官办的不算，一些官僚、地主、商人还直接投资，搞起了商办的。这些人随着近代工业在中国的产生，逐渐演变成为资产阶级，于是出现了代表这个阶级的政治主张，即不仅要学习西方的"船坚炮利"，而且要学习西方的政治制度。但是，随着近代工业的产生而产生的工人阶级及其代表人物认为，靠办实业，靠君主立宪，靠建立资产阶级共和国，总之，靠资本主义的办法，都不能解决中国的问题。他们主张，要使中国实现工业化，只有走社会主义道路。就是说，中国共产党虽然是工人阶级政党，是作为资产阶级、资本主义对立面而存在的，但它要替资产阶级完成本来应当由他们完成的中国工业化任务。它的奋斗目标无疑是社会主义和共产主义，但在这个奋斗目标里，同时就包含着实现工业化。两个目标互为前提，相辅相成。

中国共产党在1921年成立时制定的党纲中曾提出，要"消灭资本家阶级，没收和征用机器、土地、厂房和半成品等生产工具"。这只不过是要亮明自己作为共产党的基本观点，即消灭私有制，变生产资料的资本家所有制为工人阶级所有制。因为在中国共产党人看来，只有生产资料与生产者相结合，中国才能实现工业化。党的创始人之一的李大钊在党成立的前一年就著文指出："中国以农业立国。……中国的农业经济挡不住国外的工业经济的压迫，中国的家庭产业挡不住国外的工厂产业的压迫，中国的手工业挡不住国外的机械产业的压迫。……我们应该研究如何使世界的生产手段和生产机关同中国劳工发生关系。"[①] 他在

---

① 《李大钊文集》第3卷，人民出版社1999年版，第141—146页。

1921 年初发表的《中国社会主义与世界的资本主义》中又指出："要问中国今日是否已具有实行社会主义的经济条件，须先问世界今日是否已具有实现社会主义的倾向的经济条件……现在世界的经济组织，既已经资本主义以至社会主义，中国虽未经自行如欧、美、日本等国的资本主义的发展实行，而一般平民间接受资本主义经济组织的压迫，较各国接受资本主义压迫的劳动阶级尤其苦痛。今日在中国想发展实业，非由纯粹生产者组织政府，以铲除国内的掠夺阶级，抵抗此世界的资本主义，依社会主义的组织经营实业不可。"① 可见，中国共产党关于通过社会主义的办法把中国由农业国变为工业国的观点，从一开始就是明确的。

当然，由于中国共产党那时还处于幼年时期，对马克思主义理论的理解还不够深刻全面，将马克思主义与中国实际情况结合得也很不够，还没有能够把帝国主义、官僚买办资产阶级与民族工商业加以区别。不过，随着斗争的发展，党对中国特殊国情的分析越来越深入，对革命要保护、培育民族工商业的认识也变得越来越清楚。例如，党在二大时即指出：帝国主义争相扶助中国的封建军阀，"使中国方兴的资产阶级的发达遭着非常的阻碍"；使"资产阶级工商业受了阻损，不能发达"。②"在中国的政治经济现状之下，在中国的无产阶级现状之下，我们认定民主的革命固然是资产阶级的利益，而于无产阶级也是有利益的。因此，我们共产党应该出来联合全国革新党派，组织民主的联合阵线，以扫清封建军阀推翻帝国主义的压迫。"③ 这说明，党从成立的第二年起，就已经有了革命分两步走的初步思想，有了为使中国实现工业化的大体步骤。

以后，中国共产党关于要先进行民主革命、然后再进行社会主义革命的思想不断深化。在抗日战争时期，毛泽东深入分析了近代中国半殖民地半封建社会的基本国情，认真总结了中国共产党领导革命的经验教训，系统阐述了中国革命的对象、任务、动力、性质和前途，完整提出了新民主主义的理论和它的三大经济纲领。在党的七大上，毛泽东又进一步提出了"使中国由农业国变为工业国"的具体纲领，指出："中国

---

① 《李大钊文集》第 3 卷，人民出版社 1999 年版，第 85 页。
② 《中共中央文件选集》第 1 卷，中共中央党校出版社 1989 年版，第 62 页。
③ 同上书，第 65—66 页。

工人阶级的任务，不但是为着建立新民主主义的国家而斗争，而且是为着中国的工业化和农业近代化而斗争。"①他还批评了那种"要直接由封建经济发展到社会主义经济，中间不经过发展资本主义的阶段"的思想，说这是一种"民粹派的思想"。②

在解放战争期间，随着夺取全国政权的临近，中国共产党关于保护和扶助民族工商业发展的思想逐渐变成为具体的政策。毛泽东在1947年12月会议上指出："由于中国经济的落后性，广大的上层小资产阶级和中等资产阶级所代表的资本主义经济，即使革命在全国胜利以后，在一个长时期内，还是必须允许它们存在。"③ 在中共七届二中全会上，毛泽东又指出："中国的私人资本主义工业，占了现代性工业中的第二位……在革命胜利以后一个相当长的时期内，还需要尽可能地利用城乡私人资本主义的积极性，以利于国民经济的向前发展。"④这期间，其他领导人也发表了类似的主张。

中华人民共和国成立后，废除了帝国主义在中国的种种特权，没收了官僚买办资产阶级的财产和地主阶级的土地，从而扫清了中国工业化前进道路上的最大阻碍。对于私人资本主义工商业，中国共产党在新中国成立初期也曾表示要让它们发展"一个相当长的时期"，比如说15年，二三十年，至少10年，多则15年或20年，等等，然后再逐步消灭。可是，到了1953年便提出过渡时期总路线，要求在10年到15年的时间基本上完成向社会主义的过渡。现在回过头看，这个要求有些太急了，在实际操作上更急，结果不到4年时间就完成了这个过渡。但这并非意味着党放弃了工业化的目标，相反，倒是出于加快工业化步伐的考虑。

所谓过渡时期总路线，就是"要在一个相当长的时期内，逐步实现国家的社会主义工业化，并逐步实现国家对农业、对手工业和对资本主义工商业的社会主义改造"。中共中央在解释这一路线时曾明确指出，"一化"是主体，"三改"是两翼。中宣部起草的《关于党在过渡

---

① 《毛泽东选集》第3卷，人民出版社1991年版，第1081页。
② 《毛泽东文集》第3卷，人民出版社1996年版，第323页。
③ 《毛泽东选集》第4卷，人民出版社1991年版，第1254—1255页。
④ 同上书，第1431页。

时期总路线的学习和宣传提纲》上所列举的违反总路线的错误思想也是："认为我国可以不要工业化、可以不忙工业化、可以降低工业化速度、可以不以发展重工业为中心，认为工业化对农民和一般人民不利，认为有了苏联援助，我国的工业化就不重要等等。"① 从这些表述中可以清楚地看出，过渡时期总路线之所以提出"三改"，完全是为着加快实现工业化。

从实际上看，"三改"也都是为了适应工业化加速发展的需要。

首先，"三改"是为了适应优先发展重工业的需要。

私人资本主义经济同工人阶级之间有着天然的矛盾，而共产党是工人阶级政党，在劳资双方发生纠纷时，当然要为工人说话。因此，在中国共产党执政以后，对私营工商业限制反限制的斗争是不可避免的。但这还不是促使提前向社会主义过渡的根本原因，如果仅仅是因为这一条，完全可以按照原来的设想再等待一个时期。根本原因在于，在中国这种落后的大国，要实现工业化，需要采取优先发展重工业的战略，而这必然导致国家与私营工商业之间矛盾的尖锐化。因为，重工业投资大，但资金回收周期长。见效快的是轻工业，但轻工业大多掌握在私营企业手里。为了使财政多收，为工业化积累资金，国家需要加大向轻工业投资的力度，但又不可能把钱投给私营企业。要新建国营的轻工业企业，国家一时又拿不出那么多钱。另外，优先发展重工业，资金和物资的需求量都比较大，为了集中有限的财力物力，在资源配置和经济运行的方式上，当时只能选择计划体制。实行计划经济，除了国营工业要按计划生产，私营工业也要按计划生产，否则衔接不上。但要对私营工商业进行全行业的生产安排，必然要对企业进行必要的合并、改组、淘汰。在生产资料所有权为私人占有的情况下，做到这一条是不可能的。所有这些都决定了，新中国成立之初对私营工商业采取的加工订货、统购包销等限制措施已不再适应，必须将它们改造成公私合营的企业。改造从1954年开始，到1956年基本完成。就在这一年，为工业化奠定初步基础的"一五"计划也大部分完成。这说明，对私营工商业的改造不仅适应而且促进了大规模的工业化建设。

---

① 《建国以来重要文献选编》第4册，中央文献出版社1993年版，第712页。

其次，"三改"是为了解决农业拖工业化后腿的问题。

对农业进行社会主义改造，其中一个考虑，无疑是为避免两极分化。中国人多地少，灾害频繁，加之当时农业经营方法落后，广大贫雇农生产工具和资金不足，长期维持个体经营难免会在一极形成富农经济，另一极出现逃荒破产。共产党早在解放区就搞互助组，目的就是为了帮助贫苦农民抵御天灾人祸。但急于对农业进行社会主义改造的根本原因也不在这里，而在于要通过合作化使农业尽快适应工业化发展的需要。毛泽东在《中国农村的社会主义高潮》一书按语中就指出，农业社会主义改造的关键在于"保证增产"，以"和国家工业化的进度相适应"。[①] 因为增加农业产量，从生产关系上看有三种办法：一是走西方农业资本主义化的路，搞家庭农场；二是学苏联办集体农庄；三是推广我们自己办的农业合作社。在这三种办法中，前两种都不符合中国国情。从技术角度看，增加农业产量也有三种办法：一是开荒，二是修水利，三是合作化。三者比较，在当时切实可行、见效最快的也是合作化。那几年的粮食产量也证明，合作化后的增产幅度确实大。新中国刚成立时，粮食年产量是 2200 多亿斤，到 1952 年上升到 3200 亿斤，1957 年接近 4000 亿斤，合作化使产量在 5 年里增加近 1000 亿斤，平均每年增产近 200 亿斤。

所以，提出过渡时期总路线，提前向社会主义过渡，目的在于加快工业化，条件也基本具备，效果总体也是好的。问题是要求过急，而且把不同意见当成政治问题，比如"批小脚女人"，批右倾保守等等。这些不仅在当时不对，而且也容易使后人产生一种错觉，以为"一化三改"是从政治斗争出发的。

在提出过渡时期总路线前后，中国共产党开始制定以工业化为主要任务的发展国民经济五年计划。从那时到现在，中国共产党提出并通过政府组织实施了十个五年计划，在中国历史上真正开始了大规模的连续不断的严格意义上的工业化建设。特别是改革开放以来，中国共产党抓住经济建设这个中心任务不放，为工业化在中国的快速推进作出了举世惊叹的巨大贡献。这一切，都是中国共产党在民主革命时期为扫清中国

① 《毛泽东选集》第 5 卷，人民出版社 1977 年版，第 235 页。

工业化前进障碍的种种努力、种种牺牲的必然的合乎逻辑的继续。

　　当然，在这个过程中，中国共产党也犯有错误，有的错误甚至很严重，耽误了工业化建设的时间。例如，发动"大跃进"、人民公社化运动，发动"文化大革命"运动等等。但我们只要深入分析一下就不难看出，造成这些错误的原因也不是由于中国共产党放弃了工业化的奋斗目标，不能因为这些就说中国共产党在那段时间里不再代表先进生产力的发展要求。

　　先说"大跃进"和人民公社化运动。

　　"大跃进"和人民公社化运动加上党的社会主义建设总路线，在当时被说成是三面红旗，现在则被说成是"左"倾错误。"左"在今天人们的理解中，往往与阶级斗争扩大化、与急于改变生产关系相联系，因此也容易使人误以为这三件事是从政治斗争需要出发的，与进行工业化建设无关，甚至是要跳过工业化阶段。其实，说它们"左"，主要是说在对待工业化建设的要求上急于求成，夸大主观意志和主观努力的作用；在实际工作中搞高指标、瞎指挥，刮浮夸风和"共产风"。另外，也确实出现了"跑步进入共产主义"、"在吃穿住上实行共产主义"、"在'三五'计划时向共产主义过渡"等等急于改变生产关系的提法。但这些只是这三件事的表现和结果，而不是它们的根源。

　　它们的根源是什么呢？要弄清这一点，不妨先看一下产生这三件事的几个背景。第一，1955年下半年，农业合作化出现了高潮，进行得比较顺利，由此产生了一种看法，认为农村生产关系已经变了，为农业生产力开辟了道路，工业化可以以更快的速度向前发展了。毛泽东在《中国农村的社会主义高潮》一书序言中，就表达了这样一种看法。第二，1956年苏共召开二十大，全盘否定斯大林。中国共产党对此虽然不赞成，但认为它揭开斯大林这个盖子还是有重要意义的，并由此开始提出破除迷信，解放思想，不要照搬苏联经验，要探索自己的建设道路等等。特别是由于"一五"建设进行得比较顺利，更助长了一种情绪，就是认为我们可以打破常规，打破平衡，用比苏联更高的速度进行工业化建设。第三，1956年初，经济建设中出现了急躁冒进的倾向，1956年下半年到1957年上半年，在周恩来、陈云主持下，开展了"反冒进"的工作，强调"绝不要提出提早完成工业化的口号"，各部门订计划要实事求是。对此，毛泽东很不满意，提出要反"反冒进"，主张用"跃进"代替"冒进"，说：我们这样大的国家，老是稳、慢就会出大祸，快一点就会好些。还说：要改变一穷二白的面貌，加速经济建设，需要群众的干劲，气可鼓而不可泄。第四，1957年，右派的言论中有一条，说1956年是"全面冒进"的一年，因此，反右斗争也联系到建设速度问题。第五，自朝鲜停战后，国际出现和平时期。毛泽东希望利用这段"休战"时间，加速建设，提早完成工业化。从以上分析不难看出，产生总路线、"大跃进"和人民公社的几个背景，都与加快工业化建设的速度有关。

下面，再分析一下这三件事本身。

第一，总路线的内容是"鼓足干劲，力争上游，多快好省地建设社会主义"。把它作为路线确定下来，是在1958年党的八大二次会议。会上，刘少奇在工作报告中对它进行了系统论述，概括了它的几个基本点，其中主要有："在重工业优先发展的条件下，工业和农业同时并举；在集中领导、全面规划、分工协作的条件下，中央工业和地方工业同时并举，大型企业和中小型企业同时并举；通过这些，尽快把我国建成一个具有现代工业、现代农业和现代科学文化的伟大的社会主义国家。"①

第二，向全党全国人民正式发出"大跃进"号召的，是1957年10月27日《人民日报》的社论《建设社会主义农村的伟大纲领》。社论要求，农业和农村各方面工作要"实现一个巨大的跃进"。这说明，"大跃进"运动不是要在生产关系上跃进，而是指生产力上的跃进，首先是指农业的跃进。农业跃进，源于《农业发展纲要》。"纲要"提出，1967年农业产量要达到粮食1万亿斤、棉花1亿担，这已经是不切实际的指标。因为，1952年粮产3200亿斤，1967年如果达到6000亿斤，也要年增4.1%，这和各国比都是最高的；如果达到1万亿斤，则要年增6%—7%，根本做不到。但"大跃进"一来，头脑更发热。1958年秋天农业协作会议在各地虚报的基础上提出，1959年保证粮产1.5万亿斤，力争2万亿斤。由于对1958年粮棉产量作出盲目乐观的估计，

---

① 《建国以来重要文献选编》第11册，中央文献出版社1995年版，第303—304页。

以为农业问题解决了，又把"大跃进"引申到工业，特别是冶金工业上，提出全民大炼钢铁。

现在，我们都认识到"大跃进"是错误的。但不能否认的是，它的出发点是要以尽可能短的时间使国家实现工业化。而且，搞群众运动也确有降低成本的考虑。陈云在中共八大二次会议上发言中就说："二五"时期用调动一切积极因素的群众路线来进行建设，是我们党的一个伟大创造，这样，国家可以少出资金。比如，农民在"二五"时期义务进行水利工程建设、开荒、改造耕地、造林等等，用工资计算，劳动折价约在 500 亿元左右，这是一笔很大的投资。[①] 陈云这段话固然有受到反"反冒进"的批评后需要对总路线表态的意思，但也反映了他的真实看法。他是管财经工作的，能用较少的投资形成较大的固定资产，何乐而不为呢？

第三，毛泽东说过，人民公社的特点是"一大二公"。今天看，它的问题也出在这里。大，政社合一，以社代政，埋藏了命令主义的隐患；公，一平二调，实际上是刮"共产风"，是在生产力水平比较低的情况下，试图向社会主义的高级阶段过渡，即我们后来所说的"穷过渡"。其中比较有代表性的一个东西是公共食堂，也就是人们常说的"吃饭不要钱"。但这件事的起因也不是为着改变生产关系，而是为着发展农村生产力，包括发展村办工业。

毛泽东早在 1955 年就指出：现在办的合作社以二三十户的小社为多，"但是小社人少地少资金少，不能进行大规模的经营，不能使用机器。这种小社仍然束缚生产力发展，不能停留太久，应当逐步合并。有些地方可以一乡为一个社，少数地方可以几乡为一个社"。[②] 1956 年冬季，为了提高农业生产力，农村掀起了大规模农田水利建设的高潮，由此带来两个问题：一是修建长达几公里、几十公里、上百公里的灌溉渠道，需要在大面积土地上统一规划，需要投入大批劳力和资金，这不仅涉及合作社之间的利益，也涉及村与村、乡与乡、区与区、县与县的经济关系，如果核算单位过小很难办成这样的大事；如果完全按商品经济

---

① 《陈云年谱（1905—1995）》中卷，中央文献出版社 2000 年版，第 418 页。
② 《毛泽东选集》第 5 卷，人民出版社 1977 年版，第 257 页。

原则，按投入多少受益，在当时条件下也不可能。因此，人们自然会想到把相互协作的合作社合并成大社。二是大搞农田基本建设，加上"大跃进"后地方工业遍地开花，造成农村劳力紧张，那时建水库、水渠，基本没有推土机、挖掘机，主要靠人海战术，男劳力不够，妇女也要上阵，一些地方为了尽可能腾出女劳力，让她们参加工农业生产，也很自然地会想到办简易公共食堂和托儿所。

从以上过程可以看出，办人民公社和办大食堂，无论是领导人最初的考虑，还是基层最初的动因，都是为了扩大农业的经营规模，尽可能多地解放农村劳动力，以适应工业化建设的需要。问题在于，后来由于种种原因，在宣传上过分突出它在生产关系变革上的意义，给它附加了很多意识形态上的内容，而且"层层加码"，"喧宾夺主"，使人们反倒忘记了它的初衷。

对于掀起人民公社化运动在毛泽东个人思想上的原因，薄一波在《若干重大决策与事件的回顾》中有个分析，他讲了四条：一是照搬马克思关于资产阶级法权的概念并扩大这些概念的运用范围；二是不适当地沿用革命战争时期的经验，如供给制和无偿调拨；三是青少年时代受过的某些政治思想的影响，包括空想社会主义和康有为的大同书；四是中国文化遗产中某些特殊材料的影响，如东汉末年张陵的五斗米教等等。他没有提到民粹主义的影响，因为这件事确实与民粹主义无关。

为了说明人民公社化运动并非民粹主义作怪，还可举一个事例说明。1958年11月，在公社化运动高潮中，中央制定了一个《十五年社会主义建设纲要四十条（1958—1972年）》，并经毛泽东修改。其中写道："我国人民面前的任务是：经过人民公社这种社会组织形式，高速度地发展社会生产力，促进全国工业化、公社工业化、农业工厂化，逐步地使社会主义的集体所有制过渡到社会主义的全民所有制，逐步地使不完全的社会主义全民所有制过渡到完全的社会主义全民所有制，建成社会主义；同时，在社会主义建设的过程中，共产主义的因素必将逐步增长，这就将在物质条件方面和精神条件方面为社会主义过渡到共产主义奠定基础。"[①]毛泽东在同年同月，在他修改过的《郑州会议关于人

---

① 《建国以来毛泽东文稿》第7卷，中央文献出版社1992年版，第504页。

民公社若干问题的决议》中，也明确指出："要使人民公社具有雄厚的生产资料，就必须实现公社工业化，农业工厂化（即机械化和电气化）。"①可见，毛泽东虽有急于过渡的思想，但并不是要跳过工业化来过渡，而是要通过加速工业化来过渡，这与民粹主义是有本质区别的。

再说"文化大革命"运动。

在"文化大革命"期间，中国共产党根据毛泽东关于无产阶级专政下继续革命的理论，实行"以阶级斗争为纲"的方针，把党的工作重点放在了反修防修上。这既不符合马克思主义，也不符合中国实际，造成了长达十年之久的社会动乱，严重妨碍了工业化建设的进行。但尽管如此，在这十年里中国共产党仍然没有放弃工业化的目标。

首先，毛泽东在"文化大革命"中，确实把主要精力用在了抓阶级斗争上，但他的指导思想是要通过抓阶级斗争来促进国民经济的发展。为了抓阶级斗争，他可以不惜牺牲正常的生产秩序，但他的目的并非是要使国家永远乱下去。有一些著名的"最高指示"，例如："抓革命，促生产"；"天下大乱达到天下大治"；"要安定团结"；"把国民经济搞上去"，等等，很可以说明他这方面的思想。

另外，正是毛泽东同意周恩来总理在四届全国人大政府报告中重申三届全国人大时提出的设想，即第一步，在 1980 年前建成一个独立的比较完整的工业体系和国民经济体系；第二步，在本世纪内（2000 年前）全面实现农业、工业、国防和科技的现代化，使我国国民经济走在世界前列。如果说他放弃了工业化的目标，这如何解释呢？他还批准了国务院两次关于从国外引进先进设备的报告，如果说他放弃了工业化的目标，这又如何解释呢？

其次，以周恩来和邓小平为代表的党内健康力量竭力排除"文化大革命"干扰，一有机会就把主要精力放在抓生产上。"文化大革命"初，周恩来反对停产闹革命的做法，提出党委、革委会、军管会两套班子，一套负责运动，另一套负责生产。他还在国务院设立业务组，把没被打倒或"解放"出来的老干部，如李先念、李富春、余秋里、王震、陈云等放进去，让他们继续组织全国的工农业生产。林彪事件后，他又

---

① 《建国以来毛泽东文稿》第 7 卷，中央文献出版社 1992 年版，第 515 页。

主持批极"左"思潮，指示国家计委提出"政治挂帅要挂到业务上、生产上"；指示周培源发表文章，说明加强基础理论学习和研究的重要性；并召开科学工作会议，提出要加强科研，努力赶上世界先进水平的要求。

1975年，邓小平接替病重的周恩来，主持党中央、国务院日常工作。他明确提出要以毛主席关于"以安定团结为好"、"把国民经济搞上去"等三项指示为纲，狠抓工业交通、科学教育等各方面的整顿，并主持起草了《关于加快工业发展的若干问题》（即二十条）。其中指出："没有社会生产力的强大发展，社会主义制度是不能充分巩固的，决不能把革命统帅下搞好生产当作'唯生产力'和'业务挂帅'来批判。"由他提议成立的国务院政研室，还写了一篇《论全党全国各项工作的总纲》，说明束缚还是解放生产力，是区别真假马克思主义的最终标准。他还主张多出口一些石油、工艺美术品，以便"换点高精尖的技术和设备，加速工业技术改造"。周恩来、邓小平当时都是主持中央日常工作的领导人，如果说中国共产党在"文化大革命"中放弃了工业化的目标，从这方面看也是说不通的。

再次，从实际结果看，中国工业化建设在"文化大革命"十年里，尽管遇到了干扰，但并没有停滞，而是在继续发展。例如，大家熟悉的成就有：九条铁路，即成昆、湘黔、襄渝、贵昆、太焦、京原、阳安、通坨线等；一座大桥，即南京长江大桥；五个油田，其中大庆油田的后备油田喇嘛甸油田于1973年开发，1975年投产，使大庆油田1976年的产量达到5000万吨，胜利油田、大港油田和新疆、吉林等地的油田在"文化大革命"期间加强了开发，产量从1966年的276万吨增至1978年的2800万吨；[①]一颗卫星，1970年发射，至1975年共发射15颗；一颗氢弹，1966年12月试验成功；一枚导弹，即1971年试射成功的远程地地导弹。

"文化大革命"期间，南有美国侵越战争，北有苏联陈兵百万，东有蒋介石叫嚣反攻大陆。中央判断帝、修、反有联合进攻大陆的可能，作出了全面备战和进行三线建设的决策。这一决策有对形势估计过于严

---

① 《当代中国的石油工业》，中国社会科学出版社1988年版，第51—52页。

重的一面，三线建设也存在不讲效益、浪费人力物力财力的弊病，但它对于改变我国中西部地区特别是西南地区工业落后的局面，的确起了非常重要的作用。

大中小同时并举是毛泽东提出的工业化主张，"大跃进"时"小土群"纷纷上马，调整时期大多下马，而在三线建设中，由于中央强调大、中、小三线同时建，中、小工业又有了转机。1970年全国计划会议提出各省区市都要建自己的小煤矿、小钢厂、小有色、小化肥、小电站、小水泥、小机械，作为支农工业体系，结果县、乡、镇工业得到了大发展。当时，国家在财政上大力扶持五小工业（小钢铁、小机械、小化肥、小煤炭、小水泥），不仅减免它们的税收，而且安排了80亿元专项资金，对亏损企业进行补贴。1970—1972年，五小工业每年新办企业1万户以上，仅县办工业就新增职工400万人，占全国新增职工总数的40%。

所以，说"文化大革命"期间中国共产党不再为实现工业化而奋斗是不符合实际的。实际情况是，在"文化大革命"中，工业化建设在两方面受到了干扰：一方面要求生产为"文化大革命"让路，有经验的老干部、科技人员受到排斥，群众组织打"派仗"，走了许多弯路，耽误了不少时间，如果不是这样，我们本来可以取得更多更大的成就；另一方面在生产上不讲经济规律，片面追求高指标、高速度，提出"坚持以阶级斗争为纲，狠抓战备，促进国民经济新的飞跃"，造成农轻重、积累与消费等重大比例关系严重失调。重工业产值占到国民生产总值的40%，积累率高达34%，人民生活水平持续10年没多少提高。1976年爆发"天安门事件"，不仅干部和知识分子参加，工人和市民也参加，与此有着重要关系。

二　中国工业化建设中的一系列重大问题
　　是中国共产党解决的

中国的工业化进程是19世纪六七十年代才开始的，但在此后的近100年时间里，中国没有任何一个政党像中国共产党那样认真思考过中国工业化本身的问题。这些问题只是在1949年中国共产党接管了全国政权以后，才逐步得以解决。这些问题主要有以下一些：

1. 工业化的道路问题

近代中国历史证明，走资本主义的道路，也就是以私有制为基础，在中国无法实现工业化。那么，中国的工业化究竟走什么道路才是可能的和现实的呢？对此，中国共产党人早在执政之前就提出，先搞一段新民主主义，然后再搞社会主义。所谓新民主主义的工业化道路，就是《中国人民政治协商会议共同纲领》中所说的："中华人民共和国必须取消帝国主义国家在中国的一切特权，没收官僚资本归人民的国家所有，有步骤地将封建半封建的土地所有制变为农民的土地所有制，保护国家的公共财产和合作社的财产，保护工人、农民、小资产阶级和民族资产阶级的经济利益及其私有财产，发展新民主主义的人民经济，稳步地变农业国为工业国。"①新中国成立后，这条道路实行了很短时间便过渡到了社会主义道路。而当时对社会主义道路的理解，主要是仿照苏联的模式，不允许有私有制存在。对这样一种模式，中国共产党在一开始也产生过怀疑，例如曾提出要以个体经济为补充，允许开私营大厂，在贫困地区搞分田到户等等，只不过由于种种原因而未能实行罢了。以后，由于实践证明这条道路确实不完全适合中国国情，中国共产党又在原有基础上作了进一步调整，提出了一条有中国特色的社会主义道路。按照这条道路，中国所有制结构是以国有经济为主导，以公有制经济为主体，各种所有制经济共同发展。就是说，尽管允许有私有经济存在，但公有制经济仍是国家经济制度的基础。这一点既不同于新中国成立初期所实行的新民主主义，也不同于改革开放前所实行的社会主义。二十多年的实践证明，这条道路更合乎中国的实际情况。

2. 工业化的战略问题

早期资本主义国家的工业化通常是从发展轻工业开始的，待资金积累到一定程度才转向发展重工业。但是，苏联为了在尽可能短的时间里赶上经济发达的资本主义国家，加强国防力量以抵御帝国主义的军事威胁和侵略，选择了通过优先发展重工业来快速实现工业化的战略。中国共产党执政后，一方面学习苏联的经验，在工业化上也采取了优先发展

重工业的战略，用重工业推动整个工业经济的快速发展，用重工业产品装备轻工业和农业，用重工业作为基础构筑完整的国民经济体系；另一方面，吸取苏联片面和过分强调优先发展重工业的教训，提出在优先发展重工业的前提下，农业、轻工业、重工业同时并举和以农业为基础、以工业为主导的战略（对于这一战略一度实施得不够坚决）。20 世纪70 年代以来，世界出现以信息化为代表的科技革命和提高第三产业比重的后工业化进程。中国共产党抓住这一趋势，结合本国的实际情况，又陆续提出以信息化带动工业化、以工业化促进信息化、大力发展以现代服务业为重点的第三产业的战略。此外，中国共产党在工业化的过程中，还先后提出过以自力更生为主、争取外援为辅，以大企业为中心、大中小企业相结合，兼顾国家、集体、个人三者利益，让一部分人一部分地区先富、先富带动后富、最终实现共同富裕，三步走战略，科教兴国，利用两个市场、两种资源，重点发展基础产业和实施可持续发展等战略。这些战略也被实践证明是符合中国实际情况的。

3. 工业化的资源配置方式问题

工业化是伴随资本主义市场经济而产生和发展的。资本主义市场经济受剩余价值规律的支配，哪里剩余价值大，资金、人力、物资等资源就流向哪里。这种资源配置的方式一方面促进生产和革新；另一方面也存在巨大的盲目性，造成资源的大量浪费。苏联在 20 世纪的二三十年代，为了充分利用有限的资源，迅速摆脱落后面貌，加紧进行反侵略战争的物质准备，运用马克思关于未来共产主义社会的经济将是有计划按比例发展的思想，建立了高度集中的计划经济体制。这一资源配置的方式一方面使苏联在短短十几年时间里，由一个落后的农业国变成一个强大的工业国，保证了反法西斯战争的最后胜利；另一方面也暴露了它管得过多，统得过死，反应不灵活，不能满足社会多方面需要，不利于调动地方、企业和个人积极性等弊端。针对这一经验教训，中国共产党在实行了一段计划经济体制之后，即提出要在计划经济中发挥市场调节的作用；以后又进一步认识到，计划多一点还是市场多一点，并不是区分社会主义和资本主义的标准，只是不同的资源配置方式，决定建立社会主义市场经济体制。实践证明，当完整的工业体系基本建立起来，经济规模越来越大，特别是当国际形势趋向缓和后，应当根据实际情况的变化调整过去的资源配置方式。

4. 工业化的资金与人才来源问题

工业化需要大量资金投入和大批懂技术懂管理的人才，以及大量能出卖自己劳动力的工人。早期资本主义国家在工业化之前，除了人才是靠本国教育培养以外，资金和劳动力一般都靠对外发动侵略战争、开拓殖民地和海外市场、掠夺财宝和奴隶，以及迫使本国农民破产等办法，进行原始积累。而中国共产党要搞工业化，除了劳动力不成问题以外，资金、人才都严重不足。

先说资金问题。据有人统计，1840—1949年，帝国主义强迫中国政府签订了110个不平等条约，其中仅由清政府承认的战争赔款就达7.23亿两白银，加上分期付款利息和为赔款而借贷的利息，实际为16亿多两白银，相当于清政府1901年收入的13倍多。加上由于丧失海关权而造成的关税损失、由于财政金融被外国银行垄断而被掠走的财富、由于不平等贸易而遭受的经济损失，旧中国总共流失白银约2600亿两。[①] 再加上帝国主义侵华战争给中国造成的经济损失，相当于损失上万亿美元。另外，国民党撤退台湾前，又掠走黄金、银元、外币共约5亿多美元。[②] 蒋、宋、孔、陈四大家族聚敛的私有财产虽有100亿—200亿美元，但其中大部分都存在或投资于美国、西欧、南美洲。[③] 因此，当中国共产党接管全国政权时，家底十分薄弱，只有官僚资本拿不走的约值80亿元的固定资产，加上民族资本家的资产，也不过100多亿元的工业固定资产。然而，第一个五年计划，仅用于基本建设的投资就需要427.4亿元，相当于170亿美元（当时1美元合2.5元人民币），远远超过了当年苏联和印度"一五"计划的投资额。

在这种情况下，中国共产党为了适应快速工业化的需要，只得从当时国内国际的环境出发，采取一些较快积累资金的对策。例如，开展增产节约运动；对粮食、棉花、油料等主要农产品采取统购统销，以适当维持工农业产品的剪刀差；实行低工资多就业政策，3个人的饭5个人吃，既让大多数人不挨饿，也尽可能减少人工费；发行经济建设公债，

---

① 见《帝国主义对华经济侵略史况》，经济日报出版社1991年版。
② 《中华人民共和国经济史》第1卷，中国财政经济出版社2001年版，第70页。
③ 胡绳：《马克思主义与改革开放》，中国社会科学出版社2000年版，第30页。

从 1954—1958 年共发行 35 亿元（1965 年全部偿清）；争取苏联和民主国家的援助，其中苏联为支援我国"一五"建设，先后借款 2 次，共 17 亿卢布，合 4 亿多美元，年息 1%—2%；通过香港向西方出口物资换汇和吸引侨汇，等等。

改革开放以后，国内国际环境发生了巨大变化，资金来源和数量都与过去不可同日而语。仅 2001 年，财政收入 1.6 万亿元，是"一五"时期总和的 10 倍多；年末城乡居民储蓄存款余额 7.4 万亿元，是 1957 年的 2000 倍；出口创汇 2660 亿美元，是"一五"时期总和的近 40 倍；外汇储备 2100 亿美元，是 1957 年的 1700 倍。面对新的形势，中国共产党还采取了一些新的为工业化建设筹资融资的办法。例如，扩大对外借款、吸引外商直接投资、大力发展国际和国内旅游、创建证券市场、恢复发行国债等。改革开放以来到 2001 年年底，我国累计利用对外借款 1471 亿美元，累计利用外商直接投资 3935 亿美元；仅 2001 年国际旅游收入就达 178 亿美元，国内旅游收入 3552 亿元；自 1991 年证券市场创建以来，通过发行股票为企业共筹资 7700 多亿元；自 1981 年恢复发行国债以来，至 2001 年年底国债余额累计 1.56 万亿元。这些资金在 20 多年的中国工业化建设中，发挥了极为重要的作用。

再说人才问题。工业化需要大量技术和管理人才，但旧中国人口 80% 是文盲，儿童入学率仅为 20%；1912—1948 年的 36 年里，国内高等学校毕业生只有 21 万人；1927—1947 年的 20 年里，国内高校工科毕业生只有 3 万人，其中硕士 200 人，博士一个也没有。新中国成立时，全国科技人员不到 5 万人，属于中央研究院和北平研究院 22 个研究所的研究人员不过 224 人，加上地方的高级科研人员不足 500 人。面对这种情况，中国共产党也采取了一系列有效的对策。例如，抽调有文化的干部到工业战线；兴办和扩大高等院校，特别是工程技术学校；让理工科大学生提前毕业；向苏联等民主国家派出留学生；从苏联、东欧国家请经济、技术顾问和专家。另外，有针对性地举办了各种培训班、训练班。通过这些办法，基本缓解了工业化建设与人才缺乏之间的尖锐矛盾。经过 50 年的努力，我国目前普通高校在校生比新中国成立前的最高年份多 22 倍，毕业生累计达 1300 多万人，培养研究生累计达 50 多万人。科研机构在 1955 年已达 840 个，1966 年发展到 1600 个；到

1998 年，仅国有的就有 5600 个。目前，我国拥有专业技术人员 2000 万人，占职工总数的 24%；拥有科学家和工程师 167 万人，数量居全世界首位。

此外，中国共产党在执政后还正确解决了工业化中的地区布局、发展速度、增长方式、内部结构等重大问题。正是由于这一系列重大问题的正确解决，中国工业化才得以顺利推进。否则，即使帝国主义、封建主义、官僚资本主义这些阻碍工业化发展的因素被清除，工业化的步子还是迈不开。

三　中国工业化在中国共产党领导下取得了高于资本主义国家工业化的发展速度

说中国工业化在中国共产党执政后的发展速度比资本主义国家高，根据有以下两个。

首先，在这 50 多年时间里，中国的工业化同西方资本主义发达国家相比，差距缩小了。

这可以从以下八个方面来看：

第一，从增长速度看。1949—1998 年，我国工业产值年均增长13.6%，大大高于同期资本主义国家，特别是西方发达资本主义国家的增长率。

第二，从产品产量和质量看。2001 年，我国工业产品年产量居世界第 1 位的有煤（11 亿吨）、钢（1.5 亿吨）、水泥（6.4 亿吨）、化肥（3400 万吨）、布（290 亿米）和洗衣机、电冰箱、电视机等；名列世界前茅的有发电量、棉布和化纤（居第 2 位），糖、机制纸和纸板（居第 3 位），电子工业（居第 4 位），石油（居第 5 位），汽车工业（居第 11 位）。据 1995 年主要工业设备普查，我国企业机器设备新度系数为0.7。其中达到 20 世纪 80 年代水平的有 68%，达到 20 世纪 90 年代水平的有 37%，主要专业生产设备达到国际先进水平的有 26%。主要工业产品质量达到国际先进水平的优等品占 20%，达到国际一般水平的占 42%，合计占工业产品的 62%。到"九五"末，已有 30% 以上的产品达到了发达国家 20 世纪 80 年代末 90 年代初的水平。

第三，从工业门类看。按国际通行的工业行业分类，我国500多个行业都已齐全，而且已成为世界上少数几个同时具有核工业、航空航天工业、微电子工业、远洋船舶工业的国家之一，建立起了独立完整、门类齐全、布局趋向合理的工业体系。

第四，从经济总量看。据世界银行公布的数据，1997年我国国内生产总值为8250亿美元，居世界第七，仅次于美、日、德、法、英、意六国。2000年，我国超过意大利，居世界第六。日本《世界周报》甚至认为，如果按购买力平价法计算，中国的GDP已超过日本，位居世界第二。在制造业方面，我国1998年的增加值为2.6万亿元，总体规模已居世界第四位，仅次于美、德、日三国。

第五，从工业化程度看。对工业化程度，目前国际上通常按照第二产业增加值与第一产业增加值之比、第二产业劳动力与第一产业劳动力之比，以及两者对工业化的贡献来计算。我国1949年的工农业净产值比为15.5∶84.5，到1970年，这一比例达到了50.5∶49.5，工业超过了农业。国家统计局认为，它标志着"我国完成了农业社会向半工业化社会的转变"。到了1998年，由于第三产业快速增长，所以工业产值比重有所下降，但仍占GDP的49%，而第一产业则降至18%。国家统计局认为，"这一结构同一些已实现工业化的发达国家相趋近"。在工业内部，重工业比轻工业所占比重略高一点；在重工业内部，加工工业比重占到一半多。国家统计局认为，这"已达到和超过了一些工业化国家在实现工业化时的产业结构演进水平"。①

第六，从国民经济的基础设施看。

先看交通。在铁路方面，新中国成立时，我国通车里程只有2万公里，而现在发展到13万多公里。除按国土面积每千平方公里拥有里程仍不如西方发达国家之外，铁路总里程、机车保有量、内燃和电气化率等，均接近或超过了它们。在公路方面，新中国成立时，我国只有通车里程8万公里，大部分是土路；而2001年增至170万公里，硬路面超过了83%。特别值得一提的是，我国从20世纪80年代中期才开始建设高速公路，至今已有上万公里，跃居世界第七位，仅用十几年时间就走

---

① 国家统计局：《新中国50年》，中国统计出版社1999年版，第26页。

完了西方国家几十年才走完的路。在水运方面，新中国成立时，我国没有远洋船队，民用轮驳船加在一起总载重吨位40万吨；沿海万吨级泊位不足40个，港口货物吞吐量663万吨。经过50多年的努力，我们不仅有了远洋船队，而且载重吨位超过2400万吨，居世界第9位；沿海万吨级泊位达到810个，货物吞吐量14亿吨，比新中国成立时增加211倍。尤其是集装箱运输，我国起步比西方发达国家晚了三四十年，但以平均年增长近30%的速度迅猛发展，远远超过世界年平均增长6%—8%的水平，也超过任何一个集装箱大国。在空运方面，新中国成立之初，我国只有12架飞机，40个小型机场；年货运量150万吨公里，客运量1万人次。至1998年，民航有飞机523架，其中大中型机占85%以上，提供商载吨位1万吨、旅客座位8万个；机场增至143个，能起降大型飞机的有21个；当年运输总周转量93亿吨公里，客运量近6000万人，分别由1980年时的世界第35位和第33位，上升到世界第10位和第7位。

再看通信。以电话为例，新中国成立之初只有市内电话22万部，而截至2002年7月，固定电话用户已突破2亿户，城市家庭普及率已超过70%；乡村家庭普及率也有30%左右。在移动电话方面，我国1988年之前还没有一部，而现在已达1.8亿户，超过美国，跃居世界第1位。另外，国际互联网已有3600多万用户，传真存储转发、电子数据检索、电子信箱，以及电子商务、IP电话、电视会议、远程教育等电信业务，也都在以2位数至3位数的速度突飞猛进地发展。

第七，从农村工业化和城镇化的情况看。新中国成立时，农村基本上没有电，而现在不仅绝大多数自然村通了电，而且用电已达2600亿千瓦小时，占全国发电量的七分之一。由于农村工业化程度大幅度提高，粮食生产能力已达1万亿斤，平均亩产已由新中国成立初期的137斤提高到现在近500斤。农业的科技含量也在不断提高，杂交、转基因、胚胎移植、滴灌技术被积极推广，还出现了生态农业、观赏农业、精准农业等等。乡镇企业从无到有、从小到大，1998年增加值达1.5万亿元，占全国工业增加值的46%；农村经济中农业和非农产业已由1978年的1.5：2.5变成2.5：7.5，其中工业占到6成以上，彻底改变了单一传统农业的模式。在农村工业化的推动下，建制镇也由新中国成立初期的 2000 个发展到现在的 2 万个，容纳了 1.5 亿农村居民；加上其他非建制镇，农村的城镇人口已达 2.7 亿，占整个农村人口的 30% 多，大大推进了中国农民转向城镇居住的历史性进程。

第八，从人民物质文化生活质量看。1949 年，城市和农村的人均现金收入分别为不足 100 元和 44 元，2001 年分别增长至 6860 元和 2300 元。1978 年，城市和农村人均居住面积分别为 3.6 平方米和 8 平方米，2001 年分别增长至 10 平方米和 26 平方米。当电视机、电冰箱、洗衣机等现代家用电器在西方国家已经普及时，这些东西对我国来说还是高档消费品，而现在都已进入寻常百姓家，户均占有量已达到发达国家水平，其中电视机每百户达到了 120 台。目前，城市家庭消费正向空调、电脑、汽车等新的大件发展。我国目前的恩格尔系数，城市为 38%，农村为 48%，说明已经基本解决温饱问题，进入了小康生活，正向富裕阶段迈进。现在，国际上流行用平均预期寿命 70 岁以上、婴儿死亡率 3% 以下、每千人有医生 1 人以上、成人识字率 80% 以上、在校大学生占适龄人口（20—24 岁）比例 10%—15% 以上等指标，评估一个国家的现代化程度。拿这些指标衡量，我国平均预期寿命由新中国成立时的 35 岁，提高到了 2001 年的 71.8 岁；婴儿死亡率由旧中国的 20%—25%，下降到了 2000 年的 2.8%，均达到了标准。每千人有医生数，由新中国成立初期的 0.67 人增至 2001 年的 1.69 人；成人识字率由 1964 年的 62% 增至 2000 年的 95%，均超过了标准。在校大学生占适龄人口比例约为 10% 左右，也达到了标准的下限。

从以上八个方面的说明看，中国共产党执政后 50 多年，我国工业化水平虽然在总体上还落后于西方发达的资本主义国家，但大大缩小了同它们之间的差距。1994 年 10 月 1 日，英国《经济学家》刊载了题为《一场你追我赶的国际竞赛》的文章说：在产业革命于 1780 年左右站稳脚跟后，英国用了 58 年才使人均实际收入增加一倍；美国从 1839 年起用了 47 年；日本从 1885 年起用了 34 年，而中国从 20 世纪 80 年代开始用了不到 10 年。这是一个公正的评价。

其次，在 50 多年时间里，中国的工业化进展超过了资本主义的发展中大国。

资本主义国家并不等于发达国家。全世界现在有 60 亿人口，其中发达国家只有 10 亿，减去中国等社会主义国家，还有约 40 亿人生活在资本主义制度下。这类国家中，有的人均收入虽然高于我们，但都是一些人口小国或资源大国（如科威特），与我们缺少可比的因素；还有一些国家，如非洲、拉美、南亚的一些国家，人均收入比我们低，但大多数发展得比我们晚，与我们也很难比较。可以和我们比较的，印度是一家。

印度面积是我国的三分之一，但耕地比我们多一点，人口比我国少一点，独立比我们早一点，经济基础也比我们好。综合各方面情况，应当说中印两国在工业化起步时国力相差不大。但是经过 50 年，我国在工业化发展方面大大超过了印度。例如在铁路方面，印度早在独立前就有 5 万公里，居亚洲第一；但现在，印度发展到 6 万公里，而我国仅营运里程就达到了 7 万公里。从世界银行《1999/2000 年世界发展报告》对 131 个国家和地区在人均 GNP、农业增加值比重、服务业增加值比重、农业劳动力比重、城市人口比例、医疗服务、婴儿存活率、预期寿命、成人识字率、大学普及率等经济与社会发展指标和第一次现代化实现程度的评估看，中国除服务业增加值比重和大学普及率达标情况不如印度外，其余各项指标的数字均排在印度之前；第一次现代化实现程度，中国也比印度多 16 个百分点，在各国排名的位次上领先印度 10 位。英国 2002 年 4 月 12 日的《金融时报》载文说："许多印度人不无痛苦地承认，共产党中国在消除普遍贫穷方面所做的工作要比民主印度来得出色。"美国 2001 年 12 月 17 日的《商业周刊》载文说：一位刚刚去过上海的印度人给朋友发电子邮件，上面写道："在上海，你必须使劲拧自己，提醒自己这不是在纽约或巴黎。""如果跟印度比一比，你只能控制不住地大哭一场。我们落后得太多了，根本无法赶上。"日本 2001 年 10 月号的《世界经济评论》载文说："无论是从经济改革的速度还是经济情况来看，中国的改革开放都超过了印度。中国实行的是共产党统治的社会主义制度，政府能够发挥强有力的领导作用。而印度的经济改革始终是在坚持民主议会制的同时进行的改革，难以发挥强有力的政治领导。"这些评论也充分说明，中国工业化的发展速度在中国共产党执政后超过了实行资本主义制度的印度。

对中国的工业化成就和前景，西方舆论还有很多评论。例如，《日本经济新闻》（2001年10月1日）说："在世界经济同时出现日益不景气征兆的情况下，中国经济却异常繁荣，人们说是'中国一枝独秀'。"德国《世界报》（1995年8月15日）说，中国到2010年将实现工业化。日本《朝日新闻》（2001年12月25日）报道，日本、韩国媒体在"9·11"事件后联合搞的民意调查显示，人们普遍认为中国正在崛起，10年后将是亚洲最有影响的国家或者经济增长最快的国家。美国投资银行则认为，30年内，中国将取代日本成为世界第二经济强国。美国《新闻周刊》（2001年7—9月号）甚至披露，据一项预测，中国经济到2025年将成为世界最强大的经济。这些评论中虽然有夸大其词的成分，但也都从侧面说明，中国工业化在中国共产党执政后确实取得了比资本主义工业化更快的速度。

四　中国工业化的最终完成需要继续坚持中国共产党的领导

中国工业化在中国共产党执政后取得了举世瞩目的成就，但能不能说我们现在已经实现工业化了呢？不能。

首先，工业化是一个世界性的概念。所谓工业化，一般的定义是：以农业为主的社会经济体系转变为以工业为主的社会经济体系的过程，或者机器大工业在国民经济中发展并取得优势地位的过程。既然这个过程是全人类社会必须经历的不可跨越的过程，那么，对于什么叫"以工业为主"，什么叫"机器大工业取得优势地位"，就应当有一个客观的科学的为国际所公认的标准。过去，斯大林曾经提出过一个标准，即工业产值占工农业产值的70%。这个标准过于简单化，缺少和世界各国的横向比较，因此也就没有得到国际上的认同。

目前，国际上比较一致的看法是，看一个国家是否达到了工业化，要看那个国家的工业经济占国民经济和工业劳动力占全社会劳动力的比重是否高于农业经济占国民经济和农业劳动力占全社会劳动力的比重。至于具体标准，国内国际有许多不同的见解。我比较倾向于中国现代化战略研究课题组根据美国学者英克尔斯提出的发展指标和世界银行1983年公布的根据1960年19个市场经济工业化国家的平均值所提出的那个标准，即：工业增加值占 GDP 比例和工业劳动力占全国劳动力比例都高于40%，农业增加值占 GDP 比例低于15%，农业劳动力占全国劳动力比例低于30%。

按照这一标准，中国1999年工业增加值占 GDP 比例为50%，已经超过了；农业增加值占 GDP 比例为17%，也已经很接近了；但工业劳动力占全国劳动力的23%，距标准还差17个百分点；农业劳动力占全国劳动力的50%，距标准还差20个百分点。这表明，我国经济尚未完成从农业经济向工业经济的转变，同时也表明我国农业经济的素质还比较低，农村人口的比重仍然过大。

现在有人预测，到2015年，我国工业劳动力可以由23%上升为40%，农业劳动力可以由50%下降为30%。也就是说，我国可以在2015年实现工业化。这不是没有可能。因为，新中国成立初期，我国农业劳动力在全国劳动力中占83.5%，到1980年降为68.7%，减少15个百分点，用了近30年；到1990年降为60%，减少9个百分点，用了10年；到2000年降为49%，减少11个百分点，也用了10年。[1] 因此，再用十多年时间减少19个百分点，完全有可能。但这毕竟意味着再增加1亿多工业劳动力，减少1.4亿的农业劳动力，而且这还没有把人口增长的因素考虑在内。另外，与此相关的是减少乡村人口和提升城市化率的问题。同样按照英克尔斯和世界银行提出的标准，完成工业化的国家和地区，城市化率应当不低于50%。我国的城市化道路与西方发达国家有所不同，除了发展大中小城市，还要发展农村的小城镇。2001年，我国城市加农村城镇的人口总计为4.8亿，城镇化率为38%，距离50%还差12个百分点。即便如此，要使城镇化率达到50%，也意味着再将1亿多乡村人口转入城镇。显然，要在21世纪前15年内做到这些，任务是不轻松的。

其次，工业化是一个历史性概念。随着人类经济与社会的不断发展，工业化的内涵是会有所变化的。因为自工业革命以来，工业发展已经经历过三次科技革命，每次革命，都使那个时代的工业化标准相应提高。在第一次科技革命时，工厂和交通工具使用蒸汽机就是工业化了。

---

① 国家统计局：《中国统计年鉴》(2001)，中国统计出版社2001年版。

但到了第二次科技革命时，再使用蒸汽机恐怕就不能算作工业化的标志了。20 世纪 70 年代以来，出现了信息技术、太空技术和纳米科技、生物科技、新能源科技等，有人称之为信息时代、知识经济，或者叫新工业革命、后工业化、第二次现代化等。无论怎么称呼，今天要衡量一个国家是否实现了工业化，就不能不考虑到这些新的发展带来的新变化。例如，当信息化数字化技术被广泛应用的今天，如果我们在工业生产中还没有运用这些技术，即使工业产值在国民生产总值中占了主要位置，也很难说我们实现了工业化。又例如，现在我国工业增加值占 GDP 的比重为 50%，而美国是 26%，我们也不能因此而认为中国工业化程度高过了美国。因为随着后工业化时代的到来，发达国家的经济早在 20 世纪 60 年代末就进入了非工业化轨道，工业经济比重在持续下降。在这个时代，工业增加值占 GDP 的比重已经不像以往那样越高越好了。所以，按照工业化标准不是静止不变而是相对变化的观点，我国要最终实现工业化，任务也很艰巨。

再次，是否实现工业化，不仅要看工业产品产量、产值的绝对数，还要看人均数。如果看绝对数，我国目前的许多重要工业产品的产量在世界各国排列中，位次都很靠前；就是国民生产总值，我们也超过了许多中等发达国家。但是由于我国人口多，如果按人均数排列，位次就很靠后。例如，我国国内生产总值现在位居世界第六，但按人口平均，我们则在世界 190 个国家中位居第 140。而衡量一个国家的工业化程度，人均数是个十分重要的指标。因此，从这个角度来观察，我国最终实现工业化的任务将更加艰巨。

面对这个艰巨任务，我们已有的成就就算不得什么了。何况，当前科学技术仍在日益进步，国际形势仍在不断变化，国内人口、资源和环境的压力仍在进一步加大。面对这一切，我们没有别的选择，只有继续发展。正如江泽民说的："我们党要承担起推动中国社会发展的历史使命，必须始终紧紧抓住发展这个执政兴国的第一要务。"①

如何发展，可以讲很多条，但最重要的一条，我认为还是坚持中国共产党的领导。要克服工业化冲刺阶段的种种障碍，外需和平，内需稳

---

① 2002 年 6 月 1 日《人民日报》第 1 版。

定。在今天的中国，能带给我们这个条件的只有中国共产党。历史已经证明，只有它有能力有威望领导中国人民推翻三座大山，也只有它有能力有威望领导中国人民实现工业化、现代化。诚然，中国共产党犯过错误，但它敢于承认错误，善于从错误中吸取教训；能够彻底改正错误，世界上没有任何政党可以与之相比。中国共产党内也有腐败分子，但廉洁的人更多，各方面的优秀人才大部分都集中在党内；而且应当看到，中国共产党一直在致力于反腐败，同时在切实探索扩大党内民主、加强党内监督的路子，其认真程度也是世界上任何政党不能与之相比的。因此，任何试图取消中国共产党领导的言行都是没有根据的，都是违背历史潮流、违反中国人民最大利益和不得人心的，都是注定要失败的。

中国共产党是中国工业化发展要求的必然产物和忠实代表。中国的工业化建设，过去、现在和将来都离不开中国共产党的领导。我们每一个人都应当自觉地接受和维护中国共产党的领导，使中国能在 21 世纪前半叶内最终完成工业化、实现现代化，以履行我们对中华民族的历史责任，为人类创造出更加灿烂的文明。

其他参考文献

国家统计局：《新中国 50 年》（1949—1999），中国统计出版社1999 年版。

曾培炎：《新中国经济 50 年》（1949—1999），中国计划出版社1999 年版。

薄一波：《若干重大决策与事件的回顾》，中共中央党校出版社1993 年版。

马洪、刘国光、杨坚白：《当代中国经济》，中国社会科学出版社1987 年版。

卫兴华、洪银兴：《中国共产党经济思想史论》，江苏人民出版社1994 年版。

卢之超、王正泉：《斯大林与社会主义——世界上第一个社会主义模式剖析》，社会科学文献出版社 2002 年版。

中国现代化报告课题组：《中国现代化报告》（2002），北京大学出版社 2002 年版。

国家统计局：历年《中国统计摘要》，中国统计出版社。

国家统计局：历年《国际经济和社会统计提要》，中国统计出版社。

中国社会科学院世界经济与政治研究所：历年《世界经济统计简编》，生活·读书·新知三联书店。

（本文曾发表于《当代中国史研究》2002 年第 6 期）

由新民主主义向社会主义的提前过渡与优先发展重工业的战略抉择

　　中国共产党的最高理想是实现社会主义和共产主义，因此，新民主主义革命胜利后还要继续进行社会主义革命，是必然的，肯定的，也是从来没有隐讳过的。但在中华人民共和国建立前夕和建立之初，中国共产党的主要领导人也多次表示，在新民主主义革命胜利之后，不可能马上进行社会主义革命，而要先经过新民主主义的过渡阶段，这个过渡阶段是"一个相当长的时期"，[①]"也许全国胜利后还要 15 年"，[②]"少则10 年、多则 15 年"。[③] 可是，新中国成立后刚过 3 年，毛泽东就提出要用 10 年到 15 年时间，基本上完成向社会主义的过渡，而且，从正式提出过渡时期总路线到完成"三大改造"，实际只用了 3 年时间。究竟出现了什么新的情况，会使中国共产党的决策发生如此大的变化呢？

　　对于这个问题，学术界曾经有过很长时间的讨论，也有过各种各样的分析。有的认为，这是由于新中国成立后资本家的"五毒"行为激化了工人阶级同资产阶级的矛盾，使新民主主义经济中两条道路的斗争被突出；有的认为，这是由于西方帝国主义采取敌视新中国的政策，迫使中国共产党决定按照苏联模式进行建设；有的认为，这是由于新中国成立初期经济恢复取得了超出预期的成绩，国营工商业的比重超过了私营工商业，使新中国具备了提前向社会主义过渡的客观条件。这些观点无疑都是合乎实际的，都有一定道理。但笔者认为，仅仅这些分析，还不足以说明这个变化的根本原因。

---

① 《毛泽东选集》第 4 卷，人民出版社 1991 年版，第 1431 页。
② 《刘少奇论新中国经济建设》，中央文献出版社 1993 年版，第 7 页。
③ 同上书，第 209 页。

　　究竟是什么原因从根本上促使中国共产党作出了向社会主义提前过渡的决定呢？笔者在 2002 年写的《中国工业化与中国共产党》[①]一文中曾提出，这首先是因为要适应优先发展重工业的需要。本文循着这一思路，再把中国共产党决策层考虑由新民主主义向社会主义过渡的时间与选择中国工业化发展的战略这两个问题联系起来，进行一些具体考察，以便对提前过渡的原因作进一步的分析。

一

　　人们只要稍微留心就会发现，中国共产党的决策者们凡是在论述中国革命的发展战略时，总是与论述中国经济尤其是工业经济的发展状况联系在一起的。例如，毛泽东在 1940 年的《新民主主义论》中，讲到中国革命必须两步走，第一步先建立新民主主义共和国，并不禁止"不能操纵国民生计"的资本主义生产的发展时指出："这是因为中国经济还十分落后的缘故。"[②]他在 1945 年中共七大的报告中，讲到如果没有私人资本主义经济和合作社经济的发展，要建立社会主义社会只是空想时指出："在新民主主义的政治条件获得之后，中国人民及其政府必须采取切实的步骤，在若干年内逐步地建立重工业和轻工业，使中国由农业国变为工业国。"[③]在七大结论中，讲到中国要提倡新民主主义的资本主义时指出：因为这种资本主义"在中国及欧洲、南美的一些农业国家中还有用"。[④] 在 1948 年 9 月中共中央政治局会议上，当刘少奇和毛泽东讲"过早地采取社会主义政策是要不得的"，"到底何时开始全线进攻？也许全国胜利后还要 15 年"时，也是首先分析了当时的工业状况，分别指出："工业生产是在全国胜利后，顶多占国民经济的 10%—20%"；"连资本主义工业在内，整个近代机器工业的生产量顶多占 10%—20%"。[⑤] 在 1949 年中共七届二中全会上，毛泽东讲得更清

①　朱佳木：《中国工业化与中国共产党》，《当代中国史研究》2002 年第 6 期。
②　《毛泽东选集》第 2 卷，人民出版社 1991 年版，第 666、678 页。
③　《毛泽东选集》第 3 卷，人民出版社 1991 年版，第 1060、1081 页。
④　《毛泽东文集》第 3 卷，人民出版社 1996 年版，第 385 页。
⑤　《刘少奇论新中国经济建设》，中央文献出版社 1993 年版，第 7、1 页。

楚。他说：中国的工业和农业在国民经济中的比重，大约是现代性的工业占10%，农业和手工业占90%，这"是在中国革命的时期内和在革命胜利以后一个相当长的时期内一切问题的基本出发点"。"由于中国经济现在还处在落后状态，在革命胜利以后一个相当长的时期内，还需要尽可能地利用城乡私人资本主义的积极性，以利于国民经济的向前发展。"①刘少奇在1949年6月写的一份党内报告提纲中也说："只有在经过长期积累资金、建设国家工业的过程之后，在各方面有了准备之后，才能向城市资产阶级举行第一个社会主义的进攻，把私人大企业及一部分中等企业收归国家经营。"②

上述情况说明，中国共产党决策层之所以决定在革命胜利后实行一段新民主主义政策，然后再向社会主义过渡，主要原因是考虑中国当时的经济尤其是现代工业太落后，因此需要利用私人资本主义发展工业，等到工业有了一个较大的发展之后，再来消灭资本主义，实行社会主义。当时，他们虽然没有具体地设想将来采取什么样的工业化战略，也没有明确地把上述考虑概括为中国工业化的发展道路，但实际上已经向世人勾勒出了这条道路的轮廓。

那时，在中国共产党人面前摆着三条工业化的道路：一条是欧、美等老牌资本主义国家的道路，先通过对内剥夺农民、对外掠夺殖民地半殖民地，然后投资轻工业，待进一步积累资金后，再来发展重工业；另一条是德、日等后起资本主义国家的道路，用国家的力量，对外加紧进行争夺殖民地、半殖民地的战争，对内加大税收，较快积累充足资金，用以优先发展重工业；再一条是社会主义苏联的道路，通过国内已有一定基础的工业，加上国家的统一计划，对内实行高积累、高投入，以保证优先发展重工业。这三条路，对于中国来说，前两条不可能走也不应当走；后一条在1945年抗日战争胜利前后考虑建立联合政府和1947年以后考虑建立人民民主专政的政权时，都不具备走的条件。因此，笔者认为，当中国共产党的决策者们反复表示，在新民主主义革命胜利后，要利用私人资本主义发展工业，等到中国由农业国变为工业国后再进行

① 《毛泽东选集》第4卷，人民出版社1991年版，第1430、1431页。
② 《刘少奇论新中国经济建设》，中央文献出版社1993年版，第148页。

社会主义革命时，实际上是在说，中国打算采用第四条道路，也就是新民主主义的道路来实现工业化，即通过没收官僚资本和自力更生，巩固和壮大国有工业基础和技术力量，在国有经济的主导下，重点发展私人资本主义工业（其中主要是轻工业），以此积累资金，扩充装备和技术队伍，然后着重发展重工业。

诚然，1949 年 9 月中国人民政治协商会议制定的《共同纲领》在第四章"经济政策"的第 35 条"关于工业"中，也曾说过"应以有计划有步骤地恢复和发展重工业为重点"。[①] 但笔者认为，这并不等于当时已经把优先发展重工业当成了中国工业化建设的方针。因为，第一，正如毛泽东所言，"《共同纲领》只说现阶段的任务"[②]，而当时"现阶段的任务"主要是恢复经济。因此，这里所说的以"恢复和发展重工业为重点"，只是就恢复工业而言的，并非指国家工业化建设的方针。第二，新中国成立之初刘少奇在谈到中国工业化道路问题时，不仅重申要发展一段新民主主义经济，而且逐步明晰了先着重发展农业和轻工业，等积攒到足够资金后再重点发展重工业的思路。例如，他在 1950 年的一份手稿中写道，中国工业化的过程，大体要循着这样的道路前进：首先，恢复经济，使不能独立生产的工厂尽可能独立地生产；其次，要以主要力量发展农业和轻工业，同时建立必要的国防工业；再次，以更大的力量建立重工业基础，并发展重工业；最后，以重工业为基础，大大发展轻工业和使农业生产机械化。他解释："只有农业的发展，才能供给工业以足够的原料和粮食，并为工业的发展扩大市场。只有轻工业的发展，才能供给农民需要的大量工业品，交换农民生产的原料和粮食，并积累继续发展工业的资金。""使中国工业化，是需要巨大的资金的，而没有资金，没有数百亿银元的资金投资于工业，特别是重工业，那就不要想加快我们的工业化。"[③] 1951 年 5 月，他又在中国共产党第一次全国宣传工作会议上的报告中指出：首先要恢复和发展农业，其次是发展工业，"重工业和轻工业，开始还是要搞一些轻工业。因为轻工业可以赚钱，也容易办些，又不用很多的资本"；"轻工业发

---

① 《建国以来重要文献选编》第 1 册，中央文献出版社 1992 年版，第 9 页。
② 熊华源、汤桂芳：《"共同纲领"诞生记》，《党的文献》1989 年第 5 期。
③ 《刘少奇论新中国经济建设》，中央文献出版社 1993 年版，第 173—174 页。

展了再来大量地进行重工业建设"。他还说，经过 10 年经济建设计划，新中国的面貌就要改变，"到那时我们的国家才可以考虑到社会主义去的问题"。① 两个月后，他对马列学院的第一班学员发表了著名的《春耦斋讲话》，在讲到经济建设的步骤时，还是讲首先要恢复农业和一切可能恢复的工业，其次要发展农业和轻工业以及必要的可能的重工业，然后发展重工业，最后依靠重工业进一步发展农业和轻工业。与此同时，他指出："10 年建设加 3 年准备是 13 年。到那时看情形怎样，或再搞个五年计划，进入社会主义。采取社会主义步骤，少则 10 年、多则十几年，20 年恐怕不要。"②

从刘少奇的上述讲话中不难看出，中国共产党决策层当时仍然是考虑用新民主主义的办法，先着重发展轻工业，再着重发展重工业，并没有一个优先发展重工业的工业化方针，因此也不打算很快采取社会主义的步骤。虽然他在讲话中一再声明，这只是"个人意见"，"不是定见"，讲出来供大家"研究"、"批评"、"补充"，但他的这些意见与党中央关于革命胜利后"需要广泛地发展资本主义"③的方针是完全一致的。虽然至今未见到其他中央领导人在新中国成立后有过同样的论述，但毛泽东在 1950 年 6 月全国政协一届二次会议的讲话中，仍然强调实行私营工业国有化和农业社会化"还在很远的将来"，④ 也应当被看作是对先着重发展轻工业思路的一种认可。尽管 1950 年和 1951 年中国共产党决策层在要不要提高农村互助合作组织、要不要推广土地入股的农业生产合作社等问题上发生过争论，但那还只涉及农业的半社会主义化问题，并没有超出《共同纲领》所规定的新民主主义经济政策的范围。而且，自 1951 年 7 月《春耦斋讲话》后，也未见刘少奇再就先着重发展轻工业和巩固新民主主义秩序问题发表过意见。因此，很难说 1951 年之前，中国共产党决策层在工业化发展道路和由新民主主义向社会主义过渡问题上有过什么原则分歧。

---

① 《刘少奇论新中国经济建设》，中央文献出版社 1993 年版，第 181—182 页。
② 同上书，第 209 页。
③ 《毛泽东文集》第 3 卷，人民出版社 1996 年版，第 322 页。
④ 《毛泽东文集》第 6 卷，人民出版社 1999 年版，第 80 页。

二

但是，到了 1951 年年底，情况变了。

早在 1951 年 2 月，中共中央根据国民经济开始好转和抗美援朝战局趋于稳定的形势，以及毛泽东关于"三年准备，十年计划经济建设"的思想，决定从 1953 年起实施第一个五年计划，并指定周恩来、陈云、薄一波、李富春等负责领导"一五"计划的编制。"一五"计划究竟以什么为指导思想，或者说从哪里入手，什么是重点？对这个问题，编制者们一开始是有过不同意见讨论的。薄一波在《若干重大决策与事件的回顾》一书中说过："把一个经济落后的农业大国逐步建设成为工业国，从何起步？这是编制计划之初就苦苦思索的一个问题。有关部门的同志也曾引经据典地进行过探讨，把苏联同资本主义国家发展工业化的道路作过比较，提出过不同的设想。经过对政治、经济、国际环境诸多方面利弊得失的反复权衡和深入讨论之后，大家认为必须从发展原材料、能源、机械制造等重工业入手。"①他讲的这个过程说明，中国共产党决策层在制定"一五"计划时，对于前一时期先着重发展轻工业再着重发展重工业的考虑，确实进行了重新思考，提出了新的优先发展重工业的战略构想。

从现有的材料看，第一次透露"一五"计划的重点是重工业和国防工业的，是中共中央于 1951 年 12 月 1 日作出的《关于实行精兵简政，增产节约，反对贪污、反对浪费和反对官僚主义的决定》。在这个决定中，毛泽东加了一段话，指出："从 1953 年起，我们就要进入大规模经济建设了，准备以 20 年时间完成中国的工业化。完成工业化当然不只是重工业和国防工业，一切必要的轻工业都应建设起来。为了完成国家工业化，必须发展农业，并逐步完成农业社会化。但是首先重要并能带动轻工业和农业向前发展的是建设重工业和国防工业。"②这段话表明，当时中国共产党决策层已经倾向于把优先发展重工业当成国家工业

---

① 薄一波：《若干重大决策与事件的回顾》上册，中共中央党校出版社 1991 年版，第 290 页。
② 《毛泽东文集》第 6 卷，人民出版社 1999 年版，第 207 页。

化的战略，并为此而提出了农业社会化的任务。

紧接着，在 1952 年 5 月中央财政经济委员会（简称中财委）召开的全国财经会议上，李富春作关于"一五"计划指导思想与分行业计划的报告，明确说："经济建设的重点放在重工业，尤其是钢铁、燃料动力、机械军工、有色金属和化学工业等基础工业上，为我国工业化打下基础；农业、轻工业和交通等事业应当围绕重工业这个中心来发展。"①会后，中财委会同有关部门做了两件事，一是对"一五"计划的轮廓草案作进一步修改，二是准备请苏联支援"一五"计划中重工业基建项目的有关材料。7 月 1 日，陈云将"一五"计划草案报送毛泽东，并附信说：草案要点是今后 5 年办些什么新的工厂，以便在七八月间向苏联提出需供设备的清单。② 随即，中央书记处于 7 月 12 日、14 日、17 日连续召开三次会议。③ 目前虽然还没有关于这几次会议内容的材料，但可以判断，正是在这些会上，中国共产党的决策者们认真研究了中国工业化建设的方针问题，最终敲定以建设重工业基础为五年计划的中心环节；同时，决定周恩来、陈云、李富春等组成中国政府代表团前往苏联，就"一五"计划中需要苏联援助的 141 个工业项目问题进行商谈。因为，此后不久，中财委颁发的《关于编制五年计划轮廓的方针》以及《中国经济状况和五年建设的任务及附表》中就已写明，五年建设的基本任务是为国家工业化打下基础，建设方针是工业建设以重工业为主、轻工业为辅；而周恩来一行也于 8 月 15 日启程赴苏。

对于这次访问，中苏双方都十分重视。中国政府代表团除周恩来为首席代表，陈云、李富春、张闻天、粟裕等为代表外，还有一大批由各方面高级干部担任的顾问和随员。苏联方面负责与中方商谈的代表团，也是由莫洛托夫、布尔加宁、米高扬、维辛斯基、库米金等当时最高级别的领导人组成的。中国代表团 17 日抵达莫斯科，20 日便与斯大林进行了三个小时谈话。斯大林明确表示，愿意在工业资源勘察、设计、工

---

① 《李富春传》，中央文献出版社 2001 年版，第 421 页。
② 《陈云年谱（1905—1995）》中卷，中央文献出版社 2000 年版，第 145 页。
③ 同上。

业设备、技术资料及派人来苏留学和实习等方面援助中国的五年计划。[①] 在看过中方提供的《三年来中国主要情况及今后五年建设方针报告提纲》、《中国经济状况和五年建设的任务及附表》等文件后，斯大林于 9 月 3 日与中国政府代表团进行了第二次会谈。从披露的材料中看，斯大林的答复有三个要点：一是中国三年经济恢复工作给了他们很好的印象，但五年计划规定工业总产值年递增 20% 是勉强的，应降为 15% 或 14%，以便留有后备力量；二是计划中不应把民用工业和军事工业分开，而应放在一起计算，以便掌握全盘情况和进行调度；三是再次表示对"一五"计划所需的设备、贷款、专家一定给予援助，但具体给什么不给什么，还需要经过工作人员用两个月时间加以计算后才能说。[②] 斯大林的这个态度，表明中国以重工业为重点的"一五"计划得到了苏联方面予以援助的明确保证。于是，中方决定周恩来、陈云、粟裕等先行回国，留下李富春和代表团其他成员继续就具体问题进行洽谈。

周恩来、陈云、粟裕等是在 9 月 22 日离开莫斯科的。行前，周恩来在机场发表谈话，宣布中国政府代表团此行业已圆满地完成了有关两国重要政治问题与经济问题的商谈。他们于 24 日抵达北京，当晚便出席了由毛泽东召集的中共中央书记处会议，汇报同苏联商谈的情况。据薄一波回忆，那次会议主要讨论的是"一五"计划的方针任务，毛泽东第一次提出："我们现在就要开始用 10 年到 15 年的时间基本上完成到社会主义的过渡，而不是 10 年或者以后才开始过渡。"这个话给了他极深的印象，中央其他领导同志对此都没有提出异议。[③] 最近出版的《毛泽东传》进一步印证了薄一波的回忆，书中说："根据现存的文献记载，新中国成立后毛泽东最早

---

① 《周恩来年谱（1949—1976）》上卷，中央文献出版社 1997 年版，第 256 页；《陈云年谱（1905—1995）》中卷，中央文献出版社 2000 年版，第 147 页；《李富春传》，中央文献出版社 2001 年版，第 424—425 页。

② 《周恩来年谱（1949—1976）》上卷，中央文献出版社 1997 年版，第 257 页；《陈云年谱（1905—1995）》中卷，中央文献出版社 2000 年版，第 148 页；薄一波：《若干重大决策与事件的回顾》上册，中共中央党校出版社 1991 年版，第 286 页；《李富春传》，中央文献出版社 2001 年版，第 425—426 页。

③ 薄一波：《若干重大决策与事件的回顾》上册，中共中央党校出版社 1991 年版，第 213—214 页。

提出向社会主义过渡的问题，是在 1952 年 9 月 24 日中共中央书记处会议上。"书中还说："这是一次十分重要的会议。毛泽东这个讲话表明，他关于由新民主主义向社会主义转变的步骤、方法，同原来的设想，发生了变化。"①

为什么在讨论"一五"计划方针的会上，而且是在听取周恩来汇报访苏情况之后，毛泽东会提出要提前向社会主义过渡这个问题呢？这难道是偶然的巧合吗？绝对不是。笔者认为，这一事实恰恰反映了选择优先发展重工业的战略、苏联答应对"一五"计划建设进行援助、决定向社会主义提前过渡，这三件事情之间的内在联系。

关于优先发展重工业需要在经济中加大社会主义比重、巩固国营经济领导的意见，早在 1952 年 7 月中财委提交的"一五"计划轮廓草案中就已经提出来了。草案在明确五年计划的基本任务是为国家工业化打基础的同时指出，要"保证我国经济向社会主义前进"。② 1952 年 8 月中财委为赴苏商谈援助而制定的《中国经济状况和五年建设的任务》，在讲到"五年建设的中心环节是重工业"时，也指出我们要"扩大人民经济中的社会主义经济比重，保证长期建设在计划经济轨道上前进，进一步巩固国营经济的领导"。③ 这说明，扩大和加强社会主义成分在经济中的比重，是优先发展重工业的内在要求；也说明毛泽东在 1952 年 9 月 24 日提出现在就向社会主义过渡，并非纯粹的个人主张，更非突发奇想，而是他对党内决策层较长时间酝酿的集中与概括。正因为如此，当他讲出这个意见时，其他中央领导同志才会"没有异议"。

另外，苏联在中国还没有一个向社会主义过渡时间表的情况下，答应对中国的工业化建设进行全面援助，显然是对中国共产党人充分信任的一种表示。因此，从中国方面来说，也需要在向社会主义过渡的时间问题上给苏联共产党一个明确的说法。1952 年 10 月，毛泽东在提出现在就向社会主义过渡的设想后，紧接着派刘少奇利用赴苏参加苏共十九

① 《毛泽东传（1949—1976）》上卷，中央文献出版社 2003 年版，第 236—237 页。
② 《李富春传》，中央文献出版社 2001 年版，第 422 页。
③ 《周恩来年谱（1949—1976）》上卷，中央文献出版社 1997 年版，第 255 页。

大的机会，就中国用15年时间逐步实现工业国有化和农业集体化的具体步骤，写信征求斯大林的意见。这固然有请教的意思，但也可以看成是对苏联答应援助中国优先发展重工业而作出的必要回应。果然，斯大林看过信后，对中国共产党的设想作了肯定的评价。[①] 正是在得到斯大林的答复后，毛泽东对于向社会主义提前过渡的设想，逐渐在党内扩大了吹风范围，并最终在1953年6月15日的中央政治局会议上，把它作为过渡时期总路线提了出来。1953年8月，这个总路线被载入党内文件下发；9月，又通过政协全国委员会庆祝建国四周年口号的形式正式对外公布。

以上说明，中国共产党之所以作出优先发展重工业的战略抉择，主观上是为了加快中国工业化的发展速度，客观上的一个关键因素是从苏联方面得到了援助中国优先发展重工业的承诺。而决定提前向社会主义过渡，一方面是为了适应优先发展重工业的需要，另一方面则是为了回应苏联对中国优先发展重工业的援助。如果没有苏联的实际援助，中国不可能选择优先发展重工业的工业化发展战略，也就不可能决定向社会主义提前过渡，而只能按照既定方针，继续走新民主主义工业化的道路。

三

今天回头看这段历史，无论你赞成还是不赞成把新民主主义向社会主义的过渡时间提前，都不能不承认，这个决定是出于抓住当时国内国际有利时机的考虑，力图通过优先发展重工业把中国的社会生产力迅速搞上去。

优先发展重工业需要有大量的资金投入，而在当时，中国的工业基础比苏联实施第一个五年计划时要薄弱得多。因此，中国要优先发展重工业，更需要在经济体制上实行高度集中的计划经济，以便把有限的资金和其他各种资源集中用于重工业建设；更需要轻工业企业降低成本，以便提高效率，多缴利税；更需要农业较大幅度地增加产量，以便向国

[①] 《毛泽东传（1949—1976）》上卷，中央文献出版社2003年版，第244、255页。

家更多地提供商品粮和可供出口换汇的农副产品。但那时，轻工业主要集中在私营企业，其中大部分虽然已经纳入了加工、订货、统购、包销，以及公私合营等国家资本主义的轨道，但生产资料仍然属于资本家个人；利润虽然已经采取了"四马分肥"的办法，但仍然有20%落入资本家个人的腰包。这显然与高度集中的计划体制之间是不相容的。另外，广大个体农民经过土改，生产积极性虽然有了极大提高，但由于生产力低下，缺少抵御自然灾害的能力，因此产量难以有大幅度增长。这些都与优先发展重工业的战略之间不相适应。怎样才能改变这种状况呢？根据当时人们的认识水平和客观条件，只能是提早把私营企业改造成国营企业，基本实现国有化；尽快把多数农民组织到农业生产合作社里，基本实现集体化。而这样做，显然超出了新民主主义的经济范畴，是向社会主义过渡了。

优先发展重工业除了需要有大量的资金投入，还需要有对工业资源的勘察、对工业设备的设计和制造、对工业技术的了解和掌握等能力。这些，旧中国都没有给新生的人民政权留下，只能通过苏联的援助予以解决。而苏联的援助不是个别项目的援助，而是涉及经济、科技、教育等多领域全方位的援助。因此，要使援助顺利进行，双方在经济制度，乃至工作方法、工作程序上就需要有所衔接，用今天的话说，叫做"接轨"。比如，苏联的企业都是国营的，因此，在中苏贸易中，中方自然只能由国营商业企业经营，而不准私商经营。[①] 再比如，苏联实行的是高度集中的计划经济体制，何时交货，何时进行设备安装，何时试运行，都要按照计划来做。如果中方没有计划，或者执行计划不严格，合作就会很困难。这一因素，也在客观上促进了中国经济制度向社会主义的过渡。

对于为什么优先发展重工业就要对农业、手工业和资本主义工商业进行社会主义改造的问题，毛泽东在关于过渡时期总路线中的工业化和三大改造是"一体两翼"的比喻中已经作了回答，在1953年12月由中宣部起草并由毛泽东本人审阅修改的关于过渡时期总路线的学习宣传提

---

① 《1949—1952中华人民共和国经济档案资料选编》（对外贸易卷），经济管理出版社1994年版，第207页。

纲中则回答得更为详细。对于农业改造的必要性，提纲说："我国的粮食产量1952年比1949年虽已增加45%，但按全国人口平均，每人每年只有500多市斤的粮食，而同年（疑为'期'，原误——引者注）苏联平均每人每年却有1300多市斤。小农经济对天灾无力抵抗；目前我国每年仍然有2000万到4000万的农民受到轻重不同的自然灾害。……许多地区农村中一般还有10%左右的缺粮户需要帮助。这种建立在劳动农民的生产资料私有制上面的小农经济，限制着农业生产力的发展，不能满足人民和工业化事业对粮食和原料作物日益增长的需要，它的小商品生产的分散性和国家有计划的经济建设不相适应，因而这种小农经济和社会主义工业化事业之间的矛盾，已随着工业化的进展而日益显露出来。"

对于资本主义工商业改造的必要性，提纲说："这是因为资本主义所有制和社会主义所有制之间的矛盾，资本主义所有制和资本主义的生产社会性之间的矛盾，资本主义生产的无政府状态和国家有计划的经济建设之间的矛盾，资本主义企业内的工人和资本家之间的矛盾，都是不可克服的。由于上述的矛盾，这些企业的设备利用率和劳动生产率低，成本高，资金很多浪费，扩大再生产的能力很小或甚至没有，因而影响到工业产品在市场上供不应求，影响到国家计划受到破坏。如果不改变这种情况，这个广大部分的社会生产力就不可能获得充分的合理的发展以适应国计民生的需要，我国的社会主义工业化就不能全部实现。"①

当年的这份提纲说明，尽管那时人们对于什么是社会主义和怎样建设社会主义的认识水平，与今天相比存在很大差距，但是，向社会主义提前过渡的根本出发点，在于使国内生产关系和经济体制尽快适应优先发展重工业战略的需要，以抓住朝鲜战局缓和与苏联答应援助中国"一五"计划建设的有利时机，加快工业化建设速度，则是十分明确的。这份提纲中还说道："资本主义国家从发展轻工业开始，一般是花了50年到100年的时间才能实现工业化，而苏联采用了社会主义工业

---

① 以上引文均见《为动员一切力量把我国建设成为一个伟大的社会主义国家而斗争——关于党在过渡时期总路线的学习和宣传提纲》，《建国以来重要文献选编》第4册，中央文献出版社1993年版，第693—734页。

化的方针，从重工业建设开始，在十多年中（从1921年开始到1932年第一个五年计划完成）就实现了国家的工业化。苏联过去所走的道路正是我们今天要学习的榜样。苏联因为采取了社会主义工业化的方针，从建立重工业开始，所以在1941年到1945年的卫国战争中，能够击败德日法西斯主义的侵略，成为世界上第一个强大的社会主义国家。苏联因为建立了重工业，就有了机器制造工业，有了汽车、飞机、拖拉机等工业，就有了现代国防工业，就能使交通运输业、轻工业获得不断的有力的发展，就能使农业获得各种新式机器和化学肥料，迅速地实现农业的集体化。我国实现国家的社会主义工业化，正是依据苏联的经验从建立重工业开始。"这段话一方面表明，中国共产党当年把工业化分为资本主义的和社会主义的，在认识上存在着简单化和片面性的问题；但另一方面也表明，中国共产党当年之所以要提前向社会主义过渡，的的确确是想学习苏联的办法优先发展重工业，再通过优先发展重工业尽快实现工业化。

四

如果说选择优先发展重工业的战略是中国共产党决定向社会主义提前过渡的根本原因的话，那么，也正是这一选择从根本上导致了这一过渡的提前完成。

毛泽东最早提出过渡时期总路线时，把基本完成工业化和"三大改造"的时间确定为10年到15年或者更多一些时间。以后，1953年9月，他在全国政协常委会第49次扩大会上又说："整个过渡时期不是三年五年，而是几个五年计划的时间。"[1] 同年底，他在审阅修改中宣部的学习宣传提纲时，又把过渡时间改为"在一个相当长的时期内"。[2] 不难看出，毛泽东之所以作这些改动，目的在于尽可能把时间打得宽裕一些，做到留有余地。但由于缺乏经验，当时对什么叫基本完成国家工业化和社会主义改造以及需要多少时间，很大程度上参考的都是苏联的

---

[1] 《毛泽东传（1949—1976）》上卷，中央文献出版社2003年版，第264页。

[2] 同上书，第266页。

标准。

那时，苏联对工业化的标准规定的是工业产值占工农业总产值的70%以上。从 1926 年开始工业化建设算起，它达到这一标准用了 8 年。对完成社会主义改造的标准，当时它规定的是资本主义在国民经济各部门中被完全消灭。从 1924 年开始社会主义改造算起，它做到这一点用了 13 年。中国参考苏联经验，也为自己制定了一个实现社会主义工业化的标准，即数量上工业产值占工农业总产值的 60% 左右；质量上要有独立的工业体系和农业相应的协调发展。[①] 如果按照这个标准的数量要求，1957 年，中国工业产值占工农业总产值上升为 56.7%，已经十分接近了。如果按照这个标准的质量要求，"一五"计划末，中国也已为建立独立完整的工业体系奠定了初步基础。但是，由于这个标准并不科学，中国后来并没有采用，而且今天仍然表示，要争取在 2020 年基本实现工业化。然而，中国对农业、手工业和资本主义工商业社会主义改造的完成，却是实实在在的，从提出过渡时期总路线算起，只用了 3 年时间，即使加上国民经济恢复时期，也不到 7 年。这不仅大大快于总路线规定的时间，也快于苏联完成社会主义改造的时间。为什么会出现这种结果呢？从主观上看，主要是缺乏经验和急躁情绪起了作用；从客观上看，根本原因仍然在于优先发展重工业所造成的形势压力。

先说资本主义工商业。前面讲到，国家为保证大规模工业化建设选择了计划经济体制。这种体制需要由国家统一调配资金、物资、科技力量，势必与生产资料的私人占有制发生矛盾。尤其是在"一五"计划实施后，大规模工业化建设引发城市商品粮、食用油和轻纺工业的原料棉花等农产品供应的紧张，迫使国家实行了对粮、棉、油的计划收购和计划销售（即统购统销）；同时，对于一些重要的工业原料，如钢材、生铁、煤炭、木材等也开始实行计划供应。这样一来，私营商业，主要是批发商，就没有了货源；私营工业，主要是轻纺企业，获取原材料就发生了困难。于是，公私合营步伐的加快，就成了不以人的意志为转移

---

① 《中华人民共和国国民经济和社会发展计划大事辑要（1949—1985）》，红旗出版社 1987 年版，第 54 页。

的趋势。

另外，当时没有合营的私人企业大多是中、小型企业，设备技术都很落后，国家分配任务给它，它无法承担；硬要塞给它，做出的东西也不合乎要求。在这种情况下，如果只对较大的私营企业进行个别合营，就会使中、小企业更加困难；要解决中、小企业的困难，就必须打破企业的私人所有制，以便在行业内部进行改组，该并的并，该淘汰的淘汰，用今天的话说，就是实行企业的优化组合。于是，全行业公私合营应运而生，而这进一步加快了公私合营的速度。1955 年，陈云在中央关于资本主义工商业改造问题的会议上说：实行全行业的公私合营，"并不是哪个人空想出来的，是经济发展的结果。现在既然按整个行业来安排生产、实行改组，那末，整个行业的公私合营也就是不可避免的。如果不实行全行业的合营，就无法安排生产，也无法进行改组"。[①]

还有一个情况，就是在对不法资本家进行"五反"斗争后，许多私营工厂落入了"工人不服管，职员不敢管，资本家消极，代理人原有的纷纷辞职甚至逃走，继起无人，开支日增，浪费严重，生产潜力难以发挥"的窘境。[②] 这种情况也促使工人强烈要求尽快合营，以改善待遇；资本家希望尽快合营，以摆脱困境。

再说农业。中国是农业国，有过灿烂的农业文明，但长期以来农作物单位面积产量并不高。新中国成立时，全国平均粮食亩产只有 137 斤，北方许多地方还不到 100 斤；棉花亩产也不过 30 斤。因此，当"一五"计划实施后，农业的落后局面与工业化建设飞速发展的要求之间，矛盾越来越尖锐。正是这一矛盾，促使中国共产党的决策层急于推行农业的合作化。因为，从当时的实际情况和人们的认识水平看，在有可能较大幅度增加农业产量的三种办法中，即大规模开荒、兴修水利和合作化，最可行、见效最快的是合作化。陈云曾算过一笔账，如果用开荒的办法，增产 800 亿—1000 亿斤要开垦 5 亿亩土地，需要拖拉机 25 万台、石油 1000 万吨。但"二五"计划时，才能生产 10 万台拖拉机，

<hr />

① 《陈云文选》第 2 卷，人民出版社 1995 年版，第 286 页。
② 李维汉：《统一战线问题与民族问题》，人民出版社 1981 年版，第 56—57 页。

而且也没有那么多石油（1952 年生产 44 万吨，1957 年生产 146 万吨）。要是在新疆开荒，还要新建 4000 公里铁路；水利费每亩按 100 元算，约需 500 亿元。而"一五"计划用于基建的投资只有 427 亿元，显然不现实。如果用修水利的办法，把淮河以北的水都蓄起来，倒是可以灌溉 2 亿亩，增产 200 亿斤（每亩增加 100 斤），但没有 10 年时间不行。而搞合作化，根据经验，平均提高产量 15%—30%，按 30% 算，就有 1000 亿斤。以后又核定增产 10%—20%，按 20% 算，也有六七百亿斤。所以，当时人们认为这个办法最实际，那几年的粮食产量也证明了这一点。全国刚解放时，粮食产量是 2200 亿斤，到 1952 年上升到 3000 亿斤，然后逐年增加，1957 年接近 4000 亿斤，5 年里增产近 1000 亿斤，平均每年增产近 200 亿斤。当然，后来事实说明，这种增长速度在很大程度上带有生产恢复性质，不能因此得出结论，似乎集体化程度越高，越有利于农业生产力提高。

在推行农业合作化过程中，出现过把主张谨慎稳妥的意见当成政治问题，批所谓"小脚女人"、右倾保守思想的情况。有人据此认为，加快合作化的目的是急于向社会主义过渡，是从"不断革命"的思想出发的。恩格斯曾经说过：一切社会变迁和政治变革的终极原因，"不应当到有关时代的哲学中去寻找，而应当到有关时代的经济中去寻找"。[①] 只要深入分析一下就不难发现，这种政治"上纲"的根子其实并不在于政治和思想本身，而在于通过合作化促进农业增产，从而适应优先发展重工业对农业日益增加的需求。这一点从毛泽东批评不同意见的一些报告、文章中，也可以得到印证。例如，他在《关于农业合作化问题》中就指出："我国的商品粮食和工业原料的生产水平，现在是很低的，而国家对于这些物资的需要却是一年一年地增大，这是一个尖锐的矛盾。如果我们不能在大约三个五年计划的时期内基本上解决农业合作化的问题，即农业由使用畜力农具的小规模的经营跃进到使用机器的大规模的经营……我们就不能解决年年增长的商品粮食和工业原料的需要同现时主要农作物一般产量很低之间的矛盾，我们的社会主义工业化事业就会遇到绝大的困难，我们就不可能

[①] 《马克思恩格斯选集》第 3 卷，人民出版社 1995 年版，第 741 页。

完成社会主义工业化。"他还指出："为了完成国家工业化和农业技术改造所需要的大量资金，其中有一个相当大的部分是要从农业方面积累起来的。这除了直接的农业税以外，就是发展为农民所需要的大量生活资料的轻工业的生产，拿这些东西去同农民的商品粮食和轻工业原料相交换，既满足了农民和国家两方面的物资需要，又为国家积累了资金。而轻工业的大规模的发展不但需要重工业的发展，也需要农业的发展。因为大规模的轻工业的发展，不是在小农经济的基础上所能实现的，它有待于大规模的农业，而在我国就是社会主义的合作化的农业。因为只有这种农业，才能够使农民有比现在不知大到多少倍的购买力。"①

今天，人们对于社会主义改造过快出现的弊病以及如何做才会避免这些弊病，有了更加清醒的认识。但无论怎样，人们都否认不了这样一个基本事实，那就是当年在贯彻过渡时期总路线时，对农业、手工业和资本主义工商业的社会主义改造之所以提前完成，根本原因是为了适应由于实行优先发展重工业战略而给农业和轻工业造成的巨大压力。

五

既然决定由新民主主义向社会主义提前过渡以及这一过渡的提前完成，根本原因都在于中国共产党所作出的优先发展重工业的战略抉择，那么，评价向社会主义提前过渡的历史功过，就在很大程度上取决于对优先发展重工业战略的评价。改革开放后，特别是在 20 世纪 90 年代，学术界中曾出现过一种议论，认为这一战略是落后国家的"赶超战略"，它扭曲了这些国家的产业结构，代价高昂，绩效低下，因此是错误的。的确，这一战略具有"赶超"先进工业国的性质，实施这一战略的国家也确实在不同时期、不同程度上影响了产业结构的合理性。但是，历史唯物主义告诉我们，讨论任何历史问题，首先必须把它放到当时的历史条件下。所谓重工业的发展"优先"还是

---

① 《毛泽东文集》第 6 卷，人民出版社 1999 年版，第 431—433 页。

"不优先"，是从国家建设投资的重点讲的。在当时的历史条件下，中国要进行工业化建设，如果没有先进工业国的帮助，当然不可能优先发展重工业，只有等资金积累到足够多时，再向重工业倾斜。但是，当先进工业国，具体说就是苏联，表示愿意帮助中国优先发展重工业时，中国为什么不应该、不可以抓住这个机遇，加快发展自己呢？当初苏联答应帮助中国，只是同意提供技术、设备、专家和一部分低息贷款，而设备是要付钱的，贷款也并不多，只占"一五"计划工业基本建设投资的3%多一点。因此，优先发展重工业，资金缺乏是一个严重问题，势必造成国内各种经济关系、利益关系的紧张。但是，不这样做，难道有更好的办法吗？

对于优先发展重工业战略的局限性，以及在实施这一战略时出现的一些片面性，中国共产党当时的决策者们也曾有所觉察，而且比较早地试图纠正过。比如，毛泽东在1956年《论十大关系》的讲话中，提出要接受苏联和一些东欧国家片面注重重工业、忽视农业和轻工业的教训，在重工业为主的前提下，加重对农业、轻工业的投资；在1957年《关于正确处理人民内部矛盾的问题》一文中，又提出工业和农业同时并举的方针；在1959年提出要按照农、轻、重的次序来安排国民经济的思想，并指出："这样提还是优先发展生产资料，并不违反马克思主义。"①遗憾的是，尽管有了这样一些正确认识，但由于种种原因，在实际工作中并未能很好贯彻，相反一再要求加快工业建设速度，以致一度造成农、轻、重等国民经济重大比例关系的严重失调。可是，我们更应当看到，如果不是当年优先发展重工业，中国是不可能那么快地建立起独立完整的工业体系的。如果没有独立完整的工业体系作为基础，今天也是不可能出现如此神奇的经济成就的。另外，还应当看到，优先发展重工业的战略虽然早已不再提了，但是，今天重工业在工业中、工业在三次产业中的投资比重和发展速度，不仍然处于领先地位吗？后人对前人的不足与失误，无疑应当批评，但这种批评必须是客观的公正的，有一说一，有二说二，而不应当脱离当时特定的历史条件，更不应当以偏概全。

①《毛泽东文集》第8卷，人民出版社1999年版，第78页。

　　对于优先发展重工业要付出的代价，中国共产党的老一代领导人从一开始也是十分清楚的。例如，周恩来早在 1954 年第一届全国人民代表大会上就讲过："重工业需要的资金比较多，建设时间比较长，赢利比较慢，产品大部分不能直接供给人民的消费，因此在国家集中力量发展重工业的期间，虽然轻工业和农业也将有相应的发展，人民还是不能不暂时忍受生活上的某些困难和不便。但是我们究竟是忍受某些暂时的困难和不便，换取长远的繁荣幸福好呢，还是贪图眼前的小利，结果永远不能摆脱落后和贫困好呢？我们相信，大家一定会认为第一个主意好，第二个主意不好。"①当人们今天享受当年全国人民在中国共产党领导下节衣缩食、艰苦奋斗换取的繁荣和幸福时，面对老一代革命家的宽广胸怀，评价优先发展重工业战略的优劣得失，难道不应当更客观、更公正一些吗？历史是不允许假设的，但我们仍然不妨假设一下，如果当年不是优先发展重工业，而是像新民主主义革命胜利之前和新中国成立之初所设想的那样，先用十几年或者更长一些时间，慢慢发展轻工业，等到资金积累到一定程度时再着重发展重工业，那会是一种什么结果呢？可以肯定，那时的人绝不会吃那么多苦，受那么多累；但同样可以肯定的是，今天的发展也绝不会建立在这么坚实的工业基础之上，国家的国防力量和人民生活也绝不会像现在这样强大和富裕。

　　优先发展重工业作为一个历史问题，在前苏联也存在着评价上的分歧。20 世纪 80 年代后期，在"新思维"的诱发下，苏联史学界曾掀起过一场重评苏联历史的运动，其中对于斯大林时期的工业化建设，多数人认为由于人为强调重工业发展速度，迫使农业、轻工业发展付出代价，阻碍了社会现代化进程。但是，经过苏联解体后的实践检验，今天俄罗斯史学界的多数人和代表政府的主流观点都发生了变化。经俄罗斯教育部审定、由阿·舍斯塔科夫等人编著的 2002 年版历史教科书《20世纪祖国史》上说：20 世纪"30 年代，国家面临新的战争威胁。……要取得战争胜利必须有强大的工业，这对国家是生与死的问题"。而苏联没有殖民地，没有外资，工业落后……又不可能走传统的从轻工业开始

---

① 《周恩来选集》下卷，人民出版社 1984 年版，第 133—134 页。

的较为缓慢的工业化道路。所以实行"集中的计划管理、缩小市场的作用",对农业"超经济强制"获取资金,使人民"勒紧裤腰带"等,都是"迫不得已"的。该书还认为:"农业集体化是保证加速实现工业化最重要的条件。"①

中共中央于 1981 年作出的《关于建国以来党的若干历史问题的决议》(以下简称《决议》),对于 1952 年提出的过渡时期总路线,对于"一化三改"的工作,都有过结论性的评价。对于过渡时期总路线,《决议》指出:它"反映了历史的必然性"。历史证明,它"是完全正确的"。对于国家工业化和"一五"计划,《决议》指出:"国家的社会主义工业化,是国家独立和富强的当然要求和必要条件。""一五"计划建设"取得了重大成就。一批为国家工业化所必需而过去又非常薄弱的基础工业建立了起来。从 1953 年到 1956 年,全国工业总产值平均每年递增 19.6%,农业总产值平均每年递增 4.8%。经济发展比较快,经济效果比较好,重要经济部门之间的比例比较协调。市场繁荣,物价稳定。人民生活显著改善"。对于"三大改造",《决议》指出:"在过渡时期中,我们党创造性地开辟了一条适合中国特点的社会主义改造的道路。""在改造过程中,国家资本主义经济和合作经济表现了明显的优越性。"《决议》同时指出:"这项工作中也有缺点和偏差。在 1955 年夏季以后,农业合作化以及对手工业和个体商业的改造要求过急,工作过粗,改变过快,形式也过于简单划一,以致在长期间遗留了一些问题。1956 年资本主义工商业改造基本完成以后,对于一部分原工商业者的使用和处理也不很适当。但整个说来,在一个几亿人口的大国中比较顺利地实现了如此复杂、困难和深刻的社会变革,促进了工农业和整个国民经济的发展,这的确是伟大的历史性胜利。"② 从《决议》制定到今天已过去了 20 多年,20 多年来国内国外的实践,从正反两个方面都证明,《决议》的上述评价是完全正确的,是站得住脚的,是经得起历史检验的;制定这个《决议》的中国共产党,不愧是一个能够运用历史唯物主义观点对待

---

① 转引自吴恩远《还历史公正——俄罗斯对全盘否定苏联历史的反思》,《高校理论战线》2004 年第 8 期。

② 《三中全会以来重要文献选编》下卷,人民出版社 1982 年版,第 799—801 页。

历史问题的伟大的党。

[本文曾发表于《当代中国史研究》2004 年第 5 期，被《新华文摘》2005 年第 2 期和中国人民大学复印报刊资料《中国现代史》2005 年第 2 期转载，获中国社会科学院第六届（2007 年）优秀科研成果奖三等奖]

关于在国史研究中如何正确
评价计划经济的几点思考[*]

中华人民共和国史研究，简称国史研究，又称当代中国史研究，是以中华人民共和国成立后中国境内社会与自然界发展变化为对象的历史研究。由于这段历史距离现在很近，并且还在继续发生发展着；更由于中华人民共和国是中国历史上从来没有过的人民当家作主的新型国家，所以，国史研究的意识形态性要比中国古代史、近代史的研究强烈得多。正因为如此，对国史研究中的几乎所有重要问题，都存在不同的甚至截然相反的评价。计划经济的历史评价问题，便是其中一个分歧很大的问题。

一个国家实行什么样的经济体制，对这个国家的影响往往是巨大的、深刻的、全方位的。我国从实行计划经济体制到1992年党的十四大决定实行社会主义市场经济体制，其间如果从1950年统一财经算起，长达42年；如果从1953年实施第一个五年计划算起，也有39年，时间均占1949年中华人民共和国成立至今57年的70%左右。因此，能否正确评价我国一度实行过的计划经济，关系到对相当长一段国史的评价。

党的十四大根据邓小平关于计划经济不等于社会主义，计划多一点还是市场多一点不是社会主义与资本主义本质区别的论断，作出了由计划经济体制向社会主义市场经济体制转变的决策。经过14年来的努力，社会主义市场经济体制已经初步建立起来。事实说明，把建立社会主义市场经济作为经济体制改革的目标模式，是完全符合我国当时和今后相

---

* 这是在中共中央党校进修一班第39期（2006年）撰写的毕业论文。

当长历史时期生产力发展水平的，是我们党对社会主义认识上的一个重大的突破性进展和对马克思主义经济理论的一个崭新的创造性发展。它极大地解放和发展了我国社会生产力，大幅度提升了综合国力，实现了人民生活总体上由温饱到小康的历史性跨越。任何留恋计划经济体制的想法，都是既缺乏理论根据又缺乏事实根据的；任何试图恢复计划经济体制的做法，都是既不利于跟上时代脉搏又违背绝大多数人民意志的。但是，这是否意味着我们当初选择计划经济体制就错了，几十年来对计划经济的探索就毫无意义了呢？是否意味着实行计划经济只是从理论出发而不是从实际出发的，只有束缚经济活力的弊病而没有改变国家落后面貌的巨大作用，只有凭主观意志办事的失败教训而没有按客观经济规律办事的成功经验呢？如果对这些问题不能给予正确回答，不仅对那段国史的评价难以做到公允，而且不利于我们完善社会主义市场经济体制。

江泽民同志在党的十四大报告中讲到确立社会主义市场经济体制"不是原有经济体制的细枝末节的修补，而是经济体制的根本性变革"时，紧接着说："原有经济体制有它的由来，起过重要的积极作用。"过了两年，他在一次讲话中又说："对计划经济体制曾经起过的历史作用，我们是充分肯定的。从历史进程看，苏联能够对付并最终打败德国法西斯，同他们通过计划经济建立了独立的、完整的工业体系和国民经济体系是分不开的。这就是说，在无产阶级夺取政权和建设社会主义初期那种历史条件下，实行计划经济还是有其必要的。我们建国初期的历史也说明了计划经济曾经起过重要作用。……应在总结我们搞计划经济的经验教训和借鉴西方国家搞市场经济的有益经验的基础上，通过实践、认识、再实践、再认识，开拓一条发展社会主义市场经济的正确道路，使这种新的经济体制逐步成熟和完善起来。"[①] 这些话告诉我们，评价在中华人民共和国历史上一度实行过的计划经济体制，不能脱离当时的历史条件，也不能把它同社会主义市场经济完全割裂和对立起来。循着这一思路，本文试图对国史研究中的计划经济的评价问题，提出以下几点看法。

---

① 江泽民：《论社会主义市场经济》，中央文献出版社 2006 年版，第 203—204 页。

第一，新中国成立初期选择并实行计划经济体制并非单纯从某种理论出发和照搬别国模式的结果，而主要是为着较快实现工业化、建立独立完整工业体系的需要。

按比例分配社会劳动时间于不同生产部门是人类社会的客观规律，但资本主义社会只能以价值规律的自发力量和经济危机的强制调节做到按比例；只有在"以集体为基础的社会"或共产主义社会，才能通过对经济规律的认识和自觉的、事先的计划做到按比例。这一伟大思想，首先是马克思提出的。① 无论苏联还是我国，革命胜利后都把自己实行计划经济说成是来自这一思想。但今天我们知道，马克思所讲的"以集体为基础的社会"或共产主义社会，指的都是建立在生产社会化程度很高的资本主义社会之后的社会；他所讲的通过计划使国民经济按比例发展，是对那种社会的一种合乎逻辑的科学预见。而当时的苏联和当时的我国，要么处于工业不发达的社会，要么基本上处于农业社会，都不具备马克思所说的可以完全自觉地按比例发展国民经济的社会条件。然而，只要我们结合当时的历史背景作一点深入分析就不难发现，无论苏联还是我国，当初所以选择和实行计划经济体制，并非单纯是因为马克思有这个思想，而主要是客观需要和客观条件互动的结果。

苏联和我国在革命胜利后，面对自身经济落后的局面和帝国主义的军事威胁，都把资金、技术密集的重工业作为自己优先发展的产业，以期在较短时间内实现国家工业化，为提高人民生活水平、增强国防实力、巩固新生政权奠定物质基础。然而，苏联和我国，尤其我国，当时缺少的恰恰是资金、物资、技术、人才等发展重工业所必需的资源。面对这种情况，加上帝国主义的经济封锁，如果还是采取革命胜利以前的社会所采取的那种以市场为基础配置资源的办法，要想优先发展重工业、快速工业化是根本做不到的，唯一的办法只能是通过国家的统一计划来配置资源。而共产党是以民主集中制为组织原则的，革命胜利后又建立了社会主义所有制，经济多少也有了一定程度的社会化，而且规模还比较小，这些都为以统一计划配置资源的办法提供了现实可能性。在这种情况下，两国领导人从马克思关于未来社会将有计划按比例发展经

---

① 见马克思《资本论》第 2 卷、《政治经济学批判大纲》、《致路·库格曼》。

济的思想中受到启示是很自然的；加之对社会主义社会的阶段性认识不足，更会很自然地认为，只要生产资料为全社会掌握就可以按照马克思的设想去做。因此，苏联和我国当初把实行计划经济说成是来自马克思的思想，与其说是为了实践马克思的思想，不如说是为了优先发展重工业、迅速实现工业化而从马克思的思想中寻找理论根据更为切合实际。

我国经济原先就比苏联落后很多，革命胜利又比苏联晚了32年，因此，苏联连续进行的若干个五年计划建设所取得的辉煌成就，对我国不可能没有巨大的示范效应，向苏联学习计划经济的方法也是十分自然的。但是，这一学习同样是出于自己实施优先发展重工业方针的需要；而且在学习初始阶段，除了对重工业的建设和管理经验基本照抄外，其他方面都注意到了结合自己的实际情况，有的学，有的不学，有的在学习中还有创造。尤其到了"一五"建设的后期，更加强调要重视自己的经验。那种认为我国实行计划经济就是从某种理论出发，是完全照抄照搬别国模式的观点，缺乏事实根据，是站不住脚的。

第二，我国计划经济体制并非只是造成经济活力不足等弊病的根源，它同时也是社会主义建设取得辉煌成就的重要原因之一。

我国从第一个五年计划建设开始到现在，已连续进行了十个五年计划建设，正在进行的是第十一个五年规划建设。其中，头五个五年计划时期，实行的是高度统一的计划经济体制。在这段时间里，我国经济发生过大起大落，存在投入多产出少等效益不高、市场供应紧张、商品品种单调、人民生活水平提高不快等问题。造成这些问题的原因是多方面的，但高度集中的计划经济体制自身固有的集中过多、信息不灵、活力不强、效率不高的弊端也是重要原因之一。特别是"大跃进"和人民公社化运动之后，计划统的越来越多、越来越死，指令性计划管理不断加强，原有的间接计划、指导性计划逐渐消失，而且计划多变、相互脱节，更强化了这一体制的负面作用。但是，如果我们只看到计划经济年代出现的种种问题与计划经济体制之间的联系，而看不到那一时期社会主义建设成就与计划经济体制之间的联系，是不全面、不客观的；如果把计划经济形容成"万恶之源"，似乎那一时期什么问题都是计划经济体制造成的，则更是不符合实际的和有害的。当然，如果那时在经济管理体制中能够允许使用市场调节的手段，如果制定计划时更加民主、更加科学、更加尊重客观经济规律，如果不发生由于急躁冒进而导致的经济大起大落，建设成就本来可以更大些。但我们不能因为这种假设，就否定已取得的伟大成就，抹杀计划经济体制对于取得这些成就的历史性贡献。

无可否认的是，新中国经过头五个五年计划的建设，人民生活比起旧中国虽有翻天覆地的变化，但与工业化建设的成就相比，变化的幅度显得不那么大。尤其是那一时期商品匮乏、票证多、农村面貌变化小，给人们留下了十分深刻的印象。许多经过或没有经过那个时代的人，每当提到这一现象，都把它看成是计划经济体制造成的。但我们只要作一点深入的具体的分析就不难看到，出现这一现象的主要原因其实并不在于计划经济体制，而在于：其一，大规模工业化建设需要积累大量资金、使用大量物资，从而在较长时间内对农林牧业造成巨大压力，使轻工业生产原料不足，农副产品和消费资料供应紧张；其二，由于经验不足、急于求成等人为因素，使经济工作违背有计划按比例发展的原则，导致决策的某些重大失误，从而加剧了对农林牧业的压力，延长了农副产品和消费资料供应紧张的时间。在这两种原因中，第一种更带根本性。就是说，主要的不是由于计划经济造成了资金、物资的匮乏，而是资金、物资的匮乏决定了计划经济。

自从"六五"时期到现在，我国的社会主义现代化建设取得了更加令世人瞩目的辉煌成就。其根本原因固然在于我们党制定了"一个中心、两个基本点"的基本路线，实行了改革开放的总方针，但应当看到头五个五年计划时期奠定的初步工业化基础在其中也起到了巨大的支撑作用。另外，"六五"、"七五"时期和"八五"的头两年，虽然进行了以市场为取向的改革，但经济体制在总体上说仍然属于计划经济；从"八五"的第三年以来，虽然实行了以社会主义市场经济为目标模式的经济体制改革，但计划经济的某些长处、优势仍然在宏观经济中发挥着积极作用。否则无法解释，全世界有那么多实行市场经济的发展中国家，为什么唯独我们能长时期保持那么高的发展速度，不断取得那么多显著的建设成就。

第三，我国实行计划经济的过程中并非只有凭主观意志办事的教训，它同时也积累了大量按照客观经济规律指导经济建设的成功经验。

计划是由人事前预先拟订的行动方案，本质上属于观念性的东西。因此，如果制定计划的人不尊重客观规律，不认真调查实际情况，他做的计划就很容易出主观主义的偏差。当年苏联和我国，由于夸大主观能动性作用等原因，在实行计划经济的过程中都曾或多或少、或大或小地发生过计划脱离实际的情况。但是，计划经济的历史上犯过主观主义的错误，不等于经济计划就必然出主观主义。事实上，无论苏联还是我国，在实行计划经济的过程中，对于如何使经济计划最大限度地符合客观经济规律和实际情况，都进行过不懈的艰辛探索，取得过许多宝贵的经验。当我们将计划经济体制转变为社会主义市场经济体制时，不应当把这些经验简单地看成是过时的、没有用的东西，不分青红皂白地统统丢掉；更不应当认为谁强调重视计划的调节作用，谁就是"保守"，就是"复旧"，就是"开历史的倒车"。

党的十六大召开前夕，江泽民同志在解释为什么从"计划与市场相结合的社会主义商品经济"、"社会主义有计划的市场经济"、"社会主义市场经济"这三种提法中，选择后者作为新经济体制的提法时曾明确指出："有计划的商品经济，也就是有计划的市场经济。社会主义经济从一开始就是有计划的，这在人们的脑子里和认识上一直是清楚的，不会因为提法中不出现'有计划'三个字，就发生是不是取消了计划性的疑问。"他还把在经济运行机制上，"市场经济和计划经济的长处有机结合起来，充分发挥各自的优势作用，促进资源的优化配置，合理调节社会分配"，作为社会主义市场经济体制的三个主要特征之一。他强调："国家计划是宏观调控的重要手段之一。建立社会主义市场经济体制，是要改革过去那种计划经济模式，但不是不要计划，就是西方市场经济国家也都很重视计划的作用。我们是社会主义国家，更有必要和可能正确运用必要的计划手段。"[1]这说明，我们党从决定建立社会主义市场经济的那天起，就没有把发挥计划调节的优势排斥在社会主义市场经济之外，相反，把它看成是社会主义市场经济的题中应有之义。

社会主义市场经济相较资本主义市场经济而言，之所以更有必要和

---

① 江泽民：《论社会主义市场经济》，中央文献出版社2006年版，第31页。

可能正确运用计划手段，根本原因在于社会主义有着与资本主义不同的基本政治制度和经济制度。邓小平说过："社会主义有两个非常重要的方面，一是以公有制为主体，二是不搞两极分化。"① 他还说过："社会主义同资本主义比较，它的优越性就在于能做到全国一盘棋，集中力量，保证重点。"② 江泽民同志也说："我们搞的是社会主义市场经济，'社会主义'这几个字是不能没有的，这并非多余，并非画蛇添足，而恰恰相反，这是画龙点睛。所谓'点睛'，就是点明我们的市场经济的性质。"③ 他还具体指出了在社会主义市场经济中计划调节的任务和作用，即弥补和抑制市场调节的不足和消极作用，"把宏观经济的平衡搞好，以保证整个经济的全面发展。在那些市场调节力所不及的若干环节中，也必须利用计划手段来配置资源。同时，还必须利用计划手段来加强社会保障和社会收入再分配的调节，防止两极分化"④。可见，正是社会主义以公有制为主体，走共同富裕道路，集中力量办大事，这些制度上的优越性，以及我国的基本国情和所处的经济发展阶段，决定了社会主义市场经济在运用计划手段的目的、范围、实现形式上，与西方资本主义国家相比有许多不同之处。既然如此，计划经济年代为使经济计划符合客观经济规律而进行的探索、积累的经验，对于今天搞好社会主义市场经济的宏观调控，尤其是贯彻落实好全面、协调、可持续的科学发展观，又怎么会失去借鉴意义呢？

通过以上分析，本文得出的基本结论是：其一，不能因为后来实行社会主义市场经济体制，就否定当初实行计划经济体制的历史必然性和必要性；其二，不能因为肯定计划经济体制的历史作用，就看不到计划经济体制对市场信号反应较迟，对基层和企业的主动性、创造性束缚较多，对劳动者的激励机制较弱等弊端；其三，不能因为放弃计划经济体制，就不敢理直气壮地肯定计划调节手段对于弥补和抑制市场滞后性、自发性、盲目性的积极作用。总之，认识计划经济的由来和历史作用，不应当把它放在今天的条件下，而应当把它放在当时的条件下；不应当

---

① 《邓小平文选》第 3 卷，人民出版社 1993 年版，第 138 页。

② 同上书，第 16—17 页。

③ 江泽民：《论社会主义市场经济》，中央文献出版社 2006 年版，第 203 页。

④ 同上书，第 4—6 页。

把它同社会主义市场经济截然割裂和对立，而应当看到它们之间的内在联系。

最近，胡锦涛总书记在庆祝建党 85 周年大会上的讲话中指出："在社会主义革命和建设时期，我们确立了社会主义基本制度，在一穷二白的基础上建立了独立的比较完整的工业体系和国民经济体系，使古老的中国以崭新的姿态屹立在世界的东方。"这一评价再次充分肯定了新中国成立后头 30 年的历史，对正确认识计划经济的历史地位具有重要的指导意义。我们应当遵循《关于建国以来党的若干历史问题的决议》和党中央对新中国成立后历史评价的一系列指示精神，继续深入研究包括计划经济在内的重大历史问题，不断丰富对那一段国史的认识，更好地发挥国史研究咨政、育人的作用。

（本文曾发表于《理论前沿》2006 年第 21 期，被中国人民大学复印报刊资料《经济史》2007 年第 2 期转载）

研究"三农"问题的出发点[*]

中国农业合作经济发展问题，是当前中国改革发展处于新的历史起点之际，全党面对的重大而紧迫的问题，也是中华人民共和国史研究中的课题。它涉及对农业合作化运动的历史评价，涉及对当年合作化与今天合作经济的比较，也涉及对邓小平同志关于农业改革和发展"两个飞跃"思想的理解。

中国是一个历史悠久的农业国，但自从进入近代以来，"三农"即农业、农村、农民便作为一个被捆在一起的问题摆到了国人面前。在旧中国的"三座大山"压迫下，这一问题不仅得不到解决，反而日益严重。新中国成立后，"三农"问题与旧中国相比具有完全不同的性质。经过社会主义革命和建设，尤其经过改革开放，农业生产力、农村面貌、农民状况，与旧中国相比都发生了翻天覆地的变化。但由于种种原因，时至今日，"三农"问题仍然是摆在我们面前的一个没有完全解决的问题。

从新中国成立到现在的近 60 年时间，"三农"问题大体可以分为改革开放之前的近 30 年和改革开放之后的近 30 年两大阶段。这两个阶段的"三农"问题尽管存在共性，但各自具有显著的经济社会发展的阶段性特征，内涵有很大的区别。前一阶段的"三农"问题所处的历史条件是中国要在一穷二白的基础上进行优先发展重工业的快速工业化建设，面临的主要任务和情况是农业要为工业化提供大量原材料和尽可能多而且价格稳定的商品粮。那时，农村除生产需要外，很少或基本得

---

* 这是 2008 年 4 月 14 日在当代中国研究所、中国经济史学会现代经济史专业委员会、河北农业大学商学院联合召开的"中国农业合作经济发展论坛"开幕式上的讲话。

— 59 —

不到国家建设的投资；农民除少数按国家计划进入城市变成工人外，大部分要固定在农村从事农业生产。分析当年的合作化运动、人民公社化运动、学大寨运动、粮油统购统销政策等决策和事件的动因，评价它们的得失，固然可以有这样的看法或那样的看法，但有一点应当肯定，那就是一定要把它们的动因放在当时为突击奠定工业化基础、大幅度增加农业单位面积产量而大兴水利和大搞农田基本建设的那个历史条件下来分析，把它们的得失同我国用较短时间就初步建立起独立的、比较完整的工业体系和国民经济体系，大大改善了水利和农田状况这一基本的事实放在一起来评价。

然而，经过改革开放30年后的"三农"问题，其所处历史条件与改革开放前相比有了很大不同。我们不能用今天的眼光来看待过去的"三农"问题，也不要用过去的眼光来硬套今天的"三农"问题。今天，"三农"问题所面临的，已经是在改革开放前30年社会主义建设基础上实行了30年改革开放政策并出现经济社会大发展的时期，是国家进入工业化中期阶段并正在向基本实现工业化大迈进的时期，是工业化、信息化、城市化、市场化、国际化同时到来并引起社会大变迁的时期。这个时期的"三农"问题，已不再是农业如何为工业化作积累作贡献的问题，而是工业如何反哺农业、城市如何支持农村的问题；已不再是农民能不能进城的问题，而是有越来越多的农民进城务工后，农民工的户籍管理、社会保障、子女上学等如何解决的问题；已不再是国家财政要不要覆盖农村、强化对农村的公共服务、以城带乡的问题，而是在城镇化率不断提高的情况下，农副业生产如何发展、新农村如何建设，以及妇女、老人、孩子"三留守"等问题如何解决的问题。因此，研究今天的"三农"问题，一方面要看到土地家庭承包制、市场化、城镇化带给农业生产力、农民积极性、农村面貌的极大发展、提高和改变；另一方面也要看到，制约它们进一步发展、提高、改变的深层次矛盾和问题，从而努力总结新经验，理清新思路，寻求新突破，解决新问题。

改革开放后的历史条件，相对于改革开放前尽管发生了巨大变化，但我国仍然是并将长期是发展中的大国、仍然处在并将长期处在社会主义初级阶段的这一基本国情并没有改变。这个国情包括：人口多但耕地少，人均资源尤其是土地、水和矿物资源相对贫乏，且随着人口的增加、工业和城市的发展而日趋紧张；国民生产总值虽然跃居世界前几名，但工业化起步晚，家底薄，人均国民生产总值仍处在世界落后国家行列；农业单产虽然高，但抗灾能力弱，基本上还是靠天吃饭，粮食自给的压力仍然很大，且会随着城镇人口的增加和食物结构的变化而越来越大；农民虽然大量进城务工，但基本没有可接续的养老、医疗、失业保险，其中多数人还不是稳定的城镇人口，还不能失去在农村的土地承包权；城镇化率虽然已大幅度提高，但农村人口仍然占人口的大多数，即使今后少于城镇人口，其绝对数在长时期内也还是相当庞大的；农村虽然已普遍通上了电和公路，但人均收入、基础设施、教育水平等仍远远落后于城市，而且与城市之间的差距还有继续扩大之势；国家虽然实施了中西部大开发和振兴东北的战略，但地区不平衡的现象仍然很严重，等等。

这种国情，在美国等高度发达的国家中没有，在新加坡一类中等发达的小国中也没有。面对这种国情和经济社会发展的阶段性特征，研究"三农"问题的出路，研究农业经营方式的选择，必须把农业生产特别是粮食生产能否基本保证自给、农民收入能否稳步增加、农村与城市以及地区与地区之间的差距能否逐渐缩小，继续作为研究的出发点。就是说，无论过去、现在和将来，选择农业的经营方式，应当主要看它是否有利于保证农产品特别是粮食的基本自给，有利于农民的稳步增收，有利于城乡差距的逐渐缩小。有利的就用，不利的就不用。这个时期这个地区这种方式有利，就用这种方式；过一个时期换一个地区，这种方式不利了，就不用这种方式。总之，一切要从中国自己基本的国情和一定的经济社会发展阶段出发，因时因地选择农业的经营方式，不搞一刀切，不搞大呼隆。如果说改革开放前30年农业合作化的经验教训中有什么拿到今天仍然有效的话，我想这应当是最为重要的一条。

建立在土地集体所有、家庭承包基础上的农业合作组织，是小农户应对大市场的新型农业合作经济形式。它有利于农民增强竞争力、降低生产经营的风险和成本、建立增收的长效机制，有利于传统农业向现代农业、商品农业的转变，有利于社会主义新农村的建设，是解决今天"三农"问题的有效途径。前不久颁布的《农民专业合作社法》，为这一经济形式提供了法律保障，开辟了广阔空间。但要使它发展壮大，还有许多问题需要我们研究解决。

邓小平同志早在 1992 年就说过："农业的改革和发展会有两个飞跃，第一个飞跃是废除人民公社，实行家庭联产承包为主的责任制，第二个飞跃就是发展集体经济。社会主义经济以公有制为主体，农业也一样，最终要以公有制为主体。""仅是一家一户的耕作，不向集体化集约化经济发展，农业现代化的实现是不可能的。就是过一百年二百年，最终还是要走这条路。""但是不要勉强，不要一股风。如果农民现在还没有提出这个问题，就不要着急。条件成熟了，农民自愿，也不要去阻碍。"① 胡锦涛同志在党的十七大报告中也指出："解决好农业、农村、农民问题，事关全面建设小康社会大局，必须始终作为全党工作的重中之重。"要"坚持农村基本经营制度，稳定和完善土地承包关系，按照依法自愿有偿原则，健全土地承包经营权流转市场，有条件的地方可以发展多种形式的适度规模经营。探索集体经济有效实现形式，发展农民专业合作组织，支持农业产业化经营和龙头企业发展"。② 我们应当深刻领会这些重要论述的精神实质，并把它们作为研讨当前中国农业合作经济发展问题的指导思想。

（本文曾发表于《理论前沿》2008 年第 19 期）

---

① 《邓小平年谱（1975—1997）》下卷，中央文献出版社 2004 年版，第 1349、1350 页。
② 《中国共产党第十七次全国代表大会文件汇编》，人民出版社 2007 年版，第 22、23 页。

毛泽东对中国工业化的探求
与中国的革命和建设[*]

毛泽东作为中国共产党第一代领导集体的核心，对在中国实现工业化始终怀有强烈的愿望和坚定的信念，并为此进行了不懈的探求，付出了毕生的精力。他对于中国工业化的探求，大体可以分为四个时期，即1949 年以前、1949 年至 1956 年、1957 年至 1965 年、1966 年至 1976年。在这四个时期，他对工业化的探求都对中国革命和建设产生过巨大影响，其中有辉煌的成就，也有一些失误，包括他晚年在指导思想上出现的"左"的偏差。但无论是哪种情况，他对在中国实现工业化的奋斗目标和对社会主义一定要建立在工业化基础之上的观点，都是坚定不移的，有的错误甚至就出在急于实现工业化上。因此，分析毛泽东对中国工业化的探求，对于深入探究和理解他的思想与实践，深入探究和认识中国革命与建设中的一些重大历史问题，都是很有必要的。

一

1949 年以前，毛泽东对中国工业化的探求，主要围绕工业化在中国的政治前提和如何对待民族资本主义工业这两个问题，集中体现于他所创立的新民主主义革命理论及相关政策中。

自从 1840 年鸦片战争之后，中国工业化问题便同中国的民族独立、国家统一等问题一道，成为中国面临的基本问题。除了代表地主阶级最腐朽力量的顽固派，在中国政治舞台上先后登场的一切政治派别，可以

* 这是 2003 年为全国纪念毛泽东同志诞辰 110 周年学术研讨会撰写的特约论文。

说都赞成在中国兴办工业，实现工业化。但怎样才能实现工业化呢？对于这个问题，不同派别的答案就截然不同了。中国共产党从她诞生起就向世人宣示，中国要实现工业化，必须彻底反帝反封建，扫除工业化道路上的这两个拦路虎，并提出了进行由无产阶级领导的新式民族民主革命的一系列政治主张。毛泽东将这些主张加以系统化，形成了一整套完整的理论，即新民主主义理论。

毛泽东在《中国革命和中国共产党》一文中，从两方面深入分析了外国资本主义对于中国资本主义发展的作用。他指出："中国封建社会内的商品经济的发展，已经孕育着资本主义的萌芽，如果没有外国资本主义的影响，中国也将缓慢地发展到资本主义社会。外国资本主义的侵入，促进了这种发展。外国资本主义对于中国的社会经济起了很大的分解作用，一方面，破坏了中国自给自足的自然经济的基础，破坏了城市的手工业和农民的家庭手工业；又一方面，则促进了中国城乡商品经济的发展。这些情形，不仅对中国封建经济的基础起了解体的作用，同时又给中国资本主义生产的发展造成了某些客观的条件和可能。因为自然经济的破坏，给资本主义造成了商品的市场，而大量农民和手工业者的破产，又给资本主义造成了劳动力的市场。""可是，上面所述的这一资本主义的发生和发展的新变化，只是帝国主义侵入中国以来所发生的变化的一个方面。还有和这个变化同时存在而阻碍这个变化的另一个方面，这就是帝国主义勾结中国封建势力压迫中国资本主义的发展。帝国主义列强侵入中国的目的，决不是要把封建的中国变成资本主义的中国。帝国主义列强的目的和这相反，它们是要把中国变成它们的半殖民地和殖民地。"①接着，毛泽东列举了帝国主义为了不使中国成为一个资本主义国家而采取的一系列军事的、政治的、经济的、文化的压迫手段。

正因为如此，毛泽东明确指出，中国工人阶级及其先锋队——中国共产党要实现中国工业化的奋斗目标，就要首先完成新民主主义革命；同时，要使新民主主义革命的胜利得以巩固，就要争取在中国实现工业化。他说："解放中国人民的生产力，使之获得充分发展的可能性，有

① 《毛泽东选集》第 2 卷，人民出版社 1991 年版，第 626—628 页。

待于新民主主义的政治条件在全中国境内的实现。这一点，懂得的人已一天一天地多起来了。在新民主主义的政治条件获得之后，中国人民及其政府必须采取切实的步骤，在若干年内逐步地建立重工业和轻工业，使中国由农业国变为工业国。新民主主义的国家，如无巩固的经济做它的基础，如无进步的比较现时发达得多的农业，如无大规模的在全国经济比重上占极大优势的工业以及与此相适应的交通、贸易、金融等事业做它的基础，是不能巩固的。我们共产党人愿意协同全国各民主党派，各部分产业界，为上述目标而奋斗。中国工人阶级在这个任务中将起伟大的作用。……中国工人阶级的任务，不但是为着建立新民主主义的国家而斗争，而且是为着中国的工业化和农业近代化而斗争。"①可见，在毛泽东看来，争取新民主主义革命的胜利和实现中国的工业化，都是中国共产党人的奋斗目标。正是这一观点，使工业化与反帝反封建这两个中国面临的基本问题被紧密联系到了一起。

由于只有发展工业化才能巩固新民主主义革命的胜利成果，因此，毛泽东进一步提出，新民主主义革命要分两步走。"第一步，改变这个殖民地、半殖民地、半封建的社会形态，使之变成一个独立的民主主义的社会。第二步，使革命向前发展，建立一个社会主义的社会。"②这个"第一步，虽然按其社会性质，基本上依然还是资产阶级民主主义的，它的客观要求，是为资本主义的发展扫清道路；然而这种革命，已经不是旧的、被资产阶级领导的、以建立资本主义的社会和资产阶级专政的国家为目的的革命，而是新的、被无产阶级领导的、以在第一阶段上建立新民主主义的社会和建立各个革命阶级联合专政的国家为目的的革命。因此，这种革命又恰是为社会主义的发展扫清更广大的道路"。③

对于在新民主主义革命胜利后还将继续发展资本主义经济的问题，毛泽东解释说："在革命胜利之后，因为肃清了资本主义发展道路上的障碍物，资本主义经济在中国社会中会有一个相当程度的发展，是可以想象得到的，也是不足为怪的。资本主义会有一个相当程度的发展，这

①《毛泽东选集》第3卷，人民出版社1991年版，第1081页。
②《毛泽东选集》第2卷，人民出版社1991年版，第666页。
③ 同上书，第668页。

是经济落后的中国在民主革命胜利之后不可避免的结果。"①他还说："拿资本主义的某种发展去代替外国帝国主义和本国封建主义的压迫，不但是一个进步，而且是一个不可避免的过程。……现在的中国是多了一个外国的帝国主义和一个本国的封建主义，而不是多了一个本国的资本主义，相反地，我们的资本主义是太少了。说也奇怪，有些中国资产阶级代言人不敢正面地提出发展资本主义的主张，而要转弯抹角地来说这个问题。另外有些人，则甚至一口否认中国应该让资本主义有一个必要的发展，而说什么一下就可以到达社会主义社会，什么要将三民主义和社会主义'毕其功于一役'。很明显地，这类现象，有些是反映着中国民族资产阶级的软弱性，有些则是大地主大资产阶级对于民众的欺骗手段。"②

那时，党内有一些同志也反对在中国发展资本主义工业，主张在小农经济的基础上直接实行社会主义。对于这种自发产生的农业社会主义的思想倾向，毛泽东也给予了无情的批判，指出这是一种"民粹派"的思想。他在1944年8月31日致博古的信中说："新民主主义社会的基础是工厂（社会生产，公营的与私营的）与合作社（变工队在内），不是分散的个体经济。分散的个体经济——家庭农业与家庭手工业是封建社会的基础，不是民主社会（旧民主、新民主、社会主义，一概在内）的基础，这是马克思主义区别于民粹主义的地方。……现在的农村是暂时的根据地，不是也不能是整个中国民主社会的主要基础。由农业基础到工业基础，正是我们革命的任务。"③他在1945年4月党的七大书面报告中说：对新民主主义革命时期要不要发展资本主义，"这个问题，在我们党内有些人相当长的时间里搞不清楚，存在一种民粹派的思想。这种思想，在农民出身的党员占多数的党内是会长期存在的。所谓民粹主义，就是要直接由封建经济发展到社会主义经济，中间不经过发展资本主义阶段"。④他在1948年4月1日晋绥干部会议的讲话中又说："现在农村中流行的一种破坏工商业、在分配土地问题上主张绝对

① 《毛泽东选集》第2卷，人民出版社1991年版，第650页。
② 《毛泽东选集》第3卷，人民出版社1991年版，第1060页。
③ 《毛泽东书信选集》，人民出版社1983年版，第238—239页。
④ 《毛泽东文集》第3卷，人民出版社1996年版，第323页。

平均主义的思想（是一种农业社会主义思想），它的性质是反动的、落后的、倒退的。我们必须批判这种思想。"①他还在 1948 年 9 月政治局会议上说："我们反对农业社会主义，所指的是脱离工业、只要农业来搞的什么社会主义，这是破坏生产、阻碍生产发展的，是反动的。但不能由此产生误解。将来在社会主义体系中农业也要社会化。"②

1948 年 7 月，经党中央审定、以新华社名义发表的《关于农业社会主义的问答》中强调："农业社会主义思想，是指在小农经济的基础上产生出来的一种平均主义思想。抱有这种思想的人们，企图用小农经济的标准，来认识和改造世界，以为把整个社会经济都改造为划一的'平均的'小农经济，就是实行社会主义，而可以避免资本主义的发展。过去历史上代表小生产者的原始社会主义的空想家或实行家，例如帝俄时代的民粹派和中国的太平天国的人们，大都抱有这一类思想的。"③ 显然，这一文件也是在毛泽东上述思想的指导下制定的。

毛泽东不仅把是否有利于中国工业化的发展作为制定一切政策的根本出发点，而且在我们党所领导的根据地，已经实施了保护私营工商业和发展公营工商业的政策，并注意纠正各种看不起经济工作和技术工作的思想倾向。抗日战争时期，陕甘宁边区开展了包括发展公营工业在内的大生产运动，使边区已经能够自己解决布匹和日用品的需要，工人的数量也由开始的 700 人发展到 1.2 万人。1944 年 5 月，毛泽东在边区工厂厂长及职工代表会议上讲话时指出：边区工业的"数目虽小，但它所包含的意义却非常远大。谁要不认识这个最有发展前途、最富于生命力、足以引起一切变化的力量，谁的头脑就是混沌无知。要打败日本帝国主义，需要工业。要使中国的民族独立有巩固的保障，就需要工业化。我们共产党是要努力于中国的工业化的。中国落后的原因，主要的是没有新式工业。日本帝国主义为什么敢于这样地欺负中国，就是因为中国没有强大的工业，它欺侮我们落后。因此消灭这种落后，是我们全民族的任务。老百姓拥护共产党，是因为我们代表了民族与人民的要

---

① 《毛泽东选集》第 4 卷，人民出版社 1991 年版，第 1314 页。括弧中的话见《毛泽东文选》，渤海新华书店 1948 年版，第 12 页。
② 《毛泽东文集》第 5 卷，人民出版社 1996 年版，第 139 页。
③ 《中共中央文件选集》(1948—1949)，中共中央党校出版社 1987 年版，第 236 页。

求。但是，如果我们不能解决经济问题，如果我们不能建立新式工业，如果我们不能发展生产力，老百姓就不一定拥护我们。……经济工作，尤其是工业，我们还不大懂，可是这一门又是决定一切的，是决定军事、政治、文化、思想、道德、宗教这一切东西的，是决定社会变化的。因此所有的共产党员都应该学习经济工作，其中许多人应该学习工业技术。如果我们共产党员不关心工业，不关心经济，也不懂别的什么有益的工作，对这些一无所知，一无所能，只会做一种抽象的'革命工作'，这种革命家是毫无价值的。我们应该反对这种空头革命家，学习实现中国工业化的各种技术知识"。[①]

任弼时在1944年陕甘宁边区高级干部会议上演讲时，曾引述过毛泽东关于发展边区生产的另一段话。毛泽东说：日本帝国主义与汉奸"这些妨碍生产力发展的军事政治力量不取消，生产力就不能解放，经济就不能发展。因此第一个任务就是打倒妨碍生产力发展的军事政治力量，这就是为着解放生产力。学过社会科学的同志懂得这一条，最根本的问题是生产力向上发展的问题。我们搞了多少年就是为了这件事。马克思主义的社会科学主要的就是讲的这件事，就是讲生产力在历史上是如何发展起来的"。任弼时在引述这段话后讲："毛主席的指示也就是告诉我们一个真理，即革命是为着建设，而建设的根本是发展经济。"[②]

从以上分析可以看出，毛泽东在领导中国的新民主主义革命时期，对于革命是为着解放生产力、为着扫清工业化道路上的障碍的这一马克思主义基本观点，是有清醒认识和深刻理解的，是贯彻到了革命战略与策略的各个方面的。正是因为有着这些正确的战略与策略的指导，才使新民主主义革命得以顺利进行，并取得了彻底胜利。

二

1949年到1956年期间，毛泽东对中国工业化的探求，主要围绕中国工业化的具体道路和生产关系的相应变革这两个问题，集中体现在他

---

① 《毛泽东年谱（1893—1949）》中卷，中央文献出版社2002年版，第514—515页。
② 《任弼时选集》，人民出版社1987年版，第343—344页。

所提出的过渡时期总路线及贯彻措施中。

对于由新民主主义向社会主义的转变问题，毛泽东和党中央的其他领导同志在新中国成立前夕和新中国成立初期都曾表示，要让私人资本主义工商业发展"一个相当长的时期"，比如说 15 年，二三十年，至少 10 年，多则 15 年或 20 年等等，然后再向社会主义过渡。可是，到了 1952 年，毛泽东在中央书记处听取关于"一五"计划方针任务的汇报时，提出从现在起就要开始用 10 年到 15 年的时间，基本上完成到社会主义的过渡，而不是 10 年或者以后才开始过渡。以后，他又于 1953 年 2 月提出，要在 10 年到 15 年或更长一点的时间内，基本上完成国家工业化及对农业、手工业、资本主义工商业的社会主义改造。接着，他又在 1953 年 6 月召开的中央政治局会议上，把实现"一化、三改"作为党在过渡时期的总路线和总任务提出来。根据毛泽东的意见，党中央于 1953 年 12 月正式制定了党在过渡时期总路线，这就是"要在一个相当长的时期内，逐步实现国家的社会主义工业化，并逐步实现国家对农业、对手工业和对资本主义工商业的社会主义改造"。

之所以出现这个变化，固然有新中国成立初期经济恢复取得了超出预期的成绩、国家资本主义成分迅速超过了私人资本主义经济而处于现代工业的第二位、一些资本家通过行贿和偷税漏税等违法手段损害国家利益等因素在起作用，但根本的考虑，还在于要抓住当时较为有利的国内国际形势，加快国家工业化建设的速度。今天回过头看，我们可以说当初打算用三个五年计划左右的时间来完成"一化、三改"的任务，在时间上是短了一点，以后在执行中又一再"加速"、"加快"，以致一个五年计划还没有结束就完成了过渡，导致工作做得比较粗，留下了一些后遗症。但总的说，正是由于贯彻了这一路线，才使我国只用一个五年计划的时间就为工业化奠定了初步基础，并且为后来形成独立、完整的国民经济体系创造了前提条件。

为什么要急于进行大规模工业化建设？由中央宣传部制发的充分体现毛泽东关于工业化的思想并经过党中央批准的《关于党在过渡时期总路线的学习和宣传提纲》（以下简称《提纲》），对此作出过详细的解释。《提纲》指出：我国旧有工业的基础是十分落后和薄弱的，1949 年使用机器的工业的产值约占工农业生产总值的 17% 左右，而且主要是一些轻工业。即使有某些重工业，也多是帝国主义国家的修理厂（轮船、铁路等）和为帝国主义国家提供原料和半成品的矿山和工厂，残缺不全，经济上不能独立。因此，在革命胜利后，我们党和全国人民的基本任务就是要改变国家的这种经济状况，在经济上由落后的、贫穷的农业国家，变为富强的社会主义的工业国家。这就需要实现国家的社会主义工业化。

那么，为什么又要急于对农业、手工业和资本主义工商业进行社会主义改造呢？对此，我们可以从多方面分析，但根本原因在于，毛泽东和党中央根据国外工业化的经验，决定选择能较快实现工业化的发展道路，即优先发展重工业。《提纲》指出：根据苏联的经验，要想在较短时间内由农业国变为工业国，工业化就应以发展重工业为中心，从建立重工业开始。资本主义国家从发展轻工业开始，一般是花了 50 年到 100 年的时间才能实现工业化，而苏联采用了从重工业建设开始，在十多年中（从 1921 年开始到 1932 年第一个五年计划完成）就实现了国家的工业化。我国也只有建立了重工业，才能使全部工业、运输业以及农业获得为发展和改造所必需的装备，才能自己制造火车头、钢轨、货客运汽车、远洋轮船和飞机；才能自己制造轻工业的精密机器，扩大和建立新的轻工业；才能生产农业机器和化肥，改造古老的农业；才能建立现代国防工业，不再受帝国主义的欺辱。我国的第一个五年计划，就是围绕这个中心制定的。而这就决定了，农业、手工业、资本主义工商业都要适应这个中心，服务于这个中心。对此，党中央早在解释过渡时期总路线时就已说得很清楚了，即"一化"是"主体"，"三改"是两翼。也就是说，"三改"是以"一化"为中心的。正如《提纲》所指出的那样：发展社会主义工业和实行社会主义改造的任务是互相关联而不可分离的。因为，"如果不对资本主义工商业和个体的手工业和农业实行社会主义改造，而听其自然，那么它们就不但不能认真地支持社会主义工业化的发展，而且必然会对社会主义工业化的事业发生种种矛盾"。[①]

根据第一个五年计划的要求，到 1957 年，我国粮、棉产量应当比

---

① 《建国以来重要文献选编》第 4 册，中央文献出版社 1993 年版，第 701—702 页。

1952 年分别增加 30% 和 34%。按照当时的生产水平，要完成这个计划很不容易。单说棉花，就要由平均亩产 30 斤提高到 38 斤，增长幅度为 26.6% 确实有很大困难。而且，即使完成了计划，农业生产同工业建设、人民生活的需要相比，也是很紧张的。而如果完不成，则会拖工业化的后腿。

怎样才能增加农业产量？从生产关系上看，当时有三种办法：一是走农业资本主义化的路，搞家庭农场；二是学苏联办集体农庄；三是推广我们自己办的农业合作社。在这三种办法中，前两种都不符合中国国情。毛泽东在 1953 年说："资本主义道路，也可增产，但时间要长，而且是痛苦的道路。我们不搞资本主义，这是定了的，如果又不搞社会主义，那就要两头落空。"①

从技术角度看，增加农业产量当时也有三种办法：一是开荒，二是修水利，三是合作化。三者比较，在当时见效最快的还是合作化。陈云在 1954 年向中央所作的《关于第一个五年计划的几点说明》中算了一笔账。他说：如果搞合作化，根据经验，平均提高产量 15%—30%，按 30% 算，就有 1000 亿斤。以后核定为 10%—20%，按 20% 算，也有六七百亿斤。可见，这个办法最实际，那几年的粮食产量也证明了这一点。全国刚解放时，粮食产量是 2200 亿斤，到 1952 年上升到 3000 亿斤，然后逐年增加，1957 年接近 4000 亿斤，5 年里增产近 1000 亿斤，平均每年增产近 200 亿斤。这是中国有史以来从未有过的增产速度。

对于加快农业合作化与工业化之间的关系，毛泽东在《关于农业合作化问题》一文中曾作过透彻的分析。他说："社会主义工业化是不能离开农业合作化而孤立地去进行的。"② 对此，他讲了三点理由。

首先，"我国的商品粮食和工业原料的生产水平，现在是很低的，而国家对于这些物资的需要却是一年一年地增大，这是一个尖锐的矛盾。如果我们不能在大约三个五年计划的时期内基本上解决农业合作化的问题，即农业由使用畜力农具的小规模的经营跃进到使用机器的大规模的经营，包括由国家组织的使用机器的大规模的移民垦荒在内（三

---

① 《毛泽东文集》第 6 卷，人民出版社 1999 年版，第 299 页。
② 《毛泽东选集》第 5 卷，人民出版社 1977 年版，第 181 页。

个五年计划期内，准备垦荒 4 亿亩至 5 亿亩），我们就不能解决年年增长的商品粮食和工业原料的需要同现时主要农作物一般产量很低之间的矛盾，我们的社会主义工业化事业就会遇到绝大的困难，我们就不可能完成社会主义工业化"。①

其次，"社会主义工业化的一个最重要的部门——重工业，它的拖拉机的生产，它的其他农业机器的生产，它的化学肥料的生产，它的供农业使用的现代运输工具的生产，它的供农业使用的煤油和电力的生产等等，所有这些，只有在农业已经形成了合作化的大规模经营的基础上才有使用的可能，或者才能大量地使用"。②

再次，"我们的一些同志也没有把这样两件事联系起来想一想，即：为了完成国家工业化和农业技术改造所需要的大量资金，其中有一个相当大的部分是要从农业方面积累起来的。这除了直接的农业税以外，就是发展为农民所需要的大量生活资料的轻工业的生产，拿这些东西去同农民的商品粮食和轻工业原料相交换，既满足了农民和国家两方面的物资需要，又为国家积累了资金。而轻工业的大规模的发展不但需要重工业的发展，也需要农业的发展。因为大规模的轻工业的发展，不是在小农经济的基础上所能实现的，它有待于大规模的农业，而在我国就是社会主义的合作化的农业。因为只有这种农业，才能够使农民有比较现在不知大到多少倍的购买力"。③

关于个体手工业问题，《提纲》指出，由于它的生产十分落后，不能使用新的技术，生产和销售都会遇到许多不可克服的困难，因此，也要像对待个体农业那样，经过合作化，把手工业劳动者的个人所有制改变为集体所有制。

毛泽东和党中央的这些分析在今天看来，不一定都切合实际，但出发点显然都是为了提高农业和手工业的生产，以适应优先发展重工业的需要，而且也确实起到了这个作用。在实行过程中，毛泽东和党中央虽然也强调要坚持自愿互利原则，运用启发、示范的方法，但由于对形势估计过于乐观，因此存在要求过急、工作过粗、改变过快、形式过于简

---

① 《毛泽东选集》第 5 卷，人民出版社 1977 年版，第 181—182 页。
② 同上书，第 182 页。
③ 《毛泽东文集》第 6 卷，人民出版社 1999 年版，第 431—432 页。

单划一等缺点，并且把一些主张谨慎稳妥的意见当成政治问题，批所谓"小脚女人走路"，批右倾保守思想等。这些不仅在当时带来一些副作用，引起了一些群众的不满，而且也给后人造成一种错觉，似乎加快改造速度是从政治斗争需要出发的。

保护资本主义工商业是新民主主义三个纲领之一的经济纲领所规定的，但是，资产阶级唯利是图的本质决定了资本主义工商业对于国计民生具有积极作用和消极作用两方面。因此，保护资本主义工商业的政策既包括利用其积极作用的一面，也包括限制其消极作用的一面。对于这一点，党在新中国成立前夕的七届二中全会就说清楚了。中华人民共和国成立后，我们党在对资本主义工商业采取利用、限制政策的同时，创造了诸如加工订货、经销代销、统购包销、公私合营等一系列从低级到高级的国家资本主义形式，这实际上已经是对资本主义工商业的改造。

为什么又要加快进行对资本主义工商业的这种改造呢？《提纲》在分析其中原因时，讲到了资本主义企业内的工人和资本家之间的矛盾，但主要还是讲资本主义所有制和生产的无政府状态与国家实施工业化计划之间的矛盾。《提纲》指出：私人工业"企业的设备利用率和劳动生产率低，成本高，资金很多浪费，扩大再生产的能力很小或甚至没有，因而影响到工业产品在市场上供不应求，影响到国家计划受到破坏。如果不改变这种情况，这个广大部分的社会生产力就不可能获得充分的合理的发展以适应国计民生的需要，我国的社会主义工业化就不能全部实现"。①

就在过渡时期总路线正式确定的 1952 年，私人资本主义经济在国民经济中的比重已经由 1949 年的 63.3% 下降为 39%，而初级形式的国家资本主义工业产值在私营工业中比重则超过了一半。因此，党中央当时设想，大约再用 3 年到 5 年时间，全国私营工商业可以基本上变为各种形式的国家资本主义；再用 8 年到 10 年时间，可以完成对私营工商业的社会主义改造。但没过多久，公私合营出现了比这个设想还要快的形势，以至到 1955 年冬季形成了全行业公私合营的高潮，到 1956 年就完成了对资本主义工商业的社会主义改造，比原计划提前了 12 年。虽

---

① 《建国以来重要文献选编》第 4 册，中央文献出版社 1993 年版，第 723—724 页。

然加快改造步伐是毛泽东的设想，而且在党内没有不同意见，但速度这么快，则超出了毛泽东本人的预料。之所以会发生这个变化，根本原因也在于国家要优先发展重工业。

由于我国经济落后，要进行大规模工业建设，特别是要优先发展重工业，一个突出的问题是资金严重不足。因此，当时要合理配置资源，最大限度地集中财力物力用于工业化建设，在经济体制上只能选择计划经济。而实行计划经济，就必然会遇到资本主义所有制和国家计划之间的矛盾。正如陈云所说："我们要搞经济计划，如果只计划公营，而不把许多私营的生产计划在里头，全国的经济计划也无法进行。"①尤其是在"一五"计划实施后，大规模经济建设进一步引发了市场供不应求的紧张状况，迫使党中央决定对粮、棉、油等主要农产品实行统购统销，同时对于一些重要的工业原料，如钢材、生铁、煤炭、木材等也开始实行计划供应。这样一来，私营商业，其中主要是批发商，就没有了货源；私营工业，其中主要是轻纺工业，就没有了原材料。于是，公私合营步伐的加快就成了不以人的意志为转移的趋势。同时，当时没有合营的私人企业大多是中小型企业，设备技术都很落后，国家分配任务给它，它无法承担；硬要塞给它，作出的东西也不合乎要求。因此，如果只对较大的私营企业进行个别合营，就会使中、小企业更加困难。于是，全行业公私合营的办法也就顺理成章，应运而生。在全行业公私合营的过程中，还在一些行业内部进行了改组，该并的并，该淘汰的淘汰。用今天的话说，就是实行了企业的优化组合。陈云在1955年中央关于资本主义工商业改造问题的会议上说：实行全行业的公私合营，"并不是哪个人空想出来的，是经济发展的结果。现在既然按整个行业来安排生产、实行改组，那末，整个行业的公私合营也就是不可避免的。如果不实行全行业的合营，就无法安排生产，也无法进行改组"。②

同农业、手工业合作化运动一样，在私营工商业的改造过程中，也存在一些缺点和不足。特别是全行业公私合营形成运动以后，天天敲锣打鼓放鞭炮，不该合并的合并了，不该合营的合营了，对一部分工商业

---

① 《陈云文选》第2卷，人民出版社1995年版，第93页。

② 同上书，第286页。

者的使用和处理也不很恰当，一些工商业原有的供销关系和协作关系被割裂，还有一些工商业带有传统特色的生产方法和经营方法被改变，以致出现产品质量下降、品种减少，企业管理马虎，群众购物、修理东西不方便等现象。对于这些问题，毛泽东和党中央当时都注意到了，也采取了一些补救措施。例如，国务院曾及时作出决定，停止企业盲目合并，合营企业的经营管理方式一律半年不动，并且提出对一些商品不再由国家统购包销，资方人员一般要安排在原企业当经理，等等。尽管做了这些纠偏工作，但问题并没有完全解决。然而，无论存在多少问题，都无法掩盖一个最基本的事实，那就是：在这场社会主义革命中，毛泽东和党中央把马克思主义同中国实际相结合，采取了由低级形式到高级形式、对资产阶级和平赎买等办法，在一个几亿人口的大国，比较顺利地实现了异常复杂、困难、深刻的社会变革和制度创新，取得了"伟大的历史性胜利"。①

为了解决优先发展重工业的资金不足问题，我们党从当时的实际情况出发，采取了通过增加轻工业和农业的生产以及工农业产品交换价格上存在一定剪刀差的办法，扩大内部积累，从而为重工业积累资金。对此，党内党外一度议论比较多。有的人看到城里国营工厂工人的工资、福利、劳保比新中国成立前高了，而农业税上交多了，尤其是实行统购统销政策后，农民不能再把余粮拿到自由市场卖高价了，就说什么现在"工人在九天之上，农民在九地之下"，"共产党丢了农民"，"忘掉了农村"，对农民"挖得太苦"，要求对农民"施仁政"，确保农民的"四大自由"，等等。对于这个问题，毛泽东从两方面作了回答。一方面从实际入手，分析工业化的资金来源；一方面从思想入手，批判小农经济的思想。两方面都是一个出发点，就是如何有利于早日实现工业化。

针对要求取消工农业产品剪刀差的观点，毛泽东指出，那种把取消工农业产品剪刀差看成"施仁政"的主张，是"小仁政"，"是要毁灭中国的工业"。他说："发展工业建设也是施仁政。我们施仁政的重点应当放在建设重工业上。要建设，就要资金。所以，人民的生活虽然要

---

① 《三中全会以来重要文献选编》下，人民出版社1982年版，第801页。

改善，但一时又不能改善很多。"①

针对要求把工人与农民、城市与农村生活水平很快拉平的观点，毛泽东指出，这是一种反映小农经济"不患寡而患不均"的错误思想、反动思想。他说，要从根本上提高农民生活水平，必须靠工业化，而不能靠搞平均主义。他说："不是依靠农民自己劳动生产来增加他们的收入，而是把工人的工资同农民的收入平均一下，拿一部分给农民，那不是要毁灭中国的工业吗？这样一拿，就要亡国亡党。"②他还说："不靠社会主义，想从小农经济做文章，靠在个体经济基础上行小惠，而希望大增产粮食，解决粮食问题，解决国计民生的大计，那真是'难矣哉'！"③

《提纲》中提出：要批判那些"认为我国可以不要工业化、可以不忙工业化、可以降低工业化速度、可以不以发展重工业为中心，认为工业化对农民和一般人民不利"，以及那种认为可以不顾实际的可能，"要求百废俱兴，要求迅速大大改善人民生活，在一个早上把一切好事情都办完的"思想。④它所针对的也正是那种只顾农民利益和片面强调改善人民生活的错误观点。

从以上事实可以看出，提出过渡时期总路线，进行"一化"、"三改"，是毛泽东在新的历史条件下对中国工业化探求的伟大成果。尽管我们在实施优先发展重工业战略以及三大改造中存在这样或那样一些偏差，但不可否认的是，正是由于选择了这样一条工业化的发展道路以及进行了相应的社会主义革命，才使我国工业化得以迅速发展。正如江泽民同志指出的那样："新中国成立后，我们对农业、手工业和资本主义工商业进行社会主义改造，是为了确立社会主义生产关系，并在这种基础上进一步健全社会主义上层建筑，以继续解放和发展生产力。"⑤

---

① 《毛泽东选集》第 5 卷，人民出版社 1977 年版，第 105 页。
② 同上书，第 113 页。
③ 《建国以来重要文献选编》第 4 册，中央文献出版社 1993 年版，第 471 页。
④ 同上书，第 712 页。
⑤ 江泽民：《论"三个代表"》，中央文献出版社 2001 年版，第 154 页。

三

1957 年至 1965 年期间，这一时期是我们党探索自己的社会主义建设道路的时期，也是我们国家开始全面建设社会主义的时期。在这一时期，毛泽东对中国工业化的探求，主要围绕加快经济建设速度和采用群众运动方法这两个问题，集中体现在他所提出的被称为"三面红旗"的总路线、"大跃进"和人民公社化及一系列纠"左"的努力中。

我们在党的十一届三中全会之后总结新中国成立以来的历史经验时，把在"大跃进"、人民公社化运动中的错误概括为"左"倾错误，使一些不大了解当时历史情况的人望文生义，以为既然是"左"倾，那就一定是改变了以经济建设为中心，是要脱离生产力的基础搞生产关系的升级。其实，我们党之所以说这些错误是"左"的，主要是因为当时在工业化建设指导思想上急于求成，夸大主观意志和主观努力的作用，在实际工作中搞高指标、瞎指挥，刮浮夸风和"共产风"，并不是说当时的中央改变了社会主义要建立在工业化基础之上的马克思主义基本观点。虽然在实际工作中也一度出现了"跑步进入共产主义"、"在吃穿住上实行共产主义"、"在'三五'计划时向共产主义过渡"等等急于改变生产关系的提法，但这些提法只是"三面红旗"的表现和结果，并非它的根源。要弄清它们的根源，应当先分析产生"三面红旗"的几个背景。

第一，由于 1955 年下半年以来出现的农业合作化高潮比较顺利，促使一些人认为农业生产关系已经变了，为农业生产力的发展开辟了道路，工业化可以以更快的速度向前推进了。毛泽东在《中国农村的社会主义高潮》一书序言中表达的就是这种看法。他说："中国的工业化的规模和速度，科学、文化、教育、卫生等项事业发展的规模和速度，已经不能完全按照原来所想的那个样子去做了，这些都应当适当地扩大和加快。"[①]

第二，对于 1956 年 2 月苏共二十大全盘否定斯大林，中国共产党

---

① 《毛泽东选集》第 5 卷，人民出版社 1977 年版，第 223 页。

虽然不赞成，但认为它打破对斯大林的个人迷信还是有积极意义的，并由此提出要解放思想，要探索自己的建设道路，不要照搬苏联经验，等等。加之"一五"建设进行得比较顺利，更助长了一种情绪，认为经济计划要寻求平衡等等原则是苏联的清规戒律，我们不必再坚持，可以打破常规，用比苏联更高的速度进行工业化建设。

第三，1956年下半年到1957年上半年，在周恩来、陈云主持下，开展了针对经济建设"急躁冒进"倾向而进行的"反冒进"工作，强调各部门订计划要实事求是，"绝不要提出提早完成工业化的口号"。毛泽东对此很不满意，认为是给群众泼了冷水，扫掉了"多快好省"的方针、《农业发展纲要》和促进委员会（对各级党委促进纲要实现的一种形象比喻）。他多次召开中央会议，批评反冒进，提出要反"反冒进"，主张用"跃进"代替"冒进"的提法。他说：我们这样大的国家，老是稳、慢就会出大祸，快一点就会好些；还说：要改变一穷二白的面貌，加速经济建设，需要群众的干劲，气可鼓而不可泄。

第四，1956年9月，党的八大指出国内的主要矛盾已经不再是工人阶级和资产阶级的矛盾，而是人民对于经济文化迅速发展的需要同当前经济文化不能满足人民需要的状况之间的矛盾；全国人民的主要任务是集中力量发展社会生产力，实现国家工业化，逐步满足人民日益增长的物质和文化需要。

第五，1957年，右派言论中有一条，说1956年是"全面冒进"的一年。由于反冒进在前，右派进攻在后，所以，反右斗争中又涉及"反冒进"问题。毛泽东在1958年2月政治局扩大会议上批评参加"反冒进"的中央领导距离右派"大概50米远"；又在同年3月重印《中国农村的社会主义高潮》一书部分按语的说明中把1956年国际上的波匈事件和"国内发生打击群众积极性的'反冒进'事件"，作为影响到右派进攻的两件事。① 这样，本来属于经济工作范畴的建设速度的分歧，变成了政治上的分歧。

第六，自朝鲜停战后，国际上出现了总体和平的形势。毛泽东希望利用这段"休战"时间，加速国内建设，提早完成工业化，为增强国

---

① 薄一波：《若干重大决策与事件的回顾》下，中共党史出版社2008年版，第454页。

防力量，抵御可能发生的外来侵略，提供更加雄厚的物质基础。

从以上分析可以看出，产生"三面红旗"的几个背景，都与加快工业化建设的速度有关。同时，从以下分析可以看出，"三面红旗"本身，更与加快工业化建设有着直接而密切的关系。

先说"三面红旗"中的总路线。总路线全称是社会主义建设总路线，内容为"鼓足干劲，力争上游，多快好省地建设社会主义"。把它作为路线确定下来，是在1958年党的八大二次会议上。会上，刘少奇在工作报告中对它进行了系统论述，概括了它的几个基本点，其中主要是："在重工业优先发展的条件下，工业和农业同时并举；在集中领导、全面规划、分工协作的条件下，中央工业和地方工业同时并举，大型企业和中小型企业同时并举；通过这些，尽快地把我国建成一个具有现代工业、现代农业和现代科学技术的伟大的社会主义国家。"[①]这说明，总路线的出发点是要加快工业化步伐，核心是高速度。今天回头看，总路线单纯强调精神的作用，忽视经济规律，否定有计划按比例发展，本身具有很大片面性，以它为指导思想，必然要出偏差。但也应看到，它反映了广大人民群众迫切要求改变落后状况的强烈愿望，目的是要加快工业化而不是跳过工业化。

再说"三面红旗"中"大跃进"。前面提到的反"冒进"，开端于1957年9月的八届三中全会。会后，《人民日报》社论用了"跃进"一词。但以口号形式使用"跃进"一词向全党全国人民正式发出"大跃进"号召的，还是1957年10月27日《人民日报》的社论《建设社会主义农村的伟大纲领》。社论要求，农业和农村各方面工作要"实现一个巨大的跃进"。这说明，"大跃进"运动不是要在生产关系上跃进，而是指生产力上的跃进，首先是指农业的跃进。

农业跃进，源于毛泽东亲自主持制定的《农业发展纲要》（以下简称《纲要》）。《纲要》提出，1967年农业产量，粮食1万亿斤，棉花1亿担，这已经是不切实际的指标。因为，1952年粮食产量3200亿斤，1967年如果到6000亿斤，要年增4.1%，这和各国比都是最高的；如果到1万亿斤，要年增6%—7%，根本做不到。我国1967年粮食产量

4400 亿斤，又过了 31 年，直到 1998 年才达到 1 万亿斤；1967 年产棉 4000 万担，又过了 17 年，直到 1984 年才突破 1 亿担。可见，即使没有"大跃进"和"文化大革命"的曲折，要实现《纲要》也是不可能的。但《纲要》毕竟还作了一些测算，而"大跃进"一来，各种指标就离谱了，完全靠拍脑袋，胡说一气。许多省都表示要提前实现"纲要"，《人民日报》通栏标题是《人有多大胆，地有多大产》。1958 年秋天农业协作会议在各地虚报的基础上提出，1959 年保证粮产 1.5 万亿斤，力争 2 万亿斤。有人竟说：粮食再提高，地球上的人通通集中到中国也够用。毛泽东视察徐水后也说，要考虑生产了这么多粮食怎么吃的问题。

由于对 1958 年粮棉产量作出盲目乐观估计，以为农业问题解决了，又把"大跃进"引申到工业，特别是冶金工业上。1957 年 11 月，毛泽东率代表团赴苏，赫鲁晓夫告诉毛泽东，苏联打算用 15 年超过美国。毛泽东从英共领导那里了解到，英国当时钢产量为 2000 万吨，再过 15 年可能是 3000 万吨。而我们到那时的钢产量有可能达到 4000 万吨，于是他在 64 个党的会议上提出，中国用 15 年，也就是说，在 1972 年赶上和超过英国。接着，刘少奇代表中央在全国工会大会上宣布了这个目标，从此，超英赶美成为"大跃进"的重要口号。

1957 年，我国钢的实际产量是 535 万吨。1958 年，最初计划钢产量是 624 万吨；在反"反冒进"的形势下，改为 711 万吨；在"大跃进"高潮中，进一步改为 800 万—850 万吨。到了 6 月份，毛泽东根据下面汇报，认为赶超英国可以提前 10 年、7 年、2 年，提出了钢产量当年就要翻一番。于是又由 800 多万吨改为 1100 万吨，对外宣布为 1070 万吨。当时，全年时间已过大半，光靠钢铁厂的高炉、平炉、转炉完不成任务；于是动员全民大炼钢铁。年底，钢产量搞到了 1108 万吨，但能用的只有 800 万吨。这种用群众运动搞经济建设的做法，违背了经济规律，违反了科学，投入大而效益低。如果当时冷静一点，按部就班地搞下去，用 15 年赶上英国的钢产量，并不是没有可能的。因为即使经过"大跃进"的折腾、三年困难和"文化大革命"的冲击，1972 年钢产量还是达到了 2338 万吨。而英国钢产量在 1970 年达到 2800 万吨后，由于产业结构调整，产量逐年下降，到 1972 年降为 2500 万吨，双方已经很接近。1973 年，我国钢产量也到了 2500 万吨。1977 年，我国是 2300 万吨，而英国是 2000 万吨。这一年距离我们提出用 15 年超过英国，也不过 20 年。

用"大跃进"的群众运动方式来搞现代化的经济建设，尤其是搞技术含量很高的钢铁生产，显然是违反经济规律的，错误的。但也要实事求是地指出，它的出发点是要以尽可能短的时间使国家实现工业化。而且，在一缺大型机械，二缺资金投入的情况下，用群众运动的办法，搞农田基本建设，特别是建设水库，也确实不失为一种可行的选择。陈云在中共八大二次会议上的发言中说："二五"时期用调动一切积极因素的群众路线来进行建设，是我们党的一个伟大创造，这样，国家可以少出资金。比如，农民在"二五"时期义务进行水利工程建设、开荒、改造耕地、造林等，用工资计算，劳动折价约在 500 亿元左右，这是一笔很大的投资。① 陈云说这段话当然有受到反"冒进"的批评后要对总路线表态的意思，但也反映了当时的实际情况。我国现在拥有的 8 万多座水库约一半是在"大跃进"时期修建的，其中有许多在今仍然发挥着抗旱、蓄洪、发电的作用。如果当年不是靠群众运动，这些水库是建不起来的。而今天要建这些水库，设备条件虽然比过去要好得多，但需要投入的资金却不知要比过去大多少倍。

最后说"三面红旗"中的人民公社化运动。毛泽东讲过，人民公社的特点是"一大二公"。所谓大，指规模大，乡社合一，生产单位由过去基本为一个自然村，变成为一个乡；所谓公，指公有化程度高，一平二调，劳力、资金在一个社范围内可以根据需要自由调动，不用计账，更不用付现金。这在今天看来，显然是与生产力实际水平极不相适应的"穷过渡"。但它的起因其实并不是为着改变生产关系，而是为着发展农村生产力，包括发展村办工业，尤其是进行农田水利建设。

1955 年下半年，为了解决农业拖工业化后腿的问题，全国掀起了农业合作化运动的高潮，其中已出现了以一乡为一社的大型合作社。毛泽东在《中国农村的社会主义高潮》一书的按语中指出，现在办的

---

① 《陈云年谱（1905—1995）》中卷，中央文献出版社 2000 年版，第 418 页。

合作社以二三十户的小社为多，"但是小社人少地少资金少，不能进行大规模的经营，不能使用机器。这种小社仍然束缚生产力发展，不能停留太久，应当逐步合并。有些地方可以一乡为一个社，少数地方可以几乡为一个社"。[①] 1956 年冬季，为了提高农业生产力，农村又掀起了大规模农田水利建设的高潮，由此带来两个问题：一是修建长达几公里、几十公里、上百公里的灌溉渠道，需要在大面积土地上统一规划，需要投入大批劳力和资金。这不仅涉及合作社之间的利益，也涉及村与村、乡与乡、区与区、县与县的经济关系。如果核算单位过小，很难办成这样的大事。如果完全按商品经济原则，按投入多少受益，当时条件也不允许。在这种情况下，以乡为单位的大社应运而生，逐渐成为合作化的主要形式。而且，由于当时又要搞农田基本建设，又要搞社办工业，农村劳力十分紧张，妇女也要上阵。为此，一些地方为了把妇女们从家务劳动中解放出来，办起了简易公共食堂和托儿所。这些本来是为了扩大农田水利建设和农业经营的规模，以适应工业化的需要，但为了突出政治，在宣传上却突出了它在生产关系变革上的意义，给它附加了很多意识形态上的内容，并且"层层加码"，"喧宾夺主"。这是后来人们误认为搞人民公社是为了提前向共产主义过渡的一个重要原因。

把人民公社的一些平均主义和集体化的做法当成共产主义因素，把人民公社视为向共产主义过渡的好形式，这些不仅是当时的宣传，而且也反映了中央一些领导人的思想。毛泽东在 1958 年北戴河会议上说：粮食多了可以搞供给制，吃饭不要钱。当然还要一个过程，部分地区一两年或两三年，大约一半以上的地区要四五年。有一个文件（指农林口提交给北戴河会议的《关于在农村建立人民公社的意见》——笔者注）讲，第三个五年计划过渡到共产主义（不单是农村，还有城市），我加了"第四个"三个字。第三、第四个五年计划向共产主义过渡，不然太短了。这时刘少奇插话：第三个五年计划开始过渡。毛泽东接着说：加个"开始"可以。[②]

---

① 《毛泽东选集》第 5 卷，人民出版社 1977 年版，第 257 页。
② 薄一波：《若干重大决策与事件的回顾》下，中共党史出版社 2008 年版，第 521 页。

1958 年 11 月，刘少奇在第一次郑州会议上还讲到：八大二次会议之前，他在火车上同几位同志吹公社，吹过渡到共产主义，说建设社会主义这个时候就要为共产主义准备条件；还吹空想社会主义，吹托儿所、生活集体化、工厂办学校、学校办工厂，并且布置要编两本书，一本空想社会主义，一本马恩列斯论共产主义。① 以后，第二本书编出来，里面收入了列宁 1920 年讲的一段话。列宁说：现在 15 岁的这一代人，"再过 10—20 年就会生活在共产主义社会里"。② 可见，在国际共产主义运动中，从列宁开始，就存在把建成社会主义的时间看短、看简单的问题。列宁后来承认犯了错误，说自己试图使一个小农国家直接向共产主义过渡。但他这种错误的性质显然属于缺少经验，与民粹主义完全是两码事，也从未听说有人因此而指责他有民粹主义思想。

薄一波在《若干重大决策与事件的回顾》一书中对毛泽东当年提倡公社化的思想作了四点分析：一是照搬马克思关于资产阶级法权的概念并扩大这些概念的运用范围；二是不适当地沿用革命战争时期的经验，如供给制和无偿调拨；三是青少年时代受过的某些政治思想的影响，包括空想社会主义和康有为的大同书；四是中国文化遗产中某些特殊材料的影响，如东汉末年张陵的五斗米教等。薄一波没有提到民粹主义对毛泽东的影响，因为这件事确实与民粹主义无关。

说公社化运动与民粹主义无关，还可以举一些事例。比如，在1958 年 11 月公社化运动高潮中，中央制定了一个《十五年社会主义建设纲要四十条（1958—1972 年)》。这个文件是经毛泽东修改过的，其中写道："我国人民面前的任务是：经过人民公社这种社会组织形式，高速度地发展社会主义，促进全国工业化、公社工业化、农业工厂化，逐步地使社会主义的集体所有制过渡到社会主义的全民所有制，逐步地使不完全的社会主义全民所有制过渡到完全的社会主义所有制，建成社会主义；同时，在社会主义建设的过程中，共产主义的因素必将逐步增长，这就将在物质条件方面和精神条件方面为社会主义过渡到共产主义奠定基础。"③ 1958 年 11 月，在他修改过的《郑州会议关于人民公社若

---

① 薄一波：《若干重大决策与事件的回顾》下，中共党史出版社 2008 年版，第 514 页。
② 《列宁选集》第 4 卷，人民出版社 1995 年版，第 296 页。
③ 《建国以来毛泽东文稿》第 7 卷，中央文献出版社 1992 年版，第 504 页。

干问题的决议》中，也明确指出："要使人民公社具有雄厚的生产资料，就必须实现公社工业化，农业工厂化（即机械化和电气化）。"① 在这个决议草案的基础上，1958 年 12 月党的八届六中全会上又通过了《关于人民公社若干问题的决议（草案）》，上面进一步写道："无论由社会主义的集体所有制向社会主义的全民所有制过渡，还是由社会主义向共产主义过渡，都必须以一定程度的生产力发展为基础。""我们既然热心于共产主义事业，就必须首先热心于发展我们的生产力，首先用大力发展我们的社会主义工业化计划，而不应当无根据地宣布农村人民公社'立即实行全民所有制'，甚至'立即进入共产主义'，等等。那样做，不仅是一种轻率的表现，而且将大大降低共产主义在人民心目中的标准，使共产主义伟大的理想受到歪曲和庸俗化。"② 这些说明，毛泽东当时虽然有急于向共产主义过渡的思想，但并不是要跳过工业化来过渡，而是要通过加速工业化来实现过渡；虽然也说过要在较短时间"向共产主义过渡"之类的话，但那是建立在浮夸风下对粮食和钢铁产量极度夸大的基础之上的，是由于对什么叫实现工业化、什么叫建成社会主义缺少清醒认识造成的。所以，他当时的思想虽然有错误，但并不是受民粹主义影响的结果。

后来，毛泽东经过调查研究，在钢、铁、粮食产量和向共产主义过渡时间的问题上，头脑越来越冷静，要求按照实际情况压缩钢铁、粮食指标，并批评一些领导干部误认社会主义为共产主义，误认按劳分配为按需分配，误认集体所有制为全民所有制，在公社范围内实行贫富拉平、平均分配的错误做法。他在 1959 年底到 1960 年初读苏联《政治经济学教科书》时进一步指出："在我们这样的国家，完成社会主义建设是一个艰巨任务，建成社会主义不要讲得过早了。"③ 在 1960 年由他主持制定的《农村人民公社工作条例（草案）》中，公共食堂和一些供给制的做法最终被取消，公社内部的基本核算单位也由原来相当于高级社规模的大队降为了初级社规模的小队。这一核算制度后来长期未变，一直坚持到农村实行联产承包责任制。

---

① 《建国以来毛泽东文稿》第 7 卷，中央文献出版社 1992 年版，第 515 页。
② 《建国以来重要文献选编》第 11 册，中央文献出版社 1995 年版，第 606—607 页。
③ 《毛泽东文集》第 8 卷，人民出版社 1999 年版，第 116 页。

四

1966 年至 1976 年期间是一个特殊时期，在这个时期，毛泽东一方面由于把注意力转移到阶级斗争而导致错误地发动了"文化大革命"，另一方面仍然希望国民经济能够尽快发展，因此，毛泽东对工业化的探求，主要围绕工业化建设的所谓"路线"问题，集中体现在他提出的"抓革命、促生产"的方针以及有关国民经济发展的一些重大决策上。

对于"抓革命、促生产"的方针，应当从两方面进行分析。一方面，这一方针反映了毛泽东晚年由于指导思想上发生"左"的偏差，错误地认为"抓革命"可以促生产。无论理论还是实践都证明，靠"抓革命"是"促"不了生产的。因为所谓"抓革命"中的"革命"，是指"无产阶级专政下的继续革命"，具体说，就是斗争走资本主义道路的当权派，批判资产阶级反动学术权威，改革一切不适应社会主义经济基础的上层建筑。这样的"革命"，既不可能抵御帝国主义和平演变的战略，有效地防止资本主义复辟，更不可能调动广大工人、农民、知识分子和干部建设社会主义的积极性。相反，倒是会给一些阴谋家、野心家提供机会，乱中夺取党和国家的各级权力，把人民引向灾难的深渊。

另一方面，这一方针也反映了毛泽东并没有放弃实现工业化的目标，他提出"抓革命"的目的是要"促生产"，是要体现在国民经济发展上的。因为，不是别人，正是毛泽东面对"文化大革命"造成的混乱局面，明确提出了"以安定团结为好"，"要把国民经济搞上去"。不是别人，正是毛泽东同意周恩来总理在四届全国人大政府报告中重申三届全国人大时的设想，即第一步，在 1980 年前建成一个独立的比较完整的工业体系和国民经济体系；第二步，在本世纪内（2000 年前）全面实现农业、工业、国防和科技的现代化，使我国国民经济走在世界前列。不是别人，正是毛泽东批准了国务院两次关于从国外引进先进设备的报告，一次是 1972 年从联邦德国引进一米七轧机；另一次是 1973 年从西欧和日本进口 43 亿美元的成套工业设备，其中包括 13 套大化肥，4 套大纤维，3 套大石化，1 套烷基苯，3 个大电站，43 套综合采煤机组，以及透平压缩机、燃轮机、工业汽轮机和贝斯发动机制造。而这两次大规模的设备引进，在改革开放初期的工业化建设中曾发挥了巨大作用。而且，不是别人，正是毛泽东对以周恩来和邓小平为代表的党内健康力量给予了相当大程度的支持，使他们能够在一定时期、一定程度上顶住"四人帮"的压力，解放老干部和科学技术骨干，整顿生产、科研、教学等各方面的秩序，从而减轻了因动乱而造成的损失。

在"文化大革命"的那十年里，工业化建设在两个方面受到了干扰。一方面，要求生产为"革命"让路，有经验的老干部、科技人员受到排斥，群众组织打"派仗"；另一方面，提出"坚持以阶级斗争为纲，狠抓战备，促进国民经济新的飞跃"，片面追求高指标、高速度，从而造成农轻重、积累与消费等重大比例关系又一次严重失调。这虽然是错误的，但它说明"文化大革命"期间并没有放弃工业化的目标。事实上，在"文化大革命"十年里，"我国社会主义制度的根基仍然保存着，社会主义建设还在进行"。[①] 因此，工业化建设在有些方面还取得了较为突出的成就。例如，建成了成昆等 9 条铁路、一座南京长江大桥和胜利等 5 个油田，发射了 15 颗卫星和一枚远程地地导弹，爆炸了一颗氢弹等。这些成就的取得当然不是"文化大革命"的结果，相反，正是广大干部和群众抵制"文化大革命"的结果。另外，在那十年里，南有美国侵越战争，北有苏联陈兵百万，东有蒋介石叫嚣反攻大陆。中央判断帝、修、反有联合进攻大陆的可能，作出了全面备战和进行三线建设的决策。这一决策有对形势估计过于严重的一面，三线建设也存在不讲效益，浪费人力、物力、财力的弊病，但它对于改变我国中西部地区特别是西南地区工业落后的局面，起到了非常重要的作用，也为我们今天西部大开发提供了一定的物质前提。在三线建设中，由于中央强调大、中、小三线同时建，"大跃进"后下马的地方中、小工业又有了转机，小煤矿、小钢厂、小有色、小化肥、小电站、小水泥、小机械又纷纷上马，正是这些社办和队办工业，在改革开放后农村乡镇企业的异军突起中发挥了重要作用。

把中国由一个半殖民地半封建国家变为一个独立、民主、自由、统一和富强的社会主义国家，由落后的农业国变为先进的工业国，是毛泽

---

① 《三中全会以来重要文献选编》下，人民出版社 1982 年版，第 815 页。

东为之奋斗一生的目标。现在，这些目标绝大部分都已实现或接近实现。虽然中国工业化任务还没有最终完成，但一个基本的事实是，当毛泽东接过国民党留在大陆的烂摊子时，中国还不能生产一辆汽车、一架飞机、一辆坦克、一辆拖拉机，而当他撒手人寰时，中国不仅能够制造这些东西，而且造出了火车、轮船、发电机、水压机和"两弹一星"，建立了门类基本齐全的工业体系。在他逝世27年后的今天，我国工业化建设又取得了举世瞩目的新发展：钢产量将近2亿吨，跃居世界第一位；经济总量居于世界第六位，仅次于美国、日本、德国、法国和英国；500多个工业行业都已齐全，人民生活总体达到了小康水平；而且，最近又成功发射了载人飞船。所有这一切，毫无疑问是党在十一届三中全会后制定的"一个中心、两个基本点"的基本路线指引的结果，是实行改革开放总政策的结果。但同样毫无疑问的是，所有这一切也是在毛泽东等老一代革命家为中国工业化奋斗的成果及其经验教训的基础上取得的。

江泽民同志在阐述"三个代表"重要思想时曾指出："我们党所以赢得人民的拥护，是因为我们党在革命、建设、改革的各个历史时期，总是代表着中国先进生产力的发展要求。"[①] 今天，尽管比工业技术更加先进的信息、生物等高新技术已经出现，而且在我国，工业化需要由信息化来带动，但工业相对于还大量存在的手工生产、半机器化生产来说，仍然是先进生产力的主体，实现工业化仍然是我国现代化进程中艰巨的历史性任务，代表先进生产力的发展要求仍然要代表工业化的发展要求。毛泽东一生对中国工业化孜孜不倦的探求将会随着时间的推移，愈益显示出其深远的意义。我们纪念毛泽东诞辰110周年，就应当缅怀他为实现中国工业化所作出的贡献，并且继承他的遗志，在新的历史条件下走新型工业化的道路，争取在21世纪前20年基本实现工业化，最终把中国建设成为富强、民主、文明的社会主义强国。

（本文曾发表于《中共党史研究》2004年第2期，被收入中央文献出版社出版的《毛泽东与当代中国——全国纪念毛泽东同志诞辰110周年学术研讨会论文集》。收入本书时又作了修改）

---

① 江泽民：《论"三个代表"》，中央文献出版社2001年版，第2页。

毛泽东对计划经济的探索成果
及其历史意义和现实意义*

　　胡锦涛总书记在纪念毛泽东同志诞辰 110 周年座谈会上的讲话中指出："毛泽东同志和党中央带领全党全国人民对适合中国国情的社会主义道路进行了艰苦探索，并取得了重要的理论成果。我们不仅建立起独立的比较完整的工业体系和国民经济体系，为社会主义现代化建设奠定了重要的物质技术基础，而且积累了在中国这样的社会生产力水平十分落后的东方大国进行社会主义建设的重要经验。"① 我认为，他在这里所说的毛泽东对适合中国国情的社会主义道路的探索及其成果，包括对计划经济的探索及其成果。

　　一个国家实行什么样的经济体制，对这个国家的经济建设有着巨大的、深刻的和全方位的影响。从 1949 年中华人民共和国成立到 1976 年毛泽东逝世，我国基本上实行的是计划经济体制。其间如果从 1950 年统一财经算起，长达 26 年；如果从 1953 年实施第一个五年计划算起，也有 23 年。就是说，由毛泽东领导的社会主义经济建设，从始至终都是在计划经济体制下进行的。因此，对适合中国国情的社会主义道路进行探索，不可能离开对计划经济的探索。如果我们一方面肯定毛泽东对社会主义道路探索的实践成果和理论成果，而另一方面又不承认或否定毛泽东对计划经济探索的实践成果和理论成果，那么，毛泽东对社会主义道路探索的历史意义和现实意义就会被大打折扣，毛泽东对社会主

　　* 这是为中央文献研究室当代文献研究中心、中共中央党校中国马克思主义研究基金会和湘潭大学、韶山管理局"毛泽东思想研究中心"纪念毛泽东同志逝世 30 周年联合举办的主题为"毛泽东与 20 世纪中国社会的伟大变革"学术研讨会撰写的特约论文。
　　① 《十六大以来重要文献选编》上，中央文献出版社 2005 年版，第 641 页。

事业所建立的历史功绩，毛泽东思想对社会主义建设的指导作用，就有被空洞化的危险。

党的十四大根据邓小平关于计划多一点还是市场多一点不是社会主义与资本主义本质区别的论断，作出了由计划经济体制向社会主义市场经济体制转变的决策。14年来的实践说明，把建立社会主义市场经济作为经济体制改革的目标模式，是完全符合我国当前和今后相当长历史时期生产力发展水平的，是我们党对社会主义认识上的一个重大的突破性进展和对马克思主义经济理论的一个崭新的创造性发展。它大幅度地提升了我国的综合国力，实现了人民生活总体上由温饱到小康的历史性跨越。因此，任何留恋计划经济体制的想法，都是既缺乏理论根据又缺乏事实根据的；任何试图恢复计划经济体制的做法，都是既不利于跟上时代步伐又违背绝大多数人民意志的。但是，这绝不意味着新中国成立初期选择计划经济体制就错了，几十年来对计划经济的探索就毫无意义了；更不意味着计划经济只有束缚经济活力的弊病而没有改变国家落后面貌的巨大作用，只有凭主观意志办事的失败教训而没有按客观经济规律办事的成功经验。

在党的十四大报告中，江泽民同志特别讲到对计划经济体制的评价问题，他说："原有经济体制有它的由来，起过重要的积极作用。"在两年后的一次讲话中，他又说："对计划经济体制曾经起过的历史作用，我们是充分肯定的。从历史进程看，苏联能够对付并最终打败德国法西斯，同他们通过计划经济建立了独立的、完整的工业体系和国民经济体系是分不开的。这就是说，在无产阶级夺取政权和建设社会主义初期那种历史条件下，实行计划经济还是有其必要的。我们建国初期的历史也说明了计划经济曾经起过重要作用。……我们既不能抱着过去的计划体制不放，看不到它的弊病和改革的必要性，也不能照搬照抄西方资本主义市场经济的模式，而应在总结我们搞计划经济的经验教训和借鉴西方国家搞市场经济的有益经验的基础上，通过实践、认识、再实践、再认识，开拓一条发展社会主义市场经济的正确道路，使这种新的经济体制逐步成熟和完善起来。"[①] 这就告诉我们，社会主义国家在建设初

---

① 江泽民：《论社会主义市场经济》，中央文献出版社2006年版，第203—204页。

期实行计划经济体制，是面对国内经济落后，国外有帝国主义军事威胁和经济封锁的实际，为了集中力量，快速工业化，以尽快增强国力，提高人民生活水平而作出的唯一正确的选择；计划经济尤其是高度集中的计划经济体制虽有弊病，但也有巨大的功绩；为了完善社会主义市场经济体制，我们在借鉴西方搞市场经济的有益经验的同时，也应当认真总结自己搞计划经济的经验教训。正因为如此，我认为很有必要重新认识毛泽东对计划经济的探索成果。

一 毛泽东对计划经济探索的实践成果

无可讳言，毛泽东在对计划经济的探索中有过失误，给社会主义建设造成过重大损失。其中最主要的，我认为是两个问题。一是一度过分夸大主观能动性的作用，忽略计划的客观性，犯了急于求成的错误。"大跃进"时单凭一股热情，制定不切实际的高指标，造成事与愿违的严重后果，便是一个突出的例证。二是过分追求所有制的公有化程度和国家对市场的管制，缺乏对计划与市场关系的正确认识，导致经济缺少活力，使市场供应紧张、商品品种单一的局面持续时间过长。特别是"大跃进"和人民公社化运动之后，计划统得越来越多、越来越死，就连农村集市也被一度取消，给人民生活带来种种不便。但是，如果我们只看到计划经济时期各种问题与毛泽东对计划经济探索失误之间的联系，而看不到那一时期建设成就与毛泽东对计划经济探索成果之间的联系，则是不全面、不客观的。

1949年，当毛泽东担任中华人民共和国中央人民政府主席时，面对的是一个面目疮痍、积贫积弱的中国，不仅工业在国民经济中的比重极低，而且农业也十分落后。正如毛泽东那时所说："我国过去是殖民地、半殖民地，不是帝国主义，历来受人欺负。工农业不发达，科学技术水平低，除了地大物博，人口众多，历史悠久，以及在文学上有部《红楼梦》等以外，很多地方不如人家。"[1] "现在我们能造什么？能造桌子椅子，能造茶碗茶壶，能种粮食，还能磨成面粉，还能造纸，但

_____

[1] 《毛泽东文集》第7卷，人民出版社1999年版，第43页。

是，一辆汽车、一架飞机、一辆坦克、一辆拖拉机都不能造。"① 然而，经过头四个五年计划的建设，到 1976 年毛泽东逝世那年，我国粮食产量已由 1949 年的 2200 亿斤提高到 6000 亿斤，平均亩产由 137 斤提高到 375 斤，是 1949 年的 2.7 倍。工业产值达到 1200 多亿元，是 1949年的十多倍；工业产值占工农业总产值的比重，由 1949 年的 30% 提高到 64%；其中，重工业产值占工业总产值的比重，由 1949 年的 26% 提高到 51%。全国工业固定资产的沿海与内地省份之比，由 6 点多比 3点多，变为内地占一半以上。那时，我国已经不仅能生产汽车、坦克、拖拉机、船舶、机车车辆、飞机，而且新增加了生产大型金属切削机床的通用机械制造业，生产矿山、发电、冶金、纺织、轻工业设备的专用制造业，以及仪器仪表制造业、石油加工业、化学纤维制造业、塑料制造业和生产手表、照相机、电视机、电冰箱、缝纫机等耐用消费品的轻工业。尤其值得骄傲的是，靠自己的力量造出了原子弹、氢弹、洲际导弹和人造卫星。重工业产品的产量，也都有了大幅度提高。其中，钢产量由 15.8 万吨升至 2040 万吨，由原来仅是美国的五百分之一变为了六分之一强，仅是英国的百分之一变为基本持平，仅是印度的八分之一变为超过其一倍多。另外，那些年还在农业、交通、通信等基础设施建设方面取得了重大进展。其中，新建水库 8 万多座，并建成了许多新铁路，使铁路营运里程由 2 万公里增至 4.6 万公里；电话的市内用户由 21万增至 108 万，农村用户由零一跃为 6.8 万。

显而易见，上述短短 26 年里发生的这些变化，胜过中国几千年的历史，也是自洋务运动开始以来中国近代工业 60 多年的历史无法比拟的；而且在很多方面，可以说走完了西方国家用上百年时间才走完的路，把中华民族与世界先进工业国的差距大大缩短了。当然，如果那时在经济管理体制中能够允许使用市场调节的手段，如果制定计划时更加民主、更加科学、更加尊重客观经济规律，如果不发生由于急躁冒进而导致的经济大起大落，特别是不发生"文化大革命"那样长达十年的动乱，变化本来可以更大些。但我们不能因为这种假设，就否定已取得的伟大成就，看不到毛泽东和以他为代表的第一代中央领导集体对我国

---

① 《毛泽东文集》第 6 卷，人民出版社 1999 年版，第 329 页。

计划经济探索所取得的这些实践成果。

即使对于市场供应紧张、人民生活水平提高幅度不大的问题，我们也要辩证地客观地看，既看到可以避免的因素，也看到不可避免的因素。因为那时要进行大规模的工业化建设，而资金、物资就那么多，客观上势必使市场、民生受到一定影响。对此，当年周恩来曾在全国人民代表大会上作过解释。他说："重工业需要的资金比较多，建设时间比较长，赢利比较慢，产品大部分不能直接供给人民的消费，因此在国家集中力量发展重工业的期间，虽然轻工业和农业也将有相应的发展，人民还是不能不暂时忍受生活上的某些困难和不便。但是我们究竟是忍受某些暂时的困难和不便，换取长远的繁荣幸福好呢，还是贪图眼前的小利，结果永远不能摆脱落后和贫困好呢？我们相信，大家一定会认为第一个主意好，第二个主意不好。"① 可见，对于采用计划经济体制来优先发展重工业所要付出的代价、作出的牺牲，党和国家的第一代领导人从一开始就是十分清楚的，也是向人民作了交待的。

对于新中国为了迅速发展工业、改变落后面貌而在人民生活上作出的牺牲，有两位台湾学者发表过颇有见地的议论。其中一位说："1979年以前，中共将建设重心摆在重工业、国防工业和基本工业的发展上。在高积累、低消费的政策下，轻工业和农业发展不足，而且平均主义的分配原则使民生日用呈现匮乏状态，海峡两岸人民的物质水平因而有了极大差距。但，中国大陆在经济上打下了扎实的工业基础，并拥有某些尖端科技；台湾则因为先发展加工出口的轻工业，今天面临产业难以升级的困境，也使两岸经济呈现出朝向相反顺序发展的现象。"② 另一位说："大陆上的人说，他们一辈子吃了两辈子的苦。痛心的话，悲痛的话，却也是令人肃然起敬的话。试问，不是一辈子吃了两辈子的苦，一辈子怎得两辈子甚至三辈子、四辈子的成就？""什么成就不需要牺牲？！小成就小牺牲，大成就大牺牲。要把中国从那种落后的境界推向现代世界，这牺牲必须惊天动地。"③ 听听这些局外人的话，对我们客

---

① 《周恩来选集》下卷，人民出版社1984年版，第133—134页。

② 杜继平：《阶级、民族与统独争议——统独左右的上下求索》，台湾人间出版社2002年版，第405—407页。

③ 转引自罗加印：《善待共和国的历史》，载《中流》1999年第9期，第12页。

观评价计划经济时期的得失是不无益处的。

二 毛泽东对计划经济探索的理论成果

毛泽东对计划经济探索的理论成果是多方面的。这里仅从他把马克思主义经济理论与我国具体国情和社会主义建设实践的结合上，特别是他对苏联计划经济理论的发展上的角度看来，大体可以分为以下五个方面。

1. 关于如何向苏联计划经济学习的问题

我国经济原先就比苏联落后很多，革命胜利又比苏联晚了 32 年，因此，苏联连续进行的若干个五年计划建设所取得的辉煌成就，对我国不可能没有巨大的示范效应；加上我们要搞大规模工业化建设，经验和干部准备都严重不足，在这种情况下，向苏联学习计划经济的方法是十分自然的事。正如毛泽东所说的，新中国成立初期"也面临着和苏联建国初期大体相同的任务。要把一个落后的农业的中国改变成为一个先进的工业化的中国，我们面前的工作是很艰苦的，我们的经验是很不够的。因此，必须善于学习。要善于向我们的先进者苏联学习"。[1] 但同时，他表示，学习苏联"要分两类。一类按中国的，一类规规矩矩、老老实实地学。如土改，我们不学，不照它的。如财经方面有些建议，陈云不学。对资本家的政策，我们也不学它"。[2] 特别是当我们通过"一五"建设有了一些搞工业的经验后，他更是反复告诫："苏联的经验只能择其善者而从之，其不善者不从之。"[3] 在中苏关系破裂后，他进一步指出："有先生有好处，也有坏处。不要先生，自己读书，自己写字，自己想问题。这是一条真理。……外国经验，不管是哪一个国家的，只能供参考。"[4] 另外，他还谈到向资本主义国家学习的问题。他说："外国资产阶级的一切腐败制度和思想作风，我们要坚决抵制和批判。但是，这并不妨碍我们去学习资本主义国家的先进的科学技术和企

---

[1] 《毛泽东文集》第 7 卷，人民出版社 1999 年版，第 117 页。
[2] 《毛泽东传（1949—1976）》上卷，中央文献出版社 2003 年版，第 473—474 页。
[3] 《毛泽东文集》第 7 卷，人民出版社 1999 年版，第 366 页。
[4] 《毛泽东文集》第 8 卷，人民出版社 1999 年版，第 338、339 页。

业管理方法中合乎科学的方面。……对外国的科学、技术和文化，不加分析地一概排斥，和前面所说的对外国东西不加分析地一概照搬，都不是马克思主义的态度，都对我们的事业不利。"①

2. 关于如何认识经济计划性质的问题

对这个问题，人们并非从一开始就是清楚的。有的人看不到经济规律的客观性，认为计划就是规律，规律是可以创造也可以消灭的。其实，计划是由人事前预先拟订的行动方案，本质上属于观念性的东西。因此，如果制定计划的人不尊重客观规律，不认真调查实际情况，他做的计划就很容易出主观主义的偏差。当年苏联和我国，由于经验不足和夸大主观能动性作用等原因，在实行计划经济的过程中都曾或多或少、或大或小地发生过计划脱离实际的情况。对此，毛泽东在1958年底经过总结正反两方面的经验教训，深刻指出："计划有可能搞好，有可能搞不好。正像斯大林说的，可能和现实不能混为一谈。要把可能变成现实，就必须认真研究客观经济规律，必须学会熟练地运用客观经济规律，力求制定出能够正确反映客观经济规律的计划。"② 但同时，他也对苏联《政治经济学教科书》中把认识和驾驭客观规律看得过分容易的观点提出不同看法。他说："规律，开始总是少数人认识，后来才是多数人认识。就是对少数人说来，也是从不认识到认识，也要经过实践和学习的过程。""只看见胜利，没有看见失败，要认识规律是不行的。"③"资本主义社会里，国民经济的平衡是通过危机达到的。社会主义社会里，有可能经过计划来实现平衡。但是也不能因此就否认我们对必要比例的认识要有一个过程。……实际工作告诉我们，在一个时期内，可以有这样的计划，也可以有那样的计划；可以有这些人的计划，也可以有那些人的计划。不能说这些计划都是完全合乎规律的。"④他在1962年的七千人大会上进一步指出："对于建设社会主义的规律的认识，必须有一个过程。必须从实践出发，从没有经验到有经验，从有较少经验，到有较多的经验，从建设社会主义这个未被认识的必然王国，

---

① 《毛泽东文集》第7卷，人民出版社1999年版，第43页。
② 《毛泽东著作专题摘编》上，中央文献出版社2003年版，第962页。
③ 《毛泽东文集》第8卷，人民出版社1999年版，第104、105页。
④ 同上书，第118页。

到逐步地克服盲目性、认识客观规律、从而获得自由，在认识上出现一个飞跃，到达自由王国。"①

3. 关于如何确定有计划建设的指导方针的问题

任何计划在制定前都存在指导方针的问题。我国计划经济时期，每逢制定长远规划、五年计划、年度计划，也都遇到过指导方针如何确定的问题。所谓问题，主要是对建设中的一些重大关系如何处理。对此，毛泽东十分注意研究我国计划建设的实践，一方面汲取苏联的经验，另一方面指出苏联经验中的偏向和不符合我国实际的地方，从而提出了一系列正确的思想。例如，在重工业与农业、轻工业的关系上，他指出，一方面要遵守生产资料优先增长的规律，要以重工业为经济建设中心；另一方面要工、农业同时并举，要以工业为主导、以农业为基础，要以农、轻、重为序安排投资计划。再如，在沿海工业与内地工业的关系上，他提出，一方面要大力发展内地工业，把新工业的大部分摆到内地，使工业布局逐步平衡；另一方面，要充分利用和发展沿海的老工业基地，特别是轻工业。在经济建设与国防建设的关系上，他提出，一方面为了准备反侵略战争，必须加强国防建设，抓紧尖端武器的研制；另一方面，要适当减少军政费用，首先加强经济建设。在中央和地方的关系上，他指出，一方面必须有中央的强有力的统一领导，有全国统一计划和统一纪律；另一方面，要在巩固中央统一领导的前提下，给地方更多的独立性，充分发挥中央和地方两个积极性。在国家、集体与个人的关系上，他提出，一方面要做到全国一盘棋，反对把个人利益看得高于一切，反对收入过分悬殊；另一方面，要兼顾国家、集体、个人三者关系，不要只顾一头，要反对平均主义，提高工人工资，缩小工农产品的剪刀差，使农民收入每年有所增加。在积累与消费的关系上，他指出，一方面要把重点放在发展生产上，如果生产增长很快，即使积累比重大一些也没有危险；另一方面，发展生产和改善人民生活要兼顾，要处理好基本建设中"骨头"和"肉"的关系，提高社会福利事业，做到既保证重点建设，又照顾人民生活需要。在大规模建设与勤俭节约的关系上，他提出，一方面为把我国建设成现代化的工业强国，必须保证一批

① 《毛泽东文集》第8卷，人民出版社1999年版，第118页。

规模大的现代化骨干企业的建设资金；另一方面，要把节约作为社会主义经济的基本原则之一，充分利用旧社会遗留的工业基础，用较少的钱办较多的事，反对浪费，勤俭建国。在长远利益与眼前利益的关系上，他指出，一方面要照顾人民眼前利益，使人民生活不断有所改善；另一方面，要施"大仁政"，不要施"小仁政"，要把重点放在为人民长远利益的打算上，一时还不能使人民生活改善很多。在自力更生与争取外援的关系上，他提出坚持自力更生为主、争取外援为辅的方针，一方面反对帝国主义的禁运、封锁，积极同国外进行经济、科技交流，吸收外国投资；另一方面，主要依靠国内市场，把工作基点放在依靠自己的力量上，等等。

4. 关于编制计划应当遵循什么原则的问题

任何社会的生产、流通、分配、消费等各个环节，客观上都存在一定比例关系。比例协调，经济发展就平衡；不协调，经济发展就不平衡。然而，过去苏联的理论在这方面存在一定的形而上学观点。例如，认为资本主义经济不可能有平衡，而社会主义可以消灭不平衡。对此，毛泽东说："资本主义技术的发展，有不平衡的方面，也有平衡的方面。……在社会主义制度下，技术发展有平衡，也有不平衡。"[①] 他还说：正因为"社会主义经济发展过程中，经常出现不按比例、不平衡的情况，要求我们按比例和综合平衡"。[②] "平衡是对不平衡来说的，没有了不平衡，还有什么平衡？事物的发展总是不平衡的，因此有平衡的要求。平衡和不平衡的矛盾，在各方面、各部门、各个部门的各个环节都存在，不断地产生，不断地解决。有了头年的计划，又要有第二年的计划；有了年度的计划，又要有季度的计划；有了季度的计划，还要有月计划。一年十二个月，月月要解决平衡和不平衡的矛盾。计划常常要修改，就是因为新的不平衡的情况又出来了。"[③]1959 年庐山会议前后，他在总结"大跃进"的教训时指出："搞社会主义建设，很重要的一个问题是综合平衡。"[④] "大跃进的重要教训之一、主要缺点是没有搞平

---

① 《毛泽东文集》第 8 卷，人民出版社 1999 年版，第 120 页。
② 同上书，第 119—120 页。
③ 同上书，第 121 页。
④ 同上书，第 73 页。

衡。……在整个经济中，平衡是个根本问题。"① 另外，价值规律在社会主义计划经济中究竟还存在不存在，起不起作用，无论苏联还是我国，一开始也都不很清楚。有的人认为，社会主义制度下价值规律已不存在；有的认为虽然存在，但对生产已不发生作用。对此，毛泽东一方面赞成斯大林关于只要有国家和集体两种所有制就有商品生产、商品交换，价值法则就会起作用的观点，指出："现在，我们有些人大有要消灭商品生产之势。他们向往共产主义，一提商品生产就发愁，觉得这是资本主义的东西，没有分清社会主义商品生产和资本主义商品生产的区别，不懂得在社会主义条件下利用商品生产的作用的重要性。这是不承认客观法则的表现。"② "要利用商品生产、商品交换和价值法则，作为有用的工具，为社会主义服务。"③ 价值规律"是一个伟大的学校，只有利用它，才有可能教会我们的几千万干部和几万万人民，才有可能建设我们的社会主义和共产主义。否则一切都不可能"。④ 另一方面，他又认为斯大林对商品生产活动范围和存在条件的解释不够全面和完整。他指出：斯大林关于商品生产只限于个人消费品的说法"很不妥当。它的活动范围不限于个人消费品，在我国，有些生产资料，例如拖拉机等生产资料是属于商品的"。⑤ 他还针对斯大林关于两种所有制是商品生产主要前提的观点指出："商品生产的命运，最终和社会生产力的水平有密切关系。……即使是过渡到了单一的社会主义全民所有制，如果产品还不很丰富，某些范围内的商品生产和商品交换仍然有可能存在。"⑥

5. 用什么方法来贯彻计划的问题

计划经济是一种统一领导、分级管理，按行政系统、行政区划来组织经济的经济体制。在权力高度集中的计划经济时期，管理权限主要集中在国家行政机构，因此，在管理上较多地采用指令性计划的手段和行政手段。那时，对于因为局部利益与整体利益的矛盾而忽视和违背国家

---

① 《毛泽东文集》第 8 卷，人民出版社 1999 年版，第 80 页。
② 《毛泽东文集》第 7 卷，人民出版社 1999 年版，第 437 页。
③ 同上书，第 435 页。
④ 《毛泽东文集》第 8 卷，人民出版社 1999 年版，第 34 页。
⑤ 《毛泽东著作专题摘编》上，中央文献出版社 2003 年版，第 980 页。
⑥ 同上书，第 977 页。

统一计划的现象，解决的办法往往是思想与行政措施双管齐下：一方面做统一思想的工作，强调执行国家计划的必要性和严肃性，要求小道理服从大道理；另一方面，严格执行党和国家的政治纪律、行政纪律，对不听招呼、我行我素的给予严厉批评，直至纪律处分。毛泽东在1956年4月政治局扩大会议上指出："有一些事情地方是不享有独立性的，只有国家的统一性；另一些事情地方是享有独立性的，但也还需要有全国的平衡……没有平衡，没有调剂，我们全国的大工业、全国的工业化就搞不起来。我们在讲地方的独立性、讲地方独立自主的时候，要注意不要走向极端，偏到另一方面去了。"①他在1953年全国财经工作会议上还指出过："在关于增强党性的决定中，强调要严格实行民主集中制的纪律，少数服从多数，个人服从组织，下级服从上级，全党服从中央（这是多数服从少数，这个少数是代表多数的）。"②

毫无疑问，毛泽东对计划经济探索所得到的上述实践成果和理论成果，都不可避免地带有那个年代的局限性。但正如列宁所说："判断历史的功绩，不是根据历史活动家没有提供现代所要求的东西，而是根据他们比他们的前辈提供了新的东西。"③ 只要抱着这样的态度，我们就不难看出，毛泽东探索得来的那些成果，不仅在我们巩固新生政权、改变落后面貌、基本解决吃饭穿衣问题、初步形成独立的比较完整的工业体系和国民经济体系、迅速提升国际地位等方面，作出了历史性的贡献；而且，也为我们在改革开放后所进行的社会主义现代化建设奠定了比较坚实的基础，为建立和完善社会主义市场经济体制提供了正反两方面的宝贵经验。

自1981年开始至1992年的"六五"、"七五"时期和"八五"时期的头两年，我们虽然进行了以市场为取向的改革，但经济体制在总体上说仍然属于计划经济；自1993年开始的"八五"时期的第三年以来，我们虽然实行了以社会主义市场经济为目标模式的经济体制改革，但计划经济的某些长处、优势仍然在宏观经济中发挥着积极作用。否则无法解释，全世界有那么多实行市场经济的发展中国家，为

---

① 《毛泽东文集》第7卷，人民出版社1999年版，第55—56页。
② 《毛泽东著作专题摘编》下，中央文献出版社2003年版，第2019页。
③ 《列宁全集》第2卷，人民出版社1984年版，第154页。

什么唯独我们能长时期保持那么高的发展速度，不断取得那么多显著的建设成就。最近，联合国贸易和发展会议发表《2006 年贸易与发展报告》，提出发展中国家应当通过与中国相类似的方式来发展国民经济，更多地实行政府干预政策。报告说："大多数发展中国家自 20世纪 80 年代初开始实施的以市场为基础的改革，并没有取得主张进行这种改革的人所保证能得到的那种结果。"报告还说：如果用西方传统宏观经济理论来看中国过去 20 年的发展，就会得出中国的情况是不可能的结论。① 由此可见，国际上也存在这样一种看法，即我国从 20 世纪 80 年代开始的以市场为取向和以社会主义市场经济为目标模式的经济体制改革之所以成功，秘诀就在于始终没有放弃计划经济的长处和优势。

既然计划经济的长处和优势在过去 20 多年的宏观经济中一直发挥着积极作用，那么，就不能不看到毛泽东当年探索计划经济的理论成果与这种作用之间的关系。那些成果中，有的随着客观情况的变化在今天已不那么适用了，但蕴含的有关社会主义建设规律的认识，对于建立和完善社会主义市场经济仍然是有重要参考价值的；有的由于种种原因在当年并未能够实行或实行得不太好，但对今天继续探索社会主义市场经济的规律却留下了宝贵的启示。还有一些成果，即使拿到今天的社会主义市场经济体制中，其原则仍然是完全适用的。

邓小平说过：计划和市场"两者都是手段"，② "资本主义也有计划"。③ 因此，在计划经济中制定计划的经验，对实行市场经济的国家同样是会有借鉴作用的。美国在 20 世纪 30 年代实行"罗斯福新政"，许多西方发达国家第二次世界大战之后特别是 20 世纪 60 年代后通过计划调节手段对经济实施宏观控制，很大程度上就是向社会主义国家搞经济计划学习借鉴的结果。更何况，我国是社会主义国家，社会主义市场经济本来就脱胎于计划经济，其赖以存在的工人阶级领导的、以工农联盟为基础的人民民主专政的基本政治制度和以公有制、按劳分配为主体的经济制度，以及人口多、耕地少、资源相对贫乏、区域

---

① 据法新社 2006 年 8 月 31 日报道。
② 《邓小平文选》第 3 卷，人民出版社 1993 年版，第 367 页。
③ 同上书，第 373 页。

发展不平衡等基本国情和总体上的社会发展阶段，与计划经济时期相比并没有根本性的改变。在这种情况下，计划经济时期形成的那些符合社会化大生产运行一般规律和中国特色社会主义建设特殊规律的经验，对于完善社会主义市场经济来说，不仅有借鉴的必要，而且更有借鉴的可能。

党的十六大召开前夕，江泽民同志在解释为什么会从"计划与市场相结合的社会主义商品经济"、"社会主义有计划的市场经济"、"社会主义的市场经济"这三种提法中，选择后者作为新经济体制的提法时说过："有计划的商品经济，也就是有计划的市场经济。社会主义经济从一开始就是有计划的，这在人们的脑子里和认识上一直是清楚的，不会因为提法中不出现'有计划'三个字，就发生是不是取消了计划性的疑问。"[①] 他指出："国家计划是宏观调控的重要手段之一。建立社会主义市场经济体制，是要改革过去那种计划经济模式，但不是不要计划，就是西方市场经济国家也都很重视计划的作用。我们是社会主义国家，更有必要和可能正确运用必要的计划手段。"[②] 他把在经济运行机制上，"市场经济和计划经济的长处有机结合起来，充分发挥各自的优势作用，促进资源优化配置，合理调节社会分配"，作为社会主义市场经济体制的主要特征之一。[③] 他还概括了三条计划调节在社会主义市场经济中的作用，即第一，利用计划手段弥补和抑制市场调节的不足和消极作用，"把宏观经济的平衡搞好，以保证整个经济全面发展"；第二，在市场调节力所不及的若干环节中，"利用计划手段来配置资源"；第三，"利用计划手段来加强社会保障和社会收入再分配的调节，防止两极分化"。[④] 可见，社会主义市场经济不仅从一开始就不排斥计划调节，而且在计划调节的目的、范围、实现形式上，都与资本主义的市场经济有所不同。我们固然需要借鉴西方搞市场经济的有益经验，但更应当认真总结自己搞经济计划的经验，从中汲取营养，从而不断完善社会主义市场经济。

---

① 《江泽民文选》第 1 卷，人民出版社 2006 年版，第 202 页。
② 江泽民：《论社会主义市场经济》，中央文献出版社 2006 年版，第 31 页。
③ 《江泽民文选》第 1 卷，人民出版社 2006 年版，第 203 页。
④ 同上书，第 201 页。

今天，我们早已摆脱了产能不足、商品短缺的局面，即使资金和某些资源不足，也可以通过国际市场加以调剂解决。但是，旧矛盾解决了，新矛盾又出现了。例如，耕地不断减少，环境污染日趋严重，淡水供应越来越紧张，石油和某些矿产的对外依存度逐渐加大，等等，成为经济发展中新的制约因素；城乡之间、区域之间发展差距不断扩大，行业之间、人群之间分配差距过分悬殊，内需与外需结构不合理，产能过剩，潜在的金融风险加大，等等，成为影响经济发展的新的不稳定因素。另外，有些旧矛盾在形式上变了，但问题依然存在。例如，投资扩张冲动强烈，投资增长过快，积累率过高，重复建设的问题突出，核心技术专利和世界知名品牌较少，反映经济仍未能从根本上改变粗放型的增长方式，一些干部还存在急于求成的政绩观和盲目追求速度、忽视综合平衡、不注意可持续增长、单纯依赖技术引进的发展观；一些地方还有令行禁不止，"上有政策，下有对策"的现象。面对这种情况，我们在学习借鉴国外经验的问题上，仍然要坚持从本国实际情况出发，不能照搬照抄外国经验；在进行宏观调控上，仍然要在主要运用经济手段、法律手段之外，辅之以必要的计划手段、行政手段；在制定规划、计划上，仍然要强调从客观实际出发，尊重客观规律，注意综合平衡，反对盲目攀比速度，使各种重大比例关系协调，经济平稳发展；在处理各方面利益关系上，仍然要统筹兼顾国家、集体和个人的关系，不同地区、不同行业、不同人群的关系，城乡之间的关系，眼前利益和长远利益的关系，防止收入过分悬殊；在对待资源短缺的问题上，仍然要提倡厉行节约的原则；在对待科技创新的问题上，仍然要坚持以自力更生为主、争取外援为辅的方针；在对待有禁不止、自行其是的行为上，仍然要严肃财经纪律，维护中央的政令畅通。例如，最近党中央、国务院作出决定，对各级政府层层分解并考核招商引资指标的做法予以明令废止；对各地投资一亿元以上的新开工项目要求登记清理，并对少数违规开工的项目进行了严肃查处；对一些稀缺资源的开发利用，如土地占用、能源消耗等，下达指令性的控制指标，并对非法批地、低价出让国有土地等行为集中开展查处专项行动；对一些过热的行业，如钢铁、水泥、房地产业，采取上收贷款审批权、土地审批权和规定小户型在总建筑面积中的比例等行政措施。这一切说明，毛泽东当年为探索计划经济规律而取得的理论成果，有些在社会主义市场的宏观调控中仍发挥着积极作用，并没有因为不再实行计划经济而失去现实意义。

通过以上分析，我们完全有理由得出这样的结论，那就是只要注意借鉴西方国家搞市场经济的经验，充分发挥市场在作为资源配置基础方面的作用，同时又认真总结包括毛泽东的探索成果在内的我们搞计划经济的经验教训，充分发挥计划手段、行政手段在抑制和弥补市场缺陷和不足方面的作用，那么，社会主义市场经济体制就一定能保证我国经济以高于资本主义的劳动生产率向前发展，就一定能在 2020 年基本实现工业化，在 21 世纪中叶基本实现现代化，就一定能最终完成毛泽东提出的把我国建设成伟大的社会主义强国的任务。

毛泽东是我们党、我们军队和我们国家的主要缔造者，对他的评价绝不仅仅关系到他个人，而是关系我们党、我们军队、我们国家前途和命运的大问题。古人说："灭人之国，必先去其史。"在纪念党的八大 50 周年和毛泽东逝世 30 周年的日子，我们要记取前苏联由于妖魔化斯大林进而否定苏共、苏联历史，终于导致共产党下台、国家解体的教训，更加深刻领会、严格遵守党中央关于全面评价毛泽东和毛泽东思想的一系列决议、指示精神。邓小平说过："如果没有毛泽东同志的卓越领导，中国革命有极大的可能到现在还没有胜利。"[1] 江泽民同志说过：毛泽东"是从人民群众中成长起来的伟大领袖"，"毛泽东思想永远是中国共产党人的理论宝库和中华民族的精神支柱，永远是我们建设社会主义现代化国家的行动指南"。[2] 胡锦涛总书记又说："中国出了个毛泽东，这是中国共产党的骄傲，是中国人民的骄傲，是中华民族的骄傲。"[3] 他们的话，反映了历史的本质和人民的心声。作为国史工作者，我们要与党的文献工作者、党史工作者加强合作，深入研究毛泽东对适合中国国情的社会主义道路探索的过程、成果和意义，发挥好国史咨政、育人、护国的作用，为继承和发展毛泽东等老一代革命家开创的社会

---

① 《邓小平文选》第 2 卷，人民出版社 1994 年版，第 148 页。
② 《江泽民文选》第 1 卷，人民出版社 2006 年版，第 345 页。
③ 《十六大以来重要文献选编》上，中央文献出版社 2005 年版，第 642 页。

主义建设事业，贡献自己的一份力量。

（本文曾发表于《毛泽东邓小平理论研究》2006 年第 11 期，收入中央文献出版社出版的《毛泽东与 20 世纪中国社会的伟大变革》）

陈云与中国工业化的起步

实现国家工业化是自 1840 年以后，中国所有仁人志士的共同梦想和追求。但在清王朝、北洋军阀和国民党反动政府当权的时代，这些美好的梦"一概幻灭了"。① 只是到了 1949 年，中国共产党领导人民推翻了三座大山，建立了中华人民共和国之后，国家工业化的理想才变成了切实可行的计划，并且只经过了 1953 年至 1957 年第一个五年计划的建设，就为新中国工业化奠定了初步基础。

中国工业化之所以能在这么短的时间里取得如此惊人的成就，一个重要原因是以毛泽东为核心的中央第一代领导集体从中国的实际出发，正确解决了在工业化起步时遇到的方向、战略、布局、资金、人才、规模、速度等一系列工业化的基本问题。而在这一过程中，作为这一领导集体重要成员并主管全国财经工作的陈云，发挥了独特的作用，提出了许多具有深远意义的主张，作出了不可磨灭的贡献。了解和研究陈云的这些作用和主张，对于我们更加深刻地理解中国工业化的特点和意义，全面认识新中国成立后许多重大方针政策的由来和实质，认真总结工业化和四个现代化建设的经验和教训，深入探索和努力掌握其中的客观规律，都是十分有益的。

一 "一五"计划的编制和实施与新中国 工业化的战略、布局和方向问题

"一五"计划的主体是社会主义工业化，从这个意义上说，它也

---

① 见《毛泽东选集》第 3 卷，人民出版社 1991 年版，第 1080 页。

就是我国工业化的第一个五年计划。这个计划从 1951 年开始酝酿，到 1955 年公布，先后编制过 5 次。这 5 次之中，除了第四次以外，都是由陈云主持的。由于他当时担任政务院副总理兼中央财政经济委员会主任，所以，组织这一计划实施的重任，也主要落在了他的肩上。"一五"计划涉及的问题很多，但就工业化来说，首先是发展战略、布局和方向问题。在这几个重大问题上，陈云都通过主持编制和组织实施"一五"计划，使党中央的意图得到了全面的贯彻落实。

1. 关于工业化的发展战略问题

把中国由落后的农业国变为先进的工业国，这是中国共产党人早在民主革命时期就提出的奋斗目标。但采取哪种战略来实现这个目标，那时并不明确。新中国成立后，这个问题很快被提到议事日程上来。当时摆在人们面前可供选择的战略有两种：一种是较早工业化国家的，即先发展轻工业，待积累了大量资本后，再发展重工业；一种是苏联的，即优先发展重工业，在较短的时间里使国家迅速工业化，迎头赶上工业强国。由于这两种战略各有利弊，党内外对此曾有过不同意见。经过反复权衡和深入讨论，党中央作出了优先发展重工业的战略决策。

为什么要优先发展重工业？是单纯向苏联学习的结果，还是从中国实际出发作出的冷静选择？对这个问题，陈云在 1955 年 3 月党的全国代表会议上的题为《关于发展国民经济第一个五年计划的报告》中，曾经作过回答。他说：我国的农业是落后的，铁路和其他交通设备也不足，都需要发展和扩建。但是，能够使用于五年计划建设的财力有限，如果平均使用，百废俱兴，必然一事无成。而且，没有重工业，就不可能大量供应化肥、农业机械、柴油、水利工程设备，就不可能大量修建铁路，供应铁路车辆、汽车、飞机、轮船、燃料和各种运输设备。另外，要系统地改善人民生活，必须扩大轻工业。但现实的情况是，许多轻工业设备还有空闲，原因就是既缺少来自农业的，也缺少来自重工业的原料。再者，我们还处在帝国主义的包围之中，需要建设一支强大的现代化的军队。这一切都决定了我们不能不优先发展重工业。[①]

---

① 见《陈云文集》第 2 卷，中央文献出版社 2005 年版，第 592 页。

对于这一发展战略，"一五"计划从基本建设项目、投资和发展速度上都给予了充分保证。那些限额以上的项目（重点是苏联援助建设的"156项"），或填补了我国工业的空白，或大大提高了原有工业的水平，形成了我国现代工业的体系和骨干。五年下来，工业新增固定资产214亿元，比旧中国100年积累的总和翻了近一番。五年里，平均每年工业发展速度为18%，其中，生产资料的生产为25.4%；工业产值占工农业产值的比重由30%上升为43%，重工业产值占工业产值的比重由35.5%上升为45%，大大改变了旧中国工业特别是重工业落后的局面。

在保证优先发展重工业的同时，陈云对轻工业和农业生产一直十分重视。"一五"计划规定，要充分地合理地利用原有轻纺企业，发挥它们的潜力。事实上，轻工业在"一五"期间的发展并不慢，产值的年增长率达到14.3%，税利增长2.8倍，不仅基本满足了人民需要，而且为国家建设提供了100多亿元的积累。陈云在中共七届六中全会上指出：必须在发展工业的同时，用各种方法来增加农业的产量，使农业能够尽量适应或至少不落后于工业的发展。他认为，用大规模开荒和修水利来解决粮食问题的条件在"一五"时期都不具备，而根据已成立的互助组和合作社的经验，平均产量可以提高15%—30%（以后核定为10%—20%），是花钱少见效快的办法。为此，"一五"计划除了拿出占基本建设总支出7.6%（加上地方水利投资、军垦费、农村救济费、黄河治理费、长期农贷等，则为15%）的资金用于对农业投资外，还在财力上尽可能支持了农业合作化。到了1957年，粮食产量达到3700亿斤，比1952年增产600亿斤，增幅为19.8%。

在"一五"计划的执行即将结束的时候，陈云又根据前一段工作暴露出的矛盾和工业化已有初步基础的实际情况，按照毛泽东在《论十大关系》中阐述的方针，及时提出调整重、轻、农投资比例，以及增加为轻工业和农业生产服务的重工业投资的意见，从而进一步完善了工业化的发展战略。

2. 关于工业化的布局问题

旧中国的工业不仅底子薄，而且布局极不合理，沿海地区（主要是几个大城市）只占国土10%，却集中了全国80%左右的工业设施。

究竟如何布局好，对这个问题，陈云早在 1950 年研究苏联援建项目时就开始思考。他指出："搞工业要有战略眼光。选择地点要注意资源条件，摆在什么地方，不能不慎重。"① 以后，"一五"计划将限额以上的工业建设单位中的大部分，分布在了中部、西部以及东北地区。到了 1957 年，内地的基建投资占全国投资总额的比重由 1952 年的 39.3% 上升为 49.7%，工业总产值占全国工业总产值的比重也由 1952 年的 29.2% 上升为 32.1%，初步改变了工业过分偏重于沿海的状况。这对于工业化过程中的资源节约和地区间的合理发展，以及国家的统一、稳定和国防安全都是十分有利的。

对于在进行工业布局中出现的一些偏差，主要是对沿海老工业基地的作用注意不够和片面理解建立独立工业体系的含义，急于在一些行政区和省的范围内安排门类齐全的工业项目，陈云都及时提出了纠正意见。他在 1955 年就批评了那种只顾本地发展的本位主义和局部观点，说这在工业中是个内地与沿海的关系问题，内地要发展，但沿海城市的生产能力有余，因此，要根据原料、生产、销售和运输情况，进行综合研究。他还指出："建立工业体系只能首先从全国范围开始，然后才是各个协作区，再后才是许多省、自治区。""在一个省、自治区以内，企图建立完整无缺、样样都有、万事不求人的独立的工业体系，是不切实际的。"② 以后的实践证明，陈云的这些意见都是正确的。

3. 关于工业化的方向问题

"一五"计划是根据党在过渡时期的总路线而制定的。这条总路线是：在一个相当长的时期内，逐步实现国家的社会主义工业化，并逐步实现国家对农业、手工业和资本主义工商业的社会主义改造。就是说，中国工业化的方向是社会主义，而不是资本主义。因此，陈云在 1954 年 6 月向中央政治局扩大会议作《关于五年计划的主要内容和意见的报告》时指出："一五"计划的目标是：建立我国社会主义工业化和国防现代化、农业合作化以及对于资本主义工商业实行社会主义改造的初步基础。

---

① 《陈云文选》第 2 卷，人民出版社 1995 年版，第 98 页。
② 陈云：《当前基本建设工作中的几个重大问题》，载《红旗》1959 年第 5 期。

我国社会主义性质的国营工业，是在新中国成立初期由没收官僚资本转化而来的，1949 年，固定资产约有 80 多亿元，而产值只占全国工业总产值的 34.7%。在这种情况下，要使工业化具有社会主义性质，首先必须运用国家政权的力量，优先发展全民所有制工业，提高它在整个工业中的比重。1950 年，陈云在谈到发展轻工业问题时说："现在有些资本家有这样的想法：政府搞重工业，他们搞轻工业，政府搞原料工业，他们搞制造工业，包袱都要你背，他们赚钱。我们当然不能这么办。""五种经济成分同时存在，但是要在国营经济领导之下。要使私人经济跟着走，有一个条件，就是国营经济有相当的力量。你有力量它就跟着你走，你没有力量它就不听你指挥。"① 为此，"一五"计划将建设资金主要投向了国营工业，从而从根本上保证了工业化的社会主义方向。1957 年，国营工业的固定资产达到 272 亿元，比新中国成立时增加了 3 倍，产值占到了全国工业总产值的 53.8%。

保证工业化的社会主义方向的另一方面，便是对资本主义工业进行社会主义改造。这一工作，在党中央领导人的分工中，也是由陈云主管的。早在新中国成立初期，对私营工业就采取了国家资本主义的过渡形式，即由国家收购其产品，逐步发展为加工订货、统购包销，直至公私合营。"一五"计划规定，五年之内，将私营工业中将近一半的大型企业实行公私合营；同时，对私营工业的生产采取全行业安排的方法。但到了 1955 年下半年，不少地方出现了全行业公私合营的新情况。这种情况，陈云认为"并不是哪个人空想出来的，是经济发展的结果"。② 因为，既然要对私营工业进行全行业的生产安排，就会碰到所有权私人占有的障碍，这个问题不解决，就难以进行企业的合并、改组、淘汰。另外，即使生产安排好了的私营企业，如果不实行公私合营，而是长期停留在加工订货的办法上，资本家也会由于利润按照成本计算而不愿意降低成本、节约原料。为了减轻公私合营中的阻力，陈云不仅赞成对资本家采取赎买政策，而且主张推广定息的办法。据估计，那时全国私营资本，工业方面有 25 亿元，商业方面

---

① 《陈云文选》第 2 卷，人民出版社 1995 年版，第 136 页。
② 同上书，第 286 页。

有 8 亿元，定息 5%，一年不过 1.6 亿元。他说："用这点钱，便把中国的资本家统统包下来了。"① "企业的私有制向社会主义所有制的改变，这在世界上早已出现过，但是采用这样一种和平方法使全国工商界如此兴高采烈地来接受这种改变，则是史无前例的。"②在私营工业实行公私合营的高潮中，也出现了一些偏差。比如，许多地方要求过急，工厂不该合并的合并了，可以合并的也合并得太大了。国务院于 1956 年 2 月 8 日作出了关于合营企业经营管理方式半年不动的决定，停止了这种盲目合并的趋势。陈云在同年 3 月 30 日召开的全国工商业者家属和女工商业者代表会议上指出：企业改组并不是都要并厂并店，并错了的，要分开来，退回去。6 月 18 日，他又在全国人大一届三次会议上指出：半年期满后，也不是说各行各业就都能进行改组。再如，有些企业出现比合营前质量降低、品种减少，管理马虎的情况。陈云认为，出现这种情况的原因，一是没有了企业间的竞争，二是没有了利润刺激。为此，他提出对一些商品不再由国家统购包销、对商品设计建立奖励制度、优质优价、由经理人员负责质量等措施。又如，合营后，对部分资方人员的安排不适当。对这个问题，陈云从一开始就明确指出："把资方人员安排在原企业当经理，这是政府的政策。" "资本家懂得技术，能管理工厂，组织生产。政府安排资本家并不是对资本家特别好；而是因为这对国家对人民都有好处。"③ 针对一些同志怕搞不赢资本家的顾虑，陈云说："在工厂管理中，可以实行竞赛，只要我们不犯大错误，不是糊里糊涂，那末，社会主义方法是一定可以战胜资本主义方法的。"④ 当然，尽管做了纠偏工作，在这场改变所有制的伟大变革中，还是存在过急过快等缺点。但任何缺点都无法掩盖一个基本的事实，那就是，全行业的公私合营调动了广大私营企业工人的生产积极性，提高了劳动生产率，起到了解放生产力、促进社会主义工业化的作用。

---

① 《陈云文选》第 2 卷，人民出版社 1995 年版，第 289 页。
② 同上书，第 309—310 页。
③ 同上书，第 302—303 页。
④ 同上书，第 288 页。

二 计划经济体制的建立与新中国工业化的资金和人才问题

早在解放战争时期，陈云作为东北财经委员会的负责人，就率先在东北解放区领导了有计划的经济建设工作。新中国成立后，他又作为中央财经委员会的负责人，参与领导了新中国计划经济体制的创立。建立这一体制固然同当时向苏联学习有很大关系，但在新中国成立初期那种特定的历史条件下，主要是为了适应我国一方面要迅速实现工业化，一方面国家底子又很薄，特别是资金少、人才缺的实际情况。江泽民在党的十四大报告中指出："原有经济体制有它的历史由来，起过重要的积极作用。"① 事实表明，这一论断完全正确。

1. 关于工业化的资金问题

工业化建设需要大量资金的投入，优先发展重工业需要的资金更多。但中国由于在近代受尽帝国主义的欺负，能够作为工业化资本积累的钱财，几被搜刮殆尽。新中国成立前夕，蒋介石又从大陆劫走了大量财富。因此，摆在新中国面前的是一个一穷二白的烂摊子，缺的恰恰就是资金。能否向外国借钱呢？当时，帝国主义对新中国采取敌视态度，实行封锁、禁运政策，怎么可能借钱给我们发展工业？苏联是肯借钱的，也确实以优惠条件给了我们总共 17 亿卢布的贷款。但这点贷款仅占我们工业基本建设投资的 3% 多一点，而且，他们也正面临战后的恢复，不可能借更多的钱给我们。在这种情况下，唯一的出路只有靠我们自己内部积累。

新中国由于推翻了帝国主义、封建主义、官僚资本主义，由于对民族资本实行利用、限制、改造的政策，因此完全有可能靠内部积累来解决工业化资金的来源问题。但是，有这些资金来源，并不等于工业化的资金问题就解决了。因为，"一五"计划用于基本建设的投资为 427.4 亿元，相当 170 亿美元，远远超过了当年苏联和印度"一五"计划的投资额，如果稍有不慎，财政就可能收不上来这么多，投资计划就会失

---

① 《江泽民文选》第 1 卷，人民出版社 2006 年版，第 212 页。

去保证。而且，中国遭受了长期战争的破坏，当时还在进行抗美援朝，人民政府既要恢复经济，又要进行新的建设，既要提高人民生活水平，又不能减少国防开支，需要花钱的地方很多。在这种情况下，只有由中央集中掌握和使用财政收入，由国家有计划地合理配置资金，才能免于资金的分散与浪费，工业化建设资金来源的可能性才能成为现实性。

对于财政收入由中央统一掌握、集中使用与节约资金、保证重点的关系，陈云曾作过大量论述。他在新中国成立初期就说过："目前国家的财政收支不但不富裕，而且有赤字，可以机动使用的现金和物资本来很少。这微小的机动力量，如果不放在中央人民政府手里，而分散给全国各级地方政府，其后果必然是把这微小的机动力量丧失无余，必然是全局不机动，大家不机动。这正像作战一样，把机动兵力分散了，不是大吃败仗，就是难获全胜。"① 当时，中财委对基建项目的审批权限作了严格的规定，其中包括各地凡属举办价值50万元以上的新工厂，均须呈报党中央。陈云说：这些规定之所以必要，"不仅为了使国家在现金运用的迟早上，力求合理，更主要的是为了减少国家在经济文化建设中的浪费"。②

为了保证工业化建设的资金，陈云还特别重视防止通货膨胀，保证市场物价的稳定。因为，通货膨胀，物价不稳，不仅影响人民生活，而且影响财政收入。而在影响财政收入的诸种因素中，粮食的价格在当时是最关键的。1952年，我国粮食产量达到了历史最高水平，但由于城市人口和农村吃商品粮人口的增加，以及农民自身粮食消费的增加，供销矛盾反而加剧了。那时，国家需要的粮食，除了公粮（农业税）有保证以外，其余要从粮食市场上购买。因为粮食供不应求，粮贩子大肆收购，囤积居奇；农民待价而沽，不肯出售。能否任凭粮价上涨呢？陈云说："粮价涨了，物价就要全面涨。物价一涨，工资要跟着涨。工资一涨，预算就要超过。"③ 这样一来，工业投资就失去了保证。能否进口粮食呢？陈云说：如果把外汇都用于进口粮食，"就没有钱买机器设

---

① 《陈云文选》第2卷，人民出版社1995年版，第73页。
② 同上书，第122页。
③ 同上书，第207页。

备，我们就不要建设了，工业也不要搞了"。① 经过反复研究，他向党中央提出了对粮食等主要农副产品实行计划收购和计划供应，即统购统销的建议，并由党中央作出了决定。以后的事实证明，这一政策在当时的历史条件下不仅稳定了市场，避免了由于粮价上涨或进口粮食而增加财政预算和外汇的开支，而且大大增强了农副产品出口和工业设备进口的能力。

统购统销是在我们这样一个经济落后的国家，为迅速实现工业化而采取的重要手段之一。但是，这一政策完全不同于前苏联在工业化建设初期所实行的那种近乎无偿占有农民粮食的余粮征集制。正如陈云所说："国家规定的计划收购和计划供应的牌价，是充分照顾了农民和消费者的利益的，是完全公道的。"而且，在"国家卖出粮食的总数中，有三分之一以上是卖给缺粮的农民的"。② 当然，粮食等农副产品的统购价格与工业品价格之间存在剪刀差。对此，陈云一方面肯定它的必要性，反对过早地取消它；另一方面，又主张不要任意扩大它，并要根据情况逐步缩小它。他指出："中国是个农业国，工业化的投资不能不从农业上打主意。搞工业要投资，必须拿出一批资金来，不从农业打主意，这批资金转不过来。但是，也决不能不照顾农业，把占国民经济将近百分之九十的农业放下来不管，专门去搞工业。"③ 他说："缩小工农业产品价格的剪刀差，这是我们的目标，共产党的政权必须这样做，不能忘记。革命就是为了改善最大多数人民的生活，但是由于我们工业品少，也不要以为很快可以做到。这个问题我有责任说清楚，因为还要积累资金，扩大再生产。""提高农产品收购价格，降低工业品价格，提高工资，这三条应该说都是好事，都应该做，但是，都不能做得太早，要极其慎重，要量力而行。"④然而，当一位财政工作的领导同志主张通过提高工农产品比价，从农民那里再多拿点钱，用于扩大基本建设时，他又召集有关同志辩论了三天，最后使那位同志放弃了自己的意见。

由于统购统销政策的实行，"一五"时期尽管国民经济以平均每年

---

① 《陈云文选》第 2 卷，人民出版社 1995 年版，第 211 页。
② 同上书，第 260 页。
③ 同上书，第 97 页。
④ 同上书，第 194—195、245 页。

11.3%的高速度增长，但物价指数的年均上涨幅度却只有1.1%。这不仅大大有利于财政收支的基本平衡和工业基本建设投资计划的实现，而且大大有利于人民生活的提高。这一期间，人民群众的消费水平年均提高不到7%，但由于物价稳定，这种提高是实实在在的，对大多数人是公平的，是人民所满意的。

对统销政策，陈云早在开始实行时就说过，这只是暂时的措施，"只要工业和农业的生产增加了，消费品的生产增加到可以充分供应市场需要的程度，定量分配的办法就应该取消"。① 对统购政策，陈云虽然从我国国情出发，主张长期实行，但也认为应根据客观情况的变化而加以调整，不能一成不变。

2. 关于工业化的人才问题

要进行大规模工业建设，就必须有足够的具有现代科技和经营管理知识的人才。据当初计算，"一五"期间，仅工业、交通运输两项就需增加技术人员近40万人。然而，旧中国1928年至1947年累计培养的大学生只有18.5万人；1927年至1947年，在高等工科学校毕业的只有3万人；新中国成立时学地质的大学毕业生，总共不过200多人。为了解决这一矛盾，"一五"计划把建立和扩大高等学校与中等技术学校作为重要任务，计划在5年里从高等学校中毕业28.3万人。但能否等到这些人才培养出来之后再进行工业化建设呢？陈云指出，这是不行的。因为，"全国解放了，人民民主政权建立了，如果还不进行大规模的经济建设，则中国革命的胜利是没有保障的"。② 能否让人才自由流动，或者由各部门据为己有呢？陈云认为也是不行的。他指出：必须"集中使用全国有限的技术人才"，"要在全国范围内统一调度，按国家的需要合理分配"。"因为只有如此，才能统一行动，发挥力量。"③ 事实说明，正是由于对关键性岗位的技术人才、教学人才采取了集中统一调度和分配的办法，再加上有计划地兴建新的高等学校和中等技术学校、举办各种训练班和培训班、聘请外国专家，才使我国工业化建设初期人才不足的难题得到了解决。

---

① 《陈云文选》第2卷，人民出版社1995年版，第261页。
② 同上书，第183页。
③ 同上书，第45、184页。

　　陈云主张对人才由国家统一培养和使用，这只是他根据当时的实际情况提出的一项对策，而不是他解决这一问题的出发点。他的出发点是，搞工业化，必须有人才。从这一点出发，他主张对旧社会培养的知识分子要积极教育，充分信任，大胆使用，不能搞关门主义。他指出："这些人是我们的'国宝'，是实现国家工业化不可缺少的力量，要很好地使用他们。"① 他在资本主义工商业改造高潮时还说过："资本家有本领，应该说是财富。在中国的封建地主阶级、官僚资产阶级、民族资产阶级、农民阶级和工人阶级中，民族资产阶级是文化程度高，知识分子多的一个阶级。如果解放后资产阶级的工程师都不干了，我们就会经过一个相当时期的混乱。"② 还是从这点出发，在"文化大革命"结束以后，他针对中年知识分子生活、工作负担重，工资收入低，很多人健康水平下降的问题，建议中央拿出一些钱来"抢救"他们，并指出："改善他们的工作条件和生活条件，应该看成是基本建设的一个'项目'，而且是基本的基本建设。生产、科研、教育、管理部门的知识分子，是任何一个工业化国家最宝贵的财富。"③ 他还指出："必须肯定，七十年代、八十年代的技术水平，应该来之于这些五十年代、六十年代水平的技术骨干。"④ 今天，建设人才多了，完全由国家统一培养和使用的必要性已逐渐减弱了，但是，陈云这种把人才问题和工业化问题联系起来考虑的思路，对我们研究解决教育经费不足、人才外流等新出现的人才问题，仍然是有启迪意义的。

　　搞计划经济，绝不意味着可以不顾客观经济规律，凭主观意志瞎指挥。陈云反复告诫做经济工作的同志，要学会成本核算，要密切注意市场动向，要搞经济，不要搞"政治经济"。他曾说过，货物从上海出厂，转到天津、北京再到保定，然后再到石家庄，这个路线不是按经济原则，是按着政治系统。这样做买卖，就要赔钱。他还说："我们是政治家、军事家，还不是企业家。外行办事总是要吃亏的。偶然浪费少数钱尚可请人民原谅，老是浪费，年年如此，人民是不能原谅的。""必

---

①　《陈云文选》第 2 卷，人民出版社 1995 年版，第 46 页。

②　同上书，第 337 页。

③　同上书，第 312 页。

④　同上书，第 281 页。

须学会经济核算，算一算帐，力求省一点。要计算成本，出一个成品要多少工，市场上是什么价格，等等，都要计算好。"① 对于实行计划经济体制带来的弊病，如集中过多，统得过死，缺少竞争，活力不足等，陈云也发现得比较早，并且在"一五"计划尚未结束时就提出了对高度集中的计划经济体制加以改革的设想，即"三个为主，三个为辅"。党的十一届三中全会之后，他进一步提出了整个社会主义时期必须有两种经济，即计划经济部分和市场调节部分的思想，为经济体制的全面改革提供了重要的理论依据。以后，他又赞成计划经济不等于以指令性计划为主，指令性计划主要依靠运用经济杠杆的作用来实现的提法，认为这种概括"完全符合我国目前的实际情况"。他说："现在，我国的经济规模比五十年代大得多，也复杂得多。五十年代适用的一些做法，很多现在已不再适用。""如果现在再照搬五十年代的做法，是不行的。即使那时，我们的经济工作也是按照中国的实际情况办事的，没有完全套用苏联的做法。"② 这些论述，为人们进一步解放思想，深化经济体制改革，起到了积极的作用。

三 综合平衡和按比例发展思想的提出与新中国工业化的规模和速度问题

国民经济要综合平衡和按比例发展，这是陈云在"一五"时期提出的一个重要思想。这一思想，来源于他对中国工业化建设的规模和速度问题的长期探索和深入思考。中国经济落后，所以需要通过迅速工业化赶上去。同时，也正因为落后，所以人们往往倾向于把建设的规模搞得再大一些，把发展的速度搞得再快一些。陈云认为，规模搞多大，速度搞多快，并不取决于人们的良好愿望，而取决于国民经济各个方面是否做到了综合平衡，各个部门之间是否合乎比例。就是说，国民经济在总量上和结构上是否平衡。"一五"时期，工业化建设的规模和速度问题之所以解决得比较好，与这个指导思想有着直接的关系。

① 《陈云文选》第 2 卷，人民出版社 1995 年版，第 132 页。
② 《陈云文选》第 3 卷，人民出版社 1995 年版，第 337 页。

1. 关于工业化的建设规模问题

所谓建设规模，首先是指基本建设项目和资金安排的多少。这个问题，从"一五"计划开始编制时就碰到了。尽管计划安排的项目有近万个，基建投资占了经济和文教事业总支出的 55.8%，但各方面要求上项目、加投资的呼声仍然很高。针对这种要求，陈云在关于"一五"计划的报告中指出："建设规模能否扩大，不单要根据需要，还必须根据是否可能。这就是说，必须根据国家是否有足够的财力和技术力量，能否供应设备。"①

"一五"计划在执行过程中也发生过曲折。这主要是 1955 年农业丰收之后，出现了要求提早完成社会主义工业化、要求中国工业化的规模和速度都再适当扩大和加快的冒进倾向。在这一倾向的影响下，1956年的基建投资比 1955 年增长 62%，大大超过当年国家预算收入和钢材、水泥、木材等原材料的增长速度。结果，财政收支发生赤字，生产资料供应出现缺口，社会购买力与商品可供量不相适应。为此，陈云同周恩来一起进行了纠偏工作，并使 1957 年的基本建设投资计划数比1956 年的实际完成数减少了 20.6%，遏制了急躁冒进的倾向。

经过总结经验教训，陈云在 1957 年 1 月 18 日的各省、自治区、直辖市党委书记会议上，提出了建设规模要和国力相适应的观点，以及防止建设规模超过国力的制约方法。从他的这篇讲话和此后的一些讲话、文章中看，这些制约方法主要是：一看财政收支、银行信贷、物资供应、外汇收支是否平衡，二看农业能否承受，三看人民生活的提高是否有保证。他说过，在 50 年代，他对基本建设投资的办法就是"砍"，"'砍'到国家财力、物力特别是农业生产所能承担的程度才定下来"。②他还指出："搞建设，必须把农业考虑进去。所谓按比例，最主要的就是按这个比例。"③ "'农轻重'的排列，就是马克思主义与中国革命实践相结合。"④ 农业和市场问题，是关系人民生活的大问题，是民生问题。"解决这个问题，应该成为重要的国策。为了农业、市场，其他的

---

① 《陈云文集》第 2 卷，人民出版社 2005 年版，第 602 页。
② 《陈云文选》第 3 卷，人民出版社 1995 年版，第 214 页。
③ 同上书，第 251 页。
④ 同上书，第 246—247 页。

方面'牺牲'一点，是完全必要的。""有多大余力，就搞多少基本建设。今年如此，今后也要如此，使人民的生活一年一年好起来。"①

陈云主张要在保证人民生活水平不断提高的基础上进行基本建设，绝不是说只顾生活提高，不顾基本建设。相反，他历来倡导，为了实现工业化，必须艰苦奋斗。早在1955年他就说过："必须在进行建设的同时，尽可能提高人民的生活水平，这是人民革命和国家建设的最高目的。但是，又必须看到生活水平的提高只能是一种稳步渐进的提高。我国是一个人口众多的国家，原来的生产水平很低，只有经过六亿人自己克勤克俭的劳动，进行几个五年计划，大大提高我国的生产力，才有可能大大提高我国人民的生活水平。"② 后来，他把正确处理人民生活与基本建设关系的方针形象地概括为"一要吃饭，二要建设"八个字。在1979年国务院财经委员会的一次会议上，他讲到四化目标能否实现时还说过：不能把人民生活现代化和四化搞到一起。"当四个现代化实现的时候，人民生活水平必有提高，而且提高的程度不会小，但还不能同美、英、法、德、日等国相比，因为我国人口众多，其中大部是农民，那样比是办不到的。现代化应以最先进的工业为标志，这毫无疑问是可以完成的。"③

2. 关于工业化的发展速度问题

对速度问题，陈云在编制"一五"计划时就反复强调，必须遵守按比例平衡发展的法则。就是说，制定工业发展速度，不能只考虑工业本身的情况，还要考虑工业与农业、工业与交通运输、工业与科技教育，以及工业内部的重工业与轻工业，重工业内部的冶金、煤炭、电力、化工等部门之间的比例关系。他指出："究竟几比几才是对的，很难说。唯一的办法只有看是否平衡。合比例就是平衡的；平衡了，大体上也会是合比例的。我国因为经济落后，要在短时期内赶上去，因此，计划中的平衡是一种紧张的平衡。计划中要有带头的东西。就近期来说，就是工业，尤其是重工业。工业发展了，其他部门就一定得跟上。这样就不能不显得很吃力，很紧张。样样宽裕的平衡是不会有的，齐头

---

① 《陈云文选》第3卷，人民出版社1995年版，第210页。
② 《陈云文集》第2卷，人民出版社2005年版，第629页。
③ 《陈云文选》第3卷，人民出版社1995年版，第262页。

并进是进不快的。但紧张决不能搞到平衡破裂的程度。"① 1954 年 5 月，他在各大区财经负责人会议上讲到中国工业化的特点时说："中国土地少，人口多，交通不便，资金不足。因此，农业生产赶不上工业建设的需要，将是一个长期的趋势，不要把它看短了。这是在革命胜利后用突击方法发展工业的国家必然要发生的现象。我国工业化与资本主义工业化不同，资本主义工业化是长期的过程，我们是突击；资本主义可以去掠夺殖民地，我们要靠自己；资本主义开始是搞轻工业，我们一开始就搞重工业；资本主义在盲目中依靠自然调节，能够相当地按比例发展；而我们说要按比例发展是从长时间算的，从短时间内，只是力求建设与消费、重工业与轻工业之间不要脱节太远。"②在他看来，"一五"计划所规定的速度和各项生产指标虽然是比较高的，但可以过得去，各种比例没有脱节太远，平衡不至于破裂。

然而，由于 1956 年的冒进，在编制年度计划和长远规划时，制定了许多不切实际的高指标，导致了平衡的破裂。经过 1957 年"反冒进"，被打破的平衡虽然得到了恢复，但 1958 年又发生了反"反冒进"，出现了要求更高速度和更高指标的"大跃进"，尤其是全民大炼钢铁，导致国民经济更严重的比例失调，使"二五"时期的社会总产值变成了负增长。在总结了正反两方面的经验教训之后，陈云深刻指出："按比例发展是最快的速度。"③

怎样才能做到按比例呢？陈云在参与编制"二五"计划时曾提出：要做到按比例，就要认真研究国民经济中的比例关系，而这种研究，"决不能只依靠书本，生搬硬套，必须从我国的经济现状和过去的经验中去寻找。既要研究那些已经形成的比较合理的比例关系，更重要的是研究暴露出来的矛盾"。④ 依照这一思想，他提出了关于处理重工业和轻工业、农业，钢铁、机械工业和能源、运输部门，钢铁工业和机械工业，民用工业和军用工业，大厂和小厂、技术先进和落后，以及基本建设中"骨头"和"肉"等关系的看法。这些看法虽然由于接踵而来的

① 《陈云文选》第 2 卷，人民出版社 1995 年版，第 242 页。
② 《陈云年谱（1905—1995）》中卷，中央文献出版社 2000 年版，第 210 页。
③ 《陈云文选》第 3 卷，人民出版社 1995 年版，第 251 页。
④ 同上书，第 56 页。

反"反冒进"、"大跃进"、"文化大革命"而长期未被采纳，但在我们党纠正了"左"的错误后，终于被人们所重视。1979 年夏天，他在同上海市的负责同志谈话时，语重心长地说：综合平衡，就要研究比例关系。比例，是客观存在，问题在于我们是不是自觉地去研究、认识。要承认我们在这个问题上还缺少本领，要不断地钻。①

陈云之所以反对单凭主观愿望去制定高指标，追求高速度，还出于两个考虑，即防止被动和折腾，防止忽视质量和效益。他说："计划指标必须可靠，而且必须留有余地。只要综合平衡了，指标低一点，也不怕。看起来指标低一点，但是比不切实际的高指标要好得多，可以掌握主动，避免被动。"② 针对粉碎"四人帮"后一段时间里出现的"洋跃进"，他又指出："目前人民向往四个现代化，要求经济有较快的发展。但他们又要求不要再折腾，在不再折腾的条件下有较快的发展速度。我们应该探索在这种条件下的发展速度。"③ 不按比例稳步前进，将"造成种种紧张和失控，难免出现反复，结果反而会慢，'欲速则不达'"。④他早在公私合营时就一再提醒工业部门，不要只追求数量，忽视质量，要鼓励和保护名牌货。1962 年，他针对钢铁工业过于突出的问题指出："根据历史经验，我们应该从现在开始，争取在一定的时间内，使工业产品品种齐全，质量良好，技术先进，适应需要。有了这样一个基础，再前进就比较快了。"⑤

在综合平衡和按比例发展的思想指导下，"一五"时期的建设规模大，但比较适度；发展速度快，但比较稳妥；整个计划不仅提前一年完成，而且与以后的几个五年计划相比，可以说是发展最正常、效益最好的。四十多年的实践反复说明，按照这个思想做，经济发展就顺利；否则，经济就会大起大落。现在，我国的经济规模和国际环境与"一五"时期都有很大不同，但由于这一思想反映了社会主义建设的内在要求，因此，它并未过时，也不会过时。正如党的十四大报告指出的，我们在

① 参见《陈云年谱（1905—1995）》下卷，中央文献出版社 2000 年版，第 246 页。
② 《陈云文选》第 3 卷，人民出版社 1995 年版，第 212 页。
③ 同上书，第 268 页。
④ 同上书，第 351 页。
⑤ 同上书，第 213 页。

抓住时机加快发展的同时，仍然"要坚持从实际出发，注意量力而行，搞好综合平衡，不要一讲加快发展，就一哄而起，走到过去那种忽视效益，片面追求产值，争相攀比，盲目上新项目，一味扩大基建规模的老路上去"。①

《关于建国以来的若干历史问题的决议》在对新中国成立初期进行评价时指出：这一时期的建设"取得了重大的成就，一批为国家工业化所必需而过去又非常薄弱的基础工业建立了起来"。"经济发展比较快，经济效果比较好，重要经济部门之间的比例比较协调。市场繁荣，物价稳定。人民生活显著改善。"② 邓小平在对这个决议的起草发表意见时也指出："建国头七年的成绩是大家一致公认的。"③ 这些评价客观公正，是经得起历史检验的。

陈云曾经在 1956 年说过："我们要有志气，要同心协力，完成第一个五年计划、第二个五年计划，以至第五个五年计划、第十个五年计划，到本世纪末把我国建设成为一个强盛的社会主义国家。"④ 现在，尽管我国工业化的任务尚未完成，然而，工业产值在工农业总产值中所占份额早已突破了 70%，钢、煤炭、水泥、化肥、发电量、机床等主要工业品的年产量均已跃居世界第一或名列前茅，原子能、航天、电子等一批现代工业也有了长足的发展，一个基本上独立完整、门类比较齐全的工业体系已经建立起来。毫无疑问，我们应当继续保持谦虚谨慎的态度，但也不应当妄自菲薄；我们应当继续借鉴国外的一切好经验，但更应当借鉴自己历史上的成功经验，包括工业化起步阶段的经验。只要我们善于把自己的、别人的经验与当前的实际情况结合起来加以吸收消化，我们就一定能最终实现社会主义工业化和四个现代化的奋斗目标。

（本文先后刊载于《当代中国史研究》1995 年第 3 期和 1995 年 6 月 29 日《人民日报》，标题为《陈云与中国工业化起步过程中若干基本问题的解决》。收入本书时略有修改）

---

① 《江泽民文选》第 1 卷，人民出版社 2006 年版，第 225 页。
② 《三中全会以来重要文献选编》下，人民出版社 1982 年版，第 801 页。
③ 《邓小平文选》第 2 卷，人民出版社 1994 年版，第 302 页。
④ 《陈云文选》第 2 卷，人民出版社 1995 年版，第 308 页。

陈云经济思想的现实意义[*]

在陈云研究中，经常会碰到这样的问题，就是陈云经济思想基本上形成于新中国成立后的计划经济时期，主要内容是讲如何有计划地进行社会主义经济建设，而我们现在已转入社会主义市场经济体制，并且加入了奉行自由市场经济规则的世界贸易组织，在这种情况下，陈云经济思想是否还有现实意义呢？对于这个问题，我认为回答应当是肯定的。

的确，陈云同志是主张实行计划经济的，并且在晚年仍然坚持要以计划经济为主。但也正是他，在我们党内最先提出我国社会主义经济要有个体经营和自由生产、自由市场作为补充的构想，最先从理论上阐明整个社会主义时期必须坚持"计划经济与市场调节相结合"的原则，为人们摆脱传统计划经济观念的束缚、推动经济体制改革的发展，起到了积极作用。然而，我所说的陈云经济思想的现实意义，还不是或者主要不是从这个层面来讲的。

和所有伟大人物的思想一样，陈云同志的经济思想也不能不受他所处的那个时代的局限。因此，他在计划经济条件下所作出的关于计划工作的许多论述，无疑已经不再适用于我国当前社会主义市场经济条件下的经济工作。但是，陈云经济思想的基本的核心的内容，也和许多伟大人物的思想一样，是超越时代的。大家知道，在计划经济时代，对于制定经济计划曾经存在两种不同的指导思想：一种过分强调主观能动性，把它强调到不适宜的程度；另一种则要求主观符合客观，尊重客观经济规律。陈云同志是坚持后一种指导思想的代表人物。因此，他的经济思想不仅仅限于解决计划经济中的问题，而是更多地体现于对我国基本国

* 这是 2004 年 5 月 28 日在中央文献研究室主办的陈云研究述评学术讨论会上的发言。

情的深刻把握，体现于对社会主义现代化建设的全面理解，体现于对宏观经济运行规律的科学认识。相对于这些更为根本性的东西，实行计划经济还是实行市场经济只不过是手段罢了。只要基本国情没有改变，只要我们进行的是社会主义现代化建设，只要经济运行中还存在宏观与微观的关系，陈云同志在计划经济时期所形成的那些关于反映我国基本国情和客观经济规律的思想，对于我们今天在社会主义市场体制下所从事的经济工作，就不会失去指导意义。我所说的陈云经济思想的现实意义，主要是从这个层面来讲的。

陈云经济思想在今天有哪些现实意义呢？我想，起码可以从以下三个方面来分析。

一　关于经济建设的最终目的和出发点

我们党是工人阶级的政党，我们的国家是社会主义国家，我们搞经济建设的最终目的是为了改善人民的生活，满足最广大人民群众日益增长的物质和精神生活需要。我们党的思想路线是实事求是，一切从实际出发，具体到经济建设上，就是要求一切从中国的基本国情出发。对此，大概任何人也不会提出不同意见。但是在实际工作中，问题往往就出在一些同志忘记了我们经济建设的最终目的和出发点。前一阶段，一些地方普遍发生为建开发区、建工厂、建城市而违规侵占农田的现象，正是这个问题的一种反映。

在经济建设中，陈云同志始终牢记建设是为了改善人民生活这个最终目的。无论涉及什么工作，他首先考虑的是要保证人民的基本生活需要。早在 20 世纪 50 年代新中国经济恢复时期，财经部门为了制止通货膨胀，加紧了征收公粮、发行公债的工作。陈云同志说，这些都是必要的，但一定要把城乡交流摆在第一位，就是不仅要将农民的土产收上来，还要把城市廉价的工业品销下去。他指出："这是历史上没有一个政府提出过的，但却是关系全国人民经济生活的一件大事，我们如果不管，怎么能算人民的政府呢？"①1956 年底，陈云同志兼任商业部部长，

---

① 《陈云文选》第 2 卷，人民出版社 1995 年版，第 127 页。

他在部党组会上说："商业工作，包括卖鸡、卖蛋，都有其政治意义。商业工作的好坏，直接关系到六万万人民群众的切身利益，关系到广大的城乡人民对我们是否满意。"①

检验经济建设是不是忽视、忘记了它的最终目的的一个重要标志，就是看有没有摆正扩大基本建设投资规模与稳定和提高人民生活的关系。在党的八届三中全会上，陈云同志针对第一个五年计划期间的经验教训，指出："为了老百姓的吃饭穿衣，搞化肥，搞化学纤维，治涝，扩大灌溉面积，都要花很多钱，这是必要的。我们必须使人民有吃有穿，制定第二个五年计划要从有吃有穿出发。……应该对搞工业的同志讲清楚，工业占重要的地位，但老百姓要吃饭穿衣，是生活所必需的，经济不摆在有吃有穿的基础上，我看建设是不稳固的。"② 在三年经济困难时期，中央采纳了陈云同志的意见，下决心进行经济调整。陈云在中央财经小组会议上讲话指出："已经摆开的建设规模，不仅农业负担不了，而且也超过了工业的基础。"③"现在我们面临着如何把革命成果巩固和发展下去的问题，关键就在于要安排好六亿多人民的生活，真正为人民谋福利。"④"农业问题，市场问题，是关系五亿多农民和一亿多城市人口生活的大问题，是民生问题。解决这个问题，应该成为重要的国策。"⑤"增加农业生产，解决吃、穿问题，保证市场供应，制止通货膨胀，在目前是第一位的问题。年产 750 万吨钢，2.5 亿吨煤，也是重要的，但这是第二位的问题。"⑥"人民群众要看共产党对他们到底关心不关心，有没有办法解决生活的问题。这是政治问题。"⑦ 党的十一届三中全会后，中央又一次采纳陈云同志的意见，决定再次进行国民经济调整。调整初期，一些同志不理解，舍不得压缩基本建设规模，致使物资供应紧张，物价普遍上涨。为此，陈云同志在中央工作会议上突出地提出经济建设的目的问题。他说："这种涨价的形势如果不加制止，人

① 《陈云文选》第 2 卷，人民出版社 1995 年版，第 44 页。
② 同上书，第 85—86 页。
③ 同上书，第 195 页。
④ 同上书，第 210 页。
⑤ 同上。
⑥ 同上书，第 205 页。
⑦ 《陈云文选》第 3 卷，人民出版社 1995 年版，第 209—210 页。

民是很不满意的。经济形势的不稳定，可以引起政治形势的不稳定。"①
他把压缩基建投资、增加必要的国防开支，同经济建设的目的联系起
来，指出："搞经济建设的最后目的，是为了改善人民的生活。"②

对于经济体制改革，陈云同志也主张最终目的是改善人民生活。因
此，在他看来，当二者发生矛盾时，同样应当把人民生活摆在第一位。
20 世纪 80 年代中期，国家为了深入进行经济体制改革，决定按照价值
规律，进行价格体系的改革。对此，陈云同志是赞成的，但他同时反复
提醒大家："改革的步骤一定要稳妥，务必不要让人民群众的实际收入
因价格调整而降低。"③

正因为经济建设的最终目的是改善人民生活，因此，陈云同志认
为，工业建设也不能以牺牲人民的身体健康和职工的安全生产为代价。
环境保护是科学发展观中的一个重要内容，现在，党中央特别强调这个
问题。早在几十年以前，还是在"文化大革命"期间，陈云同志就提
出过这个问题，并反复提醒大家。当时，他虽然"靠边站"了，但还
是叮嘱石油战线的同志，"要注意环境污染问题，在生产设计的同时就
要做好防止污染的设计，不要等到事后再解决"。④ 改革开放后，当一
些地方热心于引进经济效益好但污染严重的项目时，他又告诫大家，
"防止污染，必须先搞"。⑤ 他在给主持全国财经工作的领导同志的信中
说："今后办厂必须把处理污染问题放在设计的首要位置，真正做到防
害于先，这是重大问题。"⑥1982 年，他看到新华社题为《上海出现酸
性雨污染环境》的内部材料后，当即批给中央和国务院领导同志，并
指出："治理费要放在前面。否则后患无穷。"⑦ 1988 年，陈云同志已
经退居二线，但仍然十分关心环境保护问题。当他看到新华社和《人
民日报》记者写的《"卫星看不见的城市"——本溪市环境污染情况调
查》和《四川排放污物总量约占全国十分之一》这两篇文章后，批给

① 《陈云文选》第 3 卷，人民出版社 1995 年版，第 277—278 页。
② 同上书，第 280 页。
③ 同上书，第 337 页。
④ 《陈云年谱（1905—1995）》下卷，中央文献出版社 2000 年版，第 198 页。
⑤ 《陈云文选》第 3 卷，人民出版社 1995 年版，第 254 页。
⑥ 同上书，第 263 页。
⑦ 《陈云年谱（1905—1995）》下卷，中央文献出版社 2000 年版，第 308 页。

时任国务院总理和副总理的李鹏、姚依林，其中写道："治理污染、保护环境，是我国的一项大的国策，要当作一件非常重要的事情来抓。这件事，一是要经常宣传，大声疾呼，引起人们重视；二是要花点钱，增加投资比例；三是要反复督促检查，并层层落实责任。"最后，他还附了一句："请告诉有关部门，这方面的材料，以后注意送我看看。"① 对于安全生产问题，陈云同志也十分关心。他在 1988 年同一位中央负责同志谈话时指出："企业实行承包责任制，有积极的一面，也要看到消极的一面，比如不少企业为了完成承包数，硬拼设备，带病运转。近年来安全事故增多，恐怕与此有关。"他强调："企业一定要维护好设备，特别是关键设备，四个九不行，必须做到万无一失。"②

搞经济建设究竟要不要从国情出发？我国的基本国情是什么？对这样的问题，有些同志似乎不大在意。但陈云同志恰恰相反，对此一向非常重视。他在 1979 年的一次政治局会议上十分鲜明地指出："我们搞四个现代化，建设社会主义强国，是在什么情况下进行的。讲实事求是，先要把'实事'搞清楚。这个问题不搞清楚，什么事情也搞不好。"接着他说："我们国家是一个九亿多人口的大国，百分之八十的人口是农民。革命胜利三十年了，人民要求改善生活。有没有改善？有。但不少地方还有要饭的，这是一个大问题。"③ 由此，他得出结论："九亿多人口，百分之八十在农村，革命胜利三十年了还有要饭的，需要改善生活。我们是在这种情况下搞四个现代化的。"④ 今天，经过 20 多年的改革开放与现代化建设，农村人口比重已减到六成多，吃不饱饭的人更是大幅度减少。但农村人口仍占大多数，相对贫困人口所占比重仍然比较大，这方面的情况并没有根本性的变化。

在从国情出发搞建设的问题上，我认为陈云同志讲得比较多的有以下三件事。

第一，农业特别是粮食的生产问题。早在制定第一个五年计划之前，陈云同志就指出："中国是一个农业国，以前还要进口粮食、棉花

① 《陈云文选》第 3 卷，人民出版社 1995 年版，第 364 页。
② 同上书，第 365—366 页。
③ 同上书，第 250 页。
④ 同上书，第 251 页。

等农产品。现在虽然比过去好多了，但是，发展农业仍然是头等大事。农业发展不起来，工业就很难发展。"① 在制定"一五"计划的过程中，他指出："中国土地少，人口多，交通不便，资金不足。因此，农业生产赶不上工业建设的需要，将是一个长期的趋势，不要把它看短了。"② 在向中央汇报"一五"计划的编制情况时，他又说："计划中最薄弱的部分是农业生产，能否按计划完成，很难说。"③ 在"一五"建设结束时，他进一步指出："我国农业对经济建设的规模有很大的约束力。"④ "农业对我们的重要性，现在看得很清楚了。如果农业搞不好，就一定会扯我们前进的后腿。"⑤ 以后，陈云同志在 1957 年抓化肥和化纤生产，在 1961 年力主进口粮食，在 1962 年建议包产到户，都是为了解决农业特别是粮食问题。粉碎"四人帮"后，陈云同志再次提出进口粮食的建议，他说："要先把农民这一头安稳下来。农民有了粮食，棉花、副食品、油、糖和其他经济作物就都好解决了。摆稳这一头，就是摆稳了大多数。"⑥ "农民是大头，不能让农民喘不过气来。" "搞建设，必须把农业考虑进去。所谓按比例，最主要的就是按这个比例。"⑦

　　改革开放后，农村政策搞活了，不仅鼓励农民多种经济作物，而且允许农民做工、经商。这时，在农村中又出现了忽视粮食生产的倾向。针对这种情况，陈云同志反复提醒大家："我们要发展经济作物，同时必须保证粮食的逐步增产。……不能因为发展经济作物而挤了粮食产量。粮食还是第一位。人不吃饭，牲口不喂料，是不行的。"⑧ "种烟叶的亩数不能增加了，粮食播种面积不能减少了。"⑨ 1982 年、1983 年，粮食连续两年大丰收，一些同志认为我国的粮食问题过关了，可以放开手脚让农民种自己想种的东西了。那时，有的产粮大省因发生储粮困难，向中央告急，中央一位主要负责同志把告急的电话记录批转陈云同

---

① 《陈云文选》第 2 卷，人民出版社 1995 年版，第 143 页。
② 《陈云年谱（1905—1995）》中卷，中央文献出版社 2000 年版，第 210 页。
③ 《陈云文选》第 2 卷，人民出版社 1995 年版，第 237 页。
④ 《陈云文选》第 3 卷，人民出版社 1995 年版，第 55 页。
⑤ 同上书，第 79 页。
⑥ 同上书，第 236 页。
⑦ 同上书，第 250—251 页。
⑧ 同上书，第 280—281 页。
⑨ 同上书，第 309 页。

志。陈云同志看后写道："依我看来，中国的粮食并不多，每年还进口一千多万吨。"① 1985 年，陈云同志在党的全国代表会议上发言，讲了 6 个问题，其中之一还是粮食问题。他说："现在有些农民对种粮食不感兴趣，这个问题要注意。……发展乡镇企业是必要的。问题是'无工不富'的声音大大超过了'无农不稳'。十亿人口要吃饭穿衣，是我国一大经济问题，也是一大政治问题。'无粮则乱'，这件事不能小看就是了。"② 由于主观上放松了粮食生产，致使 1985 年至 1988 年粮食连续四年减产，人均产量由 1984 年的 786 斤减为 716 斤，引起了物价波动。陈云同志同当时主持中央工作的负责同志谈话，讲了 8 条意见，第一条还是要重视粮食问题。他说："十亿人民要吃饭，农民种地卖粮给国家，天经地义。现在相当大一批农民搞乡镇企业，买粮食吃，不能小看。"③ 1988 年，他在同浙江省领导同志谈话时又说："我们这些人在世时，粮食过不了关。……下一代人如果在科学上没有突破，粮食也很难过关。"④ 我理解，他所说的过关并不是指粮食一时够吃了。因为中国的基本情况是耕地面积很难再扩大，而人口只会增加，不会减少，一时卖粮难有多种原因，并不意味着粮食过关了。稍不小心，马上就会发生粮食紧张的问题。

第二，资源特别是水资源的节约问题。早在新中国成立之初，陈云同志就指出，"像中国这样大的国家，水灾可能每年都会有"，因此要做好防涝的工作。但同时必须看到，"全国水量平均起来并不多，还缺水，有些地方就经常干旱。从总的看，从长远看，要以蓄为主，蓄泄兼顾"。因此，"要修水库、筑塘堰，山区更要注意种树种草、保持水土，对水一定要好好利用"。⑤ 从那时起，陈云同志就开始研究南水北调的问题。1975 年，他赋闲在家，去南方视察，还专程去扬州察看了南水北调工程东线的枢纽工程江都抽水站，并对陪同人员说："南水北调是造福子孙后代的大事，在条件允许时应当进行。……目前财力有限，工

---

① 《陈云年谱（1905—1995）》下卷，中央文献出版社 2000 年版，第 341 页。
② 《陈云文选》第 3 卷，人民出版社 1995 年版，第 350 页。
③ 同上书，第 365 页。
④ 《陈云年谱（1905—1995）》下卷，中央文献出版社 2000 年版，第 412 页。
⑤ 《陈云文选》第 2 卷，人民出版社 1995 年版，第 141 页。

程只能分段进行。"①

1979 年，陈云同志重新出来工作后担任了党的副主席和国务院财经委员会主任。他给时任财经委副主任和秘书长的李先念、姚依林写信，提出经济建设必须尽早注意的两个问题，第一个便是水资源的问题。他写道："有些地区水资源已很紧张，如天津、北京等地。今后工厂的设立必须注意到用水量。……即使有水资源的工厂，也应该有节约用水的办法。"②1990 年，陈云同志在中顾委担任主任，他看到水利专家张光斗、陈志恺两人写的文章《我国水资源问题及其解决途径》后，立即批给有关领导同志，指出："要从战略高度来认识水的问题的严重性。各级领导部门，尤其是经济、科技领导部门，应该把计划用水、节约用水、治理污水和开发新水源放在不次于粮食、能源的重要位置上，并列入长远规划、五年计划和年度计划加以实施。"③ 对于其他资源，陈云同志也提醒大家要注意节约。他针对实行承包责任制后出现的新情况指出："现在无论是农业生产，还是工业生产，都相当普遍地存在着一种掠夺式的使用资源的倾向，应当引起重视。"④

第三，人口的控制和劳动力的就业问题。在主持全国财经工作的过程中，陈云同志深深感到，人口多固然为我国经济建设提供了丰富的劳动力，但同时也造成人均资源少、市场供应难、就业压力大等问题，如果不加控制，将是我国经济发展的严重制约因素。因此，他非常拥护毛泽东同志提出的计划生育的主张。在 1957 年 8 月的国务院常务会议上，他发言说："中国人多，必须提倡节制生育。这是有关经济建设的大问题。现在粮食、布匹、学校等紧张，都与人口多而且增长快有关系。节制生育的措施，要十年、二十年以后才能见效。中央和各省、市都要成立专门委员会，来抓这件事情。"当时，国务院决定成立中央节育委员会，由陈云兼任主任，但因为随即而来的反右派斗争联系到批判马寅初的新人口论，致使这一机构未能正式成立，计划生育工作也受到严重干扰。党的十一届三中全会后，他重新主持全国财经工作，再次疾呼

---

① 《陈云年谱（1905—1995）》下卷，中央文献出版社 2000 年版，第 198 页。
② 《陈云文选》第 3 卷，人民出版社 1995 年版，第 263 页。
③ 同上书，第 375 页。
④ 同上书，第 366 页。

"人口是个爆炸性的问题"。为此，他提出了大造舆论、制定法令、加强避孕措施、优待独生子女、实行养老保险等措施。① 他还提出，要把人口问题纳入国民经济发展的长远计划。在他建议下，党中央和国务院于 1979 年 9 月发出致全体党员、团员的公开信，号召一对夫妇只生一个孩子。

计划生育虽然被作为国策确定下来，但人口过多已是一个现实问题，是考虑任何工作时都必须面对的。陈云同志多次指出："我国社会经济的主要特点是农村人口占百分之八十，而且人口多，耕地少。计划机关和工商业部门的同志对此没有深刻认识，如不纠正，必然碰壁。"② 当时，有些同志盲目攀比发达国家的现代化水平，主张多搞大企业，减少中、小企业，还提出"人民生活现代化"的口号。对此，陈云同志指出："人口多，要提高生活水平不容易；搞现代化用人少，就业难。我们只能在这种矛盾中搞四化。这个现实的情况，是制定建设蓝图的出发点。"③ "在我们国家，先进的企业、落后的企业并存的局面，要在一个相当长时期内存在。否则，容纳不了那么多就业人员，有人就要闹事。"④ 他还说："生活水平多数达到中等，少数可以先富起来。大体上差别不大，但是还有差别。要甘肃赶上江南，不容易。"⑤ "四个现代化是一定能够实现的，要提高信心。但是现在往往把'人民生活现代化'也一起提出，这样恐怕不行。当四个现代化实现的时候，人民生活水平必有提高，而且提高的程度不会小，但还不能同美、英、法、德、日等国相比，因为我国人口众多，其中大部是农民，那样比是办不到的。"⑥ 他强调："我们是十亿人口、八亿农民的国家，我们是在这样一个国家中进行建设。香港、新加坡、南朝鲜等地区没有八亿农民这个大问题。欧美日本各国也没有八亿农民这个大问题。我们必须认识这一点，看到这种困难。现在真正清醒认识到这一点的人还不很多。"⑦ 正是基于对国

① 《陈云年谱（1905—1995）》下卷，中央文献出版社 2000 年版，第 246 页。
② 同上书，第 238—239 页。
③ 《陈云文选》第 3 卷，人民出版社 1995 年版，第 250 页。
④ 同上书，第 253 页。
⑤ 同上书，第 254 页。
⑥ 同上书，第 262 页。
⑦ 同上书，第 281 页。

情的这种清醒认识，他主张在解决工资水平与就业程度的矛盾问题上，还是采取低工资、高就业的办法好，他说："这是保持社会安定的一项基本国策。"①

二　关于经济运行状态与增长方式

经济运行究竟是平稳发展好，还是一起一落地跳跃式发展好？经济增长究竟是围绕速度、数量、产值好，还是围绕质量、品种、效益好？对于这个问题，在改革开放之前和改革开放之后都存在两种不同的思路。20 世纪 50 年代有一种理论，叫"积极平衡"，是说事物的平衡是相对的，不平衡是绝对的，因此不应当消极地维护旧的平衡，而应当积极地打破旧平衡，寻找新平衡。与这个理论相适应，发动了"大跃进"，也引出了"全民大炼钢铁"。陈云同志不同意这个理论，他说："究竟什么是积极平衡，什么是消极平衡，认识是不同的。"②他在制定"一五"计划时说过："我国因为经济落后，要在短时期内赶上去，因此，计划中的平衡是一种紧张的平衡。……样样宽裕的平衡是不会有的，齐头并进是进不快的。但紧张决不能搞到平衡破裂的程度。"③ 以后，他又重申过这一观点。他说："经济建设和人民生活必须兼顾，必须平衡。看来，在相当长的一段时间内，这种平衡大体上是个比较紧张的平衡。建设也宽裕，民生也宽裕，我看比较困难。""但是，绝不能紧张到使平衡破裂。"④

粉碎"四人帮"后，很多同志想把被损失的时间夺回来，提出要"大干快上"，要搞"新的跃进"。陈云同志说："人民向往四个现代化，要求经济有较快的发展。但他们又要求不要再折腾，在不再折腾的条件下有较快的发展速度。我们应该探索在这种条件下的发展速度。"⑤ 那时，钢的指标定得比较高，陈云同志主持经济调整时，把指标压了下

---

① 《陈云文选》第 3 卷，人民出版社 1995 年版，第 376 页。
② 同上书，第 210 页。
③ 《陈云文选》第 2 卷，人民出版社 1995 年版，第 242 页。
④ 《陈云文选》第 3 卷，人民出版社 1995 年版，第 29 页。
⑤ 同上书，第 268 页。

来。他在中央政治局会议上指出："过去说，指标上去是马克思主义，指标下来是修正主义，这个说法不对。踏步也可能是马克思主义。""单纯突出钢，这一点，我们犯过错误，证明不能持久。……冶金部提出的引进设想，我都看了。他们是好心，想要多搞，可以理解。共产党员谁不想多搞一点钢？过去似乎我是专门主张少搞钢的，而且似乎愈少愈好。哪有这样的事！我是共产党员，也希望多搞一点钢。问题是搞得到搞不到。""一九八五年搞六千万吨钢根本做不到。我说二〇〇〇年搞到八千万吨钢，是冒叫一声，但也有点根据。……如果将来超过八千万吨，或者超过很多，阿弥陀佛！如果达不到，稍微少一点我也满意。我不光看你那个数目字，钢要好钢，品种要全。""冶金部要把重点放在钢铁的质量、品种上，真正把质量、品种搞上去。"[①]他还说："过去的经验不要忘掉了。过去要计委定多高的速度就能定多高，要百分之十就定百分之十，要百分之二十就定百分之二十。这怎么行呢！搞建设，真正脚踏实地、按部就班地搞下去就快，急于求成反而慢，这是多年来的经验教训。"[②]

后来，经过调整，严重失调的国民经济比例被理顺了。在这个基础上，党的十二大提出了在 20 世纪末实现全国工农业总产值翻两番的奋斗目标。这时，有的同志头脑又有些发热，要求"提前翻两番"。对此，陈云同志强调，十二大提出的翻两番，是"要在不断提高经济效益的前提下"，而且"要分两步走，前十年主要是打好基础，为后十年经济振兴创造条件。'六五'是前十年的第一个五年，发展速度不能搞得太快"。他告诫大家："如果急于求成，把本来应该放在后十年办的事也勉强拿到前十年来办，在'六五'和'七五'期间乱上基本建设项目，那末，经济又可能出现混乱，翻两番的任务反而有可能完不成。"[③]

在"提前翻两番"的思想支配下，1984 年国民生产总值比 1983 年增长 15.2%；1985 年 1 月至 7 月的工业总产值又比 1984 年同期增长 22.8%。陈云同志在党的全国代表会议上提醒说："这样高的速度，是

---

① 《陈云文选》第 3 卷，人民出版社 1995 年版，第 251—254 页。
② 同上书，第 310—311 页。
③ 同上书，第 318 页。

不可能搞下去的，因为我们目前的能源、交通、原材料等都很难适应这样高速度的需要。"他说，如果不降下来，"造成种种紧张和失控，难免出现反复，结果反而会慢，'欲速则不达'"。[1] 但是，陈云同志的话并没有能引起有关方面足够的重视；国民经济继续以两位数的速度增长。结果，经济出现了不稳定的迹象，中央只得于1988年决定进行带有调整性质的治理整顿。第二年，国民生产总值的增长速度回落到了4%。

从以上过程可以看出，过分突出经济发展速度、数量、产值的思路，并不仅仅存在于高度集中的计划经济时期。有人统计，新中国成立以来经济增长速度上发生过七次大起大落，其中改革开放之前三次，改革开放之后四次。这说明，陈云同志关于经济要平稳发展，要重质量、品种、效益的发展思路，无论在高度集中的计划经济时期，还是在实行社会主义市场经济的情况下，都是适用的。即使在实行自由市场经济的西方国家，现在不是也有主张经济均衡发展、防止周期波动的学说吗？可见，经济应当平稳发展，稳定发展，均衡发展，乃是人类关于经济发展方式的一种超越经济体制的理性选择。现在，国际上与我国经济有联系的国家、地区、跨国公司，都对我国经济发展的预期十分关注，既担心持续过热导致泡沫，又担心抑制过热降低需求。这也从一个侧面说明，中国与世界经济的联系越广泛越紧密，人们越希望中国经济能够平稳发展。

怎样才能做到经济平稳发展呢？陈云同志认为，必须使经济建设做到"有计划按比例"。他指出："按比例发展的法则是必须遵守的，但各生产部门之间的具体比例，在各个国家，甚至一个国家的各个时期，都不会是相同的。……究竟几比几才是对的，很难说。唯一的办法只有看是否平衡。合比例就是平衡的；平衡了，大体上也会是合比例的。"[2] 他说："这一思想来之于马克思。""在社会主义革命还没有在一个国家胜利以前，马克思就设想过社会主义经济将是有计划按比例发展的，这个理论是完全正确的。"[3]

---

[1] 《陈云文选》第3卷，人民出版社1995年版，第351页。
[2] 《陈云文选》第2卷，人民出版社1995年版，第241—242页。
[3] 《陈云文选》第3卷，人民出版社1995年版，第244页。

现在我们认识到，马克思所设想的社会主义经济，是在资本主义经济充分发展基础上所建立的经济，而现实生活中的社会主义经济大都是在资本主义经济还没有得到充分发展或发展很不充分的情况下建立的。因此，实行高度集中的计划经济，除了在特殊时期，比如需要集中力量突击奠定工业化基础的时期有其合理性外，在社会主义相当长的时期内，尤其是在社会主义初级阶段，都是超过生产力水平的，因而都是不适宜的。但是，正如陈云同志所说："按比例是客观规律。"① 无论通过计划调节还是通过市场调节，经济只有"按比例"，才能平稳发展。他说："从长期来看，国民经济能做到按比例发展就是最快的速度。"②"不认真研究国民经济的比例关系，必然造成不平衡和混乱状态。"③ 他在 1954 年甚至说过："资本主义在盲目中依靠自然调节，能够相当地按比例发展，而我们说要按比例发展是从长时间算的，在短时间内，只是力求建设与消费、重工业与轻工业之间不要脱节太远，实质上并不是按比例的发展。"④ 这说明，经济中的比例关系是客观存在的。无论使用计划手段还是市场手段，要使经济平稳，都必须使它做到按比例发展。

为了使经济做到按比例发展，陈云同志通过领导计划工作的长期实践，摸索出了一套行之有效的方法。其中有些原则，即使在社会主义市场经济条件下也是适用的。比如，关于"建设规模要和国力相适应"的原则。陈云同志说："建设规模的大小必须和国家的财力物力相适应。适应还是不适应，这是经济稳定或不稳定的界限。……建设的规模超过国家财力物力的可能，就是冒了，就会出现经济混乱；两者合适，经济就稳定。当然，如果保守了，妨碍了建设应有的速度也不好。但是，纠正保守比纠正冒进要容易些。"⑤ 他在改革开放时期提出的"一要吃饭、二要建设"的原则，其中既包含要端正生产目的的意思，也包含要正确处理积累与消费比例关系的意思。他说："一、要使十亿人民有饭吃；二、要进行社会主义建设。只顾吃饭，吃光用光，国家没有

① 《陈云文选》第 3 卷，人民出版社 1995 年版，第 211 页。
② 同上书，第 248 页。
③ 同上书，第 56 页。
④ 《陈云年谱（1905—1995）》中卷，中央文献出版社 2000 年版，第 210 页。
⑤ 《陈云文选》第 3 卷，人民出版社 1995 年版，第 52 页。

希望。必须在保证有饭吃后，国家还有余力进行建设。因此，饭不能吃得太差，但也不能吃得太好。吃得太好，就没有力量进行建设了。这里就包含着一个提高人民生活水平的原则界限：只有这么多钱，不能提高太多。"①今天，情况和过去有了很大不同。在社会固定资产投资中，财政支出只是其中一部分，而且比重越来越少；物资有很多已不再为国家所掌握，而且大部分不再紧缺，即使紧缺，也可以从国外进口；城市居民的消费基金，也已经不完全取决于政府和国家企事业单位所发放的工资。因此，处理建设规模与国力、积累与消费的比例关系，已经不能再像过去那样，只计算政府手中的钱和物，只注意控制政府的各项支出。但必须看到，土地、水、石油等资源也是国力中的一部分，而且其重要性日益显现。因为，我们的人均耕地、水资源、石油储量本来就不多，与世界人均占有量相比，分别为二分之一弱、四分之一强和十分之一；而随着社会各项事业的发展，各方面对土地、水和石油等资源的需求却愈来愈大。石油虽然可以进口，但也存在许多制约因素。据统计，如果按现在的发展速度，我国石油供应的对外依存度还将大幅度增长，国际市场很难以满足；即使能满足，油价一路攀升，也不一定能拿得出那么多外汇。因此，我们在制定经济建设的规划和社会发展的目标时，仍然不能不考虑与国力是否相适应的问题。如果开发区、工厂、城市住宅区和街道等建设的规模过大，人们对高档消费，尤其是对轿车的需求过旺，势必进一步大量占用耕地，过度消耗水资源和石油，从而使"吃饭"与"建设"的矛盾加剧，建设与国力的比例失调，最终导致平衡破裂，经济出现新的不稳定。

再比如，关于"平衡要从短线开始"的原则。陈云同志在 1962 年领导第一次经济调整时，对于此前几年由于急于求成而造成重大经济关系比例失调的经验教训进行了深刻总结。在谈到如何进行综合平衡时，他讲了两点意见：一是从制定计划时就要搞综合平衡，不要做计划时不按比例，等到执行计划中出现问题时再来纠正；二是要按照短线搞综合平衡，不要按长线搞平衡，否则弄得建设项目长期拖延，工厂半成品大量积压，会造成严重浪费。他说："按短线搞综合平衡，才能有真正的

---

① 《陈云文选》第 3 卷，人民出版社 1995 年版，第 306 页。

综合平衡。所谓按短线平衡，就是当年能够生产的东西，加上动用必要的库存，再加上切实可靠的进口，使供求相适应。"① 改革开放后，他又按照"短线平衡"的原则，提出国家要集中资金，加强国民经济中的薄弱环节，如农业、能源、交通、科技教育、环境保护、知识分子生活待遇等。陈云同志在这里所说的"短线平衡"的原则，当然是针对计划工作而言的。但在西方经济学中有一个"木桶定律"，讲的是木桶的实际容量不取决于木桶壁上最长的那条板，而取决于最短的那条板，凡高出最短木板的部分都是无效部分，因为装进去的水都会流掉。现在不少人把这个定律奉为金科玉律，写书讲话时常引用。殊不知，它与"短线平衡"的原则，意思其实是一样的。在社会主义市场经济体制下，我们不需要也不可能再像计划经济时期那样去通过指令性计划平衡各种比例关系，但经济中的许多重大比例关系，仍然是宏观经济工作需要注意平衡的。例如，三次产业之间的结构、产业内部之间的结构、产品之间的结构、地区之间的结构、城乡之间的结构，等等，都存在一定的比例关系，就很需要我们通过经济的和政策的手段加以平衡。在进行平衡时，固然可以用"木桶定律"来指导，但"短线平衡"的原则是中国人自己通过实践总结出来，比"木桶定律"更容易为中国人所理解所掌握，也是完全可以继续用来作为我们指导原则的。

三　关于宏观经济的调控

无论是计划经济体制还是社会主义市场经济体制，都存在微观经济与宏观经济的矛盾关系。过去，陈云同志针对一度实行高度集中的计划经济体制，极力主张通过市场调节把微观运行搞活；同时，他又强调市场调节必须在国家统一计划的指导下发挥作用，以便使经济从宏观上得到控制。在陈云同志的话语中，市场与计划的关系，在很大程度上代表的是微观运行与宏观控制的关系；他所说的国家计划，往往指的就是宏观控制，而他所说的宏观调控的手段，往往指的也是国家计划。我们现在实行社会主义市场经济，已经不再把国家计划等同于宏观控制，甚至

---

① 《陈云文选》第 3 卷，人民出版社 1995 年版，第 211 页。

不再把它当成宏观调控的主要手段。但是，只要我们不过多地拘泥于"国家计划"这样的提法，而是注重于陈云同志关于计划与市场关系问题论述的实质，那么，其中蕴含的关于正确处理微观运行与宏观控制之间关系的道理，对于在社会主义市场经济条件下搞好宏观调控，仍然是具有非常积极的认识价值的。

早在 1956 年资本主义工商业改造胜利完成之后，陈云同志就提出，"市场管理办法应该放宽"。他说："现在从大城市到小集镇大部分都管得太死，放宽后，害处不大，好处很多。但这并不是说完全不要市场管理，不要社会主义计划经济的领导，而是说要改变过去对资本主义工商业利用、限制、改造的那一套办法。"他还主张，除粮食、布匹等重要物资和一些热销货继续统购外，其余可以自由选购。他说，实行这种办法后可能会有一些毛病，但我们只能一方面管好市场，另一方面不把市场搞死。"不走这条路，我们又找不到其他更好的路。"①接着，他在党的八大上提出了著名的"三为主三为辅"的经济体制构想。遗憾的是，由于众所周知的原因，他的这一构想当时并没能得到实施。

党的十一届三中全会前后，陈云同志再次提起计划与市场关系的问题。他在自己亲笔起草的一份提纲上写道："六十年来，无论苏联或中国的计划工作制度中出现的主要缺点：只有'有计划按比例'这一条，没有在社会主义制度下还必须有市场调节这一条。……因为市场调节受到限制，而计划又只能对大路货、主要品种作出计划数字，因此生产不能丰富多彩，人民所需日用品十分单调。"由此，他得出结论："整个社会主义时期必须有两种经济：（1）计划经济部分（有计划按比例的部分）；（2）市场调节部分（即不作计划，只根据市场供求的变化进行生产，即带有盲目性调节的部分）。"② 以后，随着经济形势的变化，他对市场与计划的关系又有过多种提法，如"计划经济与市场调节相结合"，"以计划经济为主、市场调节为辅"，等等。无论哪种提法，他所要表达的意思都是：要通过市场调节搞活微观运行，又要通过国家计划加强对宏观经济的控制。其目的正如他在 1985 年党的全国代表会议上

① 《陈云文选》第 2 卷，人民出版社 1995 年版，第 335 页。
② 《陈云文选》第 3 卷，人民出版社 1995 年版，第 244—245 页。

所说的："搞好宏观控制，才有利于搞活微观，做到活而不乱。"①

对于市场与计划，也即搞活经济与宏观控制的关系，陈云同志还作过一个比喻，即把它们比作"鸟与笼子"的关系。这个比喻一发表，立即引起了两种截然相反的评论。一种认为，这个比喻反映陈云同志要把已经搞活的经济重新装回到"鸟笼"里，是反对市场取向的改革；而另一种则认为，这个比喻道出了微观运行与宏观控制关系的真谛，是为了有利于搞活经济，而不是为了搞死经济。一些西方学者也对这个比喻产生了浓厚的兴趣，认为它提出了一个很有意思的问题，值得人们沿着这个思路来思考经济微观运行与宏观控制的关系。其实，陈云同志所说的"笼子"，是相对于把"鸟"捏在手里不让它飞而说的，而且这个"笼子"并不像一些人望文生义理解的那样，真的像"鸟笼"那样狭小，而是恰恰相反。正如他自己说的，这个"笼子""可以跨省跨地区，甚至不一定限于国内，也可以跨国跨洲。另外，'笼子'本身也要经常调整，比如对五年计划进行修改"。②

今天，我们虽然已经不实行计划经济了，但仍然有国民经济发展的五年计划、十年规划，还有宏观调控的目标，有财政政策、货币政策、产业政策，有关于经济活动的各种法律法规。这些一方面在保证着微观运行像"鸟"那样自由飞翔，另一方面不也像"笼子"那样起着限制微观运行盲目发展的作用，使之不至于失控吗？远的不讲，就拿2004年来说，第一季度固定资产投资增长幅度达到43%，其中制造业增长75.8%，钢铁业和水泥业的增长都超过了100%；同时，信贷投放增幅过大，突破了广义货币 M_2 和狭义货币 M_1 全年增长17%的宏观调控目标，造成煤电油运供应的全面紧张，全国20多个省份拉闸限电。针对这一情况，中央政治局及时召开会议，强调各地各部门要统一思想，抓好中央确定的各项宏观调控政策措施的落实，适度控制货币信贷增长，切实加强土地管理，严格控制新开工项目，坚决遏制某些行业中的盲目投资和低水平扩张。接着，国务院决定对全国在建和拟建项目进行一次全面的清理、审核，严格控制商业营业用房特别是高档写字楼、别墅、

① 《陈云文选》第3卷，人民出版社1995年版，第350页。
② 同上书，第320页。

公寓的建设，清查清理 2003 年以来的土地审批和占用情况，整顿处理各种违法批地、非法占地行为。银监会还决定严格贷款的授权管理，对钢铁、电解铝、水泥等部分行业的贷款审批权上收至省行或总行。所有这些调控措施和清理、审核、清查、整顿、上收权限的办法，都可以理解为陈云同志所说的控制宏观经济的"笼子"。当然，用来做"笼子"的"材料"，不同经济体制下会有所不同。计划经济体制更多的是使用行政手段，社会主义市场经济体制更多的是使用包括经济政策在内的经济手段。但"笼子"的实质——对微观运行进行宏观控制这一点，则无论在什么经济体制下都是相同的。

陈云同志之所以反复强调加强宏观控制，一个重要原因在于，我们国家在计划经济时期，地方和部门都缺少横向的经济联系，小而全、大而全的自发倾向很严重，如果不注意宏观控制，很容易搞低水平的重复建设，给国家造成巨大浪费和难以处理的善后问题。早在 1954 年，陈云同志就说过："我们国家大，一不小心就会盲目发展。""以后看见某些行业有较大发展的时候，不要太高兴，要加强管理，否则，发展就会过头，生产就会过剩。"[①] 为了防止重复建设，他曾提出过一个关于基本建设的重要原则，即"先生产，后基建；先挖潜、革新、改造，后新建"。[②] 他说，实现四个现代化建设，"着重点应该放在国内现有企业的挖潜、革新、改造上"。[③] "现有企业要提高折旧率，加快设备更新，引进先进技术，进行技术改造，这在多数情况下，比建新厂效益高。"这"应该是我们今后发展工业的一条新路子"。[④]

党的十一届三中全会后，我们实行了搞活经济的政策，进行了经济体制改革。对此，陈云同志一方面指出改革"产生了前所未有的好作用"，"农村人民生活改善了，市场搞活了"；另一方面也指出了它带来的一些缺点，其中之一就是"各地区盲目的重复建设"。[⑤] 过去有一种看法，似乎重复建设只是计划经济的产物。其实，市场经济受价值规律

---

① 《陈云文选》第 2 卷，人民出版社 1995 年版，第 266 页。
② 《陈云文选》第 3 卷，人民出版社 1995 年版，第 268 页。
③ 同上书，第 267 页。
④ 同上书，第 319 页。
⑤ 同上书，第 278 页。

支配，具有更大的自发性、盲目性、滞后性，更容易发生重复建设。只不过在发达的资本主义，投资主体绝大多数是私人资本，发生了重复建设，通过市场竞争优胜劣汰，被淘汰的企业损失在老板，工人自有各项社会保险负责。而在社会主义市场经济下，投资主体基本上还是国家和集体的企业，重复建设造成的损失仍然是全民和集体的。即使投资主体是私人，由于后面往往有政府的支持和参与，资金大部分来自国有银行，一旦出问题，必然使银行出现呆账、坏账、烂账，损害的照样是国家和老百姓的利益。另外，由于我们的社会保障体系还不健全，企业一旦垮台，工人失业、农民失地等善后问题，最终还是会成为政府的沉重包袱。2004年发生的"铁本"事件，便是一个很典型的例子。它再次说明，各经济管理部门如果不对微观经济进行严格的宏观管理，一旦形成重复建设，将会给国家和当地的经济与社会发展带来严重后果。

对于国家宏观调控的途径和手段，陈云同志也作过许多论述。从这些论述看，当人们不大重视价值规律时，他比较强调经济手段，比如，新中国成立初期轻纺工业的原料供不应求，他提出提高皮棉与大米的比价，结果棉花大发展；而当人们任凭价值规律起作用时，他比较强调行政手段。这些手段有些随着形势的发展变化已不再适用，比如说冻结工资、奖金、物价，实行生猪派购等。但有一些手段即使拿到现在也是适用的，比如，他强调国家手里一定要储备足够数量的粮食和外汇；货币发行权要归中央，必要时可以紧缩银根；中央财政在国家财政中要占较大比重；不要从根本上取消国家财政补贴，等等。对于他们这些论述，我们可以归结为以下两点：一是必要时要进行国家干预。他说："按经济规律办事，这是一种好现象。"但"对许多方面，在一定时期内，国家干预是必要的"。[1] 二是中央应该集中必须集中的权力。他说："中央的政治权威，要有中央的经济权威作基础。没有中央的经济权威，中央的政治权威是不巩固的。"[2] 事实反复证明，在我们国家，只有经济手段而没有国家干预和中央权威，要想实施有效的宏观调控是很困难的。

江泽民同志在中央纪念陈云同志诞辰90周年座谈会上的讲话中指

---

[1] 《陈云文选》第3卷，人民出版社1995年版，第278页。
[2] 同上书，第366页。

出：陈云同志"关于按照经济规律办事和进行必要的国家干预的观点，关于'无农不稳'、'无粮则乱'的观点，关于国民收入分配中积累和消费的比例要适当、一要吃饭二要建设的观点，关于中央应该集中必要的财力的观点，关于中央的政治权威要有中央的经济权威作基础的观点，关于要十分重视和认真对待社会上存在的各种消极现象、物质文明和社会主义精神文明一定要一起抓的观点，等等，对我国的社会主义现代化建设，都具有长期的重要指导意义"。[①] 党的十六大以后，以胡锦涛为总书记的党中央在关于经济增长方式要从粗放型向集约型转变，经济运行状态要保持持续、快速、健康发展的方针的基础上，进一步提出了树立和落实以人为本，全面、协调、可持续的发展观。这一科学发展观与陈云经济思想的核心内容，在精神实质上是完全一致的。当前，改革开放正处于关键时期，我们应当把研究陈云经济思想与总结历史经验和研究新情况新问题更紧密地结合起来，像探寻和挖掘宝藏那样，从这座丰富的思想宝库中尽可能多地汲取智慧和营养，以便使其在指导建设全面小康和社会主义和谐社会的过程中发挥更加积极的作用。

（本文曾发表于《党的文献》2005 年第 3 期，被中国人民大学复印报刊资料《毛泽东思想》2005 年第 5 期转载，并收入中央文献出版社出版的《陈云研究述评》）

[①] 《缅怀陈云》，中央文献出版社 2000 年版，第 4 页。

江泽民同志关于宏观调控思想的
历史渊源、基本内涵和现实意义[*]

（2007 年 3 月 31 日）

计划与市场的关系问题，是社会主义经济体制中的核心问题。我们党自计划经济体制实行以来，对这个问题一直在进行艰辛的探索。现在，我国虽然建立了社会主义市场经济体制，但实践告诉我们，对计划与市场关系问题的探索并没有结束。在社会主义市场经济条件下，对市场机制与宏观调控关系的研究，便是这一探索的具体表现。对此，江泽民同志关于社会主义市场经济体制下宏观调控的思想，为我们正确认识这一关系提供了重要指导。

一　江泽民同志关于社会主义市场经济体制下宏观调控思想的历史渊源

任何思想都有自身的源和流。江泽民同志关于社会主义市场经济体制下宏观调控的思想，同样有自身的源和流，自身的历史背景，自身形成的理论和实践前提。对此，可以分两方面回顾。

1. 社会主义运动史对计划经济中能否允许和如何发挥市场机制的探讨与试验

资本主义必然被共产主义社会所代替的结论，是马克思、恩格斯在分析批判资本主义商品生产与商品交换的基础上得出的。他们认为，资

　＊ 这是在中共河南省委举办的市厅级主要领导干部学习《江泽民文选》专题研讨班上的辅导报告。

本主义生产的社会化和生产资料的私人占有之间的矛盾，造成个别工厂中的生产的组织性和整个社会的生产的无政府状态之间的对立，是社会一切冲突的根源，也是周期性经济危机、生产力巨大浪费与破坏的根源。因此，资本主义生产方式无法驾驭自己创造的生产力，最终必然为一种新的生产方式所代替。在那种生产方式中，生产资料将为全社会所占有。"社会生产内部的无政府状态将为有计划的自觉的组织所代替"，① 商品生产因此而失去存在的条件。"这是人类从必然王国进入自由王国的飞跃。完成这一解放世界的事业，是现代无产阶级的历史使命。"（恩格斯语)②

对于为什么未来的共产主义社会是有计划的经济，马克思作过这样一些分析。他说："任何一个民族，如果停止劳动，不用说一年，就是几个星期，也要灭亡，这是每一个小孩都知道的。小孩子同样知道，要想得到和各种不同的需要量相适应的产品量，就要付出各种不同的和一定量的社会总劳动量。这种按一定比例分配社会劳动的必要性，决不可能被社会生产的一定形式所取消，而可能改变的只是它的表现方式。"③

他还说："社会为生产小麦、牲畜等等所需要的时间越少，它所赢得的从事其他生产，物质的或精神的生产的时间就越多。正象单个人的情况一样，社会发展、社会享用和社会活动的全面性，都取决于时间的节省。一切节约归根到底都是时间的节约。正象单个人必须正确地分配自己的时间，才能以适当的比例获得知识或满足对他的活动所提出的各种要求，社会必须合理地分配自己的时间，才能实现符合社会全部需要的生产。因此，时间的节约，以及劳动时间在不同的生产部门之间有计划的分配，在共同生产的基础上仍然是首要的经济规律。这甚至在更加高得多的程度上成为规律。"④

他指出：共产主义社会，"货币资本会完全消失，因而，货币资本所引起的交易上的伪装也会消失。问题就简单地归结为：社会必须预先计算好，能把多少劳动、生产资料和生活资料用在这样一些产业部门而

---

① 《马克思恩格斯选集》第 3 卷，人民出版社 1995 年版，第 633 页。
② 同上书，第 634 页。
③ 《马克思恩格斯选集》第 4 卷，人民出版社 1995 年版，第 580 页。
④ 《马克思恩格斯全集》第 46 卷（上册），人民出版社 1979 年版，第 120 页。

不致受任何损害……相反，在资本主义社会，社会的理智总是事后才起作用，因此可能并且必然会不断发生巨大的紊乱"。①

他强调："在资本主义生产方式消灭以后，但社会生产依然存在的情况下，价值决定仍会在下述意义上起支配作用：劳动时间的调节和社会劳动在各类不同生产之间的分配，最后，与此有关的簿记，将比以前任何时候都更重要。"②

把上述分析概括起来，意思就是：按一定比例分配社会必要劳动是社会化大生产的客观规律，只不过在资本主义社会，人们只能通过自发的盲目的生产和周期性的经济危机，用事后调节的办法做到按比例；而在共产主义社会，人们可以按照节约时间的原则，通过自觉地制定计划，用事先调节的办法做到按比例。

不难看出，马克思主义的经典作家，科学社会主义的创始人，他们对于取代资本主义的共产主义社会将有计划按比例进行社会生产的论断，是通过对人类社会发展的客观规律进行分析而推导出来的。这个推导无疑是科学的、合乎逻辑的，但同时也是没有来得及用实践检验和加以补充完善的。他们虽然估计到在资本主义和共产主义高级阶段之间会有一个过渡性的社会，即社会主义或共产主义的初级阶段，但他们没有也不可能预测到，后来通过无产阶级革命建立起社会主义社会的那些国家，生产力都要比他们所赖以分析的资本主义国家的生产力低得多，因此，这种过渡在这些国家是一个相当长的历史阶段，其中还有着若干个由低级到高级的发展阶段。另外，他们也没有预测到，资本主义社会后来随着自由竞争向国家垄断的转变，以及科学技术的进步，在社会生产范围内也逐渐地不同程度地使用了一些计划手段。他们更没有料到的是，他们当年的论述对后来的社会主义运动带来了两方面的作用：一方面给建立起社会主义制度的一些国家在革命胜利后通过实行计划经济而战胜困难、迅速提高生产力，以强有力的思想武器；另一方面也使这些国家在实行计划经济的过程中走过了曲折复杂的道路，付出了许多沉重的代价。

---

① 马克思：《资本论》第 2 卷，人民出版社 1975 年版，第 350 页。
② 马克思：《资本论》第 3 卷，人民出版社 1975 年版，第 963 页。

列宁在十月革命之前指出，社会主义应当消灭商品经济，消灭一切生产资料私有制。他认为，只要存在市场经济，就不可能消灭不平等和剥削。在由资本主义向共产主义的过渡阶段，无产阶级专政的国家完全可以利用资本主义创造的"监督生产和分配、计算劳动和产品"的经济前提，通过计算和监督，即全面计划，把生产调整好，使整个社会成为一个劳动平等、报酬平等的大工厂。十月革命胜利后，面对国内资产阶级和地主阶级的联合军事反抗，以及帝国主义国家的联合武装干涉，列宁提出并组织实施了战时共产主义政策。他说："组织计算，监督各大企业，把全部国家经济机构变成一架大机器，变成一个使亿万人都遵照一个计划工作的经济机体，——这就是落在我们肩上的巨大组织任务。"[1] 事实证明，正是实行战时共产主义政策，保证了俄国无产阶级革命政权在三年国内战争中的胜利。

但是紧接着，俄国出现了粮食、燃料危机，以及农民反抗余粮征收制等战时共产主义政策的暴动。面对新的形势，列宁及时提出了新经济政策。他指出，要退回到资本主义，把商品交换的形式固定下来；要允许农民的自由贸易和私人商业的发展，把国内企业出租给国外资本家经营，并使它们受国家调节，实行国家资本主义。他指出，要反对无政府状态的商品交换，但"决不排斥正当的自由贸易"，而且要大力"研究市场"。[2] 在列宁这一思想的影响下，1921 年 12 月召开的俄共（布）第十一次全国代表会议表示完全赞同新经济政策，认为"这一政策的正确性已被经济周转的开始活跃所完全证实"，"如果苏维埃政权在国民经济工作中仍然采取前一时期在内战激烈时代的特殊条件下所不得不采取的那些方法，那就会犯极大的错误"。其决议还指出："目前俄共在经济方面的基本任务就是领导苏维埃政权的经济工作：必须从市场的存在出发并考虑市场的规律，掌握市场，通过有系统的、深思熟虑的、建立在对市场过程的精确估计之上的经济措施，来调节市场和货币流通。"[3]

---

[1] 《列宁选集》第 3 卷，人民出版社 1995 年版，第 437 页。

[2] 参见《列宁全集》第 41 卷，人民出版社 1986 年版，第 328 页。

[3] 《苏联共产党代表大会、代表会议和中央全会决议汇编》第 2 分册，人民出版社 1964 年版，第 137 页。

列宁逝世后，布哈林仍然认为，苏维埃国家"要通过市场关系走向社会主义"。[①] 他说过：列宁从来不把马克思主义视为一种一成不变的教条，而是把它作为一定环境中判明方向的工具。但他也主张，一旦过渡时期结束，市场关系将不复存在。

斯大林在取得苏联党和国家的最高领导权后，逐步建立起了高度集中的计划经济体制。其原因，客观上是由于面对帝国主义特别是法西斯德国日益逼近的侵略危险，以及资本主义世界对苏联的经济制裁和封锁；主观上则是由于缺少一国建设社会主义的经验，以及对马克思关于有计划按比例思想的教条主义的理解。但尽管如此，他仍然认为，只要存在国家和集体两种所有制，就会有商品生产、商品交换，价值法则就会起作用；生产资料虽然不再是商品，但生活资料、个人消费品仍然是商品。

在第二次世界大战结束后，前南斯拉夫、波兰、捷克、匈牙利等东欧社会主义国家的一些经济学家，如卡德尔、兰格、布鲁斯、锡克、科尔内等人，都从不同角度、不同程度上探讨过计划与市场的关系、计划经济与市场经济的属性等问题，提出过要在计划机制的引导下发挥市场机制，以及计划机制和市场机制是经济运行的两种模式，不应把它们作为区别社会主义和资本主义标志的主张。这些观点对推动这些国家的经济改革，都起过或多或少的作用。

斯大林逝世后，前苏联在不同时期也针对高度集中的计划经济体制，进行了各种各样的经济体制改革。其理论上的代表人物有列别尔曼、阿甘别吉扬和沙塔林等，他们有的抨击计划管理体制的权力过分集中，主张扩大企业的自主权，并把利润多少作为评价企业好坏的主要指标；有的主张把市场方法、经济竞争作为调节社会再生产的重要手段；有的主张实行私有化，以塑造市场主体，并实行价格的自由化和劳动力的商品化。但事实说明，前苏联的几次改革都不成功。例如，赫鲁晓夫时期旨在扩大地方权力的改革，造成地方向中央争权的局面，结果以收权而告终。勃列日涅夫时期旨在扩大企业自主权的改革，强化了企业谋取小集团利益的动力，结果也以收权而告终。而戈尔巴乔夫所推行的旨

---

① 《布哈林文选》上册，东方出版社 1988 年版，第 441 页。

在向市场经济过渡的"休克疗法"改革，更造成经济大滑坡，人民生活大下降，社会大动荡，最终导致共产党下台，国家解体，断送了苏联的社会主义制度。

我国在新中国成立初期同前苏联一样，选择了计划经济作为自己的经济体制。其原因，虽然有对马克思关于有计划按比例生产思想理解不够全面不够深入的因素，有苏联通过几个五年计划建设所取得的辉煌成就的示范作用，但主要原因是，我国当时面对帝国主义武装侵略的威胁和经济封锁，急需通过优先发展资金、技术密集的重工业，以尽快建立独立完整的工业体系，提高生产力水平，改善人民生活，增强国防实力。那时，我们一方面需要使计划对资源配置起基础性作用，以便把有限的资金、物资、人才等发展重工业所必需的资源最大限度地集中起来；另一方面，新生的人民政权已经掌握了原来由官僚资本控制的银行、工厂、大型运输等企业，有了通过计划经济体制集中筹集和统一配置资金、物资、人才等资源的现实可能性。此外，作为执政党的共产党以民主集中制为组织原则，更为整个国家实行以计划为资源配置基础的经济体制提供了有利的组织保障。再加上当时以计划经济为经济体制的苏联，答应在资源勘察、设备制造、技术支持、人才培养等各方面，全面支援我国以重工业为重点的五年计划建设。在这些情况下，我们有什么理由不抓住机遇，不以苏联为榜样，通过计划经济进行大规模工业化建设呢？

新中国成立头30年里，高度集中的计划经济虽然走了不少弯路，付出过沉重的代价，但事实说明，它毕竟保证我们完成了建立独立完整工业体系和为工业化奠定初步基础的历史性任务。这个功绩是绝对不能抹杀的，否则，对以毛泽东为核心的中央第一代领导集体带领全国各族人民所进行的艰苦卓绝、可歌可泣的奋斗历史，难以作出客观全面公正的评价。同时应当看到，即使在那30年里，我国领导人和经济学家围绕计划与市场的关系问题，也进行过种种艰辛探索。例如，毛泽东对斯大林关于只要有国家和集体两种所有制就有商品生产和商品交换、价值法则就会起作用的观点表示赞成，指出：价值规律"是一个伟大的学校，只有利用它，才有可能教会我们的几千万干部和几万万人民，才有可能建设我们的社会主义和共产主义";[①] 但他又不同意斯大林关于商品生产只限于个人消费品的说法，认为商品生产的"活动范围不限于个人消费品，在我国，有些生产资料，例如拖拉机等生产资料是属于商品的"。[②] 他还针对斯大林关于两种所有制是商品生产主要前提的观点指出："商品生产的命运，最终和社会生产力的水平有密切关系。……即使是过渡到了单一的社会主义全民所有制，如果产品还不很丰富，某些范围内的商品生产和商品交换仍然有可能存在。"[③]

陈云在 20 世纪 50 年代中期，针对我国高度集中的计划经济体制的弊端，曾提出过"既要实行计划经济，管好市场，反对投机倒把，又不要把市场搞死"[④] 的思想。在党的八大上，他还提出了著名的"三个主体、三个补充"的经济体制的构想。他在 20 世纪 80 年代中期还用鸟与笼子比喻过搞活经济与计划指导的关系，指出："'笼子'大小要适当，该多大就多大。经济活动不一定限于一个省、一个地区，在国家计划指导下，也可以跨省跨地区，甚至不一定限于国内，也可以跨国跨洲。另外，'笼子'本身也要经常调整，比如对五年计划进行修改。但无论如何，总得有个'笼子'。就是说，搞活经济、市场调节，这些只能在计划许可的范围以内发挥作用，不能脱离开计划的指导。"[⑤]他的这一比喻是对他 20 世纪 50 年代思想的进一步发挥，从本质上讲是一致的，都是要求在计划指导下搞活经济。

此外，经济学家顾准、孙冶方、卓炯等人，也分别对高度集中的计划经济体制提出过批评，认为不能把价值规律的作用局限于交换范围内，应当扩大到经济生活的全过程；只有以价值规律为基础改革计划和统计指标，才能对经济活动作出客观评价和科学指导；建设共产主义不是要消灭市场，而是要把无政府状态的市场改变为有计划的市场，等等。这些都是他们通过社会主义建设的实践，对马克思关于有计划按比例思想在认识上的深化。

---

① 《毛泽东文集》第 8 卷，人民出版社 1999 年版，第 34 页。
② 《毛泽东著作专题摘编》上，中央文献出版社 2003 年版，第 980 页。
③ 同上书，第 977 页。
④ 《陈云文选》第 2 卷，人民出版社 1995 年版，第 335 页。
⑤ 《陈云文选》第 3 卷，人民出版社 1995 年版，第 320 页。

　　党的十一届三中全会之后，党和国家领导人以及经济学界更是解放思想，大胆探索计划与市场的关系问题。首先，陈云在 1979 年 3 月《计划与市场问题》的讲话提纲中，详细阐述了他对计划与市场问题的见解，指出："1917 年后苏联的经济计划和 1949 年后中国的经济计划，都是按照马克思所说的有计划按比例办事的。当时苏联和中国这样做是完全对的，但是没有根据已经建立社会主义经济制度的经验和本国生产力发展的实际状况，对马克思的原理（有计划按比例）加以发展，这就导致现在计划经济中出现的缺点。六十年来，无论苏联或中国的计划工作制度中出现的主要缺点：只有'有计划按比例'这一条，没有社会主义制度下还必须有市场调节这一条。"他强调：整个社会主义时期必须有两种经济，即"（1）计划经济部分（有计划按比例的部分）；（2）市场调节部分（即不作计划，只根据市场供求的变化进行生产，即带有盲目性调节的部分）"。他还预言："在今后经济的调整中和体制的改革中，实际上计划与市场这两种经济的比例的调整将占很大的比重。不一定计划经济部分愈增加，市场经济部分所占绝对数额就愈缩小，可能是都相应地增加。"[①] 对此，江泽民同志在纪念陈云诞辰 90 周年大会上评价说：党的十一届三中全会以后，陈云同志总结国内外社会主义经济发展的历史经验，率先批评过去计划工作中存在的弊端，指出计划工作制度中的主要缺点是只有"有计划按比例"这一条，没有在社会主义制度下还必须有市场调节这一条。这些观点，"当时对推动全党解放思想、实事求是，进行突破高度集中的计划经济体制的改革，产生过广泛而深刻的影响"。[②]

　　与此同时，邓小平在 1979 年 11 月 26 日会见美国不列颠百科全书出版公司编委会副主席吉布尼等人时，也明确指出："说市场经济只存在于资本主义社会，只有资本主义的市场经济，这肯定是不正确的。社会主义为什么不可以搞市场经济，这个不能说是资本主义。我们是计划经济为主，也结合市场经济，但这是社会主义的市场经济。……市场经济不能说只是资本主义的。……社会主义也可以搞市场经济。"[③] 后来，

---

① 《陈云文选》第 2 卷，人民出版社 1995 年版，第 244—247 页。
② 见 1995 年 6 月 14 日《人民日报》。
③ 《邓小平文选》第 2 卷，人民出版社 1994 年版，第 236 页。

他又多次说过，计划与市场都是方法、手段，为社会主义服务就是社会主义的，为资本主义服务就是资本主义的。

经过理论上的探讨，我们党对经济体制改革的目标模式逐渐清晰起来。党的十二大提出计划经济为主，市场调节为辅；十二届三中全会提出我国社会主义经济是公有制基础上的有计划商品经济；十三大提出社会主义有计划商品经济的体制应该是计划与市场内在统一的体制；十三届四中全会后，提出建立适应有计划商品经济发展的计划经济与市场调节相结合的经济体制和运行机制。1992 年春，邓小平在南方谈话中进一步指出："计划经济不等于社会主义，资本主义也有计划；市场经济不等于资本主义，社会主义也有市场。计划和市场都是经济手段。""计划多一点还是市场多一点，不是社会主义与资本主义的本质区别。"[1] 对此，江泽民同志评价说："这个精辟论断，从根本上解除了把计划经济和市场经济看作属于社会基本制度范畴的思想束缚，使我们在计划与市场关系问题上的认识有了新的重大突破。"[2] 正是在这些认识的基础上，党的十四大作出了以建立社会主义市场经济作为我国经济体制改革目标模式的决定。

2. 西方资本主义经济理论中对市场经济是否需要国家干预、应当干预到什么程度的不同观点及其实践

国家干预是资本主义国家对"宏观调控"的一种称呼。在资本主义经济理论的发展史上，对这个问题的探索和争论大体上经过了四个阶段。

在十六七世纪时，资本主义生产方式刚刚兴起不久，新兴的资产阶级需要通过扩大出口，实现顺差，加速进行资本的原始积累。适应这种利益诉求，经济理论中的重商主义占据上风。它提倡国家对经济进行全面干预，由国家控制国民经济活动，保护和扶植本国出口产业的发展，实行贸易保护主义和严格的外汇管理，以便促进本国商品出口，国外廉价原料进口，制造贸易顺差，获取金银货币，进行资本积累。

在 17 世纪中叶至 20 世纪初，资本主义生产方式已经站住脚跟，新

---

① 《邓小平文选》第 3 卷，人民出版社 1994 年版，第 373 页。
② 《江泽民文选》第 1 卷，人民出版社 2006 年版，第 226 页。

兴的资产阶级也完成了原始积累，需要通过自由竞争来壮大自己，挤垮力量相对弱小的对方。于是，以亚当·斯密为代表的反对国家过多干预，主张用"看不见的手"进行市场调节的经济自由主义应运而生，并占据经济理论的主流地位，成为发展市场经济的基本指导思想。

在19世纪末20世纪初，资本主义国家由自由竞争的市场经济进入垄断的市场经济，由于"市场缺陷"不断暴露，加之经济危机不断爆发，使"市场万能"的理论失效。于是，出现了批判经济自由主义，主张发挥"看不见"和"看得见"的两只手作用的观点，以适应现代市场经济发展的需要。凯恩斯主义就是在这种背景下诞生的。它提出实行以需求管理为主的国家干预的主张，发挥政府刺激需求的职能，实现总需求与总供给的平衡，并在此基础上产生了宏观经济学的理论和"罗斯福新政"的实践。

从20世纪五六十年代至今，西方国家经济形势发生很大变化。一方面战后经济得以恢复，资本大量积累，科技快速发展，进入相对繁荣时期；另一方面，长期的财政赤字和政府庞大的军费与福利开支，使通货膨胀危险加剧。在这种情况下，出现了以萨缪尔森为代表的主张把政府控制和市场调节交织在一起的混合经济理论，以弗里德曼、布坎南等人为代表的主张在现代市场条件下实行自由放任政策的新自由主义理论。另外，还出现了以英国工党为代表的主张把国有化与私有化相结合、以市场为主导、政府干预为补充，用"起点公平"取代"结果公平"的"第三条道路"思潮。

通过回顾社会主义运动史和西方资本主义经济史对待计划与市场关系问题的认识与实践过程，我们可以看出以下几点：第一，社会化大生产必然要求社会劳动按一定比例进行配置，区别只在于有的通过事先调节自觉做到，有的通过事后调节被动做到，马克思的这个思想是完全符合客观实际的，是颠扑不破的真理，并没有因为科学技术的发展而过时；第二，人类目前的生产力水平还难以完全做到以计划对资源配置起基础性作用，除某些特殊情况外，一般应以市场作为资源配置的基础，区别只在于国家对市场进行宏观调控的性质、范围和程度不同；第三，江泽民同志关于社会主义市场经济体制下宏观调控的思想，是以马克思、恩格斯、列宁、毛泽东、邓小平等为代表的社会主义运动史对于计划与市场关系问题，长期探索及探索成果的继承和发展，也是对原苏东社会主义国家，以及西方资本主义国家经济理论中合理和有益成分的借鉴。

二　江泽民同志关于社会主义市场经济体制下宏观调控思想的主要内容

江泽民同志关于社会主义市场经济体制下的宏观调控问题有大量论述，思想很丰富。这里着重谈三点认识。

1. 社会主义市场经济需要通过国家宏观调控来抑制市场的弱点，弥补市场的不足

高度集中的计划经济体制一个突出的弊病是集中过多、信息不灵、活力不强、效率不高；而市场在对各种经济信号的反应上却恰恰是灵敏迅速的，并且能通过竞争机制和价格杠杆，把资源配置到效益较好的环节中去。正因为如此，我国才会随着经济规模的不断扩大，把计划经济体制逐步转变成社会主义市场经济体制，使市场对资源配置起基础性作用。但这是否意味着市场就没有短处、计划就没有长处了呢？不是的。

江泽民同志早在党的十四大召开前夕提出把社会主义市场经济作为经济体制改革目标模式的讲话中，就曾明确指出："市场也有其自身的明显弱点和局限性。例如，市场不可能自动地实现宏观经济总量的稳定和平衡；市场难以对相当一部分公共设施和消费进行调节；在某些社会效益重于经济效益的环节，市场调节不可能达到预期的社会目标；在一些垄断性行业和规模经济显著的行业，市场调节也不可能达到理想的效果。"因此，他说："这就要求我们必须发挥计划调节的优势，来弥补和抑制市场调节的这些不足和消极作用，把宏观经济的平衡搞好，以保证整个经济全面发展。"他还提出："在那些市场调节力所不及的若干环节中，也必须利用计划手段来配置资源。同时，还必须利用计划手段来加强社会保障和社会收入再分配的调节，防止两极分化。"[①] 从这些论述中可以看出，缺乏宏观调控的市场调节至少有以下五个方面的缺

---

① 《江泽民文选》第1卷，人民出版社2006年版，第201页。

陷：第一，不能自动实现宏观经济总量的稳定和平衡；第二，难以对相当一部分公共设施和消费进行调节；第三，在一些垄断性行业和规模经济显著的行业中，调节达不到理想效果；第四，在资源配置上有一些力所不及的环节；第五，容易导致两极分化。

在通过《关于建立社会主义市场经济体制若干问题的决定》的十四届三中全会上，江泽民同志就正确处理加强宏观调控和发挥市场作用的关系问题，作了进一步阐述。他指出："建立社会主义市场经济体制，就是要使市场在国家宏观调控下对资源配置起基础性作用。国家宏观调控和市场机制的作用，都是社会主义市场经济体制的本质要求，二者是统一的，是相辅相成、相互促进的。要改革传统的计划经济体制，必须强调充分发挥市场在资源配置中的基础性作用，不如此便没有社会主义市场经济。但是，同时也要看到市场存在自发性、盲目性、滞后性的消极一面，这种弱点和不足必须靠国家对市场活动的宏观指导和调控来加以弥补和克服。"① 这告诉我们，使市场在国家宏观调控下对资源起基础性作用，是对社会主义市场经济的完整表述；离开市场对配置资源的基础性作用，或者离开宏观调控，都不成其为社会主义市场经济。

另外，在前面提到的党的十四大召开前夕的那次讲话中，江泽民同志还阐明了社会主义市场经济体制的三个主要特征，即在所有制结构上，坚持以公有制为主体，多种成分共同发展；在分配制度上，坚持以按劳分配为主体，其他分配方式为补充，逐步实现共同富裕，防止两极分化；"在经济运行机制上，把市场经济和计划经济的长处有机结合起来，充分发挥各自的优势作用，促进资源的优化配置，合理调节社会分配。"② 这说明，我们把计划经济体制变为社会主义市场经济体制，不等于说市场就是全面的万能的，也不等于说计划经济就一无是处；相反，是要在充分发挥市场机制反应灵敏的优点的同时，通过包括计划调节在内的宏观调控，来抑制和弥补市场调节的消极作用和局限性。

2. 我国社会主义市场经济中的宏观调控与西方市场经济中的政府干预不完全是一回事

---

① 江泽民：《论社会主义市场经济》，中央文献出版社2006年版，第159页。
② 同上书，第6页。

江泽民同志在党的十四大之后指出：20世纪"三十年代以来，西方国家都已不存在完全自由的市场经济了，都是由政府程度不同地调控经济的发展"。① "到了二次大战后，尤其是六十年代以来，随着资本主义所固有的矛盾日益加深以及科学技术的迅速发展，一些西方发达国家纷纷制定和实施各种形式的宏观经济计划。"因此，"不能把有计划只看成是社会主义独具的特征"。② 这是讲两种市场经济的共同点。另一方面，他又指出："建立社会主义市场经济体制，是要改革过去那种计划经济模式，但不是不要计划，就是西方市场经济国家也都很重视计划的作用。我们是社会主义国家，更有必要和可能正确运用必要的计划手段。"③ 他还说："社会主义制度下和资本主义制度下运用计划手段的范围和形式是会有些区别的，如同运用市场手段的范围和形式也是会有些区别的一样。"④ "在当今世界，没有哪一个国家的市场经济是不受政府调控的。我国是社会主义国家，应该而且也更有条件搞好宏观调控。"⑤ 这是讲两种市场经济的不同点。

有人说，既然市场调节不分社会主义和资本主义，宏观调控也不分社会主义和资本主义。这种观点是有失全面和缺乏事实根据的。常识和经验都告诉我们，尽管资本主义国家也有计划调节、有宏观调控，但我国社会主义市场经济的计划调节、宏观调控，无论在目的、范围、形式、手段上，还是在实施的有效性上，都与资本主义国家有所不同。就连什么是市场不足，社会主义市场经济理论与西方经济理论在理解上也是各不一样的。为什么这么说呢？从江泽民同志的论述中，我们可以找到以下答案：

首先，我国的社会主义基本制度与资本主义国家不同。

正如江泽民同志所指出的那样："社会主义市场经济体制是同社会主义基本制度结合在一起的。"⑥ 这就决定了我国社会主义市场经济体制下的宏观调控，最终目的是保证国家的社会主义方向，实施起来也能

---

① 江泽民：《论社会主义市场经济》，中央文献出版社2006年版，第90—91页。
② 同上书，第3页。
③ 同上书，第31页。
④ 同上书，第3页。
⑤ 同上书，第159页。
⑥ 《江泽民文选》第1卷，人民出版社2006年版，第227页。

通过发挥社会主义制度优越性予以保障。江泽民同志说："我们搞的是社会主义市场经济，'社会主义'这几个字是不能没有的，这并非多余，并非画蛇添足，而恰恰相反，这是画龙点睛。所谓'点睛'，就是点明我们的市场经济的性质。西方市场经济符合社会化大生产、符合市场一般规律的东西，毫无疑义，我们要积极学习和借鉴，这是共同点；但西方市场经济是在资本主义制度下搞的，我们的市场经济是在社会主义制度下搞的，这是不同点。"① 什么是社会主义的基本制度？从政治上讲，最基本的就是工人阶级领导、以工农联盟为基础的人民民主专政，或者说是四项基本原则；从经济上讲，最基本的就是以公有制和按劳分配为主体，走共同富裕道路。按照江泽民的话说，正是这些基本制度，决定了社会主义市场经济的宏观调控，需要把"国有经济和整个公有制经济在市场竞争中不断发展壮大，始终保持公有制经济在国民经济中的主体地位，充分发挥国有经济的主导作用"；② 把"防止两极分化，逐步实现共同富裕"；③ "把人民的当前利益与长远利益、局部利益与整体利益结合起来"等任务，当成自己的重要目标。④ 同时，正是由于这些基本制度，决定了我们具有集中力量办大事和全国一盘棋的优势，使社会主义市场经济的宏观调控更有可能和条件实现自己的目标。而这些绝不是西方经济理论，包括市场社会主义理论所提倡的国家干预认为应当解决的市场不足问题，也绝不是西方资本主义国家干预的有效性所能望其项背的。

对于社会主义与资本主义市场经济，由于社会基本制度不同而导致宏观调控的主观目的和客观效果不同的问题，江泽民同志还作过这样的评论，他说："消灭贫困，实现共同富裕，是社会主义的本质要求和社会主义优越性的体现。……发展社会主义市场经济体制，既要追求资源配置的效率目标，也要兼顾公平原则，更要对贫困地区采取有效的扶持政策。"⑤ "在探索和建立社会主义市场经济体制的过程中，既要反对有

---

① 江泽民：《论社会主义市场经济》，中央文献出版社 2006 年版，第 203 页。
② 《江泽民文选》第 1 卷，人民出版社 2006 年版，第 441 页。
③ 同上书，第 227 页。
④ 同上。
⑤ 江泽民：《论社会主义市场经济》，中央文献出版社 2006 年版，第 166 页。

人固守计划经济体制，又要反对有人想通过市场经济把中国带到资本主义。"① 他同时指出：我国社会主义市场经济"既可以发挥市场经济的优势，又可以发挥社会主义制度的优越性，在处理市场机制和宏观调控、当前发展和长远发展、效率和公平等关系方面，应该比西方国家做得更好、更有成效"。② "它在所有制结构上、分配制度上、宏观调控上具有鲜明的社会主义特征，因而也具有资本主义不可能有的优势。"③

关于社会主义与资本主义市场经济的区别，邓小平在党的十四大之后也曾谈起过。他说："社会主义市场经济优越性在哪里？就在四个坚持。四个坚持集中表现在党的领导。这个问题可以敞开来说，我那个讲话（指邓小平1979年3月在党的理论工作务虚会上的讲话《坚持四项基本原则》——笔者注）没有什么输理的地方，没有什么见不得人的地方。当时我讲的无产阶级专政，就是人民民主专政……没有人民民主专政，党的领导怎么实现啊？四个坚持是'成套设备'。在改革开放的同时，搞好四个坚持，我是打下个基础，这个话不是空的。"④

在领导改革开放的过程中，邓小平反复强调坚持社会主义方向的问题。他说："社会主义的目的就是要全国人民共同富裕，不是两极分化。如果我们的政策导致两极分化，我们就失败了；如果产生了什么新的资产阶级，那我们就真是走了邪路了。"⑤ "一个公有制占主体，一个共同富裕，这是我们所必须坚持的社会主义的根本原则。我们就是要坚决执行和实现这些社会主义的原则。从长远说，最终是过渡到共产主义。"⑥ 显而易见，这些与西方市场经济国家干预的目标是完全不一样的。

其次，我国的国情和发展阶段与资本主义国家尤其是西方发达国家不同。

我国经过50多年的社会主义建设，特别是经过20多年的改革开放，综合国力和人民生活水平都有了大幅度提高，与新中国成立之初相

---

① 《江泽民文选》第1卷，人民出版社2006年版，第338—339页。
② 同上书，第467页。
③ 同上书，第356页。
④ 《邓小平年谱（1975—1997）》下，中央文献出版社2004年版，第1363页。
⑤ 《邓小平文选》第3卷，人民出版社1994年版，第110—111页。
⑥ 同上书，第111页。

比早已不可同日而语。但人口多、底子薄、耕地少、资源相对贫乏、地区间发展水平不平衡等基本国情，并没有因此而改变；有的，如耕地、淡水、矿物能源的人均占有量，在程度上甚至还有所加剧。我国经济总量虽然已跃居世界第四位，但人均GDP仍排在世界的第110位。因此，从总体上讲，我国仍然处在并将长期处在社会主义的初级阶段，仍然是并将长期是发展中的国家。与西方发达国家相比，我国和它们既不在一个起跑线，也没有并驾齐驱。这些也都决定了，宏观调控对于我们比对于它们更加重要。正如江泽民同志指出的："我们是一个发展中的社会主义国家，生产力相对落后、整体素质不高，经济发展又很不平衡，特别是我们没有搞社会主义市场经济的经验。我们的国情和目前所处的经济发展阶段，要求我们必须搞好国家宏观调控。"① "我国是发展中的大国，又处在经济体制转轨、产业结构升级和经济快速发展的时期，加强和改善宏观调控尤为重要。"②

再次，我国正处于经济体制转轨时期。

这也是我国社会主义市场经济比西方发达国家更需要宏观调控，而且调控范围、形式不尽相同的一个重要原因。江泽民同志指出："我们的经济体制正在向社会主义市场经济体制过渡，原有体制的一些弊端没有消除，新体制尚未形成，市场机制未能有效发挥作用。在体制转轨过程中，需要有一系列相应的体制改革和政策调整，必然涉及经济基础和上层建筑的许多领域，要从总体上协调好各方面的利益关系，就必须加强和改善国家宏观调控。"③ 因此，我国社会主义市场经济体制下宏观调控在现阶段有一个特殊的任务，就是要规范和完善市场，为建立、培育起一个健全的竞争有序、遵守信用的市场体系提供保证。

3. 加强和完善社会主义市场经济体制下的宏观调控，应注意总结和借鉴我们过去搞计划经济和西方市场经济搞国家干预的两方面经验

社会主义市场经济不是一般意义上的市场经济，而是与社会主义制度相结合的市场经济，因此，它虽然不是对计划经济体制细枝末节的修补，而是经济体制的根本性变革，但也不是与计划经济截然割裂、相互

---

① 江泽民：《论社会主义市场经济》，中央文献出版社2006年版，第118页。
② 《江泽民文选》第1卷，人民出版社2006年版，第467页。
③ 江泽民：《论社会主义市场经济》，中央文献出版社2006年版，第118页。

对立的，而是彼此有着内在的一致性和联系。否则无法解释，全世界有那么多实行市场经济的发展中国家，为什么唯独我们在放弃计划经济体制之后能长时期保持那么高的发展速度，不断取得那么多显著的建设成就。2006 年 8 月 31 日，联合国贸易和发展会议发表《2006 年贸易和发展报告》，提出："大多数发展中国家自上世纪 80 年代初开始实施的以市场为基础的改革没有取得主张进行这种改革的人保证能得到的结果。""如果你们看一看传统的发展思想和宏观经济理论，再看看中国过去 20 年的情况，你就会发现，95% 优秀的经济学家都会得出中国的情况是不可能的结论。"因此，报告说：发展中国家应更多地实行政府干预政策，并通过与中国相类似的方式发展国民经济。

早在党的十四大召开前夕，江泽民同志在解释为什么会从"计划与市场相结合的社会主义商品经济"、"社会主义有计划的市场经济"、"社会主义的市场经济"这三种提法中，选择后者作为新经济体制的提法时说："有计划的商品经济，也就是有计划的市场经济。社会主义经济从一开始就是有计划的，这在人们的脑子里和认识上一直是清楚的，不会因为提法中不出现'有计划'三个字，就发生是不是取消了计划性的疑问。"① 这清楚地告诉我们，社会主义市场经济并不排斥计划性，从一定意义上可以讲，它就是有计划的市场经济。在党的十四大报告中，江泽民同志还指出："原有经济体制有它的历史由来，起过重要的积极作用。"② 过了两年，他又指出："对计划经济体制曾经起过的历史作用，我们是充分肯定的。从历史进程看，苏联能够对付并最终打败德国法西斯，同他们通过计划经济建立了独立的完整的工业体系和国民经济体系是分不开的。这就是说，在无产阶级夺取政权和建设社会主义初期那种历史条件下，实行计划经济还是有其必要的。我们建国初期的历史也说明了计划经济曾经起过重要作用。……我们既不能抱着过去的计划经济体制不放，看不到它的弊病和改革的必要性，也不能照搬照抄西方资本主义市场经济的模式，而应在总结我们搞计划经济的经验教训和借鉴西方国家搞市场经济的有益经验的基础上，通过实践、认识、再实

---

① 《江泽民文选》第 1 卷，人民出版社 2006 年版，第 202 页。
② 同上书，第 212 页。

践、再认识，开拓一条发展社会主义市场经济的正确道路，使这种新的经济体制逐步成熟和完善起来。"① 这些话都说明，我们虽然放弃了计划经济体制，但并没有放弃计划经济中的计划性；计划经济时期积累的搞经济计划的有益经验，以及西方市场经济国家搞国家干预的经验，都应当也可能为社会主义市场经济所借鉴所继承。那种把计划经济时期积累的经验统统当成过时的东西，认为强调计划调节作用就是"复旧"，就是"要开历史倒车"的观点，是一种形而上学的和历史虚无主义的表现。

我们在计划经济时期有过不少失误的教训，但既然计划经济在历史上起过重要的作用，说明它必有成功的经验。无疑，这些经验随着客观情况的变化，有的在今天已不那么适用了，但其中蕴含的有关社会主义建设规律的认识，对建立和完善社会主义市场经济仍会有重要价值。还有一些反映客观规律的认识，在当年虽然由于种种原因未能实行或实行得不太好，但在今天对探索社会主义市场经济规律来说却是一笔宝贵的遗产。例如，关于要正确处理工业与农业，重工业与轻工业，沿海工业与内地工业，经济建设与国防建设，中央企业与地方企业，国家利益与集体利益、个人利益，积累与消费等关系的观点；关于要提倡厉行节约、勤俭建国，以自力更生为主、争取外援为辅的方针；关于要使经济按比例发展，搞好综合平衡，建设规模和国力相适应的原则；关于要严肃对待国家统一计划，反对闹独立性的规定等。这些在计划经济时期积累的经验，在实行社会主义市场经济的情况下，仍然具有重要的现实意义。

社会主义市场经济的宏观调控虽然主要运用的是经济手段和法律手段，但也不可能离开计划手段和行政手段。江泽民同志指出："国家计划是宏观调控的重要手段之一。"② 他又指出："在当前新旧经济体制转换的过程中，为保证整个国民经济稳定协调发展，尽量减少可能出现的不协调甚至混乱现象，必须运用经济手段、法律手段，同时辅之以必要的行政手段加强宏观调控。那种以为搞市场经济就可以离开国家的宏观

---

① 江泽民：《论社会主义市场经济》，中央文献出版社 2006 年版，第 203—204 页。
② 同上书，第 31 页。

指导和调控，放任自流、自行其是、随心所欲，完全是一种误解。"①他还说："宏观调控应当以间接手段为主，更多地运用经济的和法律的办法。但在目前经济体制转换过程中，由于多种因素，一时还难以完全做到。必须根据经济运行的实际情况，相机综合地运用各种手段，其中包括采用一些必要的行政手段，以利于不失时机地解决矛盾和问题。"②他强调："必须采取必要的行政手段，这是因为经济生活中出现的大量秩序混乱的问题是由于行政行为导致的。同时，目前的管理体制也需要通过行政手段来保证经济手段正确、有效地实施。"③ "越是改革开放，越是搞活经济，就越要加强纪律性和法制观念，越要防止和克服那种有令不行、有禁不止、各行其是、法纪松弛的现象。"④ 可见，在当前情况下，我们要加强和完善社会主义市场经济体制下的宏观调控，固然需要借鉴西方市场经济搞国家干预的某些有益经验，但计划经济时期形成的某些经验和认识距离我们的国情更接近，更具有现实针对性，更有总结和借鉴的必要。

另外，还应当看到，所谓经济手段，主要是财政政策和货币政策。运用这些政策，也是对宏观经济的事先调节。从这个意义上讲，它们与计划手段并没有本质的区别。

三 江泽民同志关于社会主义市场经济下宏观调控思想对于当前贯彻科学发展观、构建社会主义和谐社会的重要意义

党的十六大以来，以胡锦涛为总书记的党中央，坚持马克思主义辩证唯物主义和历史唯物主义的基本原理，在邓小平理论和"三个代表"重要思想指导下，根据国际国内形势发生的新变化，全面把握我国发展的阶段性特征，深刻分析影响我国经济健康、社会和谐的突出矛盾和问题，与时俱进，勇于创新，相继提出了一系列重大的指导性方针和战略

---

① 江泽民：《论社会主义市场经济》，中央文献出版社2006年版，第90页。
② 同上书，第200页。
③ 同上书，第119页。
④ 同上书，第46页。

任务。其中，最为重要、统揽全局的是科学发展观和构建社会主义和谐社会的理论。这是马克思主义与当代中国的实际相结合的最新理论成果，是我们党和国家在今后一个相当长时期需要坚持的指导思想。

如果说新中国从 1949 年建立后，用将近 30 年时间，为我们初步奠定了独立完整的工业化体系的基础，又用将近 30 年时间为我们初步奠定了人民生活总体达到小康、综合国力明显增强的基础的话，那么，可以说，现在已经站在了一个新的历史起点上，面对着一个新的形势和任务。

改革开放以来，我们紧紧围绕经济建设这个中心，把发展作为党执政兴国的第一要务，国民经济长时间保持快速增长态势，人均国内生产总值在 2003 年突破了 1000 美元；与此同时，经济体制深刻变革，社会结构深刻变动，利益格局深刻调整，思想观念深刻变化，从而使我国经济社会进入了一个关键的发展阶段。这是一个既有巨大发展潜力和动力又有各种困难和风险的时期，是一个空前的社会变革带来巨大活力也带来不少矛盾和问题的时期。这些矛盾和问题主要是：城乡、区域、经济社会发展很不平衡，人口资源环境压力加大；就业、社会保障、收入分配、教育、医疗、住房、安全生产、社会治安等方面关系群众切身利益的问题突出；经济增长方式粗放的状况改善不明显，经济整体素质不高，竞争力不强；一些社会成员诚信缺失、道德失范，一些领域的腐败现象比较严重，等等。简而言之，就是发展不够科学，社会不够和谐。

产生上述矛盾和问题的原因，从主观上讲，有我们忽视经济与社会协调、注意发展的科学性不够的一面，也有对市场的自发性、盲目性、滞后性和宏观调控的必要性缺乏足够认识的一面。因此，在继续坚持以经济建设为中心、把发展作为执政兴国第一要务的前提下，在继续坚持社会主义市场经济改革方向的前提下，如何使经济与社会发展更加科学、更加协调，最大限度地增加社会和谐的因素和减少社会不和谐的因素，充分发挥社会主义市场经济体制下宏观调控的作用，成为摆在我们面前的新的历史性任务和急需解决的紧迫课题。在这种情况下，特别应当把学习江泽民同志关于社会主义市场经济体制下宏观调控的思想，与树立和落实科学发展观，理解和推动社会主义和谐社会的构建结合起来。

当前，把学习江泽民同志关于社会主义市场经济体制下宏观调控的思想，与落实科学发展观、构建社会主义和谐社会相结合，我考虑主要应当在以下三个方面下工夫。

1. 要把社会主义市场经济体制下宏观调控的宗旨与科学发展观的核心和构建社会主义和谐社会的原则，统一起来理解

社会主义市场经济不是一般的市场经济，更不是资本主义的市场经济，而是与社会主义基本制度联系在一起的。在社会主义市场经济体制下，宏观调控的目的说到底是要抑制市场的不正当竞争，弥补市场缺陷，保证公有制经济在国民经济中的主体地位，充分发挥国有经济的主导地位，防止两极分化，逐步实现共同富裕。总之，是要保证市场经济始终沿着公有制和按劳分配为主体这个社会主义的方向前进。而科学发展观的核心，构建社会主义和谐社会的首要原则，都是以人为本，就是要始终把最广大人民的根本利益作为党和国家一切工作的出发点和落脚点，实现好、维护好、发展好最广大人民的根本利益，不断满足人民日益增长的物质文化需要，做到发展为了人民、发展依靠人民、发展成果由人民共享，促进人的全面发展。这说明，社会主义市场经济体制下宏观调控的宗旨，科学发展观的核心，构建社会主义和谐社会的原则，这三者是完全一致的。前不久，英国《金融时报》上有一篇文章，分析中国政府着手宏观调控的必要性及通货膨胀再度探头的原因。其中指出：问题出在"宏观调控遭遇到腐败官员、无良学者和行贿商人组成的贪腐'铁三角'——为了小集团私囊罔顾国家和人民利益，导致宏观调控措施不能完全见效"。[①] 我认为，这篇文章的分析十分中肯，它从反面说明，要有效实行宏观调控，落实以人为本的科学发展观，构建社会主义和谐社会，都必须从最广大人民的利益出发。这是三者的共同点，也是连接三者的一条红线。

2. 要把落实科学发展观的基本要求和构建社会主义和谐社会的主要任务，作为社会主义市场经济体制下宏观调控的重点

科学发展观的基本要求有：统筹城乡发展，统筹区域发展，统筹经济社会发展，统筹人与自然和谐发展，统筹国内发展和对外开放，转变

---

① 见 2007 年 1 月 24 日《参考消息》。

增长方式，做好"三农"工作，推进自主创新，建设资源节约型和环境友好型社会，实现经济又好又快发展。构建社会主义和谐社会的主要任务有：推进社会主义新农村建设，增加国家对农业和农村的投入，加大扶贫力度；落实区域发展总体战略；促进教育公平，坚持公共医疗卫生的公益性质；完善收入分配制度，规范收入分配秩序，着力提高低收入者收入水平，逐步扩大中等收入者比重，有效调节过高收入，坚决取缔非法收入；实施积极的就业政策，完善社会保障制度；着力解决群众反映强烈的问题，纠正损害群众利益的不正之风，从源头上防治腐败，密切干群关系，等等。显而易见，所有这些都是不能依靠市场或者靠市场不能完全解决的，也是市场解决不好的，相反，有赖于社会主义市场经济体制下宏观调控的加强和完善。从当前实际情况出发，社会主义市场经济体制下的宏观调控为落实科学发展观和构建社会主义和谐社会服务，应当特别注重以下三个方面的工作：一是严格限制市场调节的范围，不要让市场经济的原则进入政治和公共事业的领域；二是着力规范市场竞争的秩序，从制度和道德两方面培育健全的市场体制，不要让欺诈行为、假冒商品畅行无阻；三是主动弥补市场机制的缺失，不要让市场存在的消极面放任自流。

3. 要充分运用社会主义市场经济体制下宏观调控的各种手段，推动科学发展观的贯彻，促进社会主义和谐社会的构建

宏观调控有经济手段、法律手段、计划手段、行政手段，经济手段中有财政政策、货币政策。这些手段的综合运用，对于保证宏观经济的稳定具有明显的效力；同样，也完全可以用来保证科学发展观的贯彻落实和构建社会主义和谐社会任务的推进。例如，可以用财政政策扶持农村农业和落后地区；用货币政策，主要是控制货币发行、调整存贷款利率、提高银行准备金、收紧贷款评估标准等，抑制物价和消费指数的过快上涨，防止通货膨胀；用计划手段控制固定资产投资的总规模，调整和优化产业结构，遏制部分行业和地区盲目投资和低水平的重复建设，防止经济过热；用行政手段实行最严格的土地保护措施，确保耕地面积；用法律手段规定政府对国内同等水平产品的优先采购办法，支持企业创新，以及制止国有资产流失，打击商业贿赂，等等。

总之，社会主义市场经济体制下的宏观调控与科学发展观、构建社

会主义和谐社会三者之间，无论在指导思想、目标任务上，还是在实现形式上，都具有广泛的内在一致性。不久前，胡锦涛主席在接受俄罗斯媒体联合采访时，还把这三者放在一起加以强调。他说："我们强调，要全面落实科学发展观，继续加强和改善宏观调控，着力调整经济结构和转变增长方式，着力建设资源节约型、环境友好型社会，着力推进改革开放和自主创新，着力促进社会发展和解决民生问题，推动经济社会发展切实转入科学发展的轨道。"① 可见，这三者的关系是十分密切的。因此，今天学习和掌握江泽民同志关于社会主义市场经济体制下宏观调控的思想，对于推动科学发展，促进社会和谐，具有特别重要的意义。

（本文曾发表于《马克思主义研究》2007 年第 5 期，被中国人民大学复印报刊资料《邓小平理论、"三个代表"重要思想》2007 年第 9 期转载；其中第二部分曾发表于《求是》2006 年第 19 期，标题为《正确认识社会主义市场经济条件下的宏观调控——学习江泽民同志的有关论述》。收入本书时略作修改·)

---

① 见 2007 年 3 月 24 日《人民日报》。

全面认识中共十一届三中全会的意义及其前后两个历史时期的关系

中共十一届三中全会
与中国当代史上的伟大转折[*]

　　党的十一届三中全会（以下简称三中全会或全会）揭开了改革开放的序幕，开辟了中国特色社会主义道路，实现了新中国成立以来党的历史也是当代中国历史上具有深远意义的伟大转折。对此，人们早已了解，并形成广泛共识。但是，这一转折是怎么实现的，是偶然的还是必然的，性质是什么？在这些问题上，人们的认识就不那么统一了。因此，分析三中全会及此前中央工作会议的主要成果、基本特点、历史背景和伟大意义，对全面认识这一转折的由来、必然性和性质等问题，是十分必要的。

一　三中全会及此前中央工作会议的
成果和特点与转折的由来

　　要搞清楚三中全会为什么能成为中国当代史上的伟大转折，首先应当搞清楚三中全会及此前中央工作会议的主要成果和基本特点。

　　1. 关于两个会议的主要成果

　　三中全会及此前中央工作会议的成果，从当时的全会公报上看，可以大体归纳为六点：第一，决定把全党工作的着重点从1979年起转移到社会主义现代化建设上来；第二，讨论了国际形势和外交工作，同意党和政府的对外政策；第三，讨论并原则通过了关于加快农业发展问题和1979年、1980年两年国民经济计划的安排；第四，审查和解决了历

　　* 这是在中国社会科学院纪念中共十一届三中全会召开30周年学术报告会上的报告。

史上遗留的一大批重大问题,重新评价了一些重要领导人的功过是非;第五,决定在党的生活和国家生活中加强民主,明确了党的唯物主义的思想路线;第六,加强和充实了党中央领导机构,成立了中央纪律检查委员会。

根据十一届三中全会之后一年半里党和国家政治生活出现的新进展,十一届六中全会在《关于建国以来党的若干历史问题的决议》(以下简称《历史决议》)中,又从新的认识高度,将三中全会及此前中央工作会议的主要成果概括成了八条:第一,结束了1976年10月以来党的工作在徘徊中前进的局面,开始全面地认真地纠正"文化大革命"中间及之前的"左"倾错误;第二,坚决批判了"两个凡是"的错误方针,充分肯定了必须完整地、准确地掌握毛泽东思想的科学体系;第三,高度评价了关于真理标准问题的讨论,确定了解放思想、开动脑筋、实事求是、团结一致向前看的指导方针;第四,停止了使用"以阶级斗争为纲"的口号,作出了把工作重点转移到社会主义现代化建设上来的战略决策;第五,提出了注意解决好国民经济重大比例严重失调的要求,制定了关于加快农业发展的决定;第六,着重提出了健全社会主义民主和加强社会主义法制的任务;第七,审查和解决了党的历史上一批重大冤假错案和一些重要领导人的功过是非问题;第八,增选了中央领导机构的成员。在列举这八大成果后,《历史决议》指出:"这些在领导工作中具有重大意义的转变,标志着党重新确立了马克思主义的思想路线、政治路线和组织路线。"①

在十一届三中全会召开30年后的今天,如果要对它的成果再作进一步归纳的话,可以说其中最重要的成果有两个:一是重新确立了党的马克思主义的路线,二是形成了以邓小平为核心的第二代中央领导集体。因为,揭开改革开放序幕、开辟建设中国特色社会主义新道路的关键因素,正是这两大成果。说三中全会实现了当代中国史上的伟大转折,主要根据即在于此。

先说党的第二代中央领导集体。邓小平在1989年6月十三届四中全会前夕说过:"党的十一届三中全会建立了一个新的领导集体,这就

---

① 《三中全会以来重要文献选编》下,人民出版社1982年版,第821页。

是第二代的领导集体。在这个集体中，实际上可以说我处在一个关键地位。"① 三中全会闭幕时，中央政治局常委一共有 6 个人，主席是华国锋，副主席是叶剑英、邓小平、李先念、陈云、汪东兴。由于会议否定了"两个凡是"的方针，中央工作的主导权实际已从华国锋转移到了邓小平手中。另外，汪东兴在会议期间作了书面检查，提出了辞职的请求，并在不久后召开的十一届五中全会上被批准辞职。到了十一届六中全会，华国锋又提出请求辞去中央主席和中央军委主席的职务，并得到会议同意。所以，邓小平所讲的三中全会建立的新的中央领导集体，是指也只能是指邓小平、陈云、叶剑英、李先念。对此，邓小平在十三届四中全会之后有更加明确的说明。他指出："从我们党的十一届三中全会以后，开始产生了第二代领导集体，包括我在内，还有陈云同志、李先念同志，还有叶帅。"② 历史证明，三中全会以来，我们党和国家之所以能不断深化改革、扩大开放，之所以能逐步开辟出一条中国特色社会主义道路，关键就在于有这个中央领导集体在政治上和组织上提供坚强的保证。

再说十一届三中全会的路线。对于三中全会的路线，曾经有过各种各样的表述。③ 但无论作哪种表述，意思都差不多，都是指我们党在十一届三中全会和会后所制定并不断丰富的马克思主义的思想路线、政治路线、组织路线。从三中全会公报上看，这条路线的主要内容是：在思想上，完整准确地掌握毛泽东思想的科学体系，在马列主义、毛泽东思想的指导下，解放思想，研究新事物、新问题，坚持实事求是，一切从实际出发；在政治上，把全党工作重点和全国人民的注意力转移到社会主义现代化建设上来，根据新的历史条件和实践经验，对经济体制和经营管理方法着手改革，在自力更生的基础上积极发展同世界各国的经济合作，努力采用世界先进技术和先进设备，同时不放松同极少数反革命分子和刑事犯罪分子的阶级斗争，不削弱无产阶级专政，不允许损害安

---

① 《邓小平文选》第 3 卷，人民出版社 1993 年版，第 309 页。

② 《邓小平年谱（1975—1997）》下，中央文献出版社 2004 年版，第 1295 页。

③ 可参阅《三中全会以来重要文献选编》上，人民出版社 1982 年版，第 11、236 页；《邓小平文选》第 2 卷，人民出版社 1994 年版，第 183、193、242、275 页；《三中全会以来重要文献选编》下，第 821、848 页；《十三大以来重要文献选编》上，人民出版社 1991 年版，第 15 页。

定团结的政治局面；在组织上，健全党的民主集中制，健全党规党法，严肃党纪，强调党中央和各级党委的集体领导，保障党员在党内对上级领导直至中央常委提出批评意见的权利，党的各级领导干部必须带头严守党纪。对于三中全会的政治路线，当时虽然没有概括为"一个中心、两个基本点"，但从上述内容不难看出，这个基本意思已经有了。特别是三中全会之后，党中央为了正确贯彻解放思想的方针，及时重申坚持四项基本原则，并明确提出实行改革开放的总方针，"一个中心、两个基本点"的意思更加凸显出来。对于三中全会的组织路线，会后也有进一步发展。其中最重要的是，在政治合格的前提下，使干部队伍做到年轻化、知识化、专业化，并使选拔中青年干部的工作制度化。

由此可见，十一届三中全会确定的马克思主义路线，是指在坚持四项基本原则、加强精神文明建设的前提下，通过解放思想、改革开放，促进生产力不断发展，实现社会的全面进步，最大限度地满足人民的物质需要和精神需要，巩固和发展社会主义制度；而不是相反，要搞指导思想的多元化、经济制度的私有化、政治体制的西方化，使中国走资本主义的发展道路，融入世界资本主义体系。正如邓小平反复强调的那样，我们说的解放思想，决不能够偏离四项基本原则的轨道，"离开四项基本原则去'解放思想'，实际上是把自己放到党和人民的对立面去了"。"离开坚持四项基本原则，就没有根，没有方向，也就谈不上贯彻党的思想路线。"① "如果不坚持这四项基本原则，纠正极左就会变成'纠正'马列主义，'纠正'社会主义。"② "某些人所谓的改革，应该换个名字，叫作自由化，即资本主义化。他们'改革'的中心是资本主义化。我们讲的改革与他们不同，这个问题还要继续争论的。"③ 我们决定实行开放政策，"同时也要求刹住自由化的风，这是相互关联的问题"。④ 历史证明，三中全会以来，我们党和国家之所以能战胜国内国际一个又一个风险的挑战，之所以能在不断深化和扩大改革开放、经济持续飞速发展的情况下始终保持社会的总体稳定，关键就在于有这条

---

① 《邓小平文选》第2卷，人民出版社1994年版，第278、279页。
② 《邓小平文选》第3卷，人民出版社1993年版，第137页。
③ 同上书，第297页。
④ 同上书，第124页。

马克思主义路线的正确指引。

2. 关于两个会议的基本特点

三中全会及此前的中央工作会议取得了那么重要的成果，是否是事先就计划好了的，是否是有步骤地自然而然地取得的呢？要回答这个问题，只要看看这两个会议在中共党史和中国当代史上不同寻常的显著特点就清楚了。

首先，议题中途发生了违反主持人意愿的改变。

中央工作会议开始前发出的通知和开始时由党中央主席华国锋宣布的议题，都是讨论《关于加快农业发展速度的决定》和《农村人民公社工作条例（试行草案）》，商定1979年、1980年国民经济计划安排，学习李先念在国务院务虚会上的讲话；只在进入正式议题前，用两三天时间讨论从1979年1月起把全党工作着重点转移到社会主义现代化建设上来的问题。但是，会议刚进入第3天，党的八大时便是中央副主席而"文化大革命"以来一直是中央委员会一般委员的陈云，率先在小组会上发言，指出实现四个现代化是全党和全国人民的迫切愿望，安定团结也是全党和全国人民关心的事，现在干部、群众对党内是否能安定团结有顾虑。接着，他提出了6个影响大或涉及面广、需要由中央考虑决定的冤假错案和问题，如薄一波等61人所谓叛徒集团案，陶铸、王鹤寿的历史遗留问题，彭德怀的骨灰安放问题，"天安门事件"的平反问题，康生的严重错误问题等。这些问题都是当时最为敏感，也是大家最为关心但又不便于说的问题，因此，他的发言在简报全文刊出后，立即引起强烈反响，起到了扭转会议方向的作用。代表们纷纷表示赞成他的意见，同时加以发挥和补充。华国锋在紧接着召开的第二次全体会议上虽然要求会议由讨论工作重点转移问题转入讨论农业文件，但代表们并没有照他的要求办，而是依旧热烈讨论重大历史遗留问题，并且延伸到了关于真理标准大讨论中出现的不正常情况、对"两个凡是"的提法和中央个别领导同志的意见、对中央和中央宣传领导部门人事调整的建议等重大现实问题。

鉴于会议形势发生的巨大变化，在会议开始不久后出访回国的邓小平，与叶剑英、李先念等中央政治局常委一起，力促华国锋代表中央政治局，在第三次全体会议上对与会代表所提问题一一作了答复，宣布对

"天安门事件"、"二月逆流"、薄一波等61人所谓叛徒集团案、彭德怀问题、陶铸问题、杨尚昆问题予以平反，决定撤销有关"反击右倾翻案风"的全部文件，将康生、谢富治的问题交由中央组织部审理，对地方性重大事件问题交由地方自行解决。这次会后，胡乔木在小组发言中又提出，真理标准问题已在一定意义上成为政治问题，建议华国锋能对这一问题的讨论也作一个结论，以便统一全党思想，澄清国内外各种猜测。于是，华国锋在第四次全体会议（即中央工作会议闭幕会）上，就"两个凡是"的提出作了自我批评，对没有能及时解决在真理标准讨论中的分歧作了解释。

会议对原有议题的突破和取得的进展，使邓小平会前所准备的讲话稿也显得不再适用。会议临近结束时，他针对会议内外出现的新情况，亲自草拟了讲话提纲，提出解放思想是当前一大政治问题，民主是解放思想的重要条件，处理历史遗留问题为的是团结一致向前看，要研究经济建设上的新情况，解决经济管理方法、管理制度改革上的新问题等。这篇题为《解放思想，实事求是，团结一致向前看》的重要讲话，从思想路线的高度对会议作出了深刻总结，为全党指明了改革开放的大方向，受到与会代表的一致拥护，因此，在事实上成为了三中全会的主题报告。

三中全会原定议题是审议通过中央工作会议讨论后提交的关于农业问题的两个文件和1979—1980年的计划安排，选举产生中央纪律检查委员会。但事实上，它除了上述内容外，主要是学习讨论邓小平在中央工作会议上的重要讲话，确认中央工作会议所取得的一系列重要成果，以及增选和增补中央领导机构的成员。

其次，会议持续的时间长，解决的问题数量多、分量重。

中央工作会议于1978年11月10日开始，原定开20多天。三中全会原定与中央工作会议间隔十来天，在12月10日开，会期3天。但由于工作会议讨论十分热烈，不断有新问题提出，使会议结束时间一延再延，实际开了36天。三中全会则紧接在中央工作会议结束2天后召开，会期也比原计划延长了2天。两个会加在一起共有41天，如果把它们合起来看，大体可以分为三个阶段。

第一阶段从11月12日陈云在小组会上发言算起，到11月25日华国锋在第三次全体会议上宣布对一系列重大历史遗留问题的平反决定，共14天，可以看作是发动阶段。其间主要讨论历史遗留问题，也涉及对个别中央领导同志的批评。

第二阶段从11月26日到12月13日的小组讨论，共18天。可以看作是深入阶段，其间主要议论真理标准大讨论中出现的种种不正常情况，对中央个别领导提意见，对中央领导机构和中央宣传领导部门的人事安排提建议。

第三阶段从12月13日下午邓小平在中央工作会议闭幕会上发表重要讲话，到12月15日下午工作会议结束；再从12月17日三中全会召开小组召集人会议到12月22日三中全会闭幕会增选陈云、邓颖超、胡耀邦、王震为中央政治局委员，陈云为政治局常委、中央委员会副主席，增补黄克诚等9人为中央委员，以及通过全会公报，共7天，可以看作是总结阶段。其间主要讨论邓小平在中央工作会议上的重要讲话，酝酿增选、增补中央领导机构成员的名单，同时继续发表前两个阶段没有讲完的意见。

再次，会议气氛生动、活泼、热烈，真正做到了面对面地开展批评与自我批评。

会议开始时，还有扣压简报的事情发生，但当代表提出意见后，情况很快变了，基本做到了代表们畅所欲言，直言不讳；简报有闻必录，印发及时。正因为如此，邓小平的重要讲话在评价中央工作会议时指出："这次会议讨论和解决了许多有关党和国家命运的重大问题。大家敞开思想，畅所欲言，敢于讲心里话，讲实在话。大家能够积极地开展批评，包括对中央工作的批评，把意见摆在桌面上。一些同志也程度不同地进行了自我批评。这些都是党内生活的伟大进步，对于党和人民的事业将起巨大的促进作用。"① 陈云在三中全会闭幕会上的即席讲话中也说："三中全会和此前的中央工作会议开得很成功。大家在马列主义、毛泽东思想的基础上，解放思想，畅所欲言，充分恢复和发扬了党内民主和党的实事求是、群众路线、批评和自我批评的优良作风，认真讨论了党内存在的一些重大问题，增强了团结，真正实现了毛泽东所提

---

① 《邓小平文选》第2卷，人民出版社1994年版，第140—141页。

倡的又有集中又有民主，又有纪律又有自由，又有统一意志，又有个人心情舒畅、生动活泼的那样一种政治局面……一九五七年以后，由于种种干扰，毛泽东提出的这种心情舒畅、生动活泼的政治局面很多年没有实现。这一次党中央带了个好头，只要大家坚持下去，就有可能在全国实现。"① 他们这些话，高度概括了会议的真实情况。

在中共党史和中国当代史上，同时具有以上三个特点的会议，即便不是绝无仅有，也是极其少有的。正是这些特点，构成了三中全会成为中国当代史上伟大转折的直接原因。它说明，三中全会的胜利并非自然而然取得的，而是与会的大多数高级干部在老一辈无产阶级革命家带动、支持下，充分发扬党内民主和党的实事求是、群众路线、批评与自我批评作风，通过积极的思想斗争争取到的，是来之不易、弥足珍贵的。

二 三中全会及此前中央工作会议的历史背景与转折的必然性

三中全会前的中央工作会议议题，主要不是全会公报所讲的那些内容；会议之前，中央起码是中央主要负责人，并没有打算开成那样一个会；出席会议的代表起码是绝大多数代表，事先也没有想到会议会开出那样一个结果。那么，这是否意味着三中全会实现的伟大转折是偶然的、突发的，是可能发生也可能不发生的呢？应当说，转折发生在1978 年 11 月，发生在三中全会及此前的中央工作会议，带有一定的偶然性。但是，正如恩格斯所说："在表面上是偶然性在起作用的地方，这种偶然性始终是受内部的隐蔽着的规律支配的。"② 三中全会及此前中央工作会议也是这样。如果把它和"文化大革命"中的一系列事件联系起来，把它放在粉碎"四人帮"后国内国际、党内党外、主观客观的大背景下来分析，就会看出这个转折绝不是偶然的、突然的，而是必然的、不以人的意志为转移的，是人心之所向、大势之所趋，或迟或

① 《陈云年谱》下卷，中央文献出版社 2000 年版，第 231 页。
② 《马克思恩格斯选集》第 3 卷，人民出版社 1995 年版，第 247 页。

早总要发生的。

1. 转折的客观条件

自从 1976 年以华国锋为首的党中央一举粉碎"四人帮"到十一届三中全会召开之前的两年里，我们党和国家在政治上、经济上都取得了一定进展和一些成绩。但同时也产生了一些新问题，严重阻碍了党和国家继续前进的步伐，迫切需要得到解决。

首先，在政治上。那两年揭发、批判、清查江青反革命集团及其帮派体系的运动，取得了很大成绩，党和国家的组织整顿及冤假错案平反工作也得到了部分地进行。但是，由于受"左"的错误思想的束缚，作为党中央主要负责人的华国锋，不仅未能顺应党心民心，纠正"文化大革命"的错误理论、政策和口号，系统清理在党内已持续很长时间的"左"的指导思想，带领全党全国人民乘胜前进，反而提出并推行"两个凡是"的错误方针，压制 1978 年开展的对拨乱反正具有重大意义的关于真理标准问题的讨论，一再拖延和阻挠恢复包括邓小平在内的一大批老干部的工作和平反包括"天安门事件"在内的一大批历史上的冤假错案，并在继续维护旧的个人崇拜的同时制造新的个人崇拜，严重挫伤了广大干部群众在粉碎"四人帮"后焕发出的社会主义积极性，引起党内外同志的广泛不满。因此，要求尽快解决"天安门事件"平反和"文化大革命"及此前一系列重大历史遗留问题，重新评价党和国家许多领导人的功过是非，肯定实践是检验真理的唯一标准，改正"两个凡是"的错误方针，以及调整各方面社会关系、调动一切积极因素投身四化建设的呼声，变得日益强烈。

其次，在经济上。那两年制止了许多地区工矿企业生产和交通运输的混乱状况，使国民经济开始从瘫痪、半瘫痪的状态中走了出来。但是，华国锋在严重失调的国民经济重大比例关系尚未理顺的情况下，又提出许多不切实际的高指标和根本不可能实现的大口号，使积累与消费的关系进一步失衡，违背了人民要求尽快改善生活的强烈意愿，犯了急于求成、片面追求高速度的急躁冒进错误。他虽然看到了国外技术的进步和中美、中日关系解冻后西方在对华贸易、投资方面出现的新形势，提出要引进国外先进技术设备和举借外债，但对国内的配套、消化能力和还债能力却缺乏考虑，片面突出钢铁、石油、化工等重工业部门。这些同样是"左"的急躁冒进思想支配下的表现。因此，在经济工作中认真清理"左"的指导思想，对国民经济进行一次重大比例关系的调整，显得日益迫切。另外，在农村实行的人民公社"政社合一"的经营管理体制长期以来违反农业生产的客观规律，存在严重的平均主义倾向，极大制约了农民生产积极性的发挥和农业生产力的提高，许多地方的农民有待解决温饱问题，其弊病日益显现。在城市，"文化大革命"期间由于实行中学毕业生上山下乡政策而累积的约一千多万知识青年，有待安排就业，加之其他新生劳动力，使国家无法单靠国有企事业单位满足就业需求；同时，原有的高度集中的计划经济体制和政企不分、所有权经营权不分、统收统支的国有企业经营方式的弊端，也与经济的发展越来越不适应，到了非改变不可的程度。所有这些，都在客观上呼唤经济体制、经营方式、所有制结构的改革。

2. 转折的主观条件

粉碎"四人帮"后的头两年，在老一辈无产阶级革命家和党内正确力量的努力下，通过部分平反冤假错案，许多"文化大革命"中被打倒或靠边站的老干部回到了领导岗位；通过真理标准讨论和"两个凡是"问题、按劳分配问题和经济管理体制问题的争论，使实事求是、理论联系实际、一切从实际出发的原则，以及党内民主和民主集中制的原则得到很大宣传，逐渐形成了有利于纠正"两个凡是"方针、将党的工作重点转移到经济建设上、平反重大冤假错案、调整国民经济、实行改革开放的舆论氛围。所有这些，都成为三中全会胜利召开的组织准备和思想准备。

首先，在组织上。1977年3月中央工作会议前夕，陈云为呼应党中央副主席叶剑英的意见，与王震等几位中央委员相约，在会上提出为"天安门事件"平反和恢复邓小平工作的问题。他提交书面发言后，会议简报组要求"按照华主席讲话精神"删去所谓"敏感"内容，华国锋也登门做他的工作，均被他拒绝。这篇发言虽然最终未能在简报上刊出，但却产生了很大影响，对中央内部坚持"两个凡是"方针的领导形成了巨大压力，加快了邓小平复出的进程。四个月后，邓小平在十届三中全会上恢复了在"反击右倾翻案风"中被撤销的一切职务。与此同时，经过叶剑英、邓小平、李先念和陈云等中央领导人及老一辈革命家的积极争取，一些老干部也陆续恢复了工作。这使党中央决策层和领导层内，正确与错误两种力量的对比发生了很大变化。正因为如此，陈云那篇改变了中央工作会议议程的发言，才可能取得一呼百应的效果；邓小平在会议期间的运筹帷幄、因势利导，尤其是他在中央工作会议闭幕会上的重要讲话，才可能发挥出巨大作用，从而为三中全会重新确立马克思主义的路线奠定重要基础，使那次会议最终成为开辟中国特色社会主义道路的起点。

其次，在思想上。邓小平自重新回到中央领导岗位后，便利用各种场合，提出并大力宣传毛泽东思想的精髓是实事求是、要准确完整地理解毛泽东思想的观点，引发了关于真理标准问题的大讨论。同时，他还积极支持关于按劳分配问题的讨论，相继提出揭批"四人帮"运动要适时结束、要加大地方和企业自主权、要按照经济规律管理经济等主张。1978年夏季召开的国务院务虚会，提出了要加强综合平衡，在国家统一计划下发挥部门、地方、企业的积极性，搞好技术引进，努力扩大出口等一系列具有改革开放精神的观点。正因为有这个铺垫，参加中央工作会议的代表们才会一致拥护党的工作着重点转移的决定，批评"两个凡是"的错误方针，肯定真理标准的大讨论，要求平反各种冤假错案，赞成认真解决国民经济中重大比例失调的问题，同意克服经济管理体制中党政企不分、以党代政、以政代企的现象。另外，由于陈云等老一辈革命家为恢复党的民主集中制所开展的斗争，使以往中央会议简报工作那种压制民主的错误做法越来越不得人心，难以再实行下去。这也是在中央工作会议上，各组讨论情况得以迅速交流、会议获得巨大胜利的一个重要条件。

邓小平在1980年初中央召开的干部会议上指出："粉碎'四人帮'以后三年的前两年，做了很多工作，没有那两年的准备，三中全会明确地确立我们党的思想路线、政治路线，是不可能的。所以，前两年是为三中全会做了准备。"① 只要了解了三中全会及此前中央工作会议的历史背景，对于邓小平的这一论述就会有更加深切的理解，就会明白那次会议之所以成为当代中国史上的伟大转折，完全是老一辈革命家和党内

---

① 《邓小平文选》第2卷，人民出版社1994年版，第242页。

正确力量的努力与国内外形势变化共同作用的必然结果，是顺理成章、水到渠成、瓜熟蒂落；即使那次会议未能实现这一转折，此后的会议也一定会实现这一转折。

三 三中全会的历史意义与转折的性质

我们说党的十一届三中全会是当代中国史上的伟大转折，是从三中全会开始了党在思想、政治、组织等领域的全面拨乱反正，实现了党的工作重点的转移，揭开了改革开放的序幕，开辟了中国特色的社会主义道路，标志着中国从此进入社会主义事业发展新时期等意义上讲的。看不到转折的这些意义，或者对转折作超出这些意义的解释，都不符合历史的客观实际。

1. 转折不是党的领导工作一般意义上的转变

自从新中国成立后，我们党曾有过多次工作重点的转移、指导思想的转变、发展战略的转折。其中有的正确反映了当时客观实际情况的变化，有的则被实践证明是脱离实际的；有的转得比较顺利，有的则因为种种原因转得不够顺利，甚至中途出现反复。就拿党的工作重心、中心、重点来说，早在七届二中全会时，毛泽东就非常明确地指出，全国解放后，党的工作重心要由乡村转向城市，要求全党"必须用极大的努力去学会管理城市和建设城市"，眼睛要"向着这个城市的生产事业的恢复和发展"，城市中的其他工作"都要围绕着生产建设这一个中心工作并为这个中心工作服务"。[1] 新中国成立后，我们接连进行了肃清反革命、土地改革、抗美援朝、"三反"、"五反"等运动，但这些都是为着实现工作重心的转移，是工作重心转移所必不可少的前提。在第一个五年计划开始实施、全党工作重心转到经济建设以后，虽然又接连进行了三大改造运动、"大跃进"和人民公社化运动，但这些运动从总体上说，也都是围绕经济建设这个中心而展开的。只是在1962年八届十中全会上重提阶级斗争后，经济建设的中心地位才开始动摇。到了"文化大革命"，这个中心更被"以阶级斗争为纲"所取代。与以往相

---

① 《毛泽东选集》第4卷，人民出版社1991年版，第1427—1428页。

比，十一届三中全会作出的关于全党工作重点转移的决定，无疑带有更根本的性质；实现的党的指导思想的转变和发展战略的转折，也无疑比以前深刻得多。究其原因，除了国内国际形势的变化外，主要在于这次转移、转变、转折，是建立在对社会主义社会以下两个新的认识基础之上。

首先，建立在对社会主义社会主要矛盾的新认识上。

在三中全会前的中央工作会议上，大家对中央政治局关于党的工作着重点转移的决定一致拥护，没有提出任何疑问。但是，在对工作重点转移的解释上是有分歧的。华国锋在开幕时的讲话中说，重点转移是"国内国际形势的需要"，并提出要"在新时期总路线和总任务的指引下"实现重点转移。所谓"新时期的总路线和总任务"，其重要内容之一就是坚持"以阶级斗争为纲"的社会主义历史阶段的基本路线和坚持无产阶级专政下的继续革命。这种解释，受到与会代表的质疑。例如，胡乔木在会议进入小组讨论后的第二天发言说：把工作重点的转移讲成是形势的需要，这个理由不妥。应该说，无产阶级在夺取政权以后，就要把工作重点转到经济建设上。新中国成立后，我们已开始了这种转移，但是没有坚持住，这次转移是根本性的转移，而不是通常意义上的转移。不能给人一种印象，似乎今天形势需要，就把工作重点转过来，明天不需要了，还可以再转回去。他还指出，并不是任何阶级斗争都是进步的，其是否进步的客观标准，就是看它是否为解放和发展生产力创造条件；经济脱离政治一定会走到邪路上去，政治脱离经济也一定会走到邪路上去。除了发生战争，今后一定要把生产斗争和技术革命作为中心，不能有其他的中心。只要我们正确处理人民内部矛盾和敌我矛盾，国内的阶级斗争也不会威胁社会主义建设的中心地位。这篇发言被简报全文刊出后，得到了大多数与会者的赞同。

邓小平在中央工作会议闭幕会上的重要讲话，对工作重点转移问题作了更为精辟的阐述。他说：政治路线的问题解决了，今后看一个部门领导得好不好，应该主要看劳动生产率提高了多少，利润增加了多少，劳动者的个人收入和集体福利增加了多少。"这就是今后主要的政治。离开这个主要的内容，政治就变成空头政治，就离开了党和人民的最大利益。"① 三中全会公报吸收了邓小平讲话的精神，指出："毛泽东同志早在建国初期，特别在社会主义改造基本完成以后，就再三指示全党，要把工作中心转到经济方面和技术革命方面来。""正如毛泽东同志所说，大规模的急风暴雨式的群众阶级斗争已经基本结束，对于社会主义社会的阶级斗争，应该按照严格区别和正确处理两类不同性质的矛盾的方针去解决，按照宪法和法律规定的程序去解决。"② 这里虽然没有明确要停止使用"以阶级斗争为纲"的提法，但这个意思显然已经有了。正因为如此，后来的《历史决议》才指出：三中全会"果断地停止使用'以阶级斗争为纲'这个不适用于社会主义社会的口号"。③ 正是这一认识，赋予工作重点转移的命题以更大的科学性、稳定性，使它具有了更强的生命力。

三中全会闭幕后不久，邓小平在理论工作务虚会上的讲话中对社会主义基本矛盾、主要矛盾的理论作了进一步阐发。他指出，毛泽东在《关于正确处理人民内部矛盾的问题》一文中提出生产关系和生产力、上层建筑和经济基础矛盾问题，"从二十多年的实践看来，这个提法比其他的一些提法妥当。至于什么是目前时期的主要矛盾，也就是目前时期全党和全国人民所必须解决的主要问题或中心任务，由于三中全会决定把工作重点转移到社会主义现代化建设方面来，实际上已经解决了。"④ 他还指出："社会主义社会中的阶级斗争是一个客观存在，不应该缩小，也不应该夸大……社会主义社会目前和今后的阶级斗争，显然不同于过去历史上阶级社会的阶级斗争，这也是客观的事实，我们不能否认，否认了也要犯严重的错误。"⑤ 他的这些论述，更加深入地分析了在社会主义时期沿用"以阶级斗争为纲"口号的错误性，为全党工作重点的转移提供了科学的理论依据。

其次，建立在对社会主义社会管理体制的新认识上。

这里说的管理体制，既包括经济体制，也包括政治体制；既包括国

---

① 《邓小平文选》第 2 卷，人民出版社 1994 年版，第 150 页。
② 《三中全会以来重要文献选编》上，人民出版社 1982 年版，第 3、5 页。
③ 同上书，第 821 页。
④ 《邓小平文选》第 2 卷，人民出版社 1994 年版，第 182 页。
⑤ 同上。

内的经济体制，也包括国内外经济联系的体制。新中国成立后实行高度集中的计划经济体制，有在"一穷二白"基础上加快工业化建设的客观需要，也有对苏联经验的全盘学习和对马克思主义创始人关于未来社会可以自觉按比例发展国民经济思想的不准确理解；有在较短时间里为建立独立完整工业体系和国民经济体系奠定初步基础的丰功伟绩，也有因把经济统得过死而造成效益不高、对市场反应不灵活、人民生活不够丰富多样等种种弊端。在对外经济联系上，由于西方的全面禁运和经济封锁，新中国成立初期只能与苏联和其他社会主义国家进行贸易和经济技术合作；以后与苏联关系破裂，对资本主义国家的贸易开始增加，但由于国内外两方面的原因，总体规模也不大。在政治体制上，新中国成立后长期延续战争年代的做法，实行党的一元化领导，一切权力集中在党委，党委权力又往往集中于几个书记，特别是第一书记，造成党政不分、政企不分；对民主与法制建设不重视，基本处于无法可依的状况。尤其在"文化大革命"期间，"左"的指导思想盛行，经济上越统越死，对外经济联系的门越关越小，民主集中制的原则被严重破坏，连宪法规定的公民权利也得不到保障。粉碎"四人帮"后，开始从经济与政治管理体制的层面上思考过去的问题，提出了一系列新观点、新思想、新理论，逐步澄清了对社会主义的许多不准确的认识。

关于经济体制，邓小平和中央其他领导同志早在三中全会之前就已提出了一些改革和开放的思想。例如，邓小平曾指出："要实现四个现代化，就要善于学习，大量取得国际上的帮助。要引进国际上的先进技术、先进装备，作为我们发展的起点。"[①] "引进先进技术设备后，一定要按照国际先进的管理方法、先进的经营方法、先进的定额来管理，也就是按照经济规律管理经济。一句话，就是要革命，不要改良，不要修修补补。"[②] 再如，陈云在长期思考计划与市场关系这个经济体制改革核心问题的基础上，于1978年7月三中全会之前国务院务虚会期间，就通过李先念提出了"计划经济与市场经济相结合"的命题。三中全会后，他又将自己的思考写成了名为《计划与市场问题》的提纲。其中

---

① 《邓小平文选》第2卷，人民出版社1994年版，第133页。

② 同上书，第129—130页。

说："六十年来，无论苏联或中国的计划工作制度中出现的主要缺点：只有'有计划按比例'这一条，没有在社会主义制度下还必须有市场调节这一条。""在今后经济的调整和体制的改革中，实际上计划与市场这两种经济的比例的调整将占很大的比重。不一定计划经济部分愈增加，市场经济部分所占绝对数额就愈缩小，可能是都相应地增加。"①后来，他进一步提出"计划经济为主，市场调节为辅"的命题，并被党的十二大确定为经济体制改革的方针。这虽然不同于党的十四大所确定的社会主义市场经济体制的改革目标，但却对全党摆脱在计划与市场关系上的传统观念，"对推动改革和发展起了重要作用"；②"对推动全党解放思想、实事求是，进行突破高度集中的计划经济体制的改革，产生过广泛而深刻的影响"。③

关于政治体制，邓小平和中央其他领导同志在三中全会前，也提出了一些改革的思想。例如，邓小平在 1978 年 10 月 3 日指出："现在关于民主问题的讨论不够，这个问题很重要，要展开讨论。民主和法制实际上是一件事情。法制确实需要建立和健全，民法、刑法要搞，但都没有搞成。没有法，他就乱搞，确实不行。现在是领导人说的话就叫法，不赞成领导人说的话就叫违法，这种状况不能继续下去了。除了搞刑法、民法、诉讼法以外，还要搞经济立法，如工厂法。要搞立法，总得有个立法机构才行。"④ 正因为有这样的认识，三中全会才可能对民主和法制问题进行认真的讨论，全会公报才可能写上："在过去一个时期内，民主集中制没有真正实行，离开民主讲集中，民主太少，当前这个时期特别需要强调民主，强调民主和集中的辩证统一关系，使党的统一领导和各个生产组织的有效指挥建立在群众路线的基础上……宪法规定的公民权利，必须坚决保障，任何人不得侵犯。为了保障人民民主，必须加强社会主义法制，使民主制度化、法律化，使这种制度和法律具有稳定性、连续性和极大的权威，做到有法可依，有法必依，执法必严，违法必究。从现在起，应当把立法工作摆到全国人民代表大会及其常务

---

① 《陈云文选》第 3 卷，人民出版社 1995 年版，第 244—245、247 页。
② 《十四大以来重要文献选编》上，人民出版社 1996 年版，第 18 页。
③ 1995 年 6 月 14 日《人民日报》。
④ 《邓小平年谱（1975—1997）》上，中央文献出版社 2004 年版，第 394 页。

委员会的重要议程上来。检察机关和司法机关要保持应有的独立性；要忠实于法律和制度，忠实于人民利益，忠实于事实真相；要保证人民在自己的法律面前人人平等，不允许任何人有超于法律之上的特权。"①

以上对社会主义社会主要矛盾和管理体制问题的新认识，不仅与"文化大革命"时期的认识相对立，而且与"文化大革命"之前的认识也有很大不同。这种认识上的不同之处，使三中全会所实现的转折与以往的转折产生了许多区别。看不到这种变化，混淆它们之间的区别，就难以理解三中全会所开辟的中国特色社会主义"特"在哪里，难以说清楚为什么三中全会是当代中国史上的伟大转折。

2. 转折不是社会主义基本制度与社会性质的转变

现在有一种观点，把三中全会与 1911 年的辛亥革命相提并论，说它们是中国近代以来两个最伟大的事件；或者把新中国的历史以三中全会断限，说 1840 年至 1949 年的中国历史与三中全会前后的两个历史时期并列构成了中国的近代史、现代史和当代史。这种观点从表面上看，似乎在抬高三中全会的历史地位，但由于它无视和抹杀中华人民共和国成立在中国历史上的划时代意义，割裂三中全会前后两个历史时期在社会形态上的内在一致性，因此必然是违背历史实际的主观臆造和对三中全会事实上的贬低。对此，只要看看三中全会及三中全会以来我们党在对待以下两个问题上的态度便清楚了。

首先，在对待社会主义制度不完善的问题上。

我们党早在三中全会上就明确，改革是为了挽救社会主义，使社会主义事业得以继续发展，而不是为了取消社会主义。邓小平在中央工作会议闭幕会上的重要讲话中指出："如果现在再不实行改革，我们的现代化事业和社会主义事业就会被葬送。"② 全会公报也号召全党、全军、全国各族人民，"为在本世纪内把我国建设成为社会主义的现代化强国而进行新的长征"。③ 会后，邓小平又在理论工作务虚会的讲话中指出："我们过去对民主宣传得不够，实行得不够，制度上有许多不完善，因此，继续努力发扬民主，是我们全党今后一个长时期的坚定不移的目

---

① 《三中全会以来重要文献选编》上，人民出版社 1982 年版，第 10—11 页。
② 《邓小平文选》第 2 卷，人民出版社 1994 年版，第 150 页。
③ 《三中全会以来重要文献选编》上，人民出版社 1982 年版，第 5 页。

标。但是我们在宣传民主的时候，一定要把社会主义民主同资产阶级民主、个人主义民主严格地区别开来，一定要把对人民的民主和对敌人的专政结合起来……如果离开四项基本原则，抽象地空谈民主，那就必然会造成极端民主化和无政府主义的严重泛滥，造成安定团结政治局面的彻底破坏，造成四个现代化的彻底失败。"[1]他在1980年初所作《目前的形势和任务》的报告中又说："现在，特别是在青年当中，有人怀疑社会主义制度，说什么社会主义不如资本主义，这种思想一定要大力纠正。社会主义制度并不等于建设社会主义的具体做法。苏联搞社会主义，从一九一七年十月革命算起，已经六十三年了，但是怎么搞社会主义，它也吹不起牛皮。我们确实还缺乏经验，也许现在我们才认真地探索一条比较好的道路。但不管怎么样，社会主义制度的优越性已经得到了证明，不过还要证明得更多更好更有力。我们一定要、也一定能拿今后的大量事实来证明，社会主义制度优于资本主义制度。"[2] 可见，无论是三中全会还是三中全会以后，我们党提出和进行的改革，都不是要把中国由社会主义社会改变成另外一种社会，更不是要否定和抛弃社会主义革命的成果，而是要解决社会主义制度中一些不完善的问题，寻找和走出一条更加适合中国国情的社会主义发展道路。

其次，在对待毛泽东晚年错误的问题上。

邓小平在中央工作会议闭幕会的重要讲话中说："最近国际国内都很关心我们对毛泽东同志和对文化大革命的评价问题。毛泽东同志在长期革命斗争中立下的伟大功勋是永远不可磨灭的。回想在一九二七年革命失败以后，如果没有毛泽东同志的卓越领导，中国革命有极大的可能到现在还没有胜利，那样，中国各族人民就还处在帝国主义、封建主义、官僚资本主义的反动统治之下，我们党就还在黑暗中苦斗。所以说没有毛主席就没有新中国，这丝毫不是什么夸张。毛泽东思想培育了我们整整一代人。我们在座的同志，可以说都是毛泽东思想教导出来的。没有毛泽东思想，就没有今天的中国共产党，这也丝毫不是什么夸张。毛泽东思想永远是我们全党、全军、全国各族人民的最宝贵的精神财

---

① 《邓小平文选》第2卷，人民出版社1994年版，第176页。
② 同上书，第250—251页。

富。我们要完整地准确地理解和掌握毛泽东思想的科学原理，并在新的历史条件下加以发展。当然，毛泽东同志不是没有缺点、错误的，要求一个革命领袖没有缺点、错误，那不是马克思主义。我们要领导和教育全体党员、全军指战员、全国各族人民科学地历史地认识毛泽东同志的伟大功绩。"① 三中全会公报也说："毛泽东同志在长期革命斗争中立下的伟大功勋是不可磨灭的……党中央在理论战线上的崇高任务，就是领导、教育全党和全国人民历史地、科学地认识毛泽东同志的伟大功绩，完整地、准确地掌握毛泽东思想的科学体系，把马列主义、毛泽东思想的普遍原理同社会主义现代化建设的具体实践结合起来，并在新的历史条件下加以发展。"②《历史决议》进一步指出："因为毛泽东同志晚年犯了错误，就企图否认毛泽东思想的科学价值，否认毛泽东思想对我国革命和建设的指导作用，这种态度是完全错误的。对毛泽东同志的言论采取教条主义态度，以为凡是毛泽东同志说过的话都是不可移易的真理，只能照抄照搬，甚至不愿实事求是地承认毛泽东同志晚年犯了错误，并且还企图在新的实践中坚持这些错误，这种态度也是完全错误的。这两种态度都是没有把经过长期历史考验形成为科学理论的毛泽东思想，同毛泽东同志晚年所犯的错误区别开来。"③ 这些都说明，三中全会否定"两个凡是"的方针、解决历史上的重大遗留问题，并不是要否定毛泽东和毛泽东思想，而是为了纠正毛泽东晚年的错误，恢复毛泽东思想的本来面貌，确立毛泽东的历史地位，更好地坚持和发展毛泽东思想。

对于社会主义制度不完善的问题和毛泽东晚年错误的问题，邓小平在世时的观点是始终一贯的，我们党从十一届三中全会起到十七大的观点也是始终一贯的。十七大报告指出：改革开放是党在新的时代条件下带领人民进行的新的伟大革命，目的"就是要推动我国社会主义制度自我完善和发展，赋予社会主义新的生机活力，建设和发展中国特色社会主义"；又指出："改革开放伟大事业，是在以毛泽东同志为核心的党的第一代中央领导集体创立毛泽东思想，带领全党全国各族人民建立

---

① 《邓小平文选》第 2 卷，人民出版社 1994 年版，第 148—149 页。

② 《三中全会以来重要文献选编》上，人民出版社 1982 年版，第 12—13 页。

③ 《三中全会以来重要文献选编》下，人民出版社 1982 年版，第 836—837 页。

新中国、取得社会主义革命和建设伟大成就以及艰辛探索社会主义建设规律取得宝贵经验的基础上进行的。"① 这再清楚不过地说明，三中全会前后的两个历史时期尽管在一系列方针、政策和制度上有很大区别，但它们的基本社会制度、根本指导思想和远大奋斗目标都是完全一致的。十一届三中全会实现的转折，是在中华人民共和国成立以及新中国头30年建设成就的基础上完成的，是从对什么是社会主义、怎样建设社会主义的问题由不完全清楚到比较清楚的转变，从探索中国自己的建设社会主义的道路到开辟中国特色社会主义道路的转变，是社会主义制度的自我完善和发展，而不是要与三中全会之前已经建立起来的社会主义社会一刀两断，更不是要倒退到1911年开始的资产阶级革命。因此，不能跨过中华人民共和国成立这个使中国由半殖民地半封建社会变为社会主义社会的伟大事件，而把三中全会与辛亥革命扯到一起；也不能把新中国的历史以三中全会为界，划分出中国的现代史和当代史。

以胡锦涛为总书记的党中央近来强调，中国共产党的领导，人民当家作主，依法治国基本方略，决定了我国社会主义国家政权的性质，也确立了我国作为社会主义大国长治久安的政治保证。各种敌对势力也明白，想西化、分化中国，首先要取消中国共产党的领导，取消人民当家作主的社会主义国家政权。西方敌对势力虽然不能不承认我国发展取得的巨大成就，但出于他们的政治立场和意识形态偏见，他们从来没有也不会认可我国社会主义政治制度，在他们看来，中国成功发展不仅威胁到他们的战略利益，而且威胁到他们奉为圭臬的资本主义制度模式。只要我们坚持共产党领导、坚持社会主义制度，我国越是发展壮大，他们越是要把西化、分化的矛头对准我们。我们同各种敌对势力之间渗透和反渗透、分裂和反分裂、颠覆和反颠覆的斗争将是长期的、复杂的、尖锐的，我们对此一定要有清醒的认识。我们从我国国情出发，发展中国式民主，推进社会主义政治制度的自我完善和发展，绝不照搬西方政治制度的模式，绝不放弃我国社会主义政治制度的根本。没有中国共产党的坚强领导，没有社会主义制度的有力保障，我们就难以把13亿人民的智慧和力量凝聚起来，就难以应对前进道路上的各种困难和风险，就

---

① 《中国共产党第十七次全国代表大会文件汇编》，人民出版社2007年版，第7页。

难以保持国家的安定团结、社会的和谐稳定。我们要擦亮眼睛，坚定不移地沿着中国特色社会主义道路前进，绝不被国内外敌对势力各种威胁所吓倒，各种干扰所迷惑。

以胡锦涛为总书记的党中央近来还强调，意识形态领域并不平静，各种敌对势力正加紧在意识形态领域对我国进行渗透破坏活动，而且组织越来越严密，方式越来越多样。他们把媒体特别是互联网等现代媒体作为进行意识形态渗透的重要渠道，散布大量有害信息，极力抹黑中国、丑化中国、妖魔化中国。各级党委和政府，特别是主要领导干部，一定要增强政治意识、政权意识、责任意识，增强政治敏锐性和政治鉴别力，把意识形态工作摆上重要议事日程，自觉从政治上观察和处理问题，经常分析意识形态领域的形势，及时发现倾向性、苗头性问题，看好自己的阵地，管好自己的队伍，抓好宣传文化单位领导班子的建设，重视选拔培养意识形态领域的领导干部，确保领导权牢牢掌握在忠诚于党和人民的人手里，确保意识形态安全。我们同各种敌对势力在意识形态领域的斗争，本质上是社会主义价值体系和资本主义价值体系的较量。要把13亿人民团结起来，万众一心推进中国特色社会主义事业，就必须大力推进社会主义核心价值体系建设，在全社会形成共同理想信念、强大精神力量、良好道德风尚。我们要紧紧抓住树立理想信念这个根本，坚持不懈地用中国特色社会主义理论体系武装全党、教育人民，不断巩固马克思主义在意识形态领域的指导地位，不断巩固全党全国各族人民团结奋斗的共同思想基础，不断提高中华民族的凝聚力、向心力，使全体人民始终保持昂扬向上的精神状态。

明年是中华人民共和国成立60周年，党的十一届三中全会刚巧处在这60年的中间。它是一次拨乱反正的会议，也是一次承上启下、继往开来的会议。它上承的是新中国头30年所建立的社会主义基本制度，所取得的社会主义建设成就，所探索的社会主义建设经验，所形成的自力更生、艰苦奋斗精神；下启的是后30年的中国特色社会主义建设事业及其未来的发展。三中全会和30年来的实践告诉我们，世界形势在变化，国内经济在发展，科学技术在进步，人民需要在增长，不改革不开放，中国是死路一条；同时也告诉我们，中国处于社会主义初级阶段的基本国情将长期存在，西方敌对势力西化、分化中国的战略图谋将长期存在，中国受到发达国家经济科技优势压力的国际环境也将长期存在，改革开放不坚持社会主义方向，中国同样是死路一条。改革开放与四项基本原则的结合是三中全会路线或社会主义初级阶段基本路线中最核心的内容，也是改革开放经验中最核心的部分。我们纪念三中全会召开30周年，就要客观全面地认识它的历史意义和它所实现的历史性转折的性质，实事求是地总结和充分运用改革开放的历史经验，一如既往地把以经济建设为中心、坚持改革开放和坚持四项基本原则统一于中国社会主义现代化建设的全过程，坚定不移地沿着三中全会开辟的道路继续前进。

十一届三中全会是一个里程碑，标志着共和国新的历史时期的开始；是一尊巨鼎，铭刻着我们党的第二代中央领导集体带领全党、全国人民进行新长征的业绩；是一把号角，鼓舞着中华民族为实现伟大复兴而奋力地拼搏；是一座灯塔，照耀着中国特色社会主义的巨轮驶向胜利的远方。它和我们党的遵义会议一样，必将永载史册。

（本文曾发表于《当代中国史研究》2008年第5期。收入本书时略作修改）

邓小平与中共十一届三中全会
作出的全党工作重点转移的决策

一

党的十一届三中全会取得了许多重要成果，其中最重要的有两个。一个是实际形成了以邓小平为核心的中央第二代领导集体，另一个便是重新确立了马克思主义的政治路线、思想路线和组织路线。所谓马克思主义的政治路线，在当时最主要的内容就是把全党工作的着重点转移到社会主义现代化上来，也就是以经济建设为中心。同时，也包括坚持无产阶级专政，着手改革经济体制，实行对外开放的意思。会后，这条路线经过不断丰富发展，最终被完整地表述为"一个中心、两个基本点"。全党工作重点的转移虽然是在三中全会上确定的，但并非是这次会议突然提出的，而是在事先有一个酝酿准备的过程。

早在新中国成立前夕的党的七届二中全会上，党中央就明确指出，在夺取全国胜利的新形势下，党的工作重心要由乡村转到城市，而城市工作必须以生产建设为中心。新中国成立以后，特别是抗美援朝结束后，党的工作中心在很长一段时间里也确实是经济建设。在1962年八届十中全会之前，尽管中间发生过反右扩大化和"大跃进"那样的错误，在中央领导包括毛泽东的头脑中，经济建设是党的工作中心的认识并没有出现过动摇。但1962年后，工作中心逐渐转移到阶级斗争上面。对此，党内是存在不同看法的，只是在当时的条件下，没有可能表达就是了。1975年，邓小平主持中央工作，提出"以三项指示为纲"，这实质上就是要把经济建设重新作为党的工作中心。当时，国务院政治研究室根据邓小平的讲话精神，写了一篇《论全党全国各项工作的总纲》。文章写道："列宁说过：'政治教育的成果，只有用经济状况的改善来衡量。'毛主席也说过：'中国一切政党的政策及其实践在中国人民中所表现的作用的好坏、大小，归根到底，看它对于中国人民的生产力的发展是否有帮助及其帮助大小，看它是束缚生产力的，还是解放生产力的。'区别真马克思主义和假马克思主义，区别正确路线和错误路线，区别真干革命和假干革命，区别真干社会主义和假干社会主义，区别干部所做工作的成绩是好是坏，是大是小，归根结底，只能，也只应按照列宁和毛泽东所提出的这个标准来衡量。"这篇文章还没有来得及发表，"批邓、反击右倾翻案风"的运动就开始了。它被揭发出来后，连同胡乔木主持起草的《科学院工作汇报提纲》、国家计委起草的《关于加快工业发展的若干问题》一起，被"四人帮"攻击为邓小平搞所谓"翻案"的"三株大毒草"。那时，"四人帮"在《红旗》杂志上发表过一篇剖析《论总纲》的大批判文章，题为《一个复辟资本主义的总纲》，其中写道："以三项指示为纲"完全是为了对抗以阶级斗争为纲，《论总纲》"从所谓实现'四个现代化'开头，又以'实现四个现代化'为结束，这决不是偶然的"。据说，姚文元看到《论总纲》后，还在上面批批划划，说这是"歪曲马列，回到唯生产力论"。其实，把邓小平提出的"以三项指示为纲"和《论总纲》说成是唯生产力，这才是歪曲马列。但"以三项指示为纲"的核心是"要把国民经济搞上去"，实质是要以经济建设为中心，这倒是确实的。

对于全党工作重点的内容，邓小平是这个思想，其他许多老一代革命家也是这个思想。粉碎"四人帮"后的第10天，即1976年10月16日，李先念打电话给陈云，征求他对今后工作的意见。陈云经过同王震、姚依林商议，提出了几条建议。其中主要是："要大力抓生产，使国民经济能够较快恢复和发展"；"要尽快使一些老干部站出来，领导本部门的工作"。可见，在夺取政权以后，党的工作重点应当是经济建设，这个思想对于邓小平、陈云等老一代革命家来说，是一贯的，没有疑问的。

粉碎"四人帮"后的一段时间里，华国锋在主持工作中也是重视抓生产的，这一点与"四人帮"不同。但由于"左"的思想的禁锢和历史的惯性，他当时仍然沿用"以阶级斗争为纲"的提法，提出要"抓纲治国"；在安排工作时，还是把重点放在政治运动上，即使讲生产，也一定要在前面加上"抓革命"。例如，党的十一大报告提出了8

项任务，第一项是"要把揭批'四人帮'进行到底"，第四项才是"要抓革命，促生产，把国民经济搞上去"。这在实际工作中，当然会发生种种矛盾。于是，在十一届三中全会之前，邓小平不失时机地从正面提出了工作重点转移的问题。

二

1978 年春夏，在邓小平的领导下，全国掀起了真理标准问题的大讨论，为十一届三中全会恢复马克思主义的思想路线、政治路线奠定了思想基础。1978 年 9 月，邓小平出访朝鲜后，在东北视察，走一路，讲一路，进一步为恢复党的马克思主义的思想路线、政治路线造舆论。他主要讲的是两个问题：第一，什么叫高举毛泽东思想旗帜？第二，什么是社会主义制度的优越性？在讲到社会主义制度的优越性时，他说：这种"优越性的根本表现，就是能够允许社会生产力以旧社会所没有的速度迅速发展，使人民不断增长的物质文化生活需要能够逐步得到满足。按照历史唯物主义的观点来讲，正确的政治领导的成果，归根结底要表现在社会生产力的发展上，人民物质文化生活的改善上。如果在一个很长的历史时期内，社会主义国家生产力发展的速度比资本主义国家慢，还谈什么优越性？"[①] 正是从这一点出发，他在沈阳军区听取关于揭批"四人帮"运动和战备情况的汇报时，提出了一个在当时许多人连想都没有想过的问题，这就是：揭批"四人帮"运动总要有个底，不能总这样搞下去，总不能再搞三年五年。如果搞得好，再有半年就可以了。有些单位搞得差不多了就可以结束，凡是结束了的单位，就要转入正常工作。在多年来由于"以阶级斗争为纲"思想的束缚，人们已习惯于搞政治运动，而且党的十一大明确把揭批"四人帮"运动放在一切工作首位的情况下，邓小平提出揭批"四人帮"运动再有半年就可以结束，是需要有相当胆略和勇气的。在当时那种历史条件下，提出结束揭批"四人帮"运动，实际就是提出全党工作重点的转移。从目前了解到的材料看，这是他提出工作重点转移问题最早的一次。

----

① 《邓小平文选》第 2 卷，人民出版社 1994 年版，第 128 页。

　　邓小平从东北回到北京后，为了起草他代表中央在工会九大上的致词稿一事，于1978年10月3日请胡乔木、邓力群、于光远去他家里谈话。在谈话中，他两次提出结束揭批"四人帮"运动的问题。他说：现在到了这么个时候，"四人帮"当然要批，但不能老是说什么都是"四人帮"搞的。现在有些事将要考核我们自己的干部，批了"四人帮"还搞不好，总得整一下自己吧，总得问一问领导人、领导班子是不是可以吧。外国人有个议论说，你们把什么都归罪于"四人帮"。归罪于"四人帮"还是可以的，但是不能以后一直都归罪于"四人帮"的干扰破坏。我想从这个讲话开始，讲一下这个道理。"这次我在沈阳军区讲，揭批'四人帮'运动总有个底，总不能还搞三年五年吧！区别一下哪些单位可以结束，有百分之十就算百分之十，这个百分之十结束了，就转入正常工作，否则你搞到什么时候。我们要把揭批'四人帮'的斗争进行到底。但是，总不能说什么都是'四人帮'搞的，有些事情还要自己负责。"① 我们要问问"进行到底"的"底"在哪里？现在可以暂时不说。

　　后来，胡乔木等人把邓小平的这个意思写进了工会九大的致词稿。这篇文稿已收入《邓小平文选》，其中有一句："很明显，我们一定要把揭批'四人帮'的斗争进行到底。但是同样很明显，这个斗争在全国广大范围内已经取得决定性的胜利，我们已经能够在这一胜利的基础上开始新的战斗任务。"② 这里虽然没有用工作重点转移这个词，但看得出，所谓"开始新的战斗任务"，就是工作重点转移的意思。

　　工会九大是在1978年10月11日召开的，过了一个月，中央召开了十一届三中全会前的工作会议。华国锋在中央工作会议第一次全体会上说：中央政治局决定，在讨论会议的三个议题之前，先讨论一个问题，就是"要在新时期总路线和总任务的指引下，从明年一月起，把全党工作的着重点转移到社会主义现代化上来"。他还说："现在的问题是，揭批'四人帮'运动已经达到什么火候了？恰当地估量运动的发展状况，是我们提出转移全党工作着重点的重要依据。"我们现在知

---

① 《邓小平年谱（1975—1997）》上，中央文献出版社2004年版，第394页。
② 《邓小平文选》第2卷，人民出版社1994年版，第135页。

道，中央政治局的这个决定是中央常委的建议。从以上材料可以清楚地看出，所谓中央常委的建议，实际上就是邓小平的建议。不同的只是，邓小平在同胡乔木等人谈话时讲的"可以暂时不说"的"底"，到了中央工作会议之前，已经明确为1978年底。就是说，1978年底结束揭批"四人帮"运动，全党工作重点转到经济建设上来。关于这一点，胡耀邦在1980年11月政治局会议的讲话中也讲得很清楚。他说："1978年9月份，小平同志在东北提出了全党工作着重点的转移，为三中全会的方针，为今后党的工作方针，作出了决策。"

三

今天回过头看，应当说邓小平建议党的工作重点转移，在党内并没有遇到太大的阻力，很顺利地就通过了。但是由于指导思想不一样，因此在对工作重点转移的解释上还是有分歧的。分歧的实质就在于，这个转移仅仅是由于揭批"四人帮"运动结束了，还是由于无产阶级夺取政权之后就应当如此。如果是前者，这个转移就是不牢固的，不稳定的。而华国锋在工作会议上的讲话中，恰恰用的是前一种解释。照他的解释，工作重点转移的原因是国内国际形势的需要。之所以会有这种解释，深层次的原因就是，指导思想仍然没有从"以阶级斗争为纲"的框框里走出来，总想把它和以经济建设为中心调和起来，为"以阶级斗争为纲"留有余地。为什么这么说呢？一个明显的证据就是，华国锋在讲话中为全党工作重点的转移加了一个前提，即"在新时期总路线和总任务的指引下"。而所谓"新时期总路线和总任务"，重要内容之一就是坚持"以阶级斗争为纲"的社会主义历史阶段的基本路线和坚持无产阶级专政下的继续革命。这种解释，显然与邓小平的原意相违背，理所当然地受到大多数与会代表的抵制。

早在那年的10月下旬，邓小平就提出要胡乔木主持为他准备在中央工作会议上的讲话，并找他谈了讲话的大意，主要是工作重点转移问题。以后，邓小平又去东南亚访问，直到中央工作会议开始后的第5天才回国。邓小平看过胡乔木为他准备的讲话稿后，又找他谈了一次。胡乔木根据邓小平的意见，将讲话稿作了进一步修改，于11月19日再次交给他。但过了几天，在会议代表的强烈要求下，中央政治局对"天安门事件"、"二月逆流"、薄一波等61人案、彭德怀问题、陶铸问题、杨尚昆问题等一系列重大历史遗留问题作出了平反决定，并于25日大会上公开宣布，使会议形势发生了根本性的变化。在这种情况下，工作重点转移问题已经不那么突出了，因此，邓小平决定要胡乔木为他重新起草讲话稿，主要讲解放思想问题、民主问题、处理遗留问题为的是向前看、研究新情况和解决新问题。在新的讲话稿中，邓小平对工作重点转移的问题没有展开讲，但在原先那份稿子中，则有很长的篇幅，专门论述工作重点转移的意义。其中写道："毛主席在七届二中全会上说，对一切新解放的城市，党的一切工作都必须以生产建设为中心，务须避免盲目地乱抓乱碰，把中心任务忘记了，我们后来的经济建设所以在一个时期出现停滞倒退，除了经济工作本身发生比例失调的原因以外，主要就是没有坚持毛主席的这个教导。现在我们一定要牢记这个教训，才不会三心二意，半途而废。"另外，在邓小平新的讲话稿中有这样的话，即政治路线的问题解决了，今后看一个部门领导得好不好，应该主要看劳动生产率提高了多少，利润增加了多少，劳动者的个人收入和集体福利增加了多少。"这就是今后主要的政治。离开这个主要的内容，政治就变成空头政治，就离开了党和人民的最大利益。"① 很显然，原讲话稿的精神与这句话是完全一致的。

对于邓小平原讲话稿中的这个意思，胡乔木在小组发言中作了发挥。中央工作会议进入小组讨论后的第二天，即11月12日下午，胡乔木在小组会发言中针对华国锋的解释说：把工作重点的转移讲成是形势的需要，这个理由不妥。应该说，无产阶级在夺取政权以后，就要把工作重点转到经济建设上。新中国成立后，我们已开始了这种转移，但是没有坚持住，这次转移是根本性的转移，而不是通常意义上的转移。不能给人一种印象，似乎今天形势需要，就把工作重点转过来，明天不需要了，还可以再转回去。他在发言中引用了马克思、列宁和毛泽东的话，说明"我们的一切革命斗争，终极目的是要解放和发展生产力，这是我们党的一贯立场，是马列主义的基本观点"；"并不是任何阶级

---

① 《邓小平文选》第2卷，人民出版社1994年版，第150页。

斗争都是进步的，其是否进步的客观标准，就是看它是否为解放和发展生产力创造条件"；"经济脱离政治一定会走到邪路上去！政治脱离经济也一定会走到邪路上去"。他说："除了发生战争，今后一定要把生产斗争和技术革命作为中心，不能有其他的中心。只要我们正确处理人民内部矛盾和敌我矛盾，国内的阶级斗争也不会威胁社会主义建设的中心地位。"

胡乔木的发言被简报全文刊出，得到了大多数与会者的赞同。在他后来负责起草的全会公报上，这个意思也反映了出来。公报说："毛泽东同志早在建国初期，特别在社会主义改造基本完成以后，就再三指示全党，要把工作中心转到经济方面和技术革命方面来。""正如毛泽东同志所说，大规模的急风暴雨式的群众阶级斗争已经基本结束，对于社会主义社会的阶级斗争，应该按照严格区别和正确处理两类不同性质的矛盾的方针去解决，按照宪法和法律规定的程序去解决。"① 正是从这个意义上，十一届六中全会通过的历史问题决议上指出：三中全会"果断地停止使用'以阶级斗争为纲'这个不适用于社会主义社会的口号，作出了把工作重点转移到社会主义现代化建设上来的战略决策"。② 这就赋予了工作重点转移这一命题以更大的科学性、稳定性，使它有了更强的生命力。

四

十一届三中全会虽然停止使用了"以阶级斗争为纲"的提法，但对这个提法以及与此相关的一些提法的是非，在会上并没有触及。会后，胡耀邦担任中宣部部长，他请胡乔木就关于社会主义时期阶级斗争的一些提法问题，于1979年1月份专门去讲了一次话。胡乔木讲到了"无产阶级专政下继续革命"的问题、"以阶级斗争为纲"的问题、"党的历史是路线斗争史"的问题等。对"以阶级斗争为纲"，胡乔木是这样说的："这个提法，要看在什么意义上、在什么范围内讲才有意义。

---

① 《三中全会以来重要文献选编》上，人民出版社1982年版，第3—5页。
② 《三中全会以来重要文献选编》下，人民出版社1982年版，第821页。

不讲清楚就会引起思想上和实际工作中的混乱。人们会认为，只要还有残余形态的阶级斗争，这种斗争就还是社会前进的动力。这样势必造成阶级斗争的人为的扩大化。而且，照这样推论，社会一旦消灭了阶级，失掉了以阶级斗争为纲的根据，社会发展就似乎没有纲、没有动力，或者忽然有别的矛盾起而代之，成为纲和动力了。这是牵涉到历史唯物主义的根本问题，一定要给予科学的解释。"他还说：无产阶级和资产阶级的矛盾，在社会主义改造基本完成以后，是否仍然是主要矛盾，《关于正确处理人民内部矛盾的问题》并没有这样讲，而是以生产力和生产关系的矛盾为社会主义社会的基本矛盾。"一九六六年以后，林彪、'四人帮'借口抓主要矛盾、抓纲，来反对社会主义建设，反对把党的工作重点转移到实现四个现代化上面来。在这个问题上的混乱，现在不能再继续下去了。"①

胡乔木的这个讲话，后来被印成中宣部的内部文件下发，在宣传理论战线产生了很大影响。但是，要在这个问题上统一全党的思想，还需要有中央主要领导人出来讲话才行。正因为如此，邓小平在1979年3月理论工作务虚会上所作题为《坚持四项基本原则》的重要讲话中，就社会主义的基本矛盾、主要矛盾等理论问题发表了看法。关于社会主义的基本矛盾，他认为还是按照毛泽东在《关于正确处理人民内部矛盾的问题》一文中提出的生产关系和生产力、上层建筑和经济基础的提法比较好。他说："从20多年的实践看来，这个提法比其他的一些提法妥当。至于什么是目前时期的主要矛盾，也就是目前时期全党和全国人民所必须解决的主要问题或中心任务，由于三中全会决定把工作重点转移到社会主义现代化建设方面来，实际上已经解决了。"关于社会主义社会的阶级斗争，他指出："社会主义社会中的阶级斗争是一个客观存在，不应该缩小，也不应该夸大。……社会主义社会目前和今后的阶级斗争，显然不同于过去历史上阶级社会的阶级斗争，这也是客观的事实，我们不能否认，否认了也要犯严重的错误。"② 他的这些论述，虽然没有点出"以阶级斗争为纲"的提法，但实际上分析了这一提法

---

① 《胡乔木文集》第2卷，人民出版社1993年版，第435—436页。
② 《邓小平文选》第2卷，人民出版社1994年版，第182页。

的错误性，为全党工作重点的转移进一步提供了科学的理论根据。

十一届三中全会作出工作重点转移的决策，至今已有 20 年了。经过新中国成立后近 50 年，包括三中全会后 20 年实践的反复检验，这一决策是完全正确的，是符合马克思主义的，也是符合社会主义社会客观实际和广大人民意愿的。对此，我们应当一如既往，坚定不移。同时也要看到，说以经济建设为全党工作的重点，不等于说其他工作，比如思想政治工作、精神文明建设工作、反腐倡廉工作等等就不重要；改变"以阶级斗争为纲"的提法，不等于社会主义社会就没有一定范围内的阶级斗争，阶级和阶级分析的观点就过时了，更不等于说在无产阶级夺取政权的过程中，阶级斗争也不是社会主要矛盾了。对这些问题，我们要全面理解，否则也会从一个极端走到另一个极端，出现另一种片面性。那同样是不符合实际的，同样会给我们的事业带来损失。

（本文曾发表于《党史博览》1998 年第 12 期，题为《十一届三中全会确定全党工作重点转移的前前后后》。收入本书时略有修改）

陈云在中共十一届三中全会前后[*]

党的十一届三中全会及此前的中央工作会议，结束了粉碎"四人帮"后党和国家工作的徘徊局面，实现了新中国成立以来党的历史上具有深远意义的伟大转折。这次会议标志着党重新确立了马克思主义的思想路线、政治路线和组织路线，也即确立了三中全会路线；实际形成了以邓小平为核心的中央第二代领导集体。在这个领导集体中，陈云与邓小平曾是以毛泽东为核心的党中央第一代领导集体的成员。正是由于陈云所处的这一特殊地位，以及他的丰富经验与巨大威望，他对党对人民的高度使命感、责任感，以及他求真务实、多谋善断、公道正派的崇高品格，使他在这次会议的会前、会中、会后，为准备确立和确立三中全会路线，以及巩固三中全会路线的确立，都发挥了积极而独特的作用，作出了不可磨灭的贡献。

一

邓小平说过："粉碎'四人帮'以后三年的前两年，做了很多工作，没有那两年的准备，三中全会明确地确立我们党的思想路线、政治路线，是不可能的。所以，前两年是为三中全会做了准备。"① 这一准备是广大党员尤其是老一辈革命家们共同进行的，也是邓小平复出后在他领导下进行的。陈云在其中主要做了以下四方面的工作。

---

* 这是为 1998 年 12 月全国纪念党的十一届三中全会召开 20 周年学术研讨会撰写的论文。
① 《邓小平文选》第 2 卷，人民出版社 1994 年版，第 242 页。

（一）对抗"两个凡是"的方针，率先公开提出邓小平复出问题

早在 1976 年 9 月毛泽东逝世后，陈云就以他无产阶级政治家的敏锐性，预感到了"四人帮"夺权的危险。那时他虽然只保留了中央委员的名义和全国人大常委会副委员长的身份，但他密切关注着"四人帮"的动向，并以自己在党内的威望，嘱咐一些老同志提高警惕，保持联络。叶剑英曾派人秘密接他去自己寓所，就解决"四人帮"问题，当面向他征求意见。他明确回答："这场斗争不可避免。"① 在叶剑英、李先念的积极参与下，以华国锋为首的党中央一举粉碎了"四人帮"，使共和国从此进入新的历史发展时期，为党重新确立马克思主义的路线提供了现实可能性。

然而，令全党失望的是，"四人帮"粉碎后，华国锋虽然主持开展了全国范围内揭发、批判"四人帮"和清查"四人帮"帮派体系的运动，但在指导思想上仍然延续毛泽东晚年"左"的错误，进而在 1977 年 2 月 7 日《人民日报》社论上公开亮出"两个凡是"的错误方针。当时，要使党和国家从"文化大革命"造成的困境中彻底摆脱出来，打开全党全国工作的新局面，关键在于要解决两件大事：一是为 1976 年的"天安门事件"平反；二是恢复邓小平在"批邓、反击右倾翻案风"中被撤销的职务，使他重新回到党和国家、军队的领导岗位上来。而提出"两个凡是"的方针，恰恰阻挠了这两件大事的解决。

一个月后，党中央召开粉碎"四人帮"后的第一次工作会议，总结半年来的工作，部署当年的工作。会前，陈云与王震等一些老同志相约，要在会上提出解决这两件大事。会议一开始，华国锋重申"两个凡是"的方针，坚持认为"天安门事件"是"反革命事件"，认为继续"批邓、反击右倾翻案风"是正确的。陈云、王震等不顾高压，按照会前的约定，分别发了言。陈云的发言是事先写好的，只讲了这两件大事，加上标点符号总共不过三百零几个字。但发言后，会议简报组却搞了一个所谓"摘要"，删去了其中要求为"天安门事件"平反和恢复邓小平工作的话，送给陈云过目，要他点头。陈云看后问，为什么搞

---

① 《陈云文选》第 3 卷，人民出版社 1995 年版，第 379 页。

"摘要"？对方解释说，其中有些话与华主席讲话口径不一致。陈云表示：要登简报就全文登，搞"摘要"不成。结果，这篇发言在华国锋的压制下，最终未能在简报上刊出。王震和其他几位同志的发言，凡是有关这两件大事的内容也被简报统统删去。但尽管如此，陈云等人的意见还是不胫而走，产生了强大影响。在舆论的压力和叶剑英、李先念的促进下，会议临近结束时，华国锋不得不表态，说"要在适当时机让邓小平出来工作"。听到这句话，陈云马上在小组会上接了一句："适当时机，我赞成。"

1977年7月，党的十届三中全会终于恢复了邓小平的中央委员、中央政治局委员和常委、中央副主席、中央军委副主席、国务院副总理、解放军总参谋长的职务。尽管华国锋还在继续坚持"两个凡是"的方针，但全党拨乱反正的事业毕竟从此有了自己的主帅。毫无疑问，这是十一届三中全会得以重新确立马克思主义路线的最为重要的前提条件。

（二）积极争取平反冤假错案和解放老干部

如同任何一种政治力量一样，以华国锋为代表的坚持"两个凡是"的力量也不会自动退出历史舞台。因此，要重新确立马克思主义的路线，党的正确力量还需要同错误力量进行艰苦的较量。较量的焦点，仍然在于如何对待"文化大革命"中被打倒的老干部和历史上的冤假错案。

"四人帮"粉碎后的第10天，即1976年10月16日，李先念给陈云打电话，征求他对今后工作的意见。陈云经过同一些老同志商议，提出了几条建议，其中一条便是"要尽快使一些老干部站出来，领导本部门工作"。以后，他又通过替老干部及其家属转信给中央领导人等办法，由易而难，逐件进行冤假错案平反的争取工作，使一些老干部陆续走上了领导岗位，也为后来在十一届三中全会上一系列重大历史遗留问题的最终解决开了头。例如，"四人帮"粉碎后，黄克诚仍在山西"下放"，生活条件很差。他的眼一只已瞎，另一只如得不到及时治疗也很危险。陈云致信中央，转交了黄克诚夫人的信，请求同意黄克诚回京医疗。这一请求很快得到了批准，为黄克诚恢复工作创造了条件，也为所谓"彭黄张周反党集团"这一冤案的平反迈出了第一步。陈云还致信中央，转交有关陶铸、王鹤寿问题的信，建议先将王鹤寿从外地接回北京治病（陶铸此时已去世），并重新审查他们的案卷。信中指出：他们是国共合作后由我党从国民党监狱中要出来的，他们的案子涉及一大批省、部级干部，弄清他们的问题很有必要。他在审查革命博物馆陈列时又提出：不要再讲刘少奇的"和平民主新阶段"了，这句话是见之于当时中央文件的，是1946年1月17日停战令上的话。1978年9月，他就徐懋庸的问题致信当时任中组部部长的胡耀邦，证明毛主席讲过徐给鲁迅的信虽然是错误的，但徐还可以教书，而且确实安排徐当了抗大教员；从未听毛主席讲过20世纪30年代上海文艺界两个口号的论争是革命与反革命的论争，也没有听毛主席说过国防文学是反革命口号。信中建议中组部、中宣部对这类问题作出实事求是、经得起历史检验的评价，说作评价时必须把他们的是非功过放到当时的历史环境中考察，而且要马上着手做这项工作。他还布置有关同志搜集潘汉年一案的材料，为平反潘案做准备。十一届三中全会召开后，医院要为他做结肠癌手术，进手术室前，他给当时任中央秘书长的胡耀邦写了一封短信，交待的唯　件事情就是潘案需要复查。手术成功后，他又就此事向中央正式写信。1982年8月，中央经过认真复查，发出了为潘汉年平反昭雪恢复名誉的通知，使这一新中国成立初期的冤案也得到了解决。

在邓小平、陈云和其他第一代革命家的艰苦努力下，不少老干部重新走上了领导岗位，增强了十一届三中全会前的中央工作会议参加者中反对"两个凡是"的力量；同时，不少重大历史遗留问题被摆了出来，为它们在三中全会及其后的彻底解决做了铺垫。

（三）呼应邓小平，从理论上批驳"两个凡是"

平反冤假错案的阻力之所以这么大，主要原因在于反对平反的人以"两个凡是"为挡箭牌。因此，要想从根本上解决问题，必须驳倒"两个凡是"，恢复党的实事求是的思想路线。这个意见首先是邓小平提出的。1977年3月中央工作会议后，中央办公厅两位负责人去看邓小平，邓小平就尖锐批评了"两个凡是"的提法，说"这是个重要的理论问题，是个是否坚持历史唯物主义的问题"。[①] 以后，他又在 4 月 10 日给中央的信中，在 5 月 24 日同中央两位同志的谈话中，在 7 月 21 日十届三中全会闭幕会上的讲话中，一再强调毛泽东思想是个体系，不能够只从个别词句来理解毛泽东思想。为了驳斥"两个凡是"，也为了呼应邓小平，陈云以纪念毛泽东逝世一周年为契机，在《人民日报》上发表了《坚持实事求是的革命作风》一文。文章指出："实事求是，这不是一个普通的作风问题，这是马克思主义唯物主义的根本思想路线问题。""是否坚持实事求是的革命作风，实际上是区别真假马克思列宁主义、真假毛泽东思想的根本标志之一。"文章还在引用《联共（布）党史简明教程》结束语中"要掌握马克思列宁主义理论，首先必须学会把它的字句和实质区别开来"这段话后说："毛泽东同志告诉我们，只有首先做到这一点，才叫入了马克思列宁主义的门。"[②] 正是在邓小平、陈云等老一代革命家这些意见的推动和鼓舞下，理论界在全国范围掀起了一场真理标准问题大讨论，为十一届三中全会上重新确立马克思主义的思想路线，奠定了坚实的理论基础。

（四）为在经济领域中冲破"左"的束缚献计献策

除了要在思想理论和组织工作领域拨乱反正、正本清源以外，经济工作领域也有一个要扭转长期以来形成的"左"的指导思想的问题。这种"左"的思想当时主要表现在两方面：一是经济体制上权力过分集中，二是经济建设上求成过急。对这两方面，陈云都通过当时主持经济工作的领导同志，提出了十分重要的意见。

1978 年 7 月至 9 月，国务院召开务虚会，研究加快四个现代化速度的问题，其中也涉及经济管理体制改革的问题。陈云早在 20 世纪 50 年代主持全国经济工作时，就提出过"三个为主，三个为辅"的经济体制改革设想。经过"文化大革命"中的读书与思考，他对经济体制改革问题有了更加成熟的想法。他同李先念谈话时说："要在计划经济的前提下，搞点市场经济作补充；计划经济和市场经济相结合，以计划

---

① 《邓小平文选》第 2 卷，人民出版社 1994 年版，第 38 页。
② 《陈云论党的建设》，中央文献出版社 1995 年版，第 226、231 页。

经济为主；市场经济是补充，不是小补充，而是大补充。"根据陈云的意见，李先念在务虚会总结发言中，讲到今后要适应四个现代化的需要，改革计划、财政、物资、企业管理和内外贸易等体制时，提出了"计划经济与市场经济相结合"。

这里需要说明的是，在陈云当时的用语中，市场经济与市场调节是混用的，二者是一个意思，都是指计划经济下的市场调节。这在他于1979 年 3 月写的《计划与市场问题》一文中，可以看得很清楚。他写道："六十年来，无论苏联或中国的计划工作制度中出现的主要缺点：只有'有计划按比例'这一条，没有在社会主义制度下还必须有市场调节这一条。"他又写道："在今后经济的调整和体制的改革中，实际上计划与市场这两种经济的比例的调整将占很大的比重。不一定计划经济部分愈增加，市场经济部分所占绝对数额就愈缩小，可能是都相应地增加。"① 虽然这里讲的市场经济与党的十四大上所说的社会主义市场经济不是一个概念，但这一思想的提出，毕竟为摆脱传统的计划经济观念迈出了一大步，对推动改革和发展都起了重要的历史性作用。

同是在国务院务虚会期间，陈云还提出了一个重要意见，即：利用外资搞建设也要注意按比例，考虑国内的配套能力，包括资金、技术力量、动力、原材料等。早在"文化大革命"后期，陈云协助周恩来抓外贸工作时，就针对中美关系解冻、资本主义世界的资金由于经济危机正寻找出路的实际情况，提出了大胆利用外资，"不要把实行自力更生方针同利用资本主义信贷对立起来"② 的观点。不过，那时"四人帮"正批判"右倾回潮"，这个主张不可能得到实行。"四人帮"粉碎后，有了利用外资的好条件，但华国锋不顾第一个五年计划后长期急于求成，以及"文化大革命"十年破坏造成的国民经济比例严重失调的情况，把"大干快上"的宝简单地压在利用外资上，将脱离实际的高指标作为全国人民的奋斗目标，贸然宣布要从 1978 年到 1985 年，新建和续建 120 个大型项目，钢、原油和粮食产量分别达到 6000 万吨、2.5亿吨和 8000 亿斤。显然，这已经不是要不要利用外资的问题，而是要

---

① 《陈云文选》第 3 卷，人民出版社 1995 年版，第 244、247 页。
② 同上书，第 219 页。

不要按照客观经济规律办事的问题了。在高指标的推动下，务虚会上有人提出要放手利用外资，大量引进国外先进技术设备，组织国民经济的新的大跃进。陈云看了会议简报，于 7 月 31 日向李先念等同志提出，务虚会能否多开几天，听听反对的意见。他说："出国考察的人回来吹风，上面也往下吹风，要引进多少亿，要加快速度。无非一个是借款要多，一个是提出别的国家八年、十年能上去，我们可不可以再快一点。有些同志不大好讲话，务虚会上很少有人提出反对意见。"他还指出："可以向外国借款，中央下这个决心很对，但是一下子借那么多，办不到。有些同志只看到外国的情况，没有看到本国的实际。我们的工业基础不如它们，技术力量不如它们。……只看到可以借款，只看到别的国家发展快，没有看到本国的情况，这是缺点。不按比例，靠多借外债，靠不住。"[①] 这些意见在华国锋主持中央工作的条件下虽然难以被接受，但它毕竟是发出了另一种声音，对正在兴起的"洋跃进"起到了一定的抑制作用，也为十一届三中全会上提出解决重大比例失调问题和十一届三中全会后实行经济调整，埋下了伏笔。

二

十一届三中全会前的中央工作会议于 1978 年 11 月 10 日开幕，原先的议题是讨论几个有关加快工农业发展速度的问题并通过相应的文件，只在进入正式议题前，用两三天时间讨论由中央政治局常委（主要是邓小平）提出的从 1979 年起全党工作着重点转移到现代化建设上的问题。至于召开三中全会，原先的打算也仅仅是通过中纪委的成立。但在邓小平的领导下，这两个会不仅在彻底否定"两个凡是"的基础上作出了全党工作重点转移的决策，而且确定了解放思想、实事求是的思想路线，提出了多方面改变同生产力发展不相适应的生产关系和上层建筑、改变国民经济重大比例失调状况、健全社会主义民主和加强社会主义法制的任务，审查和解决了党的历史上一批重大冤假错案和一些重要领导人的功过是非问题，并把一些思想路线端正的同志选进了中央领

---

① 《陈云文选》第 3 卷，人民出版社 1995 年版，第 252 页。

导机构。在这个会上，陈云的作用主要表现在三个方面。

（一）提出解决重大历史遗留问题，扭转了会议方向

如前所述，三中全会前的中央工作会议的议题中，本来并没有诸如重大历史遗留问题、真理标准讨论问题、对中央人事调整问题等触及"两个凡是"方针的问题。但代表们讨论最多最热烈的却恰恰是这些问题，并且都取得了突破性的进展。之所以发生这个变化，基本原因是以邓小平为代表的党的正确力量在会前两年时间的准备，而直接原因则是陈云在工作会议开始后第三天，即11月12日在东北组的发言。

陈云发言一开始就说：中央决定从明年起把工作重点转移到建设上来，这是人民的迫切愿望，我完全同意。但是，安定团结也是人民关心的事，干部和群众对此有顾虑。华主席说，揭批"四人帮"的遗留问题应由有关机关解决，但对有些影响大或者涉及面很广的遗留问题，需要由中央考虑和作出决定。然后，他举了六个例子，即：薄一波等61人所谓叛徒集团的问题；在抗战和解放战争时期从反省院履行过出狱手续，根据中央当时决定经审查恢复了党籍，以及受党派遣在敌伪政权中任过职的同志，在"文化大革命"中大多被定为叛徒的问题；陶铸、王鹤寿等在抗战开始后由我党从国民党监狱中要出来的同志，或被定为叛徒，或在结论中留有"严重政治错误"的尾巴的问题；彭德怀没有被开除党籍，骨灰应放进八宝山革命公墓的问题；"天安门事件"是北京几百万人悼念周总理、反对"四人帮"、不同意批邓小平的一次伟大群众运动，许多城市也有同样的运动，中央应予以肯定的问题；康生在"文化大革命"中随便点名，对中央各部和各地党政机关瘫痪负有重大责任，错误严重，应给予批评的问题。发言中还针对"文化大革命"期间成立的中央专案组问题提出，中央专案组应将党内部分的材料移交中央组织部，既有中央组织部又有中央专案组的不正常情况应该结束。

陈云发完言后，当即得到东北组代表的赞成，有人还当场揭发了康生的问题。第二天，这篇发言在简报上全文刊出，引起会议的强烈反响。华东组的代表表示，陈云发言讲的问题有关安定团结，有必要加快解决。华北组的代表说，陈云提出的几个问题也是落实政策的问题，不解决人民心里不舒畅。中南组的代表指出，陈云提出的这些问题是当前干部群众讨论较多、关系全局的问题，在宣布工作重点转移的时候，中央最好能给予解决。西南组的代表也表示，陈云提出的几个问题影响较大，希望中央明确一下，这有利于实现四个现代化。西北组的代表则认为，陈云提出的这些重大政治问题，中央不正式表态，干部群众有抵触情绪。这样，六个组就陈云的发言都表了态，会议的气氛一下子活跃起来。人们不仅就陈云所提的六个问题纷纷发表意见，而且还提出了其他一些重大历史遗留问题，如"一月风暴"、"二月逆流"、武汉"七二〇"事件等，以及谢富治的严重问题。华国锋为会议预先设置的框框眼看被一点点冲破，憋在代表们心中的对"两个凡是"的义愤，有如决了堤的洪水，倾泻而出，任何力量也阻挡不住了。

在会上这股巨大潮流的推动下，北京市委经中央政治局常委批准，于11月14日作出决定，认为广大群众到天安门广场悼念周总理、声讨"四人帮"，完全是革命行动。这一决定公布后，在会内形成了新一轮冲击波，使"两个凡是"的防线进一步崩溃。在这种情况下，中央政治局作出了为"天安门事件"、"二月逆流"、薄一波等61人案、彭德怀问题、陶铸问题、杨尚昆问题平反和对康生、谢富治问题进行审理，以及武汉"七二〇"等地方性重大事件由地方报经中央后自行处理的决定，并在11月25日大会上予以宣布。至此，党的实事求是的思想路线取得了重大的决定性的胜利。

（二）把恢复实事求是的思想路线扩大到经济工作指导思想上

以经济建设为全党工作重点的政治路线确立后，经济建设本身的指导思想问题便突出出来。华国锋在中央工作会议开始时的讲话中，仍然坚持国民经济"持续跃进"的提法。相当多的干部，那时对国民经济比例失调的严重状况也缺少清醒的认识，还沉浸在"洋跃进"所形成的热潮之中。所以，实事求是的原则适不适用于经济工作领域，成为又一个尖锐问题。

临近中央工作会议结束时，陈云在小组会上作了第二次发言，提出实现四个现代化建设必须"既积极又稳妥"的主张。他先从大家都已赞成的实事求是的原则谈起，说："我们要坚持实事求是，就是要根据现状，找出解决问题的办法。首先弄清事实，这是关键问题。"① 然后，他讲了五个问题：第一，新中国成立快 30 年了，还有讨饭的。因此，今后三五年内，每年应进口两千万吨粮食，先把农民这一头稳定下来。7 亿多人口稳定了，天下就太平了。第二，我们的工业基础和技术力量比新中国成立初期有很大进步，但同日、德、英、法比，还是落后的。也不能同南朝鲜、中国台湾比，我们是要建设现代化的工业体系，而他们主要是搞加工工业，而且有美国扶植。因此，工业引进项目要循序而进，不要一拥而上，否则欲速不达。第三，要给各省、市一定数量的真正的机动财力。第四，对生产和基本建设都不能留材料上的缺口，否则表面上好看，实际挤了农业、轻工业和城市建设。第五，旅游收入实际是"风景出口"，比外贸出口来得快，来得多。因此，对旅游项目要同引进重要项目一样对待，优先安排。不要怕外国人看到我们的落后情况，也不要怕意志薄弱的人被收买。

陈云的发言再一次引起代表们的广泛注意，对会议产生了很大影响，其基本思想也被会议所接受，形成了结论性的意见。全会公报指出："必须看到，由于林彪、'四人帮'的长期破坏，国民经济中还存在不少问题。一些重大的比例失调状况没有完全改变过来，生产、建设、流通、分配中的一些混乱现象没有完全消除，城乡人民生活中多年来积累下来的一系列问题必须妥善解决。我们必须在这几年认真地解决这些问题，切实做到综合平衡，以便为迅速发展奠定稳固的基础。基本建设必须积极地而又量力地循序进行，要集中力量打歼灭战，不可一拥而上，造成窝工和浪费。"② 这段话等于否定了"洋跃进"，表明党的实事求是的思想路线在经济建设的指导思想方面也开始得到恢复。

（三）从党风的角度总结了会议成果，并提出了今后的任务

在中央工作会议闭幕会上，邓小平作了这次会议最为重要的讲话。这篇讲话既是中央工作会议的总结，实际上又是三中全会的主题报告。叶剑英也在会上作了讲话，充分肯定了会议取得的各项重大成果。华国

---

① 《陈云文选》第 3 卷，人民出版社 1995 年版，第 235 页。
② 《三中全会以来重要文献选编》上，人民出版社 1982 年版，第 22 页。

锋在讲话中根据代表们的要求，就"两个凡是"问题作了自我批评，就真理标准讨论问题表了态。他在讲话中还代表中央政治局正式提出了增补中央领导人的名单，提请三中全会通过。这个名单是会议期间在邓小平等老一代革命家的推动下，由代表广泛酝酿后提出的。其中，陈云被提名为中央政治局委员、常委，中央副主席。关于陈云重新参加中央核心领导问题，邓小平早在党的十一大前后就多次提出过，但一直被华国锋拖着不办。三中全会前，邓小平又一次提出这个问题，华国锋再也无法阻挡了。在全会最后一次全体会议上，陈云终于被增选为中央政治局委员、常委，中央副主席，还被选为新成立的中央纪律检查委员会的第一书记。这时，由于中央工作会议和三中全会否定了"两个凡是"的方针，中央工作的主导权已经从华国锋手中很自然地转移到了邓小平手中。又由于一位犯有严重错误的中央副主席在会上提出了辞职请求，并在不久后召开的十一届五中全会上被批准辞职，因此，在中央政治局常委职位上实际发挥作用的是邓小平、陈云、叶剑英和李先念。正是从这个意义上，邓小平后来指出："党的十一届三中全会建立了一个新的领导集体，这就是第二代的领导集体。在这个集体中，实际上可以说我处在一个关键地位。"①

陈云在重新当选为中央副主席后作了简短讲话，这是他在中央工作会议和全会期间讲的第三次话。如果说第一次重点是讲要在处理重大历史遗留问题上坚持实事求是的路线，第二次重点是讲要把实事求是的路线贯彻到经济工作指导思想上去，那么，这一次重点讲的是恢复和发扬党的优良作风，以保证实事求是的路线在各方面得到落实。他说：这两个会，"大家在马列主义、毛泽东思想的基础上，解放思想，畅所欲言，充分恢复和发扬了党内民主和党的实事求是、群众路线、批评和自我批评的优良作风，认真讨论党内存在的一些问题，增强了团结。会议真正实现了毛泽东同志所提倡的'又有集中又有民主，又有纪律又有自由，又有统一意志，又有个人心情舒畅、生动活泼，那样一种政治局面'"。② 在讲话中，他还回顾了党的历史，说我们党通过延安整风中的

---

① 《邓小平文选》第 3 卷，人民出版社 1993 年版，第 309 页。
② 《陈云文集》第 3 卷，中央文献出版社 2005 年版，第 453 页。

批评和自我批评，经过党的七大，达到了团结一致，取得了抗日战争和解放战争的胜利；1957 年，毛泽东又提出全党达到心情舒畅、生动活泼政治局面的要求，但由于种种干扰，很多年没有实现。他希望这一次大家要坚持下去，在全国实现这种局面，从而保证安定团结和四个现代化的实现。

这些话反映了会议的真实情况，也反映了代表们的共同心愿。因此，讲话中的精神，甚至连一些语言都被写进了全会公报，作为会议的重要成果之一确定下来。

三

十一届三中全会虽然确立了马克思主义的路线，但要使它巩固，还有大量工作要做。叶剑英代表党中央在建国 30 周年庆祝大会上的讲话中说："为了保证我们实现四个现代化的政治路线和各项方针任务的贯彻执行，必须继续在思想上、组织上做一系列工作，认真解决好思想路线和组织路线方面的问题。"① 自三中全会结束后，经过四中、五中、六中全会，直至党的十二大召开，以邓小平为核心的党中央第二代领导集体带领全党和全国人民，排除种种干扰，克服重重困难，在政治、经济、组织等各个方面，全面贯彻和进一步发展了三中全会所确立的马克思主义路线，使这条路线的确立得到了巩固。在这个过程中，陈云主要抓了四个方面的工作。

（一）提出并推动国民经济的调整

三中全会结束不久，陈云针对 1979 年、1980 年的计划安排在物资、财政、外汇上都留有很大缺口的情况，指出：有物资缺口的计划不是真正的计划，宁可降低指标，减建某些项目。这个意见立即得到邓小平的赞同，促使有关部门对计划安排重新作了调整。但与实际情况相比，调整后的基建规模仍显过大，一些生产指标也仍显过高。为了把失调的比例切实调整过来，在邓小平的努力下，中央于 1979 年 3 月 14 日

---

① 《三中全会以来重要文献选编》上，人民出版社 1982 年版，第 92 页。

决定在国务院设立财政经济委员会，由陈云、李先念出任正、副主任。当天，陈云、李先念即联名致信中央，指出当前比例失调的情况相当严重，建议用两三年进行经济调整。接着，中央政治局开会，就用两三年时间调整的问题作出了决定。到了4月，中央工作会议正式确定，用三年时间，对国民经济实行"调整、改革、整顿、提高"的八字方针。落实这一方针，不仅关系到经济的健康发展，也关系到三中全会路线的贯彻和发展。正如邓小平所说："这次调整是三中全会以来的各项正确方针、政策的继续和发展，是三中全会实事求是、纠正'左'倾错误的指导思想的进一步贯彻。"① 改变财政、信贷、物资、外汇收支不平衡的局面，"是同三中全会纠正'左'倾错误、一切从实际出发的总方针完全一致的"。②

实行八字方针之初，虽然工农业、轻重工业、消费积累等重大关系之间的比例开始向协调合理的方面发展，但由于各级领导认识不统一，在实际工作过程中仍然存在执行不力、行动迟缓问题。1979年底，不仅基本建设的总规模没有降下来，相反财政收支逆差170.7亿元，出现了新中国成立以来最大的赤字；外贸出口虽然比上年有所增加，但进口增加更多，逆差20亿美元。到了1980年底，基建总规模仍然没有压下来，财政、外贸继续保持巨额赤字，而且两年里增发货币130亿元，造成物价大幅上涨。面对这种情况，陈云一方面通过调查研究，具体指导宝钢等关系全局的特大项目的取舍进退；另一方面，反复阐述国情与建设规模、利用外资与国内配套、引进项目与引进技术、速度与效益、新建与挖潜等辩证关系，以求从根本上克服各种有碍调整的错误认识。

陈云指出：我国社会经济的主要特点是农村人口占百分之八十，而且人口多，耕地少。中国香港、新加坡、南朝鲜等国家和地区，欧、美、日各国都没有八亿农民这个大问题，真正清醒认识这个基本国情的人还不很多。搞建设必须把农民考虑进去，所谓按比例，最主要的就是按这个比例。人口多，提高生活不容易；现代化建设用人少，就业难。我们只能在这种矛盾中搞现代化，这是制定建设蓝图的出发点。对钢铁

① 《邓小平文选》第2卷，人民出版社1994年版，第358页。
② 同上书，第355页。

不仅要看产量，更要看质量，看品种。要注意粮食问题，钢铁硬，粮食更硬。基建投资必须是没有赤字的，要根据30年的经验，找出基本建设投资在财政支出中应占的比重，这样才是实事求是。年年用发票子搞基建，到了一定的时候，就会爆发通货膨胀。资金不够可以借外债，这是打破闭关自守以后的新形势。但是，利用外资一定要考虑国内的配套投资能力。对外债也要分析，其中买方贷款占绝大多数，自由外汇很少，而且利息很高。带援助性质的低利贷款对我们有利，但使用时是有条件的，数量也不会很大。就引进工作来说，既要买工厂，又要更多地买技术、买专利。四个现代化建设，除了要上若干大项目，着重点应该放在国内现有企业的挖潜、革新、改造上。要先生产，后基建；先挖潜、革新、改造，后新建。凡建新厂，都要把处理污染放在设计首位。调整意味着某些方面的后退，而且要退够。这不是耽误时间，不调整才会造成大的耽误。过去说，指标上去是马克思主义，指标下来是修正主义，这个说法不对，踏步也可能是马克思主义。搞建设，真正脚踏实地、按部就班地搞下去就快，急于求成反而慢，这是多年来的经验教训。在进行上述分析之后，他作出了两个关系到我国经济发展战略根本问题的著名论断：第一，"开国以来经济建设方面的主要错误是'左'的错误"；"这是主体方面的错误"；"错误的主要来源是'左'的指导思想"。[1] 第二，"目前人民向往四个现代化，要求经济有较快的发展，但他们又要求不要再折腾，在不再折腾的条件下有较快的发展速度。我们应该探索在这种条件下的发展速度"。[2]

在改革问题上，陈云鼓励广大农村实行多种形式的联产承包责任制；赞成城乡人民"生活水平多数达到中等，少数可以先富起来"；[3] 称颂工商业、财政、计划等"改革的意义，不下于五十年代对资本主义工商业的改造"。[4] 同时，他又指出："我们要改革，但是步子要稳。因为我们的改革，问题复杂，不能要求过急。改革固然要靠一定的理论研究、经济统计和经济预测，更重要的还是要从试点着手，随时总结经

---

① 《陈云文选》第3卷，人民出版社1995年版，第281—282页。

② 同上书，第268页。

③ 同上书，第254页。

④ 同上书，第336—337页。

验，也就是要'摸着石头过河'。开始时步子要小，缓缓而行。这绝对不是不要改革，而是要使改革有利于调整，也有利于改革本身的成功。"① 他还指出：改革产生了前所未有的好作用，大大有利于经济形势的改善，但也要防止和纠正"各地区盲目的重复建设，以小挤大，以落后挤先进，以新厂挤老厂"。②

对于陈云的这些意见，邓小平从一开始就给予了坚决支持。在1980年12月中央工作会议上，邓小平高度评价陈云所作的关于调整问题的讲话，说它"在一系列问题上正确地总结了我国31年来经济工作的经验教训，是我们长期的指导方针"。他说："一九七八年十二月党的十一届三中全会以后，陈云同志负责财经工作，提出了调整方针，去年四月中央工作会议对此作出了决定。但因全党认识很不一致，也很不深刻，所以执行得很不得力。""我们这次调整，正如陈云同志说的，是健康的、清醒的调整。"③ 关于利用外资，邓小平说："我赞成陈云同志那个分析，外资是两种，一种叫自由外汇，一种叫设备贷款。不管哪一种，我们都要利用。""问题是怎样善于使用，怎样使每个项目都能够比较快地见效，包括解决好偿付能力问题。""陈云同志的意见是一个项目一个项目地研究，我赞成这个意见。"④ 关于调整与改革的关系，邓小平说："我完全同意陈云同志的意见，今后一段时间内，重点是要抓调整，改革要服从于调整，有利于调整，不能妨碍调整。"⑤ 在第二代中央领导集体的推动下，八字方针最终得到了切实贯彻。到了1981年底，农、轻、重的比例基本趋于合理，积累与消费的关系有了很大改善，财政收支大体做到了平衡，物价也恢复了稳定。事实证明，这次调整为后来的全面改革和经济腾飞创造了十分稳定而宽松的环境。

（二）支持确立毛泽东的历史地位，倡导学习毛泽东哲学思想

还在十一届三中全会期间，社会上的极少数人就乘"天安门事

---

① 《陈云文选》第3卷，人民出版社1995年版，第279页。
② 同上书，第278页。
③ 《邓小平文选》第2卷，人民出版社1994年版，第354页。
④ 同上书，第198、199页。
⑤ 同上书，第362页。

件"及一系列重大冤假错案的平反之机，提出全盘否定毛泽东，散布怀疑或反对毛泽东思想、社会主义道路、共产党的领导和人民民主专政的思潮，党内也有个别同志不但不承认这种思潮的危险，甚至直接或间接地加以支持。如果任其发展，三中全会所确立的马克思主义的路线有可能从右的方面毁于一旦。面对这种形势，邓小平立即作出反应，旗帜鲜明地指出：一定要高举毛泽东的伟大旗帜，毛主席不是没有缺点错误，但与他的功勋相比微不足道。在三中全会之后召开的理论工作务虚会上，邓小平又作了《坚持四项基本原则》的重要讲话，系统阐述了把毛泽东晚年错误和毛泽东思想加以区别的道理。以后，他进一步提议起草《关于建国以来党的若干历史问题的决议》（以下简称《决议》），以此确立毛泽东的历史地位，坚持和发展毛泽东思想。对于邓小平的这些主张，陈云不仅完全赞成，而且出谋划策，提出了许多建设性的意见。

在十一届三中全会结束后召开的中纪委第一次全会上，陈云就指出：邓小平同志说"没有毛主席，就没有新中国；没有毛主席，我们党很可能还在黑暗中苦斗"。这句话对毛泽东同志的功绩概括得很清楚。陈云还对起草《决议》的同志说：决议要体现小平同志的意图，就需要写上党成立以来60年中毛泽东同志的贡献，毛泽东思想的贡献。他指出：毛泽东同志的一个无可比拟的功绩，是培养了一代人。毛泽东同志在党内的威望是通过长期革命斗争实践建立起来的。即使毛泽东同志犯错误，许多老干部被整得很厉害，大家仍然相信他，忘不了他的功绩，原因就在这里。在他的建议下，《决议》增加了回顾新中国成立以前28年历史的段落，对确立毛泽东的历史地位起了重要作用。

在《决议》起草期间，陈云还多次建议中央提倡学习毛泽东的哲学著作。他在十一届三中全会上的第二个发言中就说道："一九四二年我养病的时候，仔细研究了毛主席的著作和文电，感到贯穿在里面的一个基本思想，就是实事求是。弄清'实事'并不容易。为了弄清'实事'，我把它概括为六个字，就是：交换、比较、反复。所谓交换，就是通过交换意见，使认识比较全面。交换意见，不仅要听正面意见，更要听反面意见。所谓比较，一是左右的比较……二是前后的比较……所谓反复,就是事情初步定了以后还要摆一摆,想一想,听一听不同意见。即使没有不同意见,还要自己设想出可能有的反对意见。"① 在《决议》起草期间,他又说:"建国以后,我们一些工作发生失误,原因还是离开了实事求是的原则。在党内,在干部中,在青年中,提倡学哲学,有根本的意义。"②1981 年 3 月 26 日,邓小平对起草小组的同志说:他前天去看了陈云同志,"陈云同志说,他学习毛泽东同志的哲学著作,受益很大。毛泽东同志亲自给他讲过三次要学哲学。他在延安的时候,把毛泽东同志的著作认真读了一遍,这对他后来的工作关系极大。现在我们的干部中很多人不懂哲学,很需要从思想方法、工作方法上提高一步"。③

由于邓小平、陈云的密切配合,第二代中央领导集体解决了正确对待领袖犯错误这个国际共产主义运动历史上没有解决好的大问题。在十一届六中全会上,这个《决议》终于获得了通过。它以决议的形式,排除了各种错误思潮的干扰,使三中全会确立的马克思主义路线不仅得以继续坚持,而且被进一步丰富和发展,为后来把这条路线的政治内容完整地概括为"一个中心、两个基本点"奠定了基础。

为了更好地坚持四项基本原则,陈云还针对一些报刊宣传中存在的问题,结合当时发生的"波兰事件",提醒大家注意,如果经济工作、宣传工作处理得不好,也可能发生"波兰事件"。对此,邓小平指出:"陈云同志说,经济工作搞得好不好,宣传工作搞得好不好,对经济形势和政治形势能否稳定发展,关系很大。他所以同时提出宣传工作的问题,一方面是要我们对宣传工作的成绩和缺点做出清醒的估计,另一方面是要我们今后的宣传工作能够适应经济形势和政治形势的要求。"④根据他们的意见,中共中央于 1981 年初先后发出了《关于当前报刊新闻广播宣传方针的决定》和《关于处理非法刊物非法组织和有关问题的指示》,对可能危及政治稳定的问题做了有效的防范。

---

① 《陈云文选》第 3 卷,人民出版社 1995 年版,第 235—236 页。
② 同上书,第 285 页。
③ 《邓小平文选》第 2 卷,人民出版社 1994 年版,第 303 页。
④ 同上书,第 363 页。

（三）提出并促进干部队伍的革命化、年轻化、知识化、专业化

三中全会结束后，陈云考虑的另一个大问题是干部队伍年轻化，或者说是接班人问题。1979 年 3 月，他在国务院财经委员会第一次会议上讲了 5 个问题，第 4 便是这个问题。他说：全国解放时的领导干部都快要"告老还乡"了，因此要找 1—5 个四五十岁的干部到财经委员会工作。不是当秘书，而是当"后排议员"。"要有一些'后排议员'，这些人参与讨论问题，参与决定大政方针的事。培养这样的人，我看很有必要。"① 到了同年 10 月各省、市、自治区党委第一书记座谈会上，他除了讲经济调整问题外，就是建议由年纪相对轻一些的同志组成中央书记处，说这是国家的大计，党的利益。如果组织上不采取这样的步骤，我们的工作推不动。过了 4 个月，五中全会上终于成立了中央书记处，他又在会上指出："现在从中央到县委，大部分人头发都已经白了。所以，有它的紧迫性，有它的必要性。现在我们主动地来选择人才，还有时间，再等下去，将来就没有时间了。党的交班和接班的问题，在国际共产主义运动中间，在我们中国党内，有过痛苦的教训，这一点，我不说大家也知道。"② 会上，邓小平也讲到了这个问题，并论述了这个问题与三中全会路线之间的关系。他指出："我们从党的十一大以来，特别是经过三中全会、四中全会，逐步确定了现阶段党的政治路线。三中全会确立了或者说重申了党的思想路线。三中全会以后，党中央考虑，不进一步解决党的组织路线问题，政治路线、思想路线就得不到可靠的保证。"③

为了推动中央各部和省委地委解决领导班子年龄老化的问题，陈云于 1981 年 5 月利用在杭州休息的时间，写了题为《提拔培养中青年干部是当务之急》的意见书，指出：从三中全会到现在，对提拔中青年干部的事，虽然做了若干工作，但总的来说因为认识不一致而收效不大。目前有两种办法由我们选择：一种是继续不警惕党内干部青黄不接的情况，不采取果断措施，任其拖下去。另一种是从现在起就成千上万

---

① 《陈云文选》第 3 卷，人民出版社 1995 年版，第 258 页。
② 同上书，第 269 页。
③ 《邓小平文选》第 2 卷，人民出版社 1994 年版，第 275 页。

地提拔培养中青年干部，让德才兼备的中青年干部在各级领导岗位上锻炼。第一种选择对党很不利，只有第二种选择才是对党的事业最有利的办法。在意见书中，他还分析了一些老干部对选拔中青年干部缺乏紧迫感的原因，提出了选拔中青年干部和安置退居二三线的老干部的具体措施。比如在组织部门成立选拔中青年干部的机构，在各级组织设立培养、考察中青年干部的辅助工作机构和辅助岗位等等。他把意见书送给邓小平、胡耀邦，邓小平看后说：老干部方面的问题还没有处理好。于是他又召集中组部和总政治部的同志开座谈会，形成了《关于老干部离休、退休问题座谈会纪要》。

十一届六中全会后，中央把各省、市、自治区的党委书记留下来开了三天会，专门讨论陈云写的意见书和座谈会纪要。会上，陈云就这两个文件的有关问题作了说明，并进一步强调了成千上万提拔中青年干部的必要性和紧迫性。邓小平在讲话中说："去年12月中央工作会议以后，陈云同志更尖锐地提出这个问题。他提得非常好，我赞成。原来我们还是手脚小了一点，陈云同志提出，选拔中青年干部不是几十、几百，是成千上万。成千是形容词，上万是实质，实际上是一万、两万、几万。"① 邓小平还说："我和陈云同志交过心的，老实说，就我们自己来说，现在叫我们退，我们实在是心里非常愉快的。当然，现在还不行。我们最大的事情是什么？国家的政策，党的方针，我们当然要过问一下，但是最大的事情是选拔中青年干部。我们两个人的主要任务是要解决这个问题。"②

与选拔中青年干部问题相关联的，当时还有一个如何正确对待知识分子的问题。1980年2月的五中全会上，陈云在讲到选择合格的年轻干部时就曾提出，还要培养一批技术干部到各级领导机关里。在同年12月中央工作会议上，他讲到实现四化问题时又指出："我们有大专学校毕业生和自学的技术人员共几百万人，他们经过了一二十年的实际工作的锻炼。必须肯定，70年代、80年代的技术水平，应该来之于这些50年代、60年代水平的技术骨干。"③ 在关于中青年干部问题的那份意

① 《邓小平文选》第2卷，人民出版社1994年版，第385页。
② 同上书，第388页。
③ 《陈云文选》第3卷，人民出版社1995年版，第281页。

见书中他写道："提拔培养中青年干部，必然涉及对知识分子的态度。十年内乱时期把知识分子说成是'臭老九'，这种观点虽然已经受到批判，但是，党在知识分子中发展党员、提拔干部的政策远远没有实现。我们应该看到，没有老干部不能实现四化，没有大批知识分子参加到我们党的干部队伍中来，也决不能建成现代化的新中国。"① 在他的建议下，中组部向中央作出了加强在中年知识分子中发展党员的报告，并成立了技术干部局。1982 年夏天，他看到两份反映中年知识分子生活、工作负担重，但工资收入低，很多人健康水平下降的材料，又立即给中央常委各同志写信，提议每年拿出十二三亿元提高他们的工资。信中写道：这是国家的一个大问题，需要下大的决心。他们是解放后我们自己培养起来的，是今天以及今后一个时期各条战线的中坚力量。改善他们的工作和生活条件，应看成是基本建设中的基本建设。他的这些意见，都得到了邓小平和中央第二代领导集体的赞同和采纳。

在大力推动干部年轻化的同时，陈云反复强调，一定要坚持德才兼备的标准，而且要把德放在第一位，把好政治标准这一关，"文化大革命"期间的三种人一个也不能提拔，已经提拔的必须从领导班子中清除出去。他说：不能只看他们一时表现好，他要爬上来，现在只能表现好。但到了气候适宜的时候，党内有什么风浪的时候，这些人就会变成能量很大的兴风作浪的分子。他还特别提醒大家："培养执笔的、写文章的中青年，选择的时候要特别注意，要特别谨慎。"② 对于陈云的这个意见，邓小平十分赞成，他在 1980 年 8 月中央政治局扩大会议上说："陈云同志提出，我们选干部，要注意德才兼备。所谓德最主要的，就是坚持社会主义道路和党的领导。在这个前提下，干部队伍要年轻化、知识化、专业化，并且要把对于这种干部的提拔使用制度化。这些意见讲得好。"③ 他在 1982 年 1 月 13 日中央政治局讨论机构精简的会议上又说："人一定要选好。还是老话，要坚决贯彻陈云同志讲的几条，几种人不能放进去啊！"④

---

① 《陈云文选》第 3 卷，人民出版社 1995 年版，第 295—296 页。
② 同上书，第 302 页。
③ 《邓小平文选》第 2 卷，人民出版社 1994 年版，第 326 页。
④ 同上书，第 400 页。

1980 年 11 月 12 日，中央政治局连续九次开会，讨论华国锋辞去中央主席、军委主席职务的请求。会议认为华国锋在三中全会后思想虽有改变，但在一些原则性问题上没有根本改变，决定同意他辞职。在六中全会上，他的辞职得到了批准。为了给优秀中青年走上领导岗位创造条件，1980 年、1982 年，中央先后作出了《关于设置顾问的决定》和《关于建立老干部退休制度的决定》。此后，一批又一批的中青年干部被充实到了各级领导班子，干部四化成了不可逆转的历史趋势。所有这些，都从组织上进一步巩固了对三中全会路线的确立。据统计，1980 年时，抗战前参加革命的干部尚有 7 万人左右，而现在，那个时期入党的党员仅剩下 9000 人。如果当时不是主动地成千上万地选拔中青年干部，今天的被动局面可想而知。

（四）指导对党规党法的健全和党风的整顿

历史经验说明，党的作风和纪律即为党的路线所决定，又为党的路线提供重要保证。如果党的作风不正，纪律涣散，不仅党的正确路线无法执行，而且还会危及党的性质。正是从这一点出发，十一届三中全会在恢复党的马克思主义路线的同时，鲜明地提出了健全党规党法、严肃党纪、恢复和发扬党的优良作风的要求。全会之后，陈云在领导中纪委工作中，除了继续抓一些重大历史遗留问题的平反和审理外，主要抓的便是健全党规党法和整顿党风。

在中纪委成立之初，陈云提出了一个具有重要指导意义的意见，这就是："执政党的党风问题是有关党的生死存亡的问题。因此，党风问题必须抓紧搞，永远搞。"① 在他的领导下，中纪委起草了《关于党内政治生活的若干准则》。《关于党内政治生活的若干准则》在十一届五中全会上获得通过，它深刻总结了建党以来，特别是"文化大革命"以来党内关系的经验教训，是对《党章》的具体补充。对于陈云的指导性意见和由他主持制定的《关于党内政治生活的若干准则》，邓小平都给予了极大支持。他说："我赞成陈云同志讲的，执政党的党风问题是有关党的生死存亡的问题。要严格执行《关于党内政治生活的若干

---

① 《陈云文选》第 3 卷，人民出版社 1995 年版，第 273 页。

准则》，坚持不懈地纠正各种不正之风，特别要坚决反对对党中央的路线、方针、政策采取阳奉阴违、两面三刀的错误态度。"①

陈云在最初强调整顿党风时，主要针对的是"文化大革命"中党内民主集中制和集体领导被严重破坏、"四人帮"粉碎后华国锋又热心于制造和接受新的个人迷信的问题。因此，那时他讲的党风，主要是指发扬党内民主。例如，他在中纪委一次全会上提出中纪委的基本任务是维护党规党法、整顿党风时，紧接着说：实现生动活泼的政治局面，是我们这样一个在9亿人口国家中的执政党的重大责任。他还说：苏联在列宁领导时，民主气氛是很浓的；斯大林有很大功绩，但后来党内生活不正常。"文化大革命"中林彪、"四人帮"对民主集中制破坏很大，党内出现了很不正常的情况。三中全会开始恢复了党的优良传统，对此一定要坚持下去，只有这样，安定团结、四个现代化才能实现。"如果鸦雀无声，一点意见也没有，事情就不妙。"②

后来，随着民主集中制的逐步恢复和以权谋私、权钱交易问题的日益突出，陈云强调党风的侧重点也逐渐转移。三中全会后，实行了对外开放，对内搞活的政策，使国家重新走上兴旺发达的道路。但由于思想政治工作和一些必要的管理制度、措施没有及时跟上，经济领域中出现了走私贩私、投机诈骗、贪污受贿、把大量国家和集体财产窃为己有等严重违法犯罪活动，情况比1952年"三反"、"五反"时严重得多。1982年1月5日，陈云看到一份反映广东省一些地区走私活动猖獗，涉及一些党员干部的信访简报，立即引起他高度重视。他将这份简报批转给中央常委各同志，提出："对严重的经济犯罪分子，我主张要严办几个，判刑几个，以至杀几个罪大恶极的，并且登报，否则党风无法整顿。"邓小平表示完全同意，并在陈云批示旁加了八个字："雷厉风行，抓住不放。"③ 6天后，中央书记处开会讨论了这个问题，并向各省、市、自治区和各大军区发出紧急通知，要求各地坚决贯彻中央常委的批示。随后，中央又召开了广东、福建两省座谈会，研究如何更坚决有效地贯彻执行中央紧急通知、进一步开展打击经济领域中违法犯罪活动的

① 《邓小平文选》第2卷，人民出版社1994年版，第358页。
② 《陈云文选》第3卷，人民出版社1995年版，第240页。
③ 同上书，第273—274页。

— 219 —

斗争。全国人大常委会还根据中央建议，作出了《关于严惩严重破坏经济的罪犯》的决定，对《刑法》的一些条款作出补充和修改。在中央第二代领导集体的强有力领导下，仅开展"严打"斗争头一年，在纪委系统立案的经济犯罪案件就有16万多件。其中结案并开除党籍的有5500多人，移交司法部门判刑的有3万多人，情节特别严重的，如中共汕头地委政法委原副主任王仲被判处了死刑。这场斗争震慑了党内少数以权谋私分子，对端正党风、保证改革开放健康进行，起到了重要作用。

要整顿党风，狠刹以权谋私等各种不正之风，各级领导干部、纪检干部、广大党员必须树立鲜明的是非观念，敢于和不正之风作斗争。但当时有相当一部分人错误地汲取了"文化大革命"的教训，在是非面前不敢坚持原则，遇到问题或绕着走，或"和稀泥"，做老好人，而坚持原则的人受孤立。这本身也是一个党风问题。针对这个问题，陈云指出："目前在我们的党风中，以至在整个社会风气中，有一个很大的问题，就是是非不分。""过去受'左'的指导思想影响，过分强调斗争哲学，不该斗的也斗，动不动就上纲到路线是非。现在又出现了另一种倾向，即怕矛盾，怕斗争，怕得罪人。对于这个问题，如果只从维护党纪提出来，我认为还不够，应该把它提到全党思想建设和组织建设的高度。要提倡坚持原则，提倡是就是是、非就是非的精神。只有我们党内首先形成是非分明的风气，党的团结才有基础，党才有战斗力，整个社会风气才会跟着好转，才会使正气上升，邪气下降。"①

陈云在强调狠刹以权谋私等不正之风的同时，并没有忽略发扬党内民主的问题。在十一届五中全会上，他讲到中央书记处的工作方法时指出："要认真实行集体领导制度。民主集中制，是既要有民主，又要有集中。党的任何一级组织，允许不同意见存在，我看这不是坏事。有不同意见，大家可以谨慎一点，把事情办得更合理一些。允许有不同意见的辩论，这样可以少犯错误。一个人讲了算，一言堂，一边倒，我认为不好。"② 在1980年12月中央工作会议上，他针对在引进问题上的教

① 《陈云文选》第3卷，人民出版社1995年版，第274页。
② 同上书，第270页。

训指出：引进项目必须有专家参加，而且要注意和考虑各方面专家的意见。"任何一个项目，必须集体商量，不能由一个人说了算。这必须是一项规定。从公社起直到中央常委，一律照此办理。"①

要发扬党内民主，必然涉及正确对待犯错误同志的问题。在这方面，他也为我们作出了示范。例如，他在五中全会上表示同意四位犯错误的政治局委员辞职，同时又说：对犯错误的同志要全面考察，不仅要看到他犯了什么错误，还要看到他做过什么好事，看到他犯错误的历史背景，不要揪住不放，"这种检讨没有完没有了的情况，我认为不是党的好作风"。② 1981 年底，他又就两案审理工作指出："除了对于若干阴谋野心家必须另行处理以外，对于其他有牵连的人，必须以政治斗争的办法来处理。""这种处理办法，既必须看到这场斗争的特定历史条件，更必须看到处理这场斗争应该使我们党今后若干代的所有共产党人，在党内斗争中取得教训，从而对于党内斗争采取正确的办法。"③即使对反革命阴谋集团，他也提出林彪集团中的人过去有战功，要同江青集团在处理上有所区别；对江青集团主犯尽管要判重刑，但不应用极刑。他的这些意见，对于恢复和发扬党的优良作风，巩固和发展三中全会的路线，也都产生了积极而深远的影响。

1982 年 9 月，全党经过三年多时间的努力，在各条战线的实际工作中基本完成了拨乱反正的艰巨任务，实现了我们党自大革命失败以来的第三次历史性的转变。在这个基础上，党召开了十二大，批准了十一届三中全会路线，使党和国家从此进入全面开创社会主义现代化建设局面的新阶段。在新阶段里，陈云先是在党的十二大上继续当选为中央政治局常委兼中纪委第一书记；以后又在党的十三大上退居二线，当选为中顾委主任；在党的十四大时完全退下来，过退休的生活。但无论是哪种情况，他都一如既往地为党和人民贡献着自己的智慧和力量，直到1995 年 4 月与世长辞。今天，当十一届三中全会召开 20 周年之际，回顾陈云为确立三中全会路线所作出的多方面的贡献，对于我们进一步弄清三中全会前后的历史，深入领会三中全会路线的真谛，更加自觉地坚

---

① 《陈云文选》第 3 卷，人民出版社 1995 年版，第 280 页。
② 同上书，第 272 页。
③ 同上书，第 304 页。

持三中全会以来的路线、方针、政策不动摇，高举邓小平理论伟大旗帜，全面贯彻党的十五大精神，都将是非常有益的。

（本文曾发表于《求是》1998年第23期，题为《陈云在十一届三中全会路线确立过程中的历史贡献》。收入本书时作了修改补充）

胡乔木与中共十一届三中全会

　　党的十一届三中全会以及全会之前的中央工作会议，开创了我们党和国家发展的历史新时期。胡乔木作为中国社会科学院院长和国务院研究室主要负责人，出席了工作会议并列席了全会，为会议和全会取得的巨大成果作出了自己特殊的贡献。他本人也在这次全会上被增补为中央委员，并在会后被任命为党中央副秘书长，重新回到了中央领导岗位（胡乔木从 1954 年起任中央副秘书长，1956 年在党的八大上当选中央委员，后任中央书记处候补书记，"文化大革命"初被解除一切职务）。那段时间，我刚好担任他的秘书，有幸随他一起住进了会议所在地——京西宾馆，在那里度过了 45 个日日夜夜，亲眼目睹了会议的历史性进程和他为会议所做的大量工作。

一

　　中央工作会议是在 1978 年 11 月 10 日开始的。华国锋在会议开幕时宣布，这次会议只开二十来天，议程主要是讨论有关农业和农村工作的两个文件，以及明后年的国民经济计划，以备三中全会正式通过；中央政治局决定，在进入正式议程之前，先用两三天时间讨论从 1979 年 1 月起，把全党工作着重点转移到社会主义现代化建设上的问题（事后知道，这个决定是根据邓小平的建议而作出的）。但实际上，这次会议却开了整整 36 天，而且把一次单纯讨论经济工作的会议，开成了一个思想上、政治上、组织上拨乱反正，彻底纠正"左"倾错误的会议。会议主持人原来的设想与实际结果发生如此大的差异，这在党的历史上恐怕是极为罕见的。要弄清为什么会出现这种情况，就不能不对会议之前的形势作一个简单的回顾。

1976 年 10 月,"四人帮"被粉碎,我们党和国家从危难中得到挽救。出于政治考虑,在最初的一段时间,一些重大冤假错案暂不提出平反是可以理解的。但后来华国锋却提出和推行"两个凡是"(即"凡是毛主席作出的决策,我们都坚决维护;凡是毛主席的指示,我们都始终不渝地遵循")的错误方针,一味拖延和阻挠平反冤假错案和恢复老干部的工作,这就很难让人理解了。例如,1977 年 3 月,中央召开工作会议时,陈云在书面发言中建议为"天安门事件"平反和恢复邓小平的工作,会议简报竟然以不符合中央主要负责人讲话口径为由,不予刊登。在党内老同志的一再努力下,邓小平在十届三中全会上虽然得以恢复工作,但华国锋又层层设防,迟滞各项政策的落实,甚至压制关于真理标准问题的讨论,企图在不纠正"左"倾错误的情况下,实现全党工作重点的转移。随着时间的推移,党内外积蓄的疑惑和不满越来越严重,党内正确力量与错误力量的冲突越来越尖锐,以至三中全会之前已到了不能不爆发的程度,而且果然爆发了。

三中全会前的中央工作会议开始时,华国锋一方面宣布明年全党工作重点要转移,另一方面又说这种转移是新形势的需要。会议进入小组讨论后的第二天,即 11 月 12 日下午,午睡一醒,胡乔木就叫我到他房间。他说:把工作重点的转移讲成是形势的需要,这个理由不妥。应当说,无产阶级在夺取政权以后,就要把工作重点转到经济建设上。新中国成立后,我们已开始了这种转移,但是没有坚持住。因此,这次的转移,是根本性的转移,而不是通常意义上的转移。不能给人一种印象,似乎今天形势需要,就把工作重点转过来,明天,不需要了,还可以再转回去。他要我帮他查几条马列和毛泽东有关这方面的论述,说下午的小组会上要用。下午,他在发言中引用了马克思、列宁和毛泽东的话,说明"我们的一切革命斗争,终极目的是要解放和发展生产力,这是我们党的一贯立场,是马列主义的基本观点";"并不是任何阶级斗争都是进步的,其是否进步的客观标准,就是看它是否为解放和发展生产力创造条件";"经济脱离政治一定会走到邪路上去,政治脱离经济也一定会走到邪路上去"。他说:"除了发生战争,今后一定要把生产斗争和技术革命作为中心,不能有其他的中心。只要我们正确处理人民内部矛盾和敌我矛盾，国内的阶级斗争也不会威胁社会主义建设的中心地位。"他的发言很快被简报全文刊用，得到大多数与会者的赞同，并在他后来负责起草的全会公报上反映了出来。

就在胡乔木发言的同一天，陈云在东北组发言，率先解放思想，冲破了华国锋为会议设定的框框，起到了扭转会议方向的作用。他在发言中说，他完全赞成把工作着重点转移到社会主义建设上来，但是，安定团结也是全党和全国人民关心的事。干部和群众对党内是否能安定团结是有顾虑的。对有些历史遗留问题，影响大或者涉及面很广的，需要由中央考虑和作出决定。接着，他列举了薄一波等61人和陶铸等人的历史冤案、彭德怀的名誉恢复、"天安门事件"的平反、康生在"文化大革命"中的严重错误等6个问题。陈云当时在党内虽然只保留有中央委员一职，但由于他在长期革命斗争和经济建设中形成的巨大威望，由于他讲的6个问题恰恰是触及"左"倾错误要害的关键性问题，道出了大家憋在心里很久的话，因此，他的发言在简报上全文刊登后，立即引起了各组代表们的热烈响应，一下子使会议气氛活跃了起来。大家很自然地把话题集中在"两个凡是"、真理标准讨论、"天安门事件"、冤假错案等这类政治问题上，眼看着会议一步步脱离了事先设置的轨道，成为向"文化大革命"及其以前的"左"倾错误发起的一场总攻。全面认真地纠正这些错误，已经是任何人也阻挡不了的洪流了。

二

正是在会议形成的这股巨大潮流的推动下，北京市委于11月14日作出决定，认为广大群众到天安门广场悼念周总理、声讨"四人帮"，完全是革命行动。这个决定于当天获得了中央批准，并于15日刊登在《北京日报》上。那天早上，胡乔木笑着对我说："天安门事件"平反了。我马上找到报纸，看后虽然也很高兴，但感到这句话还不能说是给这次事件最后定了性。而有意思的是，新华社在当天编发通稿时，为了有一个简明扼要的标题，把那句话概括成了"天安门事件完全是革命行动"。仔细推敲起来，这两句话是有差别的。因此，消息在16日的《人民日报》和全国各大报纸刊登后，有的同志对这样概括是否能得到中央认可，心里还有点打鼓。直到 11 月 25 日，华国锋在中央工作会议的第三次全体会议上讲话，代表中央政治局宣布 1976 年"天安门事件"完全是革命的群众运动，这个牵动亿万人心的问题才最终得到了解决。在这次讲话中，还宣布薄一波、彭德怀、陶铸等人的历史冤案被平反，"二月逆流"问题和杨尚昆一案也被平反，并明确要对康生、谢富治的错误进行揭发批判。至此，会议在与会代表的共同努力下，取得了重大的突破性的进展。

不过，华国锋的讲话中也有些问题没有讲到，其中最为大家关注的是"两个凡是"的问题和真理标准讨论的问题。因此，讲话之后，这两个问题又成了会议上最"热门"的话题。胡乔木在小组会上发言说，希望华国锋在会议结束时能谈一下实践是检验真理的唯一标准问题，对这次讨论作出一个结论。他说：这个问题本来是一个理论问题，但在两个意义上也是政治问题。第一，搞清楚这个问题，对于解放思想，搞好当前工作，加速四化建设，正确处理遗留的各种案件等等，都具有指导意义。第二，对这个问题的讨论，绝大多数省、市和各大军区负责人都表了态，这也就不是一般的理论问题了。后来，在会议闭幕时，华国锋表了态，作了自我批评，特别是邓小平在讲话中用很大篇幅精辟阐述了这个问题。对此，由胡乔木主持起草的全会公报是这样写的："会议高度评价了关于实践是检验真理的唯一标准问题的讨论，认为这对于促进全党同志和全国人民解放思想，端正思想路线，具有深远的历史意义。一个党，一个国家，一个民族，如果一切从本本出发，思想僵化，那它就不能前进，它的生机就停止了，就要亡党亡国。"至此，关于真理标准讨论的问题也得到了最后的解决。这个问题解决了，"两个凡是"的方针也就不攻自破了。

在会议进行的过程中，会外发生了一些值得注意的动向。一些群众受到"天安门事件"平反的鼓舞，在西单墙上贴出大、小字报，要求追究阻挠平反冤假错案的领导责任，有的甚至提出要全盘否定毛泽东，并引起了群众间的争吵。后来，发展到一部分人到天安门广场举行自发集会，发表演说。上海还发生冲击报社，要求报纸刊登群众集会消息的事件。当时，那位中央主要负责人实际上已经失去了领导的主动权，领导全党及时和正确处理这一新动向的任务，很自然地落到了在党内和全国人民中享有崇高威望的邓小平身上。在北京市委向中央领导最初汇报时，邓小平就以他无产阶级革命家的政治敏锐性和预见性，明确指出：工作要跟上，要积极引导群众，对大字报不能任其自流（当时宪法中还没有取消"四大"，即大鸣、大放、大辩论、大字报）。不要离开党中央的领导，搞新的运动。现在人心思定，乱是脱离群众的。安定团结是实现四化的必要政治条件，在这个问题上，小局要服从大局，小道理要服从大道理。他说，毛主席是全党全军全国各族人民团结的旗帜，是国际共产主义运动的旗帜，我们国家能有今天的国际地位，同毛主席的威望是分不开的。问题可以讲，但要维护毛主席。不是说毛主席没有缺点，但那时毛主席年龄大了，"四人帮"利用了这一点，问题比较复杂。有些问题，我们这一代人搞不清，下一代再搞。报纸要十分慎重，文章要恰如其分，超过一步，真理就变成谬论了。

邓小平的这些意见，在以后的十几年里，直到他逝世前，可以说是反复讲，而且也为近20年来的实践反复证明是完全正确的。但在当时这样讲，对于大家来说还是一种新的精神。有些人，包括党内一些同志，对邓小平的意见一时想不通，感到转不过弯来，认为刚刚提出批"左"，怎么又反起右来了呢？其实，领导者的艺术恰恰就在这里，就是要在反对一种主要倾向时，同时防止被掩盖着的另一种倾向。今天回过头去看，如果当时不是这样认识问题和处理问题，而是抱着一种放任态度，那么，局部的街头活动就会迅速蔓延，国家就会重新回到"文化大革命"中那种无法控制的混乱状态，党的工作重点转移就会成为一句空话。对于邓小平的这些意见，胡乔木从一开始就十分赞成。他在发言中说，有些群众在外面贴大字报，其中大多数人的动机和愿望是好的，但总有考虑不周到的地方，一些说法也会在国内外产生不好的影响，需要我们加强在群众中的思想工作。搞好四个现代化，必须要有安定团结的局面。记得当时北京市委的主要负责人为了搞好对邓小平指示的传达贯彻，还特意把胡乔木请去和他们一起商量传达的措词。正是由于这一指示的传达贯彻，参加街头活动的绝大多数群众回到了家中和工作场所，北京市乃至其他一些城市的局势很快得到了控制。

三

政治问题解决了，代表们的注意力又回到了关于农业问题的讨论上。对于会上印发的决定稿，大家普遍认为一般化，不解决问题。为了把这个文件修改好，会议除了让各组提意见外，还组织了一个包括胡乔木在内的综合组进行修改。11月22日晚上，胡乔木告诉我，他在下午的综合组会上放了一炮，说多少年来，我们对农业缺少认真的研究，这次会前也缺少足够的准备。因此，对农业上不去的根本原因是什么，怎么才能上去，谁也谈不出系统的意见。他建议，这次会上只搞两个关于农业的具体问题，即提高农产品收购价格和增加农产品进出口的决议，至于加快农业发展速度的决定，待会后经过认真调查研究再搞。他还说，1957年以前，我们搞一次运动，生产就上升一次，而那以后，搞一次运动，生产就被破坏一次。为什么？根本原因就在于生产力没有变化，却要不断改变生产关系。当时，党中央副主席、国务院副总理李先念也参加综合组的讨论。李先念表示赞同他的意见，但补充了一点，就是《关于加快农业发展速度的决定》还是要在这次会上搞出来，而且就由他负责来搞。这之后，中央正式确定胡乔木主持关于农业问题决定稿的修改。会议的后半期，他把很大精力放在了这件事情上。

由于一些同志在《决定》如何写的问题上，思路不完全一致，所以，会上出现了两个稿子。胡乔木经过比较，选择了其中他认为基础比较好的一个，然后一边参加会议，一边反复修改。临到会议结束之前，总算拿出一个成品，印发给了代表。大家看后都感到满意，觉得这回像个中央文件了。但是，时间毕竟还是太短，缺少充分的讨论。因此，经胡乔木建议，这个决定草案在随后召开的三中全会上只是原则通过，会后连同《农村人民公社工作条例（试行）》一起，发到各地讨论和试行。经过九个月的讨论和试行，在1979年9月下旬召开的十一届四中全会上，对它又作了必要的修改，并正式予以通过。

这个决定分析了农业的现状，总结了历史的经验，部署了实现农业现代化的工作，规定可以在生产队统一核算和分配的前提下，包工到作业组，联产计酬；粮食统购价从1979年夏粮上市起提高20%，超购部分再加价 50%，棉花等农副产品的收购价格也逐步相应提高；粮食征购指标在今后一个较长时间内，稳定在 1975 年的基础上，并减少 50 亿斤；化肥、农药等农用工业品的价格降低 10%—15%；国家实行低税或免税政策，大力发展社队企业，发展小城镇建设，等等。虽然在这之后，农村改革又有了迅猛的发展，生产责任制大大突破了包工到作业组的形式，普遍实行了包产到户、包干到户，但这个文件对于冲破"左"倾错误在农业问题上设置的禁区，解放和统一广大农村干部的思想，调动亿万农民的积极性，大幅度提高粮食产量和增加农民收入，还是起到了历史性的作用。就是在今天，胡乔木提出的许多措施也仍然没有失去现实意义。它的产生，当然是全党，特别是党中央集体智慧的结晶，但其中显然也凝聚着胡乔木的一份心血。

四

早在中央工作会议召开之前，邓小平就约胡乔木谈话，请他帮助准备会上的讲话稿。后来，邓小平去东南亚四国访问，直到 11 月 14 日回国，才看到在胡乔木主持下起草的讲话稿初稿。11 月 16 日，邓小平再次约见胡乔木，谈对初稿的修改问题。事后，胡乔木用三天时间拿出了修改稿。但这时，会议形势已发生变化，特别是 11 月 25 日，会议不仅未能结束，相反进入了高潮。就在那天召开的第三次全体会议上，华国锋代表中央政治局宣布了一系列历史重大遗留问题的平反决定。这样一来，胡乔木为邓小平准备的讲话稿便显得不适用了。于是，12 月 2 日，当会议进入后期时，邓小平第三次约见胡乔木，谈他的讲话稿问题。那时，胡乔木正在集中力量修改关于农业问题的决定稿，所以去邓小平家谈话之前，叫上了代表国务院政研室参加会议的于光远同往，准备让于光远先组织几个人写个初稿。

在那次谈话中，邓小平谈了自己打算讲的问题。据于光远不久前讲，他还保存有邓小平事先亲笔草拟的讲话提纲。这份提纲上列了 7 个问题，即解放思想，开动机器；发扬民主，加强法制；向后看是为了向前看；克服官僚主义、人浮于事；允许一部人先好起来；加强责任制，搞"几定"（指定任务、定人员、定数量、定质量、定时间等管理制度——笔者注）；新的问题。提纲前面还有"对会议评价"一句。谈话后，于光远按照胡乔木的嘱咐，向政研室的有关同志作了传达，几位参加起草的同志很快拿出了共分 8 个问题的初稿。12 月 5 日，邓小平把胡乔木和于光远又找去谈他的讲话稿。邓小平说：这次别的问题都不讲了，只讲 4 个问题。第一，解放思想。真理标准问题的讨论，的确是一个思想路线问题，是一个重大政治问题，是关系到党和国家前途命运的问题。第二，发扬民主。当前最迫切的是扩大厂矿企业和生产队的自主权。民主选举的范围要逐步扩大。第三，向前看。对过去搞错了的要纠正，也要给犯错误的同志认识和改正错误的时间。对毛泽东同志和"文化大革命"的评价，要从国际国内的大局出发，从历史的角度来看。第四，研究和解决新问题。要用经济办法管理经济，要特别注意加强责任制。要用先使 10%—20% 的人富裕起来的办法，扩大国内市场，促进生产发展。事后，具体起草人又按照这些意见，很快写出了一个新的讲话稿，并于次日交到了胡乔木手里。记得那天晚上，胡乔木并没有动笔，但第二天早饭后，他却把改过的稿子交给了我。原来，他是半夜两点爬起来，用了两个多小时改好的。

12 月 9 日，邓小平就讲话稿第五次约见胡乔木，同去的除了于光远，还有负责起草的一位同志。邓小平认为稿子基本上可以了，还需要加加工，并讲了具体修改意见。过了两天，邓小平又一次就讲话的问题找有关的同志前去他家谈话。这一次，胡乔木由于正赶写关于农业问题的文件，所以没去，但事后把参加起草的人找去，主持研究了对讲话稿的修改。又过了两天，也就是中央工作会议召开闭幕会的 12 月 13 日，邓小平下午 4 点就要讲话了，可午饭后，胡乔木还在对讲话稿进行最后的文字润色，直到下午 2 点才脱手。由于时间紧迫，他要我坐他的车，将讲话稿径直送往邓小平家中。那时，胡乔木已经是 66 岁的人了，这种拼命的工作精神给我留下了很深的印象。

邓小平的这篇讲话，实际上是工作会议的总结报告和三中全会的主题报告。它提纲挈领地抓住了历史转折中最根本的问题，提出了我们党和国家继续前进的方向和指导思想，因此，在随后进行的会议分组讨论中，受到代表们的一致拥护。这个讲话对于全党重新确立马克思主义的思想路线，推动各条战线的拨乱反正，起了关键性作用。直到今天，它仍然对我们的改革开放和现代化建设事业具有重大的指导意义。江泽民同志在党的十五大报告中指出，邓小平这篇讲话，"是在'文化大革命'结束以后，中国面临向何处去的重大历史关头，冲破'两个凡是'的禁锢，开辟新时期新道路、开创建设有中国特色社会主义新理论的宣言书"。① 这个评价是完全合乎实际的，是经得起历史检验的。

五

在中央工作会议闭幕会上讲话的除了邓小平，还有叶剑英和华国锋。闭幕会后，会议没有马上结束，而是又安排两天时间，分组讨论中央领导在闭幕会上的讲话。叶剑英的讲话稿，事后也曾托人拿给胡乔木看。尽管距离印发的时间很短，胡乔木还是作了认真的修改，并加了两段文字。一段是讲个人与组织的关系，另一段是讲国家生活的制度化、法律化问题。华国锋在闭幕会讲话中对提出"两个凡是"的问题作了检讨，表示对真理标准讨论问题要作自我批评；并说现在对他个人的宣传有些太突出了，今后要少宣传个人，多宣传工农兵，多宣传党和老一辈革命家。胡乔木从他的这些话说起，在小组会发言中，着重谈了摆正个人和党的关系问题。

胡乔木说：对个人的提法问题，这在党的生活中看起来是件小事，实际上是件很大的大事，涉及的不简单是个形式问题，而是党的生活准则和秩序问题。毛主席在解放初期说过，如果要提个人，一定要把个人放在党组织之后，个人无论如何不能超过党。就是说，要讲党中央毛主席，不能把次序颠倒过来。"文化大革命"以前似乎一直是这样做的，后来变了，在一段时间里，甚至不存在党中央，至少不存在中央政治局，只有毛主席了。今后不再讲"华主席党中央"，这是符合党的原则的，是恢复党的生活的正常状态。

胡乔木还说：苏联在斯大林时期，对个人和党的关系没有处理好，但他们有些方面的做法还是有分寸的。例如，斯大林的学术文章，一般是在刊物上发表，如《马克思主义与语言学问题》是在刊物

① 《十五大以来重要文献选编》上，人民出版社 2000 年版，第 10 页。

发表半个月后,《真理报》才应读者要求转载(其他报纸不转载),而且从第二版开始,也不用大字大标题。而我们在报纸上,只要是毛主席写的东西,不管什么文章,甚至诗词、家信,还有各种手迹,非登第一版不可,有时常常在第一版几乎用整版篇幅来登领袖照片,这些都是在世界上少见的。把个人这样毫无限制地极端突出出来,这不是我们党成熟的表现,是不成熟的表现。搞一些不成熟不自然的做法,这不能提高领袖在群众、党内和国际上的威信,适得其反,只能起不好的作用。

这些话今天读来似乎并无新奇之处,但在当时,在"文化大革命"的"大树特树"刚过不久,新的"大树特树"正热火朝天之时,还是颇带一些创见的。以后,胡乔木在起草全会公报时加了一段文字,专门谈少宣传个人,谈集体领导问题。公报指出:"全会重申了毛泽东同志的一贯主张,党内一律互称同志,不要叫官衔;任何负责党员包括中央领导同志的个人意见,不要叫'指示'。会议指出,一定要保障党员在党内对上级领导直至中央常委提出批评性意见的权利,一切不符合党的民主集中制和集体领导原则的做法应该坚决纠正。"① 后来的事实证明,会议形成的这一精神也是会议很大的收获,对于我们党内政治生活健全化有着极其重要的意义。

六

中央工作会议是 12 月 15 日结束的,而三中全会要到 12 月 18 日才开,中间隔着三天时间。散会后,不是中央委员的就回去了,是中央委员的则留下来休息,等着开全会。胡乔木已被列入了全会补选中央委员的候选人名单,中央办公厅通知他列席全会,所以也留了下来。但他没有休息,而是一边加紧对关于农业问题决定的进一步修改,一边着手进行公报的起草工作。

早在中央工作会议临近结束时,华国锋鉴于由会议文件起草班子准备的三中全会公报稿与会议的实际结果距离太大,故亲自出面,请

_____

① 《三中全会以来重要文献选编》上,人民出版社 1982 年版,第 13 页。

胡乔木负责重新起草一份。于是，胡乔木邀集中央有关领导开会研究公报的框架，然后，请具体起草人按研究的意见写出初稿。初稿拿出后，他又召集有关同志讨论了一次。具体起草的人根据大家的意见，在三中全会开幕的当天拿出了第二稿。次日，胡乔木把自己关在房间里，从下午2点开始，一口气改到晚上8点。由于改动太多，字又写得很小，他要我重抄了一遍，才送到印刷厂去排印。公报稿排出铅印件清样后，他又进行了多次修改，终于使它作为会议文件之一，及时印了出来。

全会闭幕前一天，中央为讨论公报稿，还专门召开了一次政治局会议，请胡乔木列席。在大家讨论的基础上，胡乔木对公报稿进行了进一步修改。全会闭幕是在12月22日晚上10点，因此，当天已不可能发表公报。第二天，胡乔木根据会议简报组收集上来的新的意见，利用上午和午休的时间，对公报稿进行了最后的加工。下午，中央常委审定了修改的地方。晚上8点，中央人民广播电台在新闻联播节目中全文播出。

公报高屋建瓴，气势磅礴。它用五个部分的精炼文字，高度概括准确表达了全会和工作会议在政治、经济、组织、思想、作风等方面所取得的丰硕成果。除了前面提到的那些内容，公报还指出，"实现四个现代化，要求大幅度地提高生产力，也就必然要求多方面地改变同生产力发展不适应的生产关系和上层建筑，改变一切不适应的管理方式、活动方式和思想方式，因而是一场广泛、深刻的革命"；要"对经济管理体制和经营管理方法着手认真的改革，在自力更生的基础上积极发展同世界各国平等互利的经济合作，努力采用世界先进技术和先进设备"。[①]这就在事实上向全党全国人民吹响了改革开放的号角。公报还提出了要注意国民经济中一些重大比例失调的问题，切实做到综合平衡，防止基本建设一拥而上。这在事实上也为随后而来的大规模经济调整拉开了序幕。它不仅在当时对全党全国人民进行新的长征起到了巨大的鼓舞作用，而且作为我们党的一份重要文献，必将永载史册。

---

① 《三中全会以来重要文献选编》上，人民出版社1982年版，第4、6页。

七

12月22日晚上7点半，三中全会召开闭幕大会。此前一天，华国锋也把自己在闭幕会上的讲话稿送给胡乔木，请他修改。尽管已是晚上10点多钟了，胡乔木照样认真修改，一直改到夜里11点多。除了文字改动外，他还在原稿中关于对毛泽东的评价部分加了很长一段文字，大意是说，现在解决的历史遗留问题，很多都与毛主席有关，因此要以正确的态度来对待，承认毛主席有错误，这无损于他的光辉伟大。

根据与会代表的一致要求，在全会闭幕会上，经过无记名投票，增选陈云为中央政治局委员、政治局常务委员、中央委员会副主席；增选邓颖超、胡耀邦、王震为中央政治局委员；增补胡乔木等9位同志为中央委员，待将来提请党的十二大予以追认。全会还决定成立中央纪律检查委员会，并选举陈云为第一书记，选举邓颖超、胡耀邦、黄克诚分任第二、第三和常务书记。至此，全会圆满结束。在全会结束之后的中央政治局会议上，胡乔木又被任命为中央副秘书长，正式负责中央重要文件的起草工作和对理论工作的指导。

由于工作会议为全会作了充分准备，因此，全会开得十分顺利，只用了5天。加上工作会议的时间，两个会议总共用了41天。这41天的会议，不仅实现了我们党的一个历史性的伟大转折，重新确定了党的正确路线——三中全会路线，而且在会风方面也为全党带了一个好头。在这个问题上，邓小平那篇在中央工作会议闭幕会讲话中的一段话，可以说反映了代表们的共同心情。他指出："这次会议讨论和解决了许多有关党和国家命运的重大问题。大家敞开思想，畅所欲言，敢于讲心里话，讲实在话。大家能够积极地开展批评，包括对中央工作的批评，把意见摆在桌面上。一些同志也程度不同地进行了自我批评。这些都是党内生活的伟大进步，对于党和人民的事业将起巨大的促进作用。"①

党的十一届三中全会和此前的中央工作会议，距离现在已经整整20个年头，胡乔木离开我们也已经6年。但是，人们没有忘记也不会

---

① 《邓小平文选》第2卷，人民出版社1994年版，第140—141页。

忘记，以邓小平为核心的党的第二代中央领导集体，在这个会议上为我们党、国家和人民所作出的历史性贡献。同样，人们也没有忘记和不会忘记，胡乔木对这个会议产生的重要文献所付出的辛劳。这个会议所确定的路线，已经指引我们在近 20 年里取得了举世公认的辉煌成就，它必将继续指引我们把建设有中国特色的社会主义事业全面推向 21 世纪。

（本文最初发表于《党的文献》1994 年第 5 期，题为《胡乔木同志在十一届三中全会上》。后经补充，于《当代中国史研究》1998 年第 2 期刊载，题为《胡乔木与十一届三中全会》。收入本书时略有修改）

深入理解和全面贯彻党在社会
主义初级阶段的基本纲领

江泽民同志在党的十五大报告中，首次提出并全面阐述了党在社会主义初级阶段的基本纲领，指出："这个纲领是邓小平理论的重要内容，是党的基本路线在经济、政治、文化等方面的展开，是这些年来最主要经验的总结。"要深入理解和全面贯彻这个纲领，弄清楚它同我国现阶段的社会性质与基本状况、同新中国成立以来我们党探索社会主义建设规律的过程、同党的最高纲领之间的关系，是十分必要的。

一　基本纲领是对我国现阶段社会性质、
　基本状况的准确把握

一个政党的纲领是根据自己在一定时期内的任务而规定的奋斗目标和行动步骤，而一定时期内的任务又来自对这个时期所处社会性质的判断。判断得对不对，直接关系到纲领的正确与否，关系到事业的成败。《毛泽东选集》第一篇第一句话就是："谁是我们的敌人？谁是我们的朋友？这个问题是革命的首要问题。"① 而要确定谁是敌人谁是朋友，关键就在于搞清楚当时的社会性质。因此可以说，判断自己所处社会的性质或者所处的社会历史发展阶段，是党确定自己任务的首要问题。在这个问题上，无论我们党还是国际共产主义运动，无论在无产阶级夺取政权前还是在夺取政权后，都有过不少教训。

我们党在成立之初，虽然也认识到中国的半殖民地半封建的社会性

---

① 《毛泽东选集》第 1 卷，人民出版社 1991 年版，第 3 页。

质，并据此制定了民主革命阶段的最低纲领，但由于对中国所处社会历史阶段缺少深刻的认识，表现在行动上就是路线的"左"右摇摆，要么认为"资产阶级是革命的主体"，"建设民族资本主义是中国革命最好的前途"；要么认为"整个资产阶级已背叛了革命"，"资产阶级已是反动联盟的一部分"，革命应"向非资本主义前途发展"。这些或右或"左"的路线，都给中国革命造成了严重损失，有的几乎断送了革命。

与这些错误的认识不同，毛泽东早在大革命时期，就对中国的社会性质有了深刻把握。土地革命战争初期，他进一步分析了中国社会的特点，提出了与俄国革命不同的道路，即在农村建立革命根据地，以农村包围城市，武装夺取政权。实践证明，只有这条道路才符合中国国情，能够使中国革命取得胜利。

革命胜利后，党所制定的路线无论正确与否，也都来源于对所处历史阶段及其基本状况的判断。例如，党在过渡时期总路线的制定，源于对新民主主义社会就是向社会主义社会的过渡时期的判断。党的社会主义建设总路线的制定，也源于对社会主义可以提前建成，并应当开始向共产主义过渡的判断。党在整个社会主义历史阶段基本路线的制定，虽然改变了过去那种认为社会主义只需要很短时间的认识，但却又错误地认为，在这个历史时期，无产阶级同资产阶级的斗争是主要矛盾。以上三条路线，第一条由于合乎客观实际，引导全国人民比较顺利地完成了三大改造的任务，实现了由新民主主义社会向社会主义社会的过渡。而后两条路线，由于都对社会的实际状况作出了错误的判断，因此，前一条产生了"大跃进"和人民公社化运动，后一条产生了"文化大革命"；前者给社会主义建设事业造成了巨大损失，后者给党、国家和各族人民造成了灾难性的后果。

我们党从总体上对我国社会主义社会所处阶段有清醒认识和正确判断，是十一届三中全会以后的事。这个认识和判断就是：我们目前仍处在社会主义的初级阶段。它包括两个含义：第一，我国社会已经是社会主义社会；第二，我国的社会主义社会还处在初级阶段。

先说社会性质。我们现在是一个什么样的社会，又应当是一个什么样的社会？无外乎四种答案，即封建社会或叫做"前资本主义社会"、新民主主义社会、资本主义社会、社会主义社会。只要尊重事实，人们就不能不得出以下的结论：

第一，我们不是封建社会，也不是什么"前资本主义社会"。众所周知，早在20世纪初期，资本主义已经在我国沿海一带有了相当的发展。到了20世纪中叶，资本主义的生产方式已在大中城市中占据优势，广大农村中的封建经济制度也由于土改而被彻底废除。新中国成立初期的1952年，我国钢产量已达到152万吨，是1870年巴黎公社起义时，包括英、美、法、德等主要资本主义国家在内的世界钢产量总和的一倍半还多。今天，就工业总产值来说，我们已经超过许多发达的资本主义国家。说现在是封建社会或"前资本主义社会"，没有根据。

第二，我们也不是新民主主义社会。早在1956年，公有制在工业产值的比重就已由1949年的22%上升到73%以上，目前仍然占据主体地位；农村的土地也已由土改后的农民私有变成集体所有，即使今天农村实行家庭联产承包制，土地所有权仍然是公有的。政治上，工人阶级领导的各阶级的联合专政已变为工人阶级领导的以工农联盟为基础的人民民主专政。文化上，人民大众反帝反封建的文化也被以马克思主义为指导的民族的、科学的、大众的社会主义文化所取代。所有这些都没有回到新民主主义政策。

第三，我们更不是资本主义社会。尽管改革开放以后，个体私营经济、中外合资经济、各种混合经济有了很大的发展，但1996年国内生产总值中公有制仍占76%，其中国有成分占40.8%。另外，我国在政治上坚持四项基本原则，不搞多党制和议会民主；在意识形态领域仍以马克思主义为指导，不搞指导思想的多元化。这说明，我们不是资本主义社会，也不是要"补资本主义的课"。

既不是封建社会或"前资本主义社会"，也不是新民主主义社会和资本主义社会，那么，我们现在的社会性质只能是社会主义社会。

再说所处阶段。我们现在处在社会主义社会的什么阶段？是发达阶段吗？显然不是。只能是不发达阶段，也就是初级阶段。为什么这么说呢？党的十三大报告中曾列举了6条理由：（1）10亿多人口，8亿在农村，基本上还是用手工工具搞饭吃；（2）一部分现代工业同大量落后于现代水平几十年甚至上百年的工业同时存在；（3）一部分经济比较发达的地区同广大不发达地区和贫困地区同时存在；（4）少量具有世界先进水平的科学技术同普遍科技水平不高、文盲半文盲还占人口四分之一的状况同时存在；（5）生产社会化程度还很低，商品经济和国内市场很不发达，自然经济和半自然经济占相当比重；（6）高度社会主义民主政治所必需的一系列经济文化条件很不充分，封建主义、资本主义思想和小生产习惯势力还有广泛影响。① 总之，尽管我们的综合国力有了巨大增长，但由于人口多，底子薄，人均水平与发达资本主义国家相比还很低，特别是生产社会化程度很低，说我们没有超出社会主义初级阶段是千真万确、合乎实际的。

弄清了我国现有的社会性质，又弄清了这个社会所处的阶段，再来认识现阶段社会的主要矛盾，党的主要任务，应当采取的路线、方针、政策，就比较容易了。江泽民同志在十五大报告中指出："十一届三中全会前我们在建设社会主义中出现失误的根本原因之一，就在于提出的一些任务和政策超越了社会主义初级阶段。近二十年改革开放和现代化建设取得成功的根本原因之一，就是克服了那些超越阶段的错误观念和政策，又抵制了抛弃社会主义基本制度的错误主张。"他还指出：这次大会之所以进一步强调这个问题，是因为面对开创新局面的任务，"解决种种矛盾，澄清种种疑惑，认识为什么必须实行现在这样的路线和政策而不能实行别样的路线和政策，关键还在于对所处社会主义初级阶段的基本国情要有统一认识和准确把握"。② 正是从这个考虑出发，党的十五大在社会主义初级阶段的理论的指导下，在总结新中国成立以来近50年尤其是改革开放近20年实践的基础上，进一步制定出了社会主义初级阶段的基本纲领。纲领对有中国特色的社会主义经济、政治、文化的基本目标作出了明确的规定，这就是：要在社会主义条件下发展市场经济，不断解放和发展生产力；要在中国共产党领导下，在人民当家作主的基础上，依法治国，发展社会主义民主；要在马克思主义指导下，以培育有理想有道德有文化有纪律的公民为目标，发展面向现代化、面向世界、面向未来的民族的科学的大众的社会主义文化。与此同时，纲领中还规定了与基本目标相适应的各项基本政策。显而易见，这个纲领

① 见《十三大以来重要文献选编》上，人民出版社1991年版，第10—11页。
② 《十五大以来重要文献选编》上，人民出版社2000年版，第14—15页。

既符合我国已处在社会主义、必须坚持而不能离开社会主义的实际状况，又符合我国还处在社会主义初级阶段、生产力水平远远落后于发达资本主义国家的实际状况。毫无疑义，以它作为党在现阶段的奋斗目标和行动步骤，一定能够保证我们胜利完成建设有中国特色社会主义的伟大任务。

二　基本纲领是在探索社会主义客观规律过程中取得的新的重大成果

自从 1956 年三大改造完成以后，我们党就开始了对社会主义社会客观规律的探索。探索中有失误，有失败，但也有许多成功。党的十一届三中全会前，在探索中大体有以下几种情况。第一种情况是，在总体上根本上取得了正确认识，但未能坚持。比如，党的八大对我国社会主要矛盾的提法，毛泽东关于两类不同性质矛盾的理论，陈云对经济体制"三个为主、三个为辅"的设想，等等。毛泽东甚至还提出过一些在当时来说是十分难能可贵的思想，比如，1959 年提出社会主义可能分为两个阶段，第一个阶段是不发达的社会主义，第二个阶段是比较发达的社会主义；1962 年提出："中国的人口多、底子薄，经济落后，要使生产力很大地发展起来，要赶上和超过世界上最先进的资本主义国家，没有一百多年的时间，我看是不行的。"[1] 第二种情况是，正确与错误的认识互相混杂。比如，八届十中全会根据毛泽东的意见，把由资本主义过渡到共产主义的历史时期"需要几十年，甚至更多时间"的话，写进了正式文件，但他同时又断言，这个时期的主要矛盾是阶级斗争。第三种情况是，认识虽然是正确的，但相对社会主义所处阶段这类问题说来，不具有总体性和根本性。比如，对"十大关系"的认识，对建设规模要和国力相适应的认识，对经济建设应当按比例发展和综合平衡的认识，等等。第四种情况是，从总体上根本上认识错了，在实践中给党和人民的事业造成了重大损失。比如，提出"无产阶级专政下继续革命的理论"，等等。无论上述哪一种情况，对我们在十一届三中全会后

---

① 《毛泽东著作选读》下册，人民出版社 1986 年版，第 828 页。

从总体上根本上取得正确认识，都具有重要价值。即使是错误的认识，也是探索的组成部分，也是宝贵的财富。从某种意义上讲，失败的实践对取得正确认识，往往价值更大。因为，它可以使我们对正确的认识产生更深刻的体会，留下更深刻的印象。认识是一个过程，我们不应割断历史。

十一届三中全会以后，我们对社会主义客观规律的正确认识也是不断深化的，并非一次完成，一蹴而就。就拿对社会主义初级阶段的认识来说，十一届三中全会虽然没有使用这个提法，但已经在用这个思路考虑问题了。全会公报中说："我国经济目前还很落后"，要把全党工作的重点和全国人民的注意力转移到社会主义现代化建设上；要多方面改变同生产力发展不适应的生产关系和上层建筑，改变一切不适应的管理方式、活动方式和思想方式，对经济管理体制和经营管理方法着手认真的改革，在自力更生的基础上积极发展同世界各国平等互利的经济合作，努力采用世界先进技术和先进设备；要重视价值规律的作用，注意把思想政治工作和经济手段结合起来，认真执行按劳分配的原则，克服平均主义，不得干涉社员自留地、家庭副业和集市贸易。这些方针、政策如果不是基于对我国处于社会主义初级阶段的国情有所认识，是制定不出来的。

社会主义初级阶段提法的首次出现，是在十一届六中全会上通过的《关于建国以来党的若干历史问题的决议》中。但决议对这个观点没有展开论述，而且要讲的重点也不在这里。后来，党的十二大报告再次使用了这个提法，并在分析社会现状时，以我们仍处在社会主义初级阶段的判断作为依据。其中指出：目前我国农业的劳动生产率和商品率都比较低，抗御自然灾害的能力还很薄弱，特别是人多地少的矛盾将越来越突出；我国生产力发展水平总的来说还比较低，又很不平衡，在很长时期内需要多种经济形式的并举；即使到 2000 年实现小康，我国按人口平均的国民收入仍然比较低，等等。十二届六中全会在《关于社会主义精神文明建设指导方针的决议》中，又一次使用了初级阶段的提法，但只是为了讲按劳分配、商品经济、多种经济成分并存，同道德建设之间的关系，对其本身并没有展开论述。

第一次对初级阶段问题作比较系统论述的是党的十三大报告。它用一节的篇幅，全面阐述了认识这个问题的重要性、这个论断的含义、作出这个论断的理由、过去在这个问题上的教训、初级阶段的起止时间、这个阶段的主要矛盾和特征以及应当采取的指导方针和基本路线等，标志着社会主义初级阶段理论的形成。

党的十五大报告重提初级阶段理论，但只要比较一下就不难看出，它不是简单的重复，而是在坚持的基础上有发展，有创新，有突破。

第一，它进一步明确了搞清楚所处阶段的意义。报告把这一命题同一切从实际出发、搞清楚什么是社会主义联系了起来，指出：现在处于并将长期处于社会主义初级阶段是中国当前最大的实际；搞清什么是社会主义、怎样建设社会主义，就必须搞清什么是初级阶段的社会主义以及在初级阶段怎样建设社会主义。显然，这样提出和认识问题，有助于人们对初级阶段理论理解的深入。

第二，它进一步界定了初级阶段的特征。党的十三大报告指出，这个阶段是逐步摆脱贫穷落后、由农业国变为工业国、由自然经济半自然经济占很大比重变为商品经济高度发达、建立充满活力的社会主义体制和全民奋起实现民族伟大复兴的阶段。而党的十五大报告在此基础上，又增加了这个阶段要由文盲半文盲占很大比重逐步转变为科教文化比较发达，由地区经济文化很不平衡到逐步缩小地区差距，在建设物质文明的同时努力建设精神文明等内容。显然，对初级阶段特征的这些补充，也有助于人们对这一理论的深入理解。

第三，它进一步概括了初级阶段的指导方针。党的十三大报告把党在初级阶段的指导方针规定为6条，即集中力量进行现代化建设，坚持全面改革，坚持对外开放，以公有制为主体大力发展有计划的商品经济，以安定团结为前提努力建设民主政治，以马克思主义为指导努力建设精神文明。党的十五大报告根据近10年的实践，把这6条浓缩为3条，即：根本任务是发展生产力，把改革作为推进各项工作的动力，正确处理改革、发展、稳定三者的关系。这种概括不仅文字精炼了，而且把最本质的东西提炼出来了，表明我们党对问题有了更深入的认识。

第四，它提出了社会主义初级阶段的基本纲领。这是党的十五大报告对初级阶段理论最重要的贡献，也是这一理论日臻完善的标志。这个纲领不仅把初级阶段的基本路线进一步展开了，把初级阶段在经济、政治、文化建设上的基本目标、基本政策规定得更具体化了，而且，对初级阶段从经济基础到上层建筑，都给予了许多新的解释。比如，在经济上，提出公有制为主体、多种所有制经济共同发展是一项基本制度，公有制实现形式可以而且应当多样化，混合所有制经济中的国有成分和集体成分也是公有制经济，国有经济在控制力和竞争力增强的前提下比重减少不会影响社会主义性质，股份制无论资本主义还是社会主义都可以用，股份合作制经济是改革中的新事物，非公有制经济是社会主义市场经济的重要组成部分，允许资本、技术等生产要素参与收益分配；在政治上，提出依法治国是党领导人民治理国家的基本方略，要建设社会主义法治国家，尊重和保障人权是共产党领导、支持人民掌握管理国家权力的重要体现；在文化上，提出只有两个文明都搞好才是有中国特色社会主义，有中国特色社会主义文化是综合国力的重要标志，等等。这些新思想新观点，大大丰富了我们对初级阶段社会主义规律的认识。

有了党的基本理论、基本路线，又有了党的基本纲领，我们对社会主义初级阶段的认识可以说趋于完整了。但对社会主义的认识过程并没有到此完结，还需要我们继续实践，继续探索，不断总结经验，反复深化认识。只要初级阶段没有结束，这个认识过程就不可能完结。即使到了 21 世纪中叶，基本实现现代化以后，我们也还要探索社会主义发达阶段的客观规律。

三　基本纲领和党的最高纲领是有机构成的统一体

毛泽东在《新民主主义论》中说过："关于社会制度的主张，共产党是有现在的纲领和将来的纲领，或最低纲领和最高纲领两部分的。在现在，新民主主义，在将来，社会主义，这是有机构成的两部分，而为整个共产主义思想体系所指导的。"[①] 今天，我们已经完成了新民主主义的任务，进入了社会主义初级阶段，党在这个阶段的基本纲领也可以说是党现在的纲领或党在现阶段的最低纲领。除了这个纲领，党仍然存在着最高纲领，这就是党章总纲中所规定的"实现共产主义的社会制

---

① 《毛泽东选集》第 2 卷，人民出版社 1991 年版，第 686 页。

度"。这两个纲领都是我们党关于社会制度的主张，同样是为整个共产主义思想体系所指导的有机构成的两部分，是不能相互混淆、相互割裂、相互对立的。

能不能因为我们有最高纲领，就轻视党的最低纲领，以为实行这个纲领就是倒退呢？不能。毛泽东在《论联合政府》中说：对于任何一个共产党人及其同情者，如果不为新民主主义的目标奋斗，"如果看不起这个资产阶级民主革命而对它稍许放松，稍许怠工，稍许表现不忠诚、不热情，不准备付出自己的鲜血和生命，而空谈什么社会主义和共产主义，那就是有意无意地、或多或少地背叛了社会主义和共产主义，就不是一个自觉的和忠诚的共产主义者。只有经过民主主义，才能到达社会主义，这是马克思主义的天经地义。……没有一个新民主主义的联合统一的国家，没有新民主主义的国家经济的发展，没有私人资本主义经济和合作社经济的发展，没有民族的科学的大众的文化即新民主主义文化的发展，没有几万万人民的个性的解放和个性的发展，一句话，没有一个由共产党领导的新式的资产阶级性质的彻底的民主革命，要想在殖民地半殖民地半封建的废墟上建立起社会主义社会来，那只是完全的空想。"① 毛泽东在这里虽然说的是对新民主主义最低纲领应有的态度，但对我们看待社会主义初级阶段的基本纲领，在精神上是同样适用的。

基本纲领是否倒退了？对这个问题应当从两方面来看。一方面，如果把它同过去我们在生产资料所有制方面已经达到的公有化程度相比，是倒退了。但那种公有程度不适应社会主义初级阶段的生产力发展水平，不利于生产力的充分发展，实行的结果只会距离共产主义越来越远。而按照基本纲领的做法，公有化程度虽然不像过去那么高了，但它适应目前的生产力，有利于生产力的充分发展，可以使我们"脚踏实地地建设社会主义，使社会主义在中国真正活跃和兴旺起来，广大人民从切身感受中更加拥护社会主义"（十五大报告语），从而能使社会主义在与资本主义的竞争中站稳脚跟。显然，这样做的实际结果，不会是使我们距离共产主义越来越远，而只会是越来越近。因此，从本质上看问题，应当说基本纲领不是倒退，而是前进。

---

① 《毛泽东选集》第 3 卷，人民出版社 1991 年版，第 1059—1060 页。

　　另一方面，即使是在某些方面有所倒退，这在总的历史进程中也是允许的。列宁讲过："马克思主义对历史的曲折道路的态度，同它对妥协的态度在实质上是一样的。任何曲折的历史转变就是妥协，是已经没有足够的力量完全否定新事物的旧事物同还没有足够的力量完全推翻旧事物的新事物之间的妥协。马克思主义并不绝对否定妥协，马克思主义认为必须利用妥协，但这决不排斥马克思主义作为活生生的行动中的历史力量去全力进行反对妥协的斗争。谁不会掌握这个矛盾（似乎是矛盾），谁就是丝毫也不懂得马克思主义。"①他还用形象的比喻来说明要区分两种妥协，说有两种人，一种人把钱和武器交给强盗，为的是减少强盗所能加于的祸害，以便后来容易捕获和枪毙强盗；另一种人把钱和武器交给强盗，为的是要入伙分赃。毫无疑义，我们今天实行基本纲领，允许和鼓励非公有制经济的发展，正是为了使社会生产力和生产社会化能以更快的速度发达起来，以便为彻底消灭私有制、消灭剥削创造物质条件，而绝不是要搞什么私有化。

　　那么，能不能因为我们今天要实行基本纲领，就以为共产主义渺茫而抛弃最高纲领呢？同样不能。毛泽东在《论联合政府》中说过："我们共产党人从来不隐瞒自己的政治主张。我们的将来纲领或最高纲领，是要将中国推进到社会主义社会和共产主义社会去的，这是确定的和毫无疑义的。我们的党的名称和我们的马克思主义的宇宙观，明确地指明了这个将来的、无限光明的、无限美妙的最高理想。每个共产党员入党的时候，心目中就悬着为现在的新民主主义革命而奋斗和为将来的社会主义和共产主义而奋斗这样两个明确的目标，而不顾那些共产主义敌人的无知的和卑劣的敌视、污蔑、谩骂或讥笑。"② 至于共产主义是否渺茫的问题，党的十二大报告曾有过一段很精彩的分析。报告指出："共产主义作为社会制度，在我国得到完全的实现，还需要经过若干代人的长时期的努力奋斗。但是，共产主义首先是一种运动。马克思、恩格斯说过：'我们所称为共产主义的是那种消灭现存状况的现实的运动。'这种运动的最终目的是实现共产主义的社会制度。在我国，共产主义思

---

① 《列宁选集》第 1 卷，人民出版社 1972 年版，第 716 页。
② 《毛泽东选集》第 3 卷，人民出版社 1991 年版，第 1059 页。

想的传播，人们为最终实现共产主义理想而进行的运动，早在中国共产党成立和领导进行新民主主义革命的时候就开始了。现在这个运动在我国已经发展到建立起作为共产主义社会初级阶段的社会主义社会。……共产主义的思想和共产主义的实践早已存在于我们的现实生活中。那种认为'共产主义是渺茫的幻想'、'共产主义没有经过实践检验'的观点，是完全错误的。我们每天的生活都包含着共产主义，都离不了共产主义。"[①]

总之，基本纲领同最高纲领本身是统一的，我们应当在心目中同时悬着这样两个明确的目标，并自觉地把为这两个目标的奋斗融合于平日的具体工作中去。江泽民同志在党的十五大报告中说得好："我们现在的努力是朝着最终实现共产主义的最高纲领前进的，忘记远大目标，不是合格的共产党员；不为实现党在社会主义初级阶段的纲领努力奋斗，同样不是合格的共产党员。"这就告诉我们，作为一个合格的共产党员，既要为实现党的基本纲领而努力工作，又不能仅仅满足于做到这一点，而必须是在为实现党的基本纲领奋斗的同时，不忘记党的最高纲领，不忘记远大目标。

怎样做才叫不忘记远大目标呢？有没有客观标准呢？有。这就是党的十五大报告在讲到党员保持先进性时所提出的四条要求，即胸怀共产主义远大目标，带头执行党和国家现阶段的各项政策；诚心诚意为人民谋利益，吃苦在前，享受在后，克己奉公，多作贡献；刻苦学习马克思主义理论，增强辨别是非的能力；在危急时刻挺身而出，维护国家和人民的利益。做到了这些，就叫没忘记远大目标；反之，则是忘记了远大目标。

另外，对于各级党员领导干部来说，是否忘记远大目标，不仅要看是否做到了以上四条，还要看他是否做到了以下三点：

第一，要看在执行基本纲领的过程中，是否把基本纲领作为有机的整体，全面地完整地理解和贯彻。

基本纲领中的基本目标、基本政策都是从社会主义初级阶段的实际出发的，本身就包含着共产主义的因素。比如，对有中国特色社会主义

---

① 《十二大以来重要文献选编》上，人民出版社1986年版，第27—28页。

建设，报告不仅讲了经济方面还讲了政治和文化方面，不仅讲了发展和改革方面还讲了稳定方面。如果我们在贯彻时只讲经济，不讲政治和文化；只讲发展和改革，不讲稳定，就体现不出纲领的社会主义性质，就是忘记了远大目标。因为，报告中正是在关于政治和文化、关于稳定的部分，讲了必须坚持物质文明和精神文明两手抓、两手都要硬，反对资产阶级自由化，警惕国际国内敌对势力的渗透、颠覆和分裂活动，提倡共产主义道德，坚持马克思主义在我国意识形态领域的指导地位，坚持新闻宣传中的党性原则，坚持抵制各种腐朽思想文化侵蚀，等等。如果忽略了这些，怎么能说是牢记了远大目标呢？

再比如，基本纲领中讲到要建设有中国特色的社会主义经济时，提出了四条基本政策和一条基本要求，这就是：坚持和完善公有制为主体、多种所有制经济共同发展的基本经济制度；坚持和完善社会主义的市场经济体制，使市场在国家宏观调控下对资源配置起基础性作用；坚持和完善按劳分配为主体的多种分配方式，允许一部分地区和一部分人先富起来，带动和帮助后富，逐步走向共同富裕；坚持和完善对外开放，积极参与国际经济合作和竞争；保证国民经济持续快速健康发展，人民共享经济繁荣成果。这些政策和要求，每项都由两句话组成，每句话几乎都包含两个方面。如果我们在贯彻时只讲一句话或者一个方面，如只讲发展多种所有制，不讲以公有制为主体；只讲允许和鼓励资本参与分配和一部分地区、一部分人先富起来，不讲按劳分配为主体、共同富裕；只讲市场对资源配置的基础作用，不讲国家宏观调控这个前提；只讲积极参与国际合作，不讲竞争；只讲国民经济快速发展，不讲人民共享繁荣成果，等等，都体现不出纲领的社会主义性质，也是忘记远大目标的表现。

又比如，报告对公有制的实现形式，讲的是"可以而且应该多样化"，对股份制也讲的是"现代企业的一种资本组织形式"。是"多样化"，不是"单一化"；是"一种"，不是"主要"，更不是"唯一"。如果片面理解，就会误认为"一股就灵"，就会犯"一股就化"、"一股就了"、一哄而起、一阵风、一刀切的毛病，结果把好事办坏，不仅起不到壮大社会主义公有制经济的作用，还会损坏它的主体地位。报告在论述股份制资本主义可以用、社会主义也可以用时，后面紧接着说：

"关键看控股权掌握在谁手里。"如果只讲前面的话，略去了这后一句，不注意在股份制改造中保持国家和集体控股，势必达不到扩大公有资本支配范围的目的，相反，自己的资本还会被别人所支配。这样做，当然也不可能体现纲领的社会主义性质，不能说是牢记了远大目标。

第二，要看在执行基本纲领的过程中，是否始终坚持每项政策的社会主义方向。

搞现代化、改革、市场经济、股份制等，都有个方向问题。不问姓资姓社，是说这些东西本身没有姓资姓社的问题，不等于这些东西不存在和资本主义相联系还是和社会主义相联系的问题。邓小平早就说过："我们的改革不能离开社会主义道路。"[①] 他还说："有些人脑子里的四化同我们脑子里的四化不同。我们脑子里的四化是社会主义的四化。他们只讲四化，不讲社会主义。这就忘记了事物的本质，也就离开了中国的发展道路。"[②] 江泽民同志在庆祝中华人民共和国成立 40 周年大会上的讲话中也指出："许多事实告诉我们，在改革开放问题上，实际上存在着两种截然不同的主张。一种是党中央和邓小平同志一贯主张的坚持社会主义道路，坚持人民民主专政，坚持共产党的领导，坚持马列主义、毛泽东思想的改革开放，即作为社会主义制度自我完善的改革开放。另一种是坚持资产阶级自由化立场、要求中国'全盘西化'的人所主张的同四项基本原则相割裂、相背离、相对立的'改革开放'。这种所谓'改革开放'的实质，就是资本主义化，就是把中国纳入西方资本主义体系。我们必须明确划清两者的根本界限。当前四项基本原则和资产阶级自由化的尖锐对立，可以说在很大程度上表现在改革开放要不要坚持社会主义方向这个问题上。我们在制定和贯彻现代化建设的各项方针、政策、措施、方案的时候，都要坚持把四项基本原则和改革开放有机地统一起来，把四项基本原则具体落实到各项工作中去。"[③] 他在党的十五大报告中还用了一句很精炼的话，重申了上述精神，这就是："把以经济建设为中心同四项基本原则、改革开放这两个基本点统

---

① 《邓小平文选》第 3 卷，人民出版社 1993 年版，第 242 页。
② 同上书，第 204 页。
③ 《十三大以来重要文献选编》中，人民出版社 1991 年版，第 618 页。

一于建设有中国特色社会主义的伟大实践。"① 可见，如果只讲一个基本点，离开社会主义的基本制度讲改革开放，讲市场经济，讲股份制，就会在执行基本纲领的过程中走偏方向，就是忘记了远大目标。

第三，要看在执行基本纲领的过程中，是否忘记加强党的自身建设。

基本纲领是我们党用来治国的，但能否把国家治理好，关键取决于我们能否把党治好。因为我们党是执政党，基本纲领的社会主义性质，要靠党的工人阶级先锋队的性质来保证；最高纲领的实现，也要靠党带领广大人民群众去奋斗。如果领导干部只埋头于各自的业务，忽略或放松党的自身建设，不讲学习，不讲政治，不讲正气，不从严治党，使纪律松弛和软弱涣散现象不断发展，腐败现象继续滋生蔓延，最终导致党丧失人民群众的信任和支持，或者自己毁掉自己，或者被敌人从堡垒内部攻破。那样，不仅党的最高纲领无从谈起，即使实现党的基本纲领的任务也难以完成。因此，从这个意义上说，忘记党的自身建设，也就是忘记远大目标。

在党的十五大报告中，对社会主义初级阶段基本纲领的论述虽然只占一节的篇幅，但却居于承前启后的重要位置。如果我们对基本纲领有了完整准确的理解，不仅有助于对它的全面贯彻，而且有助于对党的十五大精神的掌握。而真正掌握住了十五大精神，我们就一定能更好地动员全国人民高举邓小平理论的伟大旗帜，把有中国特色的社会主义事业全面推向 21 世纪。

（本文曾发表于《马克思主义研究》1998 年第 1 期和 1998 年 2 月 7 日《人民日报》。收入本书时略有修改）

---

① 《十五大以来重要文献选编》上，人民出版社 2000 年版，第 18 页。

从改革开放前后两个时期的相互关系 上认识中国特色社会主义道路的内涵[*]

　　坚定不移地高举中国特色社会主义伟大旗帜，是党的十七大报告的灵魂，也是十七大的主题。高举中国特色社会主义伟大旗帜，最根本的是要坚持中国特色社会主义道路和中国特色社会主义理论体系。那么，什么是中国特色社会主义道路呢？十七大报告是这样概括的："中国特色社会主义道路，就是在中国共产党领导下，立足基本国情，以经济建设为中心，坚持四项基本原则，坚持改革开放，解放和发展社会生产力，巩固和完善社会主义制度，建设社会主义市场经济、社会主义民主政治、社会主义先进文化、社会主义和谐社会，建设富强民主文明和谐的社会主义现代化国家。"[①] 对于这个概括，可以从理论上认识，也可以从历史上认识。从历史上认识，最重要的就是要弄清楚改革开放前后两个时期的社会性质及其相互关系。

　　十七大报告在阐述改革开放历史进程时，讲了三个"永远铭记"，大意是：改革开放的伟大事业是在以毛泽东为核心的党的第一代中央领导集体创立毛泽东思想，带领全党全国各族人民建立新中国、取得社会主义革命和建设伟大成就以及艰辛探索社会主义建设规律取得宝贵经验的基础上进行的；是在以邓小平、江泽民为核心的党的第二代、第三代中央领导集体带领全党全国各族人民开创、继承、发展并成功推向 21 世纪的。这一论述站在历史的高度，运用历史唯物主义的基本观点，科学分析了改革开放与三代中央领导集体之间的关系，为我们正确认识改

＊ 这是为中共北京市委宣传部组织的市经济技术开发区县处级以上干部及部分党员学习党的十七大报告所作的辅导报告。

① 《中国共产党第十七次全国代表大会文件汇编》，人民出版社 2007 年版，第 7 页。

革开放前后两个时期的历史及其相互关系，从而准确把握中国特色社会主义道路的内涵，提供了十分重要的指导思想。

新中国成立至今已 58 年，如果以 1978 年底召开的党的十一届三中全会作为改革开放开始的标志，这 58 年刚好可以分为前后两个 29 年。对于这两个时期的历史，1981 年党的十一届六中全会通过的《关于建国以来党的若干历史问题的决议》（以下简称《历史决议》），以及此后历次党代表大会的报告，都有充分、明确的结论。但一段时间以来，学术界、理论界，乃至社会上和境内外各种媒体，对这两个时期的历史评价问题议论颇多，分歧不少。其中有的属于学术上的不同观点、思想上的不同认识，有的则反映了政治立场上的尖锐对立。少数人用夸大事实、以偏概全、偷换背景、任意编造等手法，或把改革开放前的 29 年描写成一连串错误的集合，攻击其为专制主义的历史；或把改革开放后的 29 年解释成脱离科学社会主义的原则，歪曲其为民主社会主义或社会民主主义的历史；或把改革开放前后两个时期都污蔑为"人权灾难"的历史，一概予以否定；或把改革开放前后两个时期的历史加以割裂和对立，用后 29 年否定前 29 年。因此，要正确认识中国特色社会主义道路的内涵，在当前尤其需要根据十七大报告的精神，着重从历史上来考察这两个 29 年的性质及其相互关系。而要这样做，关键在于弄清楚以下三个问题。

一　如何看待改革开放前 29 年的失误和错误

从新中国成立到 1978 年实行改革开放前，以毛泽东为核心的党的第一代中央领导集体在探索社会主义建设规律的过程中有过不少失误和错误，有的错误甚至是全局性、长时期的，给党、国家和人民造成了严重挫折和损失。对这些失误和错误，我们不应忽视，更不应掩盖，否则不可能从中吸取教训；但同时必须客观、全面而不是孤立、片面地看待它们，否则同样不可能正确总结经验，相反还会一叶障目，把改革开放前的历史看得一无是处、一团漆黑，导致对那段历史和社会主义制度的否定。

怎样才能客观、全面地看待改革开放前的种种失误和错误呢？要做到这一点，我认为必须树立以下四个观点。

1. 要把失误和错误与那段历史所取得的成就放在一起比较，分清主流与支流

对于改革开放之前29年的历史性成就，党中央在改革开放后的不同时期，作过一系列评价，观点是明确的和始终一贯的。

例如，邓小平同志在1979年理论务虚会上的讲话中指出："社会主义革命已经使我国大大缩短了同发达资本主义国家在经济发展方面的差距。我们尽管犯过一些错误，但我们还是在三十年间取得了旧中国几百年、几千年所没有取得过的进步。我们的经济建设曾经有过较快的发展速度。"①

1981年党中央通过的《历史决议》指出："中国共产党在中华人民共和国成立以后的历史，总的说来，是我们党在马克思列宁主义、毛泽东思想指导下，领导全国各族人民进行社会主义革命和社会主义建设并取得巨大成就的历史。社会主义制度的建立，是我国历史上最深刻最伟大的社会变革，是我国今后一切进步和发展的基础。""三十二年来我们取得的成就还是主要的，忽视或否认我们的成就，忽视或否认取得这些成就的成功经验，同样是严重的错误。"②

1989年江泽民同志在庆祝新中国成立40周年大会上的讲话中指出："中华人民共和国成立以来的四十年，是中国历史发生翻天覆地变化的四十年，是经历艰难曲折、战胜种种困难、不断发展进步的四十年，是中华民族扬眉吐气、独立自主、在国际事务中日益发挥重要作用的四十年。"③

2006年胡锦涛总书记在庆祝建党85周年暨党员先进性教育总结大会上的讲话中指出：我们党领导中国人民经过新民主主义革命时期28年的艰苦斗争，建立了人民当家作主的新中国。"在社会主义革命和建设时期，我们确立了社会主义基本制度，在一穷二白的基础上建立了独立的比较完整的工业体系和国民经济体系，使古老的中国以崭新的姿态

---

① 《邓小平文选》第2卷，人民出版社1994年版，第167页。
② 《三中全会以来重要文献选编》下，人民出版社1982年版，第794、798页。
③ 《十三大以来重要文献选编》中，人民出版社1991年版，第611页。

屹立在世界的东方。"①

上述评价如实反映和高度概括了改革开放前29年的主要成就,我们只要把那29年的失误、错误,包括"大跃进"和"文化大革命"那种严重错误同这些历史性成就放在一起比较,孰重孰轻、什么是主流什么是支流就会一目了然。

2. 要对失误和错误进行具体分析,不能因为某些历史事件中有失误、错误,就全盘否定那些事件

首先,要分析失误和错误是普遍的、全局的现象,还是个别的、局部的现象。

比如,在前29年发动过的一系列政治运动中,有的错误是带有普遍性、全局性的。像"大跃进"的高指标、瞎指挥、浮夸风、"共产风","文化大革命"的"打倒一切、全面内战",等等,都属于这种性质的错误。对这类运动,就要基本否定或彻底否定。但有些运动,错误只是个别的、局部的现象。像新解放区土改运动和"三反"、"五反"运动,虽然也存在侵犯中农利益、冲击富农经济、对地主体罚的现象,存在打"老虎"凑人数、对"五毒"界限不清等扩大化的现象,但这些并非普遍存在,而且一经发现便及时纠正。因此,这类运动从总体上看是健康的,对社会进步、经济发展、政权稳固都起到了至关重要的积极作用,必须充分肯定或基本肯定。如果不这样看问题,而是看到哪个运动中有缺点有错误就予以全盘否定,甚至攻其一点,不及其余,势必会得出改革开放之前29年的历史是一连串错误集合的结论。

再比如,新中国成立初期,我们在思想文化领域进行的几场比较大的批判运动中,存在把思想性、学术性问题简单化、政治化的倾向,有的甚至混淆了敌我、敌友的界限,这显然是十分错误的。但也应当看到,正是那些大张旗鼓的批判,加上与此同时进行的知识分子思想改造运动,使文艺界、学术界、教育界存在的封建主义的和资产阶级唯心主义、民主个人主义、自由主义的思想受到了强烈冲击和迅速清理,使辩证唯物主义、历史唯物主义、为人民服务和人人平等等无产阶级思想很快为大多数旧社会过来的知识分子所接受,使封建主义和资产阶级思想

---

① 2006年7月1日《人民日报》。

很快从学校讲坛和报刊、出版物、舞台中被驱逐出去，使马克思主义迅速占据了意识形态领域的指导地位，使我们国家的上层建筑得以在较短时间内实现了同社会主义经济基础的协调一致，适应了当时社会主义改造和社会主义建设的需要。如果不加具体分析，而是像列宁批评的那样，"在倒洗澡水时把孩子也倒掉"，把那几场批判运动中犯的错误连同其中合理的正确的成分一概否定，那就难以解释，为什么过去在革命根据地、解放区占主导地位的马克思主义，能在短短几年内成为全国特别是城市中的主流意识形态。只要看看今天非马克思主义、反马克思主义思潮涌动的状况，就不难想象当年要做到这一点是多么不容易。

其次，要把犯错误和犯错误的时期加以区别，不能因为某个时期犯了错误，就把那个时期的工作统统否定。

比如，"文化大革命"是我们党在新中国成立后犯的最为严重的错误。但"文化大革命"是一个持续了十年的运动，在那十年里，我们党除了开展"文化大革命"运动，还做了许多其他工作。《历史决议》说：在"文化大革命"期间，"我们党没有被摧毁并且还能维持统一，国务院和人民解放军还能进行许多必要的工作"。"第四届全国人民代表大会还能召开并且确定了以周恩来、邓小平同志为领导核心的国务院人选。""党、人民政权、人民军队和整个社会的性质都没有改变。""我国社会主义制度的根基仍然保存着，社会主义经济建设还在进行，我们的国家仍然保持统一并且在国际上发挥重要影响。""国民经济虽然遭到巨大损失，仍然取得了进展。粮食生产保持了比较稳定的增长。工业交通、基本建设和科学技术方面取得了一批重要成就，其中包括一些新铁路和南京长江大桥的建成，一些技术先进的大型企业的投产，氢弹试验和人造卫星发射回收的成功，籼型杂交水稻的育成和推广，等等。在国家动乱的情况下，人民解放军仍然英勇地保卫着祖国的安全。对外工作也打开了新的局面。当然，这一切决不是'文化大革命'的成果，如果没有'文化大革命'，我们的事业会取得大得多的成就。"①这些论述反映了客观实际，说明不能把"文化大革命"与"文化大革命"时期简单画等号，不能因为要彻底否定"文化大革命"，就否定

---

① 《三中全会以来重要文献选编》下，人民出版社 1982 年版，第 815—817 页。

"文化大革命"时期党和政府所做的必要工作和建设事业所取得的重大成就，更不能因此而否定那一时期党和国家、社会的原有性质。

3. 要把失误和错误放在当时特定的历史条件下分析，把在当时可以避免的和由于客观条件限制难以避免的错误区分开来

所谓客观条件限制有两种。一种是实践不够，缺少经验。比如，我国历史上是农业国，近代以来有的一点工业也十分落后，而且主要集中在沿海；商品经济很不发达，广大农村还是半自给的自然经济。究竟如何进行大规模工业化建设，如何搞商品经济，不仅基层干部和广大群众缺少经验，党的高级干部经验也不多，都需要有一个探索的过程。改革开放前，我们在处理农、轻、重，国家、集体、个人，计划与市场，等等关系问题上，走了不少弯路，大多数源于这种情况。

另一种限制是物质不够，缺少条件。比如，改革开放前，我们在很长时间内积累率过高，对消费品生产的资金、原材料安排不足，给人民生活造成许多困难；尤其是对农业、农民索取过多，给予过少，造成农村大部分地区面貌长期变化不大。这有我们对积累与消费比重安排不当，对农业与农民照顾不够的一面，也有受到当时物质条件限制的一面。新中国成立后，我们要尽快增强国力、巩固国防、不再受帝国主义欺负，只有通过优先发展重工业的办法尽快实现工业化。而重工业建设需要进行大规模基本建设，需要进口设备、增加城市人口，需要农林牧副渔业为工业和城市人口提供大量原材料和商品粮。这就要求实行集中统一的计划经济，以便把全国有限的财力、物力，最大限度地用于钢铁、机械、煤炭、电力、铁路等基本建设，从而不得不对粮食、棉花、油料作物、木材等主要农副产品实行统购统销，不得不暂时抑制人民的消费，不得不相对牺牲一些农民的利益。

凡事有利必有弊。毛泽东在1953年中央人民政府委员会会议上讲："我们施仁政的重点应当放在建设重工业上。要建设，就要资金。所以，人民的生活虽然要改善，但一时又不能改善很多。"[①] 周恩来在1954年一届全国人大一次会议上也讲："重工业需要的资金比较多，建设时间比较长，赢利比较慢，产品大部分不能直接供给人民的消费，因

───────────────

① 《毛泽东著作专题摘编》上，中央文献出版社2003年版，第988—989页。

此在国家集中力量发展重工业的期间，虽然轻工业和农业也将有相应的发展，人民还是不能不暂时忍受生活上的某些困难和不便。但是我们究竟是忍受某些暂时的困难和不便，换取长远的繁荣幸福好呢，还是贪图眼前的小利，结果永远不能摆脱落后和贫困好呢？我们相信，大家一定会认为第一个主意好，第二个主意不好。"① 陈云在 1950 年党的七届三中全会上发言说："中国是个农业国，工业化的投资不能不从农业上打主意。搞工业要投资，必须拿出一批资金来，不从农业打主意，这批资金转不过来。"② 可见，改革开放前人民生活提高不快，除了有工作安排不当的原因外，确实有为工业化建设付出必要代价的原因。只不过后来的"大跃进"、反右倾，特别是"文化大革命"运动，加重了困难的程度，延长了困难的时间罢了。

列宁指出："在分析任何一个社会问题时，马克思主义理论的绝对要求，就是要把问题提到一定的历史范围之内。"③ 我们今天看待改革开放前那段历史，同样要放到当时的条件下。否则，既不可能弄清历史真相，更不可能找出历史的经验和教训。

4. 要分析造成失误和错误的主观原因，同时也要把好心办坏事与个人专断、个人专断与专制制度加以区别

我们党在改革开放前 29 年出现的失误和错误，有客观原因，也有主观原因；在主观原因中，除了经验不足等难以避免的因素外，也有思想方法、工作方法、工作作风不够端正等可以避免的问题；在可以避免的问题中，有个人专断性质的，也有急于求成性质的。对这些都应具体分析，不能一说主观原因，就都看成是个人专断问题，更不能混淆个人专断与专制制度的本质区别。

毛泽东以及当年中央和地方许多领导同志犯错误，普遍与急于求成有关。急于求成当然是不对的，因为它夸大了主观意志的作用，忽视了客观规律和可能性，但它的动机往往是好的，是希望建设的步伐再快些，用的时间再短些。邓小平曾说过："我们都是搞革命的，搞革命的人最容易犯急性病。我们的用心是好的，想早一点进入共产主义。这往

---

① 《周恩来选集》下，人民出版社 1984 年版，第 133—134 页。
② 《陈云文选》第 2 卷，人民出版社 1995 年版，第 97 页。
③ 《列宁选集》第 2 卷，人民出版社 1995 年版，第 375 页。

往使我们不能冷静地分析主客观方面的情况，从而违反客观世界发展的规律。中国过去就是犯了性急的错误。"① 另外应看到，急于求成的毛病往往也与人民群众要求尽快改变落后状况的急迫心情有关，是上下互动的结果。否则，当年为什么一下子就能搞起"大跃进"运动呢？

然而，个人专断的问题就不同了。正如《历史决议》中所指出的，这种问题的根源在于骄傲，在于脱离实际和脱离群众；其表现是把个人凌驾于组织之上，后果是使党和国家政治生活中的集体领导原则和民主集中制原则受到削弱以至破坏；其社会原因是党内民主和国家政治生活的民主缺少制度化、法律化，党的权力过分集中于个人；其历史原因是长期封建社会造成的封建专制主义思想的影响。但是，受封建专制主义思想的影响与封建专制制度毕竟是本质完全不同的两码事。前者是思想作风问题，而后者是社会性质问题。众所周知，在中国近代历史上，是中国共产党而不是别的什么政治力量，领导人民进行了长期艰苦卓绝的、最坚决彻底的反封建斗争，并且取得了推翻帝国主义、封建主义和官僚资本主义统治的最后胜利，使中国由半殖民地半封建社会进入到社会主义社会，使中国人民由被奴役被侮辱的地位翻身做了国家的主人。因此，社会主义制度从本质上讲是与个人专断之类封建专制主义思想的表现相互对立、格格不入的。正因为如此，我们党才能在社会主义制度下提出并着手纠正这种现象。也正因为如此，我们党在指出这一问题时，并没有把它仅仅归咎于某个人或某些人，着重于追究他们个人的责任，而是注重于总结经验，弄清错误的历史原因、社会原因和体制原因，使全党从中得到深刻教训，并在党和国家的领导制度、干部制度等政治体制上进行改革，以免后人重犯类似错误。

《历史决议》在分析毛泽东在"文化大革命"中的错误时，一方面指出他负有主要责任，指出这一错误与个人专断作风、与封建专制主义思想影响的关系；另一方面也指出，毛泽东的错误"终究是一个伟大的无产阶级革命家所犯的错误"，个人专断、党和国家政治生活中的集体领导原则和民主集中制不断受到削弱以至破坏的现象，"是逐渐形成的，党中央对此也应负一定的责任"，这种现象"是一定历史条件的产

---

① 《邓小平文选》第 3 卷，人民出版社 1993 年版，第 139—140 页。

物，如果仅仅归咎于某个人或若干人，就不能使全党得到深刻教训，并找出切实有效的改革步骤"。① 这充分体现了我们党在处理历史问题时，不过多追究个人责任而着重吸取教训的一贯态度。在十七大报告中，胡锦涛同志讲到严格执行民主集中制时强调，要"健全集体领导与个人分工负责相结合的制度，反对和防止个人或少数人专断"。这再次说明，封建专制主义思想影响是有深厚历史根源的，不会只在某个人或若干人身上起作用，也不会仅在短时间内就被清除干净。所以，不能因为存在个人或少数人专断的现象，就妄言我们的制度是什么封建专制主义的。20 多年的实践证明，我们党在 20 世纪 80 年代初对个人专断问题所作的分析完全正确，是经得起历史检验的。

二 如何看待改革开放前的 29 年对改革开放的意义

我们要正确认识改革开放前 29 年的历史，除了要正确看待改革开放前的失误和错误外，还有必要弄清楚这段历史对于改革开放有没有意义，有什么意义。十七大报告指出："改革开放和社会主义现代化建设，是新中国成立以后我国社会主义建设伟大事业的继承和发展。"② 我们只有弄清楚了改革开放前 29 年对于改革开放的意义，才能切实明白中国特色社会主义道路与改革开放前社会主义建设事业之间这种继承、发展与被继承、被发展的关系，才能使我们更全面地认识改革开放前 29 年在当代中国历史上的积极作用。

改革开放前 29 年的历史对改革开放的意义，大体可以归纳为以下五点。

1. 为改革开放提供了政治前提

我国自鸦片战争后，逐渐沦为半殖民地半封建社会。一切有爱国心的仁人志士曾想尽各种办法，但都未能解决问题。是中国共产党领导人民通过新民主主义革命，推翻了帝国主义、封建主义和官僚资本主义这三座大山，没收了它们的财产，建立了人民民主专政的政权，实现了除

---

① 《三中全会以来重要文献选编》下，人民出版社 1982 年版，第 815、819 页。
② 《中国共产党第十七次全国代表大会文件汇编》，人民出版社 2007 年版，第 54 页。

台、港、澳之外的国家统一，取得了民族独立、主权和领土完整；铲除了帝国主义、封建势力的社会基础，巩固了新生政权；取得了抗美援朝等一系列自卫战争的胜利，提高了中国的国际威望，消除了外国侵略的威胁；实行了各民族一律平等的政策，实现了中华民族的空前大团结；进行了对农业、手工业和资本主义工商业的社会主义改造，奠定了社会主义的经济基础，使中国从此步入社会主义社会。尤其是在经济极端困难的情况下，研制并成功爆炸了原子弹和氢弹，发射并回收了人造卫星，打破了超级大国的核垄断和核讹诈，使中国不失时机地进入国际"核俱乐部"；在国际局势极端复杂的情况下，打开了中美关系的僵局，恢复了中国在联合国的合法席位，使中国取得了举足轻重的国际地位。所有这些，都使改革开放得以在政权稳固、社会安定、国际环境相对有利的条件下展开。没有这个前提，中国特色社会主义道路就会成为无源之水、无本之木，改革开放就不可能启动，更不可能那么顺利地进行。

2. 为改革开放奠定了制度基础

新中国成立后，我们建立了从政治到经济、从中央到地方的一整套制度，其中最为重要的是以人民代表大会制度、中国共产党领导的多党合作和政治协商制度、民族区域自治制度为核心的社会主义基本政治制度，以及以生产资料全民所有和集体所有为基础的基本经济制度。尽管历史新时期在一些具体的政治制度上有过不少改革，包括多次进行机构改革，并对人民代表大会制度、中国共产党领导的多党合作和政治协商制度、民族区域自治制度不断进行充实和完善，但上述基本政治制度经过实践的反复检验，证明完全适合中国国情，因而至今仍在坚持。基本经济制度虽然根据生产力发展水平有较大改变，但仍然是以公有制和按劳分配的制度为主体，国有经济仍然控制着国民经济的主要领域和关键部门，在经济中起着主导作用。正是这些制度，为我们进行改革开放和社会主义民主政治建设、市场经济建设提供了稳定的政治环境、有力的组织保障和广阔的活动平台。

3. 为改革开放奠定了物质技术基础

改革开放前 29 年实行的计划经济体制，在改革开放中虽然已被改为社会主义市场经济体制，但那个时期通过没收官僚买办资产阶级的资产、改造资本主义工商业和连续五个五年计划的建设而积累起来的全民所有制和集体所有制的巨大财富，却在历史新时期发挥了重要作用；那个时期建立的经济计划体系，也为计划经济向社会主义市场经济体制的平稳过渡，提供了必要的工作机构和干部队伍，为市场经济条件下的宏观调控提供了必要的经验。

经过 29 年的奋斗，我们在"一穷二白"的基础上，改变了旧中国工业集中于沿海地区的不合理布局，建立了独立的比较完整的工业体系和国民经济体系，发展了农药、化肥等支农工业和县办、社办工业，进行了大规模农田和水利基本建设，改善了农业生产条件，提高了农业生产能力。所有这些，都为改革开放后制造业和高科技产业的迅猛发展、粮食总产量的大幅度提高、乡镇企业的"异军突起"、人民生活由温饱不足到总体小康，以及经济总量跃居世界前列等等人间奇迹，提供了雄厚的物质基础。

旧中国人口的 80% 是文盲，儿童入学率仅为 20%，在 1912—1948 年的 36 年里，国内高等学校毕业生只有 18.5 万人，其中工科毕业生只有 3 万人。新中国成立时，全国科技人员不到 5 万人，高级科研人员不足 1000 人；地质队伍仅 800 名职工，技术人员只有 200 人。经过 29 年的努力，高校毕业生累计 295 万人，中专毕业生累计 520 万人。到 1966 年，科研机构已达 1600 个，其中科技人员 434.5 万人。地质队伍在 1957 年已增至 28 万人，其中技术人员 4 万人；到 20 世纪 80 年代初更增至 110 万人，其中技术人员 15 万人，是新中国成立之初的 700 多倍。这些都为改革开放后的经济、科技大发展，准备了必要的人才条件。

正因为如此，《历史决议》在评价改革开放前，特别是"文化大革命"前在经济技术方面的贡献时指出："我们现在赖以进行现代化建设的物质技术基础，很大一部分是这个期间建设起来的；全国经济文化建设等方面的骨干力量和他们的工作经验，大部分也是在这个期间培养和积累起来的。"①

4. 为改革开放提供了一定的思想保证

十七大报告科学总结了我们党在改革开放时期的全部理论创新成果，并把它们概括为中国特色社会主义理论体系，其中包括邓小平理

---

① 《三中全会以来重要文献选编》下，人民出版社 1982 年版，第 804 页。

论、"三个代表"重要思想以及科学发展观等重大战略思想。报告指出，在当代中国，要真正坚持马克思主义，就必须用中国特色社会主义理论体系武装全党、教育人民。但这并不意味着我们党在改革开放前探索社会主义建设道路过程中所形成的那些符合客观规律的思想，对改革开放就没有指导和保证的作用了。

首先，诚如十七大报告所指出的，中国特色社会主义理论体系是坚持和发展马克思列宁主义、毛泽东思想的产物，是几代中国共产党人带领人民不懈探索实践的智慧和心血的凝结，是同马克思列宁主义、毛泽东思想既一脉相承又与时俱进的科学理论。因此，毛泽东思想依然是我们党的指导思想的重要组成部分。邓小平曾讲过："有些同志说，我们只拥护'正确的毛泽东思想'，而不拥护'错误的毛泽东思想'。这种说法也是错误的。我们坚持的和要当作行动指南的是马列主义、毛泽东思想的基本原理，或者说是由这些基本原理构成的科学体系。至于个别的论断，那末，无论马克思、列宁和毛泽东同志，都不免有这样那样的失误。但是这些都不属于马列主义、毛泽东思想的基本原理所构成的科学体系。"[①]事实告诉我们，毛泽东思想中关于实事求是、群众路线、独立自主自力更生的思想，关于全心全意为人民服务的思想，关于要把我国建设成现代化社会主义强国、对人类作出较大贡献的思想，关于不要机械搬用外国经验的思想，关于社会主义时期仍然存在矛盾和要严格区分正确处理两类不同性质矛盾的思想，关于要调动一切积极因素、化消极因素为积极因素的思想，关于思想政治工作是经济工作和其他一切工作生命线的思想，关于百花齐放、百家争鸣、古为今用、洋为中用的思想，等等，不仅没有过时，而且在改革开放的各项工作中发挥了和继续发挥着重要的指导作用。

其次，改革开放前党内开展过的一系列政治运动，无论是正确的还是错误的、成功的还是不成功的，基本上贯穿着一个主题，就是防止党脱离人民群众、腐败变质，防止国家改变颜色、政权得而复失。虽然那些运动有时往往搞得过火，伤人过多，但这个主题却深入人心。改革开放以来，我们党尽管换了一茬又一茬干部，尽管也出了不少腐败分子，

---

① 《邓小平文选》第 2 卷，人民出版社 1994 年版，第 171 页。

但时至今日，大多数人的思想中都还有这根弦，不能不说与这些运动的影响有很大关系。邓小平反复提醒：如果我们党不严重注意惩治和预防腐败问题，"不坚决刹住这股风，那末，我们的党和国家确实要发生会不会'改变面貌'的问题"。[①] "不惩治腐败，特别是党内的高层的腐败现象，确实有失败的危险。"[②] 江泽民同志也反复说："不解决好反腐倡廉的问题，改革发展稳定就没有坚强的政治保证，党和政府就会严重脱离群众，就有亡党亡国的危险。"[③] 胡锦涛同志在十七大报告中再次告诫："坚决惩治和有效预防腐败，关系人心向背和党的生死存亡"；"全党同志特别是领导干部都要讲党性、重品行、作表率"。改革开放以来，我们党虽然不再重复过去那种运动式的整风了，但在20多年里仍然进行了1980年整党、1990年党员重新登记、1999年"三讲"教育、2004年"党员先进性教育"等多次整风教育活动。这些反复的提醒、告诫和不断的整风，在其他曾经执政过的共产党中是很少见的。而这恰恰是我们党在改革开放、市场经济、长期执政的环境下，能够经受各种考验而岿然不动的一个重要原因。

5. 为改革开放提供了正反两方面经验

我们党在改革开放前29年积累的经验中，有正面的也有反面的。但无论哪种经验，都是我们的宝贵财富，都对改革开放起了借鉴作用。说正面经验对改革开放有意义比较好理解，说反面经验也有意义是什么原因呢？对此，邓小平当年在评论"文化大革命"的教训时讲得很清楚。他说："没有'文化大革命'的教训，就不可能制定十一届三中全会以来的思想、政治、组织路线和一系列政策。三中全会确定将工作重点由以阶级斗争为纲转到以发展生产力、建设四个现代化为中心，受到了全党和全国人民的拥护。为什么呢？就是因为有'文化大革命'作比较，'文化大革命'变成了我们的财富。"[④]可见，我们之所以能实行改革开放的政策，之所以能在改革开放中走出一条有中国特色的社会主义道路，与改革开放前正反两方面的经验都是分不开的。

---

① 《邓小平文选》第2卷，人民出版社1994年版，第403页。
② 《邓小平文选》第3卷，人民出版社1993年版，第313页。
③ 《江泽民文选》第3卷，人民出版社2006年版，第175页。
④ 《邓小平文选》第3卷，人民出版社1993年版，第272页。

有了改革开放前29年打下的基础，又有了改革开放的正确决策和一系列路线、方针、政策，新的历史时期才会使亿万人民的积极性得到极大调动，使中华大地焕发出勃勃生机，使中华民族大踏步赶上时代前进的潮流、迎来伟大复兴的光明前景。与改革开放相比，前29年的建设成就和人民生活变化远没有那么显著，但这并不表明前29年没有成绩，或成绩不重要。如同盖楼一样，打地基时的成绩，不容易看出来，但楼房盖得快盖得高，反过来说明地基打得牢。在这个意义上可以说，改革开放前29年的成就，客观上为实行改革开放政策做了充分的准备。

三　如何看待改革开放前后两个 29年的不同之处和相同之处

马克思讲过："要了解一个限定的历史时期，必须跳出它的局限，把它与其他历史时期相比较。"① 我们要认识改革开放时期的社会主义性质，同样需要把它与改革开放前的历史放在一起进行比较。因为只有这样，才能看出它们的不同之处和相同之处，从而认识中国特色社会主义道路的内涵。怎样比较呢？我认为主要应当从以下五个方面看。

1. 从党的指导思想上看

改革开放前，党的指导思想存在"左"的偏差，对社会主义时期的长期性缺乏足够认识，并把阶级斗争当成整个社会主义时期的主要矛盾。尤其是到了"文化大革命"期间，更把坚持无产阶级与资产阶级两个阶级、社会主义与资本主义两条道路的斗争，当成社会主义历史阶段的基本路线。粉碎"四人帮"后的一段时间里，虽然宣布了"文化大革命"的结束，却又提出"两个凡是"的方针。另外，改革开放之前，虽然也提出过必须把马列主义普遍真理同中国社会主义建设的具体实际结合起来、把党的工作重心放到经济建设上，把社会主义时期分为不发达和发达两个阶段等等正确思想，但认识的深度、贯彻的力度、坚持的韧度，都远不如改革开放时期。

改革开放后，我们党虽然指出并纠正了毛泽东的晚年错误，恢复了

---

① 《马克思恩格斯全集》第44卷，人民出版社1982年版，第287页。

党的实事求是的马克思主义的思想路线、政治路线、组织路线，确立了党在社会主义初级阶段"一个中心、两个基本点"的基本路线，又先后形成邓小平理论、"三个代表"重要思想以及科学发展观等重大战略思想，强调用发展着的马克思主义指导客观世界和主观世界的改造；但同时也科学地评价了毛泽东，把毛泽东的晚年错误与毛泽东思想加以区别，确立毛泽东和毛泽东思想的历史地位，始终捍卫和高举毛泽东思想的伟大旗帜。

改革开放后，我们党虽然彻底否定了"以阶级斗争为纲"的错误理论，认为在社会主义时期里阶级斗争已经不是主要矛盾，但仍然坚持马克思主义关于阶级和阶级斗争的理论，认为在社会主义现阶段，"由于国内的因素和国际的影响，阶级斗争还在一定范围内长期存在，在某种条件下还有可能激化"；[①] 虽然把经济建设和改革开放作为社会主义初级阶段的中心任务和总政策，看作兴国之要和强国之路，但仍然坚持四项基本原则，并把它看作立国之本，是我们党、我们国家生存发展的政治基石。在十七大报告中，胡锦涛同志反复强调坚持四项基本原则，明确指出要"把以经济建设为中心同四项基本原则、改革开放这两个基本点统一于发展中国特色社会主义的伟大实践，任何时候都决不动摇"；要求广大党员、干部"做共产主义远大理想和中国特色社会主义共同理想的坚定信仰者"；强调"高度警惕和坚决防范各种分裂、渗透、颠覆活动，切实维护国家安全"。[②]

对于改革开放前后我们党在指导思想方面的这一相同之处，邓小平曾在会见香港特别行政区基本法起草委员会委员时作过一个说明。他说：有的人"忽略了中国的政策基本上是两个方面，说不变不是一个方面不变，而是两个方面不变。人们忽略的一个方面，就是坚持四项基本原则，坚持社会主义制度，坚持共产党领导。人们只是说中国的开放政策是不是变了，但从来不提社会主义制度是不是变了，这也是不变的嘛！"[③]

2. 从经济制度、体制、发展战略和对外联系上看

---

① 《中国共产党第十七次全国代表大会文件汇编》，人民出版社 2007 年版，第 60 页。

② 同上书，第 16、49、40 页。

③ 《邓小平文选》第 3 卷，人民出版社 1993 年版，第 217 页。

改革开放前，全民所有制和集体所有制在经济部门占 90% 以上，除公私合营企业的资本家拿定息、居民储蓄存款有很少利息外，工矿企业一律按八级工资制拿工资，农村则根据出工情况拿工分，收入差距不大，"铁饭碗"、"大锅饭"现象普遍存在。改革开放后，打破了公有制和按劳分配一统天下的局面，实行公有制为主体，个体、私营、中外合资、国外独资等多种所有制共同发展、各种所有制平等竞争，并把公司制、股份制作为国有企业改革的主要形式；实行按劳分配为主体，资本、技术、管理等生产要素按贡献大小参与分配的多种分配方式并存的制度，允许和鼓励一部分地区和一部分人先富起来。但与此同时，仍然坚持公有制和按劳分配为主体。经过多次修正后，《宪法》第六条仍然规定："社会主义经济制度的基础是生产资料的社会主义公有制，即全民所有制和劳动群众集体所有制。"第七条仍然规定："国有经济，即社会主义全民所有制经济，是国民经济中的主导力量。国家保障国有经济的巩固和发展。"① 党的十六大报告也指出："发展壮大国有企业，国有经济控制国民经济命脉，对于发挥社会主义制度的优越性，增强我国的经济实力、国防实力和民族凝聚力，具有关键性作用。"② 十七大报告进一步指出："增强国有经济活力、控制力、影响力"，"完善各类国有资产管理体制和制度"，"发展多种形式的集体经济、合作经济"。③

改革开放后，先实行了一段计划经济与市场调节相结合的体制，从党的十四大起，改为实行社会主义市场经济体制。但从一开始，党中央就明确指出，这种市场经济与资本主义国家的市场经济是不同的，是同社会主义基本制度结合在一起的，国家计划是宏观调控的主要依据。邓小平指出："社会主义市场经济优越性在哪里？就在四个坚持。"④ 江泽民同志指出："我们搞的社会主义市场经济，'社会主义'这几个字是不能没有的，这并非多余，并非画蛇添足，而恰恰相反，这是画龙点睛。"要"把市场经济和计划经济的长处有机结合起来，充分发挥各自

---

① 《十二大以来重要文献选编》上，人民出版社 1986 年版，第 220—221 页。
② 《十六大以来重要文献选编》上，人民出版社 2004 年版，第 19 页。
③ 《中国共产党第十七次全国代表大会文件汇编》，人民出版社 2007 年版，第 25 页。
④ 《邓小平年谱（1975—1997）》下，中央文献出版社 2004 版，第 1363 页。

的优势作用"。① 胡锦涛同志在十七大报告中强调："要形成有利科学发展的宏观调控体系"，"发挥国家发展规划、计划、产业政策在宏观调控中的作用"。②

改革开放前，农村先是经过土改单干到办互助组、生产资料入股的初级社，又到生产资料集体所有的高级合作社，以后在"大跃进"高潮中更实行了政社合一的人民公社体制，核算单位以生产队为基础，采用集中管理、集体劳动、统一分配的方式。改革开放后，解散了人民公社，恢复了乡镇政权建制，在村一级实行家庭承包经营制。但这种经营制并没有改变土地的集体所有制，不同于农业合作化以前的小私有经济；并没有否定合作化以来集体经济的优越性，而是有统有分、统分结合，既发挥集体经济的优越性，又发挥农民家庭经营的积极性。邓小平1992年曾说过："农业的改革和发展会有两个飞跃，第一个飞跃是废除人民公社，实行家庭联产承包为主的责任制，第二个飞跃就是发展集体经济。社会主义经济以公有制为主体，农业也一样，最终要以公有制为主体。"③ 十七大报告强调，要"探索集体经济有效实现形式，发展农民专业合作组织，支持农业产业化经营和龙头企业发展"。④

改革开放前，先是实行优先发展重工业的快速工业化战略，后来又提出"四个现代化"战略目标。改革开放后，在坚持"四个现代化"目标的基础上，先后提出和实施了"三步走"战略、优先发展高新技术产业和提高第三产业比重的战略、西部大开发战略、以信息化带动工业化的新型工业化战略、可持续发展战略等。但同时始终没有放弃工业化战略目标，并把基本实现工业化作为21世纪头20年经济建设和改革的主要任务之一。十七大报告重申，"坚持走中国特色新型工业化道路"，并指出到2020年全面建设小康社会目标实现之时，我国"将成为工业化基本实现、综合国力显著增强、国内市场总体规模位居世界前列的国家"。⑤

---

① 江泽民：《论社会主义市场经济》，中央文献出版社2006年版，第203、6页。
② 《中国共产党第十七次全国代表大会文件汇编》，人民出版社2007年版，第21、26页。
③ 《邓小平年谱（1975—1997）》下，中央文献出版社2004版，第1349页。
④ 《中国共产党第十七次全国代表大会文件汇编》，人民出版社2007年版，第23页。
⑤ 同上书，第20页。

改革开放前，除新中国成立初期接受苏联和东欧社会主义国家经济援助外，基本处于封闭和半封闭状态。这一方面是由于西方对我国实行经济封锁和禁运的结果，另一方面与改革开放前 29 年后期"左"的思潮泛滥有关。改革开放后，从引进设备、技术到引进资金，从办经济技术开发区到办经济特区，从沿海开放到沿江、沿边开放，从扩大开放的领域到优化开放结构、提高开放质量，从多边贸易到加入世贸组织，从"引进来"到"走出去"，逐步实现了全方位整体开放，并不断拓展开放的广度和深度。但同时仍然坚持自力更生的方针，把着眼点放在发展壮大自己力量的基点上。十七大报告强调，"坚持走中国特色自主创新道路，把增强自主创新能力贯彻到现代化建设各个方面"；要"发挥利用外资在推动自主创新、产业升级、区域协调发展等方面的积极作用"，"注重防范国际经济风险"。①

3. 从政治体制上看

改革开放前，实行的是党的一元化领导，一切权力集中于党委，党委权力又往往集中于几个书记，特别是第一书记。除《婚姻法》等少数几部法律外，基本无法可依。特别是在"文化大革命"时期，《宪法》规定的很多公民权利得不到保障。改革开放后，不断扩大人民民主，加强法制建设，改进党的领导，实行法律面前人人平等的原则和依法治国的方略，深化政治体制改革，发展社会主义政治文明，推进民主政治的制度化、规范化、程序化，并不断完善基层民主制度，切实保障公民的民主权利。但同时强调深化政治体制改革必须坚持正确的政治方向，绝不照搬西方政治制度的模式。十七大报告在论述要坚持中国特色社会主义民主政治发展道路时重申，必须"坚持党的领导、人民当家作主、依法治国的有机统一"，坚持"党总揽全局、协调各方的领导核心作用"；② 在论述发展基层民主时强调，基层群众自治机制要在基层党组织的领导之下，要全心全意依靠工人阶级，要支持职工参与管理。

4. 从文化和社会事业上看

改革开放前，受"左"的思想影响，文艺创作和学术研究领域设

---

① 《中国共产党第十七次全国代表大会文件汇编》，人民出版社 2007 年版，第 21、27 页。
② 同上书，第 27、28 页。

有许多不必要的框框和禁区；加之物质条件所限，人们的衣食住行、业余文化生活和社会组织形式等都比较简单。尤其"文化大革命"中，教育事业受到摧残，文艺舞台更是萧条。改革开放后，贯彻落实了"二为"方向和"双百"方针，文艺、学术空前繁荣，精神生活极其丰富，社会组织形式深刻变化，人们思想活动、社会活动的独立性、选择性、多变性、差异性都明显增强。近年来，随着社会经济成分、组织形式、就业方式、利益关系和分配方式不断多样化，与境外经济文化交往不断扩大和深化，信息传播技术和传播渠道不断发展，党中央又进一步提出在意识形态工作中要尊重差异、包容多样。但与此同时，马克思主义仍然是我们党的指导思想，仍然在国家的意识形态领域居于指导地位。十七大报告在提出建设社会主义核心价值体系时指出："要巩固马克思主义指导地位，坚持不懈地用马克思主义中国化最新成果武装全党、教育人民，用中国特色社会主义共同理想凝聚力量，用以爱国主义为核心的民族精神和以改革创新为核心的时代精神鼓舞斗志，用社会主义荣辱观引领风尚"；在指出"尊重差异、包容多样"时强调："要有力抵制各种错误和腐朽思想的影响。"① 报告还要求在文化工作中要坚持为人民服务、为社会主义服务的方向，贴近实际、贴近生活、贴近群众，始终把社会效益放在首位。

5. 从国际关系上看

改革开放前，我们党根据当时的国际形势，认为时代的主要特征是战争与革命的问题，不是战争引起革命，就是革命制止战争，并且相应地提出要立足于早打、大打、打核战争。在国家关系上，我国先是与苏联结盟；中苏关系破裂后，又进行了反对美苏两霸的斗争。改革开放以来，随着国际形势的变化，我们党认为时代的主题已经变为和平与发展，并在中美关系已经缓和的基础上进一步建立了两国外交关系，以后又恢复了同苏联关系的正常化，加强了同发达国家的战略对话及同周边国家的睦邻友好和务实合作，积极参与多边事务，开展全方位外交，推动国际秩序朝着公正合理的方向发展。所有这些不仅没有改变新中国成立之初就奉行的独立自主的和平外交政策和倡导的和平共处五项原则，

---

① 《中国共产党第十七次全国代表大会文件汇编》，人民出版社 2007 年版，第 33 页。

相反，是这一政策和原则在新形势下的展开和运用。十七大报告重申，要"奉行独立自主的和平外交政策，维护国家主权、安全、发展利益"，"坚持在和平共处五项原则的基础上同所有国家发展友好合作"。①

改革开放作为一场新的伟大革命，不可能一帆风顺、一蹴而就。在改革开放给我国带来巨大进步的同时，也带来了这样或那样一些前进中的矛盾和问题。例如，经济增长中付出的资源环境代价过大，城乡、区域、经济社会发展不够平衡，就业、社会保障、医疗、教育、住房、安全生产、社会治安等方面关系群众切身利益的问题比较突出，收入分配差距过大，社会风气问题较多，消极腐败现象严重，等等。针对这些问题，以胡锦涛为总书记的党中央自从党的十六大以来，提出并贯彻以人为本、全面协调可持续发展的科学发展观，推动社会主义的经济建设、政治建设、文化建设和社会建设四位一体、协调发展，并相应部署构建社会主义和谐社会的任务，要求在分配领域把公平放在更加突出的位置，着力解决人民最关心、最直接、最现实的利益问题，推进社会主义新农村建设，强调教育和公共医疗卫生的公益性质，加快完善社会保障体系，加强党的执政能力建设，实施马克思主义理论研究和建设工程，建设社会主义核心价值体系，开展保持共产党员先进性教育活动，等等。尤其是在分配原则上，改变了过去很长时间一直坚持的"效率优先、兼顾公平"，"初次分配注重效率，再分配注重公平"等提法，提出要把公平放在更加突出的位置。十七大报告进一步提出，"初次分配和再分配都要处理好效率和公平的关系，再分配更加注重公平"；"提高劳动报酬在初次分配中的比重"，"着力提高低收入者收入"，"逐步扭转收入分配差距扩大趋势"。② 从而大大深化和完善了对效率与公平关系的认识。所有这一切，都把改革开放推向了一个新的历史起点，使中国特色社会主义中的社会主义原则得到了更加鲜明的体现。

以上列举了改革开放前后一些明显的不同之处和相同之处。正是这些不同之处，凸显出改革开放后29年的特点和它相对于改革开放前29年的重大发展。看不到这些不同之处，或者有意无意地混淆它们的区

① 《中国共产党第十七次全国代表大会文件汇编》，人民出版社2007年版，第46、47页。
② 同上书，第37—38页。

别,就不可能看清楚中国特色社会主义道路究竟"特"在哪里,就会妨碍我们对这条道路的正确认识和准确把握。而看不到二者的相同之处,或者有意无意地抹杀它们的共性,就不可能看到改革开放前后的连续性,不可能懂得中国特色社会主义道路为什么是"社会主义"而不是别的什么主义的,同样会妨碍我们对这条道路的正确认识和准确把握。当然,由于改革开放前后所处的国内国际环境差别很大,即使是二者的相同之处,也会有这样那样的一些不同。但无论怎样,正是这些相同之处,把改革开放前后两个历史时期有机地联系在了一起。

十七大报告在阐述改革开放的目的时强调,改革开放"就是要推动我国社会主义制度自我完善和发展,赋予社会主义新的生机活力";在总结改革开放的历史经验时指出,改革开放中,我们党把坚持马克思主义基本原理同推进马克思主义中国化结合起来,把坚持四项基本原则同坚持改革开放结合起来,把坚持社会主义基本制度同发展市场经济结合起来,把坚持独立自主同参与经济全球化结合起来,把推进中国特色社会主义伟大事业同推进党的建设新的伟大工程结合起来;在回答中国特色社会主义道路之所以完全正确、之所以能够引领中国发展进步的问题时说:"关键在于我们既坚持了科学社会主义的基本原则,又根据我国实际和时代特征赋予其鲜明的中国特色。"① 这些论述都再清楚不过地说明,改革开放前后两个历史时期的区别并不在于对科学社会主义的基本原则是否坚持上,而在于如何坚持上。这两个阶段实行的都是社会主义制度,都是中国共产党领导的人民当家作主的社会主义社会,都内在地统一于对科学社会主义基本原则的坚持和对社会主义社会的建设,因而都是区别于近代中国历史的现代中国或当代中国的历史。那些把改革开放前说成是专制主义,把改革开放后说成是民主社会主义或社会民主主义,或者把改革开放前后两个时期说成是两种不同性质的社会和时代的观点,都是毫无根据和极其荒谬的。

从以上三个问题的分析中,我们可以看出,改革开放前后两个时期虽然有很大区别,但二者并不是相互割裂,更不是相互对立的,而是相互统一的;前一个时期是后一个时期的基础,没有前一个时期的建设和

---

① 《中国共产党第十七次全国代表大会文件汇编》,人民出版社2007年版,第7、11页。

探索，就不可能有后一个时期对中国特色社会主义的开创和全面发展；后一个时期是对前一个时期的继承、扬弃和完善，没有后一个时期的改革和开放，前一个时期也难以为继。明白了这层关系，也就会明白为什么中国特色社会主义道路是在中国共产党领导下、立足本国国情、坚持"一个中心、两个基本点"的基本路线的道路，是解放和发展生产力、巩固和完善社会主义制度的道路，是建设富强民主文明和谐的社会主义现代化国家的道路；就能真正理解，"在当代中国，坚持中国特色社会主义道路，就是真正坚持社会主义"① 这句话的深刻含义，就能更加坚定沿着中国特色社会主义道路不断前进的决心和信心。

一个民族忘记自己的历史不行，歪曲、丑化、贬损自己的历史更不行。对历史的解释和认识，特别是对国家历史的解释和认识，从来是意识形态的组成部分，也是意识形态领域斗争的重要内容。各个阶级各种政治力量，无论是为维护一个政权还是为推翻一个政权，都高度重视对国家历史的解释和认识。古人早就说过："灭人之国，必先去其史。"② 毛泽东也讲过："历史上不管中国外国，凡是不应该否定一切的而否定一切，凡是这么做了的，结果统统毁灭了他们自己。"③ 这些道理已为古今中外许多事实所验证，其中最新的例子是苏联由于否定社会主义的历史而导致共产党下台、国家解体。我们要牢牢记取这一教训，绝不能割断和糟蹋自己的历史，重蹈苏联亡党亡国的覆辙。我们更要永远铭记党的三代中央领导集体带领全国各族人民共同奋斗而建立的丰功伟绩，倍加珍惜他们历经艰辛而最终开创出的中国特色社会主义道路，在以胡锦涛为总书记的党中央领导下，继续沿着这条道路不断开拓前进，夺取中华民族伟大复兴事业的新胜利。

（本文曾发表于《当代中国史研究》2008 年第 1 期，被中国人民大学复印报刊资料《社会主义论丛》2008 年第 5 期转载。收入本书时略有修改）

---

① 《中国共产党第十七次全国代表大会文件汇编》，人民出版社 2007 年版，第 11 页。

② 龚自珍：《古史钩沉论二》，引自《龚自珍全集》上，中华书局 1959 年版，第 21 页。

③ 毛泽东：《1959 年 2 月 2 日在省、市、自治区党委书记会议上的讲话》，引自《党的文献》2007 年第 5 期。

中国改革开放基本经验的核心[*]

　　我国改革开放 30 年来，经济以年均高于世界经济 6 个百分点的速度持续发展，在世界各国排名中，经济总量从第 11 位上升到第 4 位，进出口总额从第 32 位上升到第 3 位，外汇储备从第 40 位上升到第 1 位，钢铁产量从第 6 位上升到第 1 位，高速公路更是由零上升到第 2 位。与此同时，农村居民纯收入和城市居民可支配收入分别提高 6 倍多；人均居住面积在农村增加了近 3 倍，在城市增加了 4.4 倍；人均预期寿命也由 68 岁提高到 73 岁，超过世界人均数 8 年。对于这个变化，世界上绝大多数人都是承认的，有的甚至把这个时期中国的发展道路，称之为"中国模式"或"北京共识"。在改革开放 30 周年到来之际，人们更是试图通过回顾和总结这段历史，找出中国改革开放的成功经验，揭示中国发展道路的"奥妙"所在。我们虽然并不认为中国的发展道路是其他发展中国家可以照搬的"模式"，但这一发展道路向世界提供了不同于西方"模式"的另一种现代化选择，则是确定无疑的。因此，总结我国改革开放的经验，不仅对中国有益，对广大发展中国家也是有益的。

　　说起我国改革开放的经验，当然会有很多；即使其中的基本经验，也绝不只一条。但在唯物辩证法看来，决定事物性质的诸多矛盾中必定有一个是最主要的、起核心作用的。总结改革开放 30 年的经验，也应当尽力找出所有经验中最主要的、起核心作用的经验。因为只有这样，才能准确把握改革开放的内在规律，推动我国改革开放继续沿着正确道

---

* 这是应邀为越南社会科学院中国研究所于 2008 年 12 月举办的"中国改革开放 30 年的成就与经验"国际研讨会提交的论文。

— 272 —

路发展，并向其他情况类似的发展中国家提供真实可靠、具有借鉴意义的参考。那么，基本经验的核心究竟是什么呢？目前无论国内还是国外，对此都存在许多不同甚至截然相反的见解。我认为，这个核心其实并不神秘，它就是我们常说的：坚持改革开放与坚持社会主义道路、坚持人民民主专政、坚持共产党领导、坚持马克思主义指导这四项基本原则相结合。

第一，坚持改革开放与坚持四项基本原则是我们党十一届三中全会路线的核心内容。

改革开放是由我们党的十一届三中全会揭开序幕，并在三中全会路线指引下进行的。总结改革开放的经验，首先应当弄清楚什么是三中全会路线。所谓三中全会路线，是指我们党在十一届三中全会上形成并在改革开放过程中不断丰富发展的社会主义初级阶段的基本路线。其核心内容是："以经济建设为中心，坚持四项基本原则，坚持改革开放"，简称"一个中心、两个基本点"。可见，由十一届三中全会开始的改革开放，是与上述四项基本原则结合在一起的改革开放，是社会主义制度的自我完善和发展。我们说改革开放是在三中全会路线或基本路线指引下进行的，就是说它是按照"一个中心、两个基本点"有机统一的要求进行的。所谓中国特色社会主义，最大的特色就在于此。从一定意义上可以讲，它在实践上的展开就是中国特色社会主义道路，在理论上的展开就是中国特色社会主义理论体系。因此，党的十七大号召高举中国特色社会主义伟大旗帜，从根本上讲，就是要我们坚持"一个中心、两个基本点"的有机统一。

从改革开放30年的实践看，改革开放与四项基本原则相结合的主要内容，大体有以下三点。

首先，在经济上要一方面发展个体私营经济，逐步使市场对资源配置起基础性作用；另一方面，坚持以公有制和按劳分配为主体，加强社会主义国家对市场活动的宏观调控。新中国成立后的20多年，我国实行计划经济体制与生产资料的全民所有和集体所有制，为奠定工业化的初步基础、改善农田水利的基本状况建立了不可磨灭的功绩。可是，由于缺少经验和"左"的思想影响，过早地取消了个体经营和按照市场变化的自由生产。尤其当独立完整的工业体系和国民经济体系基本建立起来、经济规模逐渐扩大后，不仅没有从生产力水平仍然十分低下的实际情况出发，适时调整经济体制，发挥社会主义条件下的个体私营经济和市场调节的作用，相反，在所有制结构上越来越追求"一大二公"，在经济计划上越统越多、越统越死。改革开放后，我们对什么是社会主义进行了再认识，破除了社会主义社会不能有个体私营经济和市场调节的思想禁锢，对原有的所有制结构、分配方式和经济运行体制进行了一系列改革，打破了公有制和按劳分配一统天下的局面，落实了国有企业和农民对企业与土地的经营自主权，发挥了市场对资源配置的基础性作用。但与此同时，我们始终坚持了公有制的主体地位和国有经济的主导地位，不允许搞私有化，更不允许出现私人垄断资本、金融和产业寡头，以及买办集团；不放弃计划手段，更不放弃国家对市场经济的宏观控制。正因为如此，我们的改革开放才可能做到对内没有出现两极分化和阶级压迫，也没有导致经济失控的局面；对外没有成为发达国家的经济附庸，也没有走上某些后起的帝国主义国家靠发动战争掠夺别国资源和市场的老路，从而为我国连续 30 年的快速发展提供了良好的经济环境和国际环境。

其次，在政治上要一方面加强社会主义民主与法制建设，进行社会主义政治体制改革，推进社会主义民主政治；另一方面，坚持共产党在国家事务中总揽全局、协调各方的核心领导作用，牢牢掌握社会主义政权的专政职能。我们党过去长期处在革命战争和地下斗争的环境，取得政权后未能及时调整自己的领导方式，因此一度存在权力过分集中、以党代政等弊端。另外，由于我们党缺少执政经验，我国又有着较长的封建历史，经济和文化的发展水平也比较低，因此一度存在忽视民主与法制建设的弊病，使社会主义民主政治建设严重滞后。改革开放后，我们党提出改进党的领导和政治体制改革的任务，实行党政职能适当分开的方针，进行干部人事制度、政府机构和司法制度等一系列改革，树立法律面前人人平等、有法必依、违法必究的观念，确立党必须在宪法和法律的范围内活动、对权力要加强制约与监督、尊重和保障人权、维护司法公正等原则，实施依法治国的方略，并积极借鉴人类政治文明的有益经验，有组织、有步骤地丰富和完善社会主义民主的实现形式。这一切极大地发展了社会主义的民主政治，使人民群众的民主权利不断得到落实和扩大。但与此同时，我们党始终强调政治体制是社会主义政治制度的自我完善和发展，必须坚持党的领导、人民当家作主、依法治国的有机统一；它虽然要借鉴人类政治文明中的有益成果，但必须结合我国经济文化社会发展的实际情况，不搞西方的多党制和议会民主、三权鼎立。正因为如此，我们的改革开放才可能保留全国一盘棋、集中力量办大事等社会主义的优越性，才没有像一些照搬西方政治制度的发展中国家那样，出现政局动荡、社会混乱、内战连绵的局面，从而为连续 30年的快速发展提供了良好的政治环境。

再次，在意识形态上要一方面克服对马克思主义的教条式理解，否定"两个凡是"的方针，承认并认真纠正新中国成立后所犯的历史错误；另一方面，坚持马克思主义指导不动摇，充分肯定毛泽东同志的历史地位，从总体上正面评价新中国成立后的历史。新中国成立后的一段时间，我们党对马克思主义有过一些教条式的理解，对形势的分析和对国情的认识有过主观主义的偏差，在政治上犯过阶级斗争扩大化的错误，在经济上犯过急躁冒进的错误，尤其发生过"文化大革命"那样全局性、长时期的错误。粉碎"四人帮"后的头两年，又在"两个凡是"（即"凡是毛主席作出的决策都要坚决拥护，凡是毛主席的指示，都要始终不渝地遵循"）的错误方针下，拖延和阻碍了对历史错误的清理。改革开放后，我们党否定了"两个凡是"的方针，停止了使用"以阶级斗争为纲"这个不适合于社会主义社会的口号，审查和解决了党的历史上一批重大冤假错案和一些重要领导人的功过是非问题。但同时强调，"毛泽东同志在长期革命斗争中立下的伟大功勋是不可磨灭的……党中央在理论战线上的崇高任务，就是领导、教育全党和全国人民历史地、科学地认识毛泽东同志的伟大功绩，完整地、准确地掌握毛泽东思想的科学体系，把马列主义、毛泽东思想的普遍原理同社会主义现代化建设的具体实践结合起来，并在新的历史条件下加以发展"。[①]以后，我们党又作出《关于建国以来党的若干历史问题的决议》，对新中国头 32 年的重大历史事件逐一进行了实事求是的分析，指出："因为毛泽东同志晚年犯了错误，就企图否认毛泽东思想的科学价值，否认

---

① 《三中全会以来重要文献选编》上，人民出版社 1982 年版，第 12—13 页。

毛泽东思想对我国革命和建设的指导作用，这种态度是完全错误的。对毛泽东同志的言论采取教条主义态度，以为凡是毛泽东同志说过的话都是不可移易的真理，只能照抄照搬，甚至不愿实事求是地承认毛泽东同志晚年犯了错误，并且还企图在新的实践中坚持这些错误，这种态度也是完全错误的。这两种态度都是没有把经过长期历史考验形成为科学理论的毛泽东思想，同毛泽东同志晚年所犯的错误区别开来。"① 《关于建国以来党的若干历史问题的决议》还指出："三十二年来我们取得的成就还是主要的，忽视或否认我们的成就，忽视或否认取得这些成就的成功经验，同样是严重的错误。我们的成就和成功经验是党和人民创造性地运用马克思列宁主义的结果，是社会主义制度优越性的表现，是全党和全国各族人民继续前进的基础。"② 在此后的 20 多年里，我们党始终一贯地坚持了上述基本评价和估计。正因为如此，我们的改革开放才可能在纠正历史错误的同时，维护全党全国各族人民团结奋斗的共同思想基础，才没有重蹈一些前社会主义国家由于否定革命领袖和社会主义历史而导致信仰危机、政权崩溃的覆辙，从而为我国连续 30 年快速发展提供了良好的思想和舆论环境。

第二，改革开放与四项基本原则相结合是党中央对改革开放历次经验总结中的主要结论。

对改革开放经验进行专题总结，最早是 1992 年我们党的十四大。十四大报告在题为"十四年伟大实践的基本总结"一节中指出："十四年伟大实践的经验，集中到一点，就是要毫不动摇地坚持以建设有中国特色社会主义理论为指导的党的基本路线。这是我们事业能够经受风险考验，顺利达到目标的最可靠的保证。"③

过了 5 年，我们党的十五大报告又说："在把我们的事业全面推向二十一世纪的历史时刻，必须郑重指出：全党要毫不动摇地坚持党在社会主义初级阶段的基本路线，把以经济建设为中心同四项基本原则、改革开放这两个基本点统一于建设有中国特色社会主义的伟大实践。这是

---

① 《三中全会以来重要文献选编》下，人民出版社 1982 年版，第 836—837 页。
② 同上书，第 798 页。
③ 《十四大以来重要文献选编》上，人民出版社 1996 年版，第 14 页。

近二十年来我们党最可宝贵的经验，是我们事业胜利前进最可靠的保证。"①

随后，时任中共中央总书记的江泽民同志在 1998 年 12 月纪念十一届三中全会召开 20 周年大会的讲话中，将改革开放的实践概括出 11 条主要历史经验。其中，坚持改革开放与四项基本原则的结合是紧接着坚持马克思主义思想路线之后的第二条经验。

在我们党的十六大上，江泽民同志又对我国"八九"政治风波之后的 13 年进行了专门总结，提出了 10 条基本经验。其中第一条是坚持以邓小平理论为指导，第二、三、四条分别是坚持以经济建设为中心、坚持改革开放、坚持四项基本原则，第五、六、七条依次为坚持物质文明与精神文明两手抓、坚持稳定压倒一切的方针、坚持党对军队的绝对领导等。

在 2007 年召开的党的十七大上，中共中央总书记胡锦涛总结了我国改革开放近 30 年的实践，提出了把坚持马克思主义基本原理同推进马克思主义中国化结合起来，把坚持四项基本原则同坚持改革开放结合起来，把尊重人民首创精神同加强和改善党的领导结合起来等"十个结合"，并指出：这些是"取得了我们这样一个十几亿人口的发展中大国摆脱贫困、加快实现现代化、巩固和发展社会主义的宝贵经验"。不久后，他又对这"十个结合"作了进一步阐述，指出其中"前三条是管总的，揭示了我国改革开放取得成功的关键和根本"。

从以上过程可以清楚地看出，党中央在对改革开放进行的历次经验总结中，四项基本原则与改革开放相结合始终居于最为显著的位置，一直被看做是改革开放经验中"最可宝贵的经验"，是改革开放"最可靠的保证"，是"取得成功的关键和根本"。因此，它无疑是所有经验中的核心和统帅。

第三，改革开放与四项基本原则相结合是我国与大多数发展中国家相比较的最大优势所在。

有一种观点认为，改革开放之所以成功，根本原因在于实行了改革开放。且不说这种观点在逻辑上的毛病，即使说它逻辑上成立，在事实

---

① 《十五大以来重要文献选编》上，人民出版社 2000 年版，第 18 页。

上也是站不住脚的。因为，所谓改革，主要是以市场为取向；所谓开放，说到底是与国际经济接轨。而世界 200 多个国家和地区的 67 亿人口中，除了二十几个发达资本主义国家的 8 亿人一直在实行市场经济和主导着国际经济之外，余下绝大多数发展中国家和地区的 50 多亿人口，要么早就在实行市场经济和与国际经济接轨，要么也是在向市场经济和与国际经济接轨的方向过渡。在这么多实行市场经济和与国际经济接轨的国家和地区中，为什么唯独中国改革开放后的发展速度最快，而且持续时间最长呢？如果再考虑到我国人口负担重、经济基础弱、气候条件差、人均耕地和各种资源相对贫乏、区域发展极不平衡等不利因素，能做到这一点就更不容易了。可见，仅仅用实行改革开放这一条来解释改革开放成功的根本原因，是经不起推敲，也是难以令人信服的。

近代以来，中国曾丧失过很多发展机遇，但有两次机遇被我们抓住了，实现了自身跨越式的发展。一次是在新中国成立初期，一次是在改革开放以后。如果说第一次的主要原因是由于我们选择了社会主义制度的话，第二次的主要原因则是由于我们在社会主义基本制度的基础上，实行了改革开放的结果。可见，我们与大多数发展中国家和地区之间的最大区别，并不在于是否改革开放，而在于改革开放是脱离本国国情，盲目照搬西方经济、政治制度，还是立足于本国国情，有选择地学习和利用当今世界上一切于己有利的好做法好经验。这才是我们的改革开放之所以成功的关键所在和根本原因。

第四，改革开放与四项基本原则的结合是国内外敌对势力对我们进行攻击的焦点。

对于中国从本国国情出发，把改革开放与四项基本原则相结合，从而在保持社会基本稳定的前提下实现经济快速发展的这个"奥妙"，许多发展中国家渐渐看明白了，因此，对西方的制度模式产生了越来越大的怀疑，对中国的发展道路产生了越来越大的兴趣。同样，这个"奥妙"，西方敌对势力也很明白。正因为如此，他们以及与他们勾结的国内民族分裂势力、邪教组织、"民运"分子，为了遏制中国的进一步发展，也为了消除中国的发展道路在发展中国家的吸引力，抓住一切机会，利用各种题目，或在海外制造反华事端，或在国内挑唆群众与党和政府的对立，千方百计对我国进行渗透、分裂、颠覆活动。另一方面，他们把攻击的矛头对准改革开放与四项基本原则的结合。在经济体制上，他们竭力兜售西方的新自由主义，集中攻击我国社会主义市场经济体制，说它不是真正的市场经济，市场经济前面不必加"社会主义"四个字；经济转型"要靠私有化推动"，要把公有制为主体变为"以民营经济为主体"，"只要保证民营经济发展，任何宏观经济措施都可以不要"；政府只要为企业服务就行了，不必管理经济，等等。在政治体制上，他们竭力贩卖社会民主主义或民主社会主义，集中攻击中国共产党的领导和人民民主专政，说中国共产党是"独裁的专制的党"，中国是"专制国家"，"是西方自由民主模式最大的潜在对手"，要"更多地支持不同政见者致力于中国的政治开放"；"新一轮政治改革的总目标是宪政"，"思想解放的根本任务是要从国家垄断一切、管制一切、控制一切的旧传统中解放出来"，等等。在意识形态上，他们竭力鼓吹历史虚无主义，集中攻击中国革命、中国共产党和中华人民共和国的历史，丑化、妖魔化毛泽东、周恩来、邓小平等领袖人物，把中共党史和中国当代史描绘成一连串错误的集合；并且颠倒黑白，大做历史人物的翻案文章，妄图重写中国近代史、革命史和新中国的历史。

在国内外敌对势力看来，随着我国私营经济和市场经济的发展，政治体制改革的深入，对历史错误揭发批判的持续，中国早晚有一天会放弃社会主义制度、人民民主专政、共产党领导和马克思主义指导。因此，他们往往显得比我们更关心改革开放，一有风吹草动就造谣说我们的改革开放政策要变了。可见，他们并不反对改革开放，而是反对改革开放与四项基本原则的结合。这恰好从反面证明，改革开放与四项基本原则相结合，才是各种敌对势力最为害怕的。正如邓小平早就指出的："某些人所谓的改革，应该换个名字，叫作自由化，即资本主义化。他们'改革'的中心是资本主义化。我们讲的改革与他们不同。"① "中国的政策基本上是两个方面，说不变不是一个方面不变，而是两个方面不变。人们忽略的一个方面，就是坚持四项基本原则，坚持社会主义制度，坚持共产党领导。人们只是说中国的开放政策是不是变了，但从来

① 《邓小平文选》第3卷，人民出版社1995年版，第297页。

不提社会主义制度是不是变了，这也是不变的嘛！"①

不久前，新加坡大学东亚研究所所长郑永年教授撰文说："欧洲（实际上整个西方世界）实际上是期望中国的发展会实现西方价值。但现实是，中国的发展不仅没有使得西方价值在中国开花结果；反而，中国的发展经验对发展中国家产生了很大的影响，从而对西方的价值构成了挑战。""在很大程度上，欧洲人对于一个政治中国的担忧和恐惧甚于一个经济中国。并且，这种担忧和恐惧还相当普遍。现实地说，这种担忧甚至恐惧很难在短时间内消除，也很可能随着中国的进一步崛起和外在影响力的提高而强化。"② 他的话也从一个侧面说明，西方敌对势力最为反对的，正是我们最为成功的地方。

第五，改革开放与四项基本原则的脱离是苏共下台、苏联解体的最大教训。

对苏共下台、苏联解体的原因虽然也可以说出很多，但最主要的原因是，戈尔巴乔夫搞的改革，"放弃了社会主义道路，放弃了无产阶级专政，放弃了共产党的领导地位，放弃了马克思列宁主义，结果使得已经相当严重的经济、政治、社会、民族矛盾进一步激化，最终酿成了制度剧变、国家解体的历史悲剧"。③ 他们在经济改革方面错用了新自由主义药方，搞"500 天计划"、"休克疗法"，推进放任自流的市场经济和私有化，造成生产下降、物价飞涨、少数人暴富、多数人贫困的局面；在政治改革方面错用了"人道的民主的社会主义"药方，搞议会民主、三权分立、多党制那一套，逐渐使苏共失去了对国家的领导地位；在意识形态方面错用了多元化、公开性的药方，发动全民对苏共和苏联历史进行清算，由大反斯大林发展到反列宁，反十月革命，反马克思主义；相反，把托洛茨基等人奉为英雄，把沙皇当成布尔什维克"暴政"的受害者，从而使苏共威信扫地，使苏联的历史臭不可嗅，使人民对革命领袖的崇敬和对社会主义的信念彻底动摇。试想，在这种形势下，苏共怎么可能不下台，苏联又怎么可能不解体呢？

近些年来，俄罗斯执政者和不少有识之士开始反思，并逐渐调整在

---

① 《邓小平文选》第 3 卷，人民出版社 1995 年版，第 217 页。
② 新加坡《联合早报》2008 年 5 月 13 日。
③ 《江泽民文选》第 3 卷，人民出版社 2006 年版，第 230 页。

苏联解体初期的政策。他们在经济体制上，废止福利货币化的改革方案，打压一些在苏联解体过程中暴富的金融、产业寡头，接连出台一系列重新国有化和旨在加强国家宏观调控政策的措施；在政治体制上，探索"有管理的民主"、"主权民主"和"发展式民主"等适合自身特点的政治道路，试图在多党制的基础上，重建一个能控制议会多数直至整个社会的政党；在意识形态上，开始改变对苏联时期领导人和历史全盘否定的态度，强调要对历史虚无主义、媚外思想进行清算，要把苏联历史看做俄罗斯历史的重要组成部分，并在由政府审定的教科书中，对斯大林和斯大林执政时期的工业化建设与农业集体化的历史作用作出了比较合乎实际的评价。

　　不久前，苏联最后一位部长会议主席雷日科夫到当代中国研究所作关于苏联解体原因的报告，说苏联是靠苏联共产党凝聚的，没有了苏联共产党，苏联是不可能存在的。为了使改革有稳固和强有力的国家权力作保证，千万要坚持共产党的领导；而为了使这个党具有凝聚力，千万不要搞私有化。就连戈尔巴乔夫也对我们的《光明日报》记者说："改革时期，加强党对国家和改革进程的领导是所有问题的重中之重。……如果党失去对社会和改革的领导，就会出现混乱。""我对中国朋友的忠告是：不要搞什么'民主化'，不会有好结果！千万不要让局势混乱，稳定是第一位的。在这些方面，中国领导人的表现是出色的。"①他们的话，在很大程度上代表了当今俄罗斯思想界对 20 世纪 80 年代那场改革的新认识。它从反面进一步说明，社会主义国家的改革开放要避免失败，关键在于不能让改革开放与四项基本原则相脱节。

　　改革开放 30 年虽然使我国经济总量跃升至世界第四位，但按人均计算，尚处于世界第 100 位左右。这说明，我国仍处于并将长期处于社会主义初级阶段，不断解放和发展生产力，最终实现工业化和现代化，仍是我国当前乃至今后相当长历史时期的主要任务。要完成这个任务，必须继续保持国家的安全和稳定，这就要求我们必须继续把改革开放与四项基本原则结合在一起。不改革不开放，生产力不可能发展，社会也不可能稳定；改革开放不坚持四项基本原则，生产力不仅要遭受破坏，

① 摘自 2006 年 9 月 3 日人民网。

社会还会分崩离析。这是中国改革开放 30 年实践得出的最为重要的结论，是改革开放基本经验的核心所在，也是中国现代化道路超越西方资本主义现代化道路的具体体现。如果说中国特色社会主义道路有什么普遍意义的话，意义就在这里。

（本文曾发表于《马克思主义研究》2009 年第 5 期）

深化政治体制改革与
坚持共产党的领导

　　党的十一届三中全会召开 30 年来的实践证明，我国改革开放事业之所以能顺利进行，关键在于我们从始至终把"一个中心、两个基本点"统一在了建设中国特色社会主义现代化事业的全过程，从始至终把坚持共产党领导、人民当家作主、依法治国有机地统一在了政治体制改革的全过程。

　　当前，社会主义民主政治不断发展、依法治国方略扎实贯彻，但民主法制建设与扩大人民民主和经济社会发展的要求还不完全适应，政治体制改革还有待继续深入。同时，西方敌对势力仍在加紧对我国实行"西化"、"分化"战略，他们和境内敌对势力在意识形态领域进行渗透、破坏活动的一个重要手法，便是利用我们进行政治体制改革之机，竭力推销西方政治制度模式，把攻击的矛头对准四项基本原则，尤其是中国共产党的领导。因此，我们一方面要继续深化政治体制改革，另一方面，必须在改革中继续坚持正确的政治方向，坚持共产党的领导。而要做到这些，就要充分认识中国特色社会主义政治制度的科学性、合理性、必然性，搞清楚什么是我们所说的民主政治和政治体制改革，从思想上真正弄懂政治体制改革必须坚持共产党领导的道理。

一　只有坚持党的领导才能使政治体制
改革始终沿着正确方向进行

　　我国社会主义民主政治制度的核心是工人阶级领导的、以工农联盟为基础的人民民主专政，主要内容是以公有制和按劳分配为主体的社会主义制度，人民行使国家权力的人民代表大会制度，中国共产党领导的多党合作和政治协商制度，少数民族聚居地方的民族区域自治制度。因此，党的领导是社会主义民主政治的有机组成部分；离开党的领导，社会主义民主政治就无从谈起。

党的十一届三中全会后，我们党在进行经济体制改革的过程中，针对以往民主与法制建设滞后、权力过分集中、以党代政现象严重和干部选拔监督机制不健全等弊病，提出并有步骤地实行了政治体制改革，使社会主义民主政治得到巨大发展。但我们党从始至终都强调，政治体制改革只能从我国已经走上了社会主义道路的实际和经济文化发展水平的实际出发，绝不能照搬西方政治制度的模式。正如胡锦涛同志在党的十七大报告中所指出的："政治体制改革作为我国全面改革的重要组成部分，必须随着经济社会发展而不断深化，与人民政治参与积极性不断提高相适应。"同时，"要坚持中国特色社会主义政治发展道路，坚持党的领导、人民当家作主、依法治国有机统一……不断推进社会主义政治制度自我完善和发展"。

在阶级社会，不同阶级有不同阶级的民主，不存在普世的民主观。资本主义民主制度相对封建专制制度是一大进步，但由于它以资本为权力基础，因此，这种民主只能是资本控制下的民主，对多数人来说没有多少实际意义。而无产阶级是人类社会最后一个被压迫被剥削的阶级，它只有解放全人类才能最终解放自己。这就决定了它要代表绝大多数人的利益，要为绝大多数人争取民主；它在取得政权后所要实行的民主，是人类历史上新型的绝大多数人的民主。虽然这个政权在相当长时期内仍然要对敌对阶级实行专政，但这种专政也是多数人对少数人的专政。

我们党是在向帝国主义、封建势力和官僚买办资产阶级的反动统治要民主的斗争中诞生和成长的，从一定意义上说，它本身就是民主斗争的产物，是为民主而生，也是为民主而战的。但我们党不像资产阶级政党那样掩盖民主的阶级属性，而是从诞生之日起就公开申明：我们要的是工人阶级领导的劳苦大众的民主。正因为如此，我们党领导的革命才叫做新民主主义革命，新中国实行的国体才叫做人民民主专政，新中国成立初期建立的政府、加入的国际阵营才叫做民主政府、民主阵营。可见，"民主"这个词本身并无优劣，关键要看它的内涵，即看它是哪个阶级的民主。新中国是人民当家作主的国家，因此，我们国家的民主从本质上说是绝大多数人的民主，是资本主义民主无法比拟的。

另外也要看到，民主的本质与民主的实现形式并不完全是一回事，相互之间既有联系也有区别。不同国家采取什么样的民主形式，会因社会性质、民族的历史和文化、经济社会发展水平的差别而异，也可以因其中所包含的人类政治文明成果而相互借鉴。我们国家的民主在本质上是绝大多数人的民主，但在实现形式上还存在一些不完善的地方，需要根据社会主义民主政治的本质要求，结合我国历史文化传统的特点、经济社会发展的水平，吸取国外民主形式中某些适合于我国的做法，同时不断探寻中国式的民主形式，从而使社会主义民主逐步落到实处，持续向前发展。

近30年来，我们所进行的政治体制改革正是这样做的。例如：在选举办法方面，逐步推行差额制、基层直选，人大代表按城乡相同人口比例选举等制度；在保障人民民主权利方面，逐步扩大基层群众自治的范围，建立重大事项社会公示制度和社会听证制度，扩大党员和群众对干部选拔任用的知情权、参与权、选择权、监督权，发挥社会组织在扩大群众参与、反映群众诉求方面的作用；在干部选拔任用方面，逐步实行领导干部职务的任期制、述职述廉制、问责制、经济责任审计制、辞职制和用人失察失误责任追究制，完善重要干部任免的决定程序；在加强权力的相互制约与协调方面，逐步加强人大常委会制度，建立巡视制度，健全重大事项报告制度、质询制度，推行政务公开制度，把政治协商纳入决策程序，保证审判机关、检察机关依法独立公正地行使审判权、检察权，加强同民主党派合作共事；在行政管理体制方面，逐步推进政企分开、政资分开、政事分开、政府与市场中介组织分开，减少和规范行政审批，减少政府对微观经济运行的干预，实行大部门体制，等等。

以上说明，我们的政治体制改革既借鉴了人类政治文明的有益成果，又没有背离社会主义民主的性质和脱离中国的实际情况。之所以能做到这些，正是由于我们在改革中始终坚持了共产党领导的结果。邓小平曾说过："调动积极性是最大的民主。至于各种民主形式怎么搞法，要看实际情况。比如讲普选，现在我们在基层，就是在乡、县两级和城市区一级、不设区的市一级搞直接选举，省、自治区、设区的市和中央是间接选举。像我们这样一个大国，人口这么多，地区之间又不平衡，还有这么多民族，高层搞直接选举现在条件还不成熟，首先是文化素质不行。又比如讲党派，我们也有好多个民主党派，都接受共产党的领导，实行中国共产党领导的多党合作、政治协商制度。对于这一点，西方许多舆论也认为，像中国这样一个大国，如果没有中国共产党来领导，许多事情很难办，首先吃饭问题就解决不了。"江泽民同志也说："西方一些人对我们在农村进行村民委员会直接选举很感兴趣，有的评价拔得很高。这里面，有的人可能确实认为这样做好，但也有不少人是有政治目的的。他们实际上就是想要我们按照西方的那一套办。在这个问题上，我们的头脑也要清醒。扩大社会主义民主要坚定不移，但必须有计划有步骤，必须看是否有利于加强和改善党的领导、有利于坚持和巩固社会主义制度、有利于保持社会安定团结的局面。"我们要继续运用前一阶段政治体制改革的成功经验，牢牢把握改革的正确方向，绝不为各种威胁所惧、各种干扰所惑。

二　只有坚持党的领导才能使政治体制改革
为经济社会发展提供稳定的政治环境

我国政治体制改革的目的与经济体制改革一样，都是为了最大限度地调动人民群众建设社会主义的积极性，最大限度地发挥社会主义制度的优越性，从而最大限度地解放和发展社会生产力，以便抓住难得的历史机遇，实现中华民族的伟大复兴。

社会主义制度的优越性表现在动员能力强、效率高、能够集中力量办大事上，而这些优越性主要来自以下两条：一是社会主义的经济制度和经济运行体制，具体到今天，就是在发展非公有制经济、发挥市场作为资源配置基础性作用的同时，始终坚持以公有经济为主体和以国有经济为主导，坚持国家对经济的宏观控制；二是社会主义的基本政治制度和政治体制，具体到今天，就是在进行政治体制改革和发展社会主义民主政治的同时，始终坚持人民民主专政和共产党的领导。因为，有了上述两条，国家就能一方面凭借手中掌握的经济力量和党的组织系统，在最短的时间内实行最广泛的社会动员，把全国各个地方各个领域的力量集中起来，以实现国家的意志；另一方面，保持社会的基本稳定，使国家能在安定的政治环境下集中力量进行各项事业的建设。

我们党是我国社会唯一的领导政党，有明确的奋斗目标、统一的组织系统、广泛的群众基础、严格的纪律约束，以及起着模范带头作用的各级干部和党员。因此，不管国家遇到什么事，只要党中央作了决定，整个党就能带动社会迅速行动起来。这一政治优势在社会主义革命和建设的各个历史时期都有充分的体现，在 2008 年抗震救灾和举办奥运会过程中体现得更为突出。它是改革开放 30 年来中国持续快速发展的根本原因之一，也是中国特色社会主义道路与绝大多数发展中国家发展道路相比较的最大差别所在。

我国自近代以来，曾遇到过几次发展的历史机遇。其中有的机遇，例如 18 世纪中叶到 19 世纪初的工业革命，由于封建统治阶级的顽固而被错过，结果遭受欧美列强的不断欺辱，终于沦为半殖民地半封建国家。但在新中国成立以后，我们抓住了两次大的机遇。一次是新中国成立初期，以毛泽东为核心的党的第一代中央领导集体，抓住国家实现了和平、独立、统一（除台湾外），前苏联答应全面援助我国以优先发展重工业为重点的第一个五年计划建设的机遇，决定提前向社会主义过渡，实行计划经济体制和工商业国有化、农业集体化，将有限的资源集中用于大规模工业化建设，结果用较短时间初步建成了独立的比较完整的工业体系和国民经济体系，使我国缩小了同发达国家的差距。再一次是 20 世纪 70 年代后期，以邓小平为核心的党的第二代中央领导集体，抓住国内"四人帮"被粉碎，国际上和平与发展的趋势成为时代主流的机遇，实现了党的工作重点的转移，制定和实行了改革开放的总方针，结果连续 30 年高速度增长，综合国力大幅提升，人民生活显著改善，初步建成小康社会，使中国大踏步地赶上了时代进步的潮流。

为什么我们能在新中国成立后两次抓住机遇、发展了自己？如果说第一次的根本原因在于选择了社会主义道路的话，那么，第二次的根本原因则在于我们找到了改革开放与四项基本原则相结合这条中国特色社会主义道路，其中包括政治体制改革与坚持党的领导相结合。因为，只有这样做，我们才能既最大限度地发挥社会活力，又最大限度地做到集中力量办大事；既保证经济的快速发展，又维护社会的总体稳定，实现以稳定保发展，以发展促稳定的良性循环。

拥有社会主义制度集中力量办大事的政治优势，对于像我们这样的发展中大国来说，有着特别重要的意义。我们国家人口多、底子薄，耕地和大部分资源，甚至连水的人均占有量都低于世界平均水平。即使今天我们的经济总量已经跃居世界第三、四位，但按人均计算，仍然处于第100位左右。在这种国情下，我们如果要追赶发达国家，只能最大限度地集中自己有限的力量，尽可能地提高工作效率，努力调动全民族昂扬向上的精神，绝对保证社会的政治稳定。而要做到这一切，除了把包括政治体制改革在内的改革开放与包括坚持共产党领导在内的四项基本原则相结合之外，别无出路。

邓小平在改革开放初期曾说过："坚持四项基本原则的核心，是坚持共产党的领导。没有共产党的领导，肯定会天下大乱，四分五裂。历史事实证明了这一点。……没有党的领导也就不会有社会主义制度。"1987年他又说过："我们评价一个国家的政治体制、政治结构和政策是否正确，关键看三条：第一是看国家的政局是否稳定；第二是看能否增进人民的团结，改善人民的生活；第三是看生产力能否得到持续发展。"①"八九"风波之后他还说过："现在中国遇到一个难得的发展机遇，不要丧失这个机遇。许多人不懂得这是中华民族的机遇，是炎黄子孙几百年难得遇到的机遇……放弃社会主义，中国就要乱，就丧失一切。如果乱起来，中国什么事也做不了。"我们要牢记邓小平的这些告诫，切实接受某些前社会主义国家由于在政治改革中取消共产党领导而导致亡党亡国的教训，绝不搞西方的多党轮流执政、三权鼎立那一套，毫不动摇地继续在政治体制改革中坚持党的领导。

三 只有坚持党的领导才能使政治体制改革在促进党的自身建设中发挥积极作用

政治体制改革最先是从党内领导体制的改革开始的，重点是适当分

① 《邓小平文选》第3卷，人民出版社1993年版，第213页。

散权力，加强集体领导，以便防止由于党的权力过分集中于少数人特别是个人而出现的种种弊端。后来，随着个体私营经济的发展和市场作用的逐渐扩大，政治体制改革的重点又集中于对权力的制约和监督，以便预防以权钱交易为主要特点的腐败行为。无论是当初适当分散权力，还是现在加强对权力的制约和监督，其目的都是为了通过政治体制改革，促进党的自身建设。

有人认为，取消共产党的领导，实行多党制和三权分立，岂不更有利于党的自我约束机制的建立吗？这些人不明白，中国共产党的领导是中国近代以来历史发展所决定的，并不是什么人想取消就能取消得了的。对于这个历史选择的过程，《中华人民共和国宪法》（以下简称《宪法》）有过十分简明扼要的阐述。《宪法》序言说："一九一一年孙中山先生领导的辛亥革命，废除了封建帝制，创立了中华民国。但是，中国人民反对帝国主义和封建主义的历史任务还没有完成。一九四九年，以毛泽东主席为领袖的中国共产党领导中国各族人民，在经历了长期的艰难曲折的武装斗争和其他形式的斗争以后，终于推翻了帝国主义、封建主义和官僚资本主义的统治，取得了新民主主义革命的伟大胜利，建立了中华人民共和国。从此，中国人民掌握了国家的权力，成为国家的主人。中华人民共和国成立以后，我国社会逐步实现了由新民主主义到社会主义的过渡。生产资料私有制的社会主义改造已经完成，人剥削人的制度已经消灭，社会主义制度已经确立。工人阶级领导的、以工农联盟为基础的人民民主专政，实质上即无产阶级专政，得到巩固和发展……中国新民主主义革命的胜利和社会主义事业的成就，都是中国共产党领导中国各族人民，在马克思列宁主义、毛泽东思想的指引下，坚持真理，修正错误，战胜许多艰难险阻而取得的。今后国家的根本任务是集中力量进行社会主义现代化建设。中国各族人民将继续在中国共产党领导下，在马克思列宁主义、毛泽东思想指引下，坚持人民民主专政，坚持社会主义道路，不断完善社会主义的各项制度，发展社会主义民主，健全社会主义法制，自力更生，艰苦奋斗，逐步实现工业、农业、国防和科学技术的现代化，把我国建设成为高度文明、高度民主的社会主义国家。"对于新中国的政党制度，《宪法》序言中也十分明确地指出："在长期的革命和建设过程中，已经结成由中国共产党领导的有各民主党派和各人民团体参加的，包括全体社会主义劳动者、拥护社会主义的爱国者和拥护祖国统一的爱国者的广泛的爱国统一战线，这个统一战线将继续巩固和发展。"这是坚持中国共产党领导的历史依据，也是坚持中国共产党领导的法律依据。

中国共产党之所以能在中国革命中取得领导权，并能在新中国建立后长期保持领导地位，除了历史依据和法律依据外，最根本的依据还在于它自身拥有区别于其他政党的一些显著特点。例如，它有一个立党为公、全心全意为人民服务的宗旨，为民族和人民的利益不惜牺牲自己的一切；它有一个人类迄今为止最为科学的理论——马克思主义作为自己的指导思想，在各种纷繁复杂的问题面前，总能找到认识和解决问题的正确方向和方法；它有一个解放思想、实事求是的思想路线，能够不断根据客观形势的变化与时俱进、调整战略，从不僵化，永不停滞，从而始终跟上时代前进的步伐；它有一个从中央到地方、遍布各个系统各个领域的严密的组织系统和纪律检查系统，能够集中和动员全党全社会的力量，并约束自己的党员；它有一个理论联系实际、密切联系群众、批评与自我批评的传统作风，并一向注重自身建设，不断整顿队伍，始终做到不脱离人民群众；它有 87 年的建党历史和近 60 年的执政历史，经历过各种严峻局面的考验，具有丰富的政治经验和驾驭全局的领导能力。正因为有这些特点，它尽管在历史上犯过这样或那样的错误，但总是能够勇于承认错误，并由自己主动总结教训、纠正错误，因此总是能够赢得人民的信任和尊重；尽管在不同时期混入过这样或那样的坏人，但总是能够吸引广大信仰马克思主义、立志为国为民效力的人，因此总是能够把中华民族最优秀的儿女集中在自己身边，从而使自己总是能够取得领导权。

对于党内存在的腐败和官僚主义问题，我们党不仅历来十分重视，而且整治的力度越来越大。但同时应当实事求是地看到，在实行市场经济和对外开放的条件下，尤其在权力既相互协调又相互制约的制度暂时未能成熟起来之前，要想完全避免这些问题是不现实的。而且，即使在法制比较健全的国家和地区，腐败和官僚主义照样是一种顽症。我们不能因为有腐败和官僚主义问题就削弱和取消共产党的领导，因为那样不仅不可能解决这些问题，相反只会使问题更加严重。苏共下台、苏联解体后出现的腐败普遍化、"制度化"的事实，已经充分证明了这一点。在当代中国，没有任何一种政治力量比共产党更关注此类问题，也没有任何一种政治力量比共产党更具备解决此类问题的能力。事实上，很多地方之所以出现腐败和官僚主义，正是因为那里党的领导遭到削弱的结果。因此，解决此类问题，正确方法应当是在党的领导下，通过深化政治体制改革，不断促进党的自身建设，从制度和思想两个方面抑制腐败和官僚主义的滋生蔓延。

党的十六大把21世纪初的头20年，即2020年之前的时间，作为全面建设惠及十几亿人口的更高水平的小康社会的重要战略机遇期。这既是现代化建设承上启下的重要阶段和改革发展的关键时期，也是一个矛盾的凸显期和多发期。在这个时期，无论机遇还是挑战都将前所未有。如果我们应对得当，就能促进经济社会持续发展；如果举措失当，就会影响改革发展稳定的大局。我们要继续把发展作为执政兴国的第一要务，就要一如既往地把以经济建设为中心同坚持改革开放、坚持四项基本原则统一于建设中国特色社会主义伟大事业，使政治体制改革在党的领导下始终沿着正确政治方向深入进行，为建立有利于提高效率、增强活力和调动各方面积极性的领导体制，进而为建立高度民主、法制完备、富有效率、充满活力的社会主义民主政治体制，保证党和国家的长治久安，发挥更大更积极的作用。

（本文曾发表于《前线》2008年第11期，标题为"深化政治体制改革必须坚持共产党的领导"；被中国人民大学书报资料中心《中国共产党》2009年第1期、《马克思主义文摘》2009年第3期转载，并收入中共党史出版社出版的《纪念改革开放30周年论文集》。收入本书时改为现题）

中国特色社会主义道路是对十月革命道路的继续与发展[*]

　　十月革命90周年对于全世界进步人类来说是一个具有重大意义的日子，对于一切以共产主义为奋斗目标的人来说更是一个值得隆重纪念的日子。因此，我非常高兴看到社会科学院的马克思主义研究院和院内外的一些学术机构、学术团体，能够联合举办这个纪念十月革命90周年的研讨会，也很高兴能有机会参加这个研讨会。我事先没有写论文，只能讲几点感想。

　　第一，90年前，中国还处于帝国主义和封建军阀制造的深重灾难之中，是十月革命给中国人民指出了一条光明的出路。90年来，中国发生了翻天覆地的变化。对这个变化，可以总结出很多原因。但我认为，首先的一个原因是中国人民选择了十月革命的道路。正是中国先进的知识分子受到十月革命的影响，才组织起了中国共产党；也正是中国共产党领导中国人民把十月革命的道路与中国革命实际相结合，才彻底推翻了帝国主义、封建主义和官僚资本主义这三座大山，使中国人民终于站立了起来。

　　第二，十月革命道路的实质是以社会主义道路代替资本主义道路，从这个意义上讲，中国特色社会主义道路仍然是十月革命道路的继续，是结合中国实际和时代特征对十月革命道路的继续与发展。说我们党现在是执政党，这不错。但我认为同时应当说，我们党仍然是一个革命的党，是一个执政的革命党。我们党当前的奋斗目标当然不再是一个阶级

　　* 这是在2007年11月6日中国社会科学院世界社会主义研究中心、马克思主义研究院、世界历史研究所、俄罗斯东欧中亚研究所等单位联合举办的主题为"十月革命与当代社会主义发展道路——学习党的十七大精神"学术研讨会上的发言。

推翻另一个阶级的暴力革命，而是全面建设小康社会，是实现社会主义现代化。但党的最高理想和最终目标仍然是实现共产主义，而它相对于资本主义的旧秩序来说，仍然是革命的。我们党仍然坚持着马克思主义的建党学说，仍然要求党员保持革命精神，坚定对马克思主义的信仰和共产主义远大理想的信念。所有这些都没有脱离广义的革命范畴，离开这些单纯地、抽象地讲我们党要由革命党转变为执政党，就会把"执政"与"革命"对立起来，这个"执政"就会失去灵魂，失去方向，就可能导致党脱离广大人民群众，最终失去执政地位。

第三，十月革命的道路和苏联的道路有联系，但不完全是一回事。苏联虽然解体了，苏联共产党虽然不存在了，但这并不等于十月革命的道路就错了，过时了。今天，在拥有13亿人口的中国，以及其他几个国家，共产党仍然在执政，社会主义制度仍然在实行，这充分说明，十月革命的道路仍然具有强大的生命力。特别是改革开放的政策使这条道路在中国不仅得到延续，而且焕发出勃勃生机，具有了新的强大创造力和感召力。看到苏联共产党下台、苏联解体，就断言十月革命的道路已经终结，这种观点是站不住脚的。

第四，如何评价十月革命以及十月革命以后社会主义运动的历史，对于社会主义政权的稳固具有特别重要的意义。苏联共产党下台和苏联解体，原因是多方面的。但其中一个不可否认的重要原因是，由于他们否定了十月革命的历史，否定了苏联社会主义建设的历史。古人早就说过："灭人之国，必先去其史。"[1] 可见，对历史的认知和解释，特别是对国家史的认知和解释，从来是关系政权安危的大事，在意识形态领域中占有重要位置。我最近刚刚从俄罗斯回来，深切感到俄罗斯政府和知识界对过去全盘否定苏联历史的做法正在进行反思。2002 年，俄罗斯教育部审定了一部名为《20 世纪祖国史》的书，对 20 世纪 30 年代苏联的工业化以及农业的集体化的作用作出了新的比较合乎实际的评价。不久前，俄罗斯政府又向全国中学下发了一本历史教学参考书，名为《俄罗斯现代史（1945—2006）》，其中也对苏联历史作了新的评价，充分肯定了斯大林对于苏联所建立的巨大功绩。这些变化表明，俄罗斯当

---

[1] 龚自珍：《古史钩沉论二》，载《龚自珍全集》上，中华书局 1959 年版，第21 页。

局和多数知识分子已经认识到，把苏联历史描绘得一团漆黑，对于振奋俄罗斯民族精神、重塑俄罗斯大国形象并没有好处，而只会对不断挤压俄罗斯战略空间的势力有利。

联系到中华人民共和国史研究、当代中国史研究领域，当前的状况也不容盲目乐观。改革开放以来，国史研究、当代史研究同其他学科一样，能够百家争鸣，这无疑是巨大的进步。但另一方面，也确实有人抱着特定的政治目的，打着学术争鸣的旗号，攻击、歪曲和诬蔑新中国的历史。这些攻击、歪曲、诬蔑之词，说来说去，无非是讲改革开放前的近30年是"封建专制主义"的历史，改革开放后的近30年是"民主社会主义"的历史。我认为，这些说法，实质都是为反对共产党领导和社会主义制度而制造舆论根据的。胡锦涛总书记在党的十七大报告中明确指出，我国改革开放的事业是建立在以毛泽东同志为核心的党的第一代领导集体创立毛泽东思想，带领全党全国人民建立新中国、取得社会主义革命和建设伟大成就，以及探索社会主义建设规律取得宝贵经验的基础上进行的。这个论断所揭示的，才是历史的本来面貌。它对我们弄清改革开放前后两个历史时期的关系，正确看待中华人民共和国的历史，准确把握中国特色社会主义道路的实质，牢固建立社会主义核心价值体系，都具有十分重要的意义。我们要接受苏联因为否定自己历史而亡党亡国的教训，绝不能重蹈他们的覆辙。

（本文曾摘要发表于中国社会科学院马克思主义研究院《国际共运史研究通讯》总第1期。收入本书时略作补充修改）

争取独立统一民主富强的伟大胜利

——为共和国光辉的 50 年而作

　　中华人民共和国的 50 年，在历史的长河中只是短暂的一瞬，但对于中国来说，却是翻天覆地的 50 年，伟大光辉的 50 年。

　　一个多世纪以来，中国人民在前进道路上经历了三次历史性的巨大变化。第一次是辛亥革命，推翻了统治中国几千年的君主专制制度，开创了完全意义上的近代民族民主革命。第二次是中华人民共和国的成立和社会主义制度的建立，推翻了帝国主义、封建主义、官僚资本主义三座大山，使中国人民从此站立起来，并取得了社会主义建设的巨大成就。第三次是实行社会主义的改革开放，开辟了建设有中国特色社会主义事业的新道路，取得了举世瞩目的发展。这三次巨变中有两次发生在这 50 年。

　　鸦片战争后，中国由一个独立的封建国家，逐渐沦为半殖民地半封建的国家。这期间，历届政府腐败无能，听任帝国主义列强的宰割；国家战乱频仍，四分五裂；人民食不果腹，毫无权利；国力日渐衰微，气息奄奄。面对这种悲惨的境遇，具有强烈爱国心的仁人志士们梦寐以求的目标，说到底是四件事八个字，即独立、统一、民主、富强。但是，在中国共产党成立前的漫长岁月里，人们把各种药方都试过了，却始终未能奏效。而在这 50 年里，这四件事中有的办成了，有的基本办成了，有的初步办成了。

　　在这 50 年里，中国取得了真正的完全的国家独立，并且成功地维护了主权和民族尊严，挫败了外国侵略势力和扩张势力对中国进行的孤立、封锁、干涉和挑衅。

　　鸦片战争以来，帝国主义列强通过一次次侵略战争，强加给中国上千个不平等条约，割占和强租中国大片土地，获取了在中国领土上的驻兵权、开矿权、筑路权、海关权、领事裁判权、治外法权等各种特权。是新中国的成立，才废除了这些不平等条约，收回了列强在华享有的一切特权。新中国成立之初，以美国为首的帝国主义国家对中国的邻国朝鲜进行军事干涉，并把战火烧到鸭绿江边，严重威胁中国的安全。新中国在十分困难的情况下，不畏强暴，毅然决然地进行了抗美援朝战争，并取得了伟大的胜利。20世纪50年代，苏联要求中国建立共同舰队，毛泽东斩钉截铁地对苏联大使说："要讲政治条件，连半个指头都不行。你可以告诉赫鲁晓夫同志，如果讲条件，我们双方都不必谈。""你们不给援助，可以迫使我们自己努力。"① 1982年，邓小平对前来谈香港问题的英国首相撒切尔夫人说："主权问题不是一个可以讨论的问题。"② 这些话令每个中国人无不感到扬眉吐气。旧中国那种任人欺侮、任人宰割的局面，在日益强大的新中国面前已经一去不复返了。

在中华人民共和国成立前的近百年里，中国历届政府没有任何自主外交可言。新中国成立后，制定和实行了独立自主的和平外交政策。周恩来在外交部成立大会上充满自豪地说："中国一百年来的外交史是一部屈辱的外交史。我们不学他们。""要有独立的精神，要争取主动，没有畏惧，要有信心。"③ 在处理国与国的关系问题上，新中国积极倡导和平共处五项原则，坚定不移地站在发展中国家一边，真正实现了孙中山所提出的"使中国见重于国际社会"、"联合世界上以平等待我之民族"的理想。进入20世纪70年代末以后，中国在全方位对外开放的同时，继续贯彻独立自主的和平外交政策，对一切国际事务坚持从中国人民和世界人民的根本利益出发，根据事情本身的是非曲直来决定自己的立场和政策，不屈从于任何霸权主义和强权政治。不久前，在以美国为首的北约对南联盟发动军事攻击的事件中，我国政府伸张了正义；在我驻南使馆遭到导弹袭击的暴行发生后，我国政府提出了最强烈的抗议，并为此向肇事国进行了严正交涉，迫使它们公开道歉并予以赔偿。这在旧中国外交史上，是根本不可想象的。

---

① 《毛泽东外交文选》，中央文献出版社、世界知识出版社1994年版，第330页。
② 《邓小平文选》第3卷，人民出版社1993年版，第12页。
③ 《周恩来外交文选》，中央文献出版社1990年版，第5页。

在这 50 年里，中国彻底结束了一盘散沙的状态，实现了国家的空前统一和各民族的和睦相处。

在中国近代史上，虽然始终存在着中央政府，但地方割据，山头林立，民族纷争。新中国成立后，只用了很短时间便解放了除台湾和少数海岛以外的绝大部分领土，并且在此基础上统一了全国的财政和币制（藏币自 1959 年停止流通）。国家的法律和政令 100 多年来，第一次在全国各个地区得到了普遍实施。

中国是多民族国家，由于历代统治阶级所实行的反动政策，造成各民族之间相互仇视。新中国从建国伊始便制定了民族平等、民族团结的方针，创造性地建立了民族区域自治制度，取消了历朝历代对少数民族的种种歧视性规定，并在使用语言文字、计划生育、大专院校招生、干部培养和任用、税收、经济开发和建设等方面，给予了种种照顾、优惠和扶持。与此同时，坚决反对一切民族分裂主义的行径。50 年来，中国各民族大团结的局面，是中国近代史上从未有过的，也是中国历史上从未有过的。目前，除澳门即将回归祖国外，尚未实现统一的地方只剩下台湾省。为此，我国政府早就提出了"和平统一、一国两制"的基本方针，同时为防止外国势力干涉中国统一和搞"台湾独立"，始终没有承诺放弃使用武力。祖国完全统一是中华民族最重要的价值准则之一，是大势所趋，人心所向，是任何人也阻挡不了的。

在这 50 年里，中国人民特别是过去一直被压在社会最底层的工人、农民彻底翻了身，成了国家和社会的主人，享受到从未有过的政治、经济和文化权利。

中国是一个封建专制历史很长的国家，进入半封建半殖民地社会后，人民更遭受到帝国主义、封建地主阶级和官僚资产阶级的沉重压迫。"他们过着饥寒交迫的和毫无政治权利的生活。中国人民的贫困和不自由的程度，是世界所少见的。"[1]新中国推翻了压在人民头上的三座大山，实行了工人阶级领导的以工农联盟为基础的人民民主专政的国体和人民代表大会制度的政体，从而为人民当家作主提供了政治上的根本保证。

---

① 《毛泽东选集》第 2 卷，人民出版社 1991 年版，第 631 页。

　　过去，广大劳动人民之所以没有民主权利，根本原因在于生产资料掌握在地主阶级、资产阶级手中。新中国在全国范围内一举废除了长达数千年的封建土地所有制，铲除了封建专制主义在中国的根基；随后又通过合作化，把分得土地的个体农民组织起来，杜绝了土地重新向少数人集中的可能。20世纪70年代末80年代初，农村实行家庭联产承包责任制，使农民的自主权得到了进一步落实。另外，新中国在西藏进行了民主改革，彻底消灭了惨无人道的封建农奴制度。新中国成立后，人民政府还没收了以蒋、宋、孔、陈四大家族为代表的官僚资产阶级的财产，把它们变为了全民所有的国营企业。同时，在其他私营企业中消除了封建把头制度，建立了工厂管理委员会和职工代表会议，吸收工人参加管理。20世纪50年代中期，我们又把私营工商业逐步改造成了全民所有制和劳动群众的集体所有制。进入20世纪80年代后，根据变化了的形势和生产力的实际状况，我们对所有制结构进行了改革，大力发展三资企业和私营个体经济，但公有制始终占据着主体地位，从而在经济制度上保证了工人阶级作为国家领导阶级的政治地位。

　　在新中国，只要是年满18周岁的公民，无论男女，都有选举权和被选举权，而且对县级以下人民代表大会的代表实行了直接选举。国家实行的是共产党领导的多党合作和政治协商制度，各民主党派都享有政治自由、组织独立的权利，在各级政协中发挥着参政议政、民主监督的作用，其中许多人士还担任了国家权力机关的领导职务。特别是近20年来，鉴于"文化大革命"中的惨痛教训，我们进一步加强了民主法制建设。迄今为止，全国人大及其常委会已制定出300多部法律及有关法律问题的决定，并将"依法治国"写进了宪法。

　　旧中国妇女社会地位极低。新中国成立后，颁布的第一部法律便是婚姻法，废除了包办强迫、一夫多妻的婚姻制度，使妇女得到了彻底解放。50年来，妇女同男子一样享有接受教育、劳动就业、担任公职等权利，妇女地位之高是世界各国中少有的。

　　在这50年里，新中国建立了比较完整的工业体系和国民经济体系，走完了西方发达国家用100年甚至几百年才走完的工业化路程；在一个有着12亿人口、家底薄、资源相对贫乏的大国里，正在实现由温饱向小康的历史性跨越。

　　新中国是在旧中国留下的生产萎缩、物价飞涨、民不聊生的烂摊子和战争废墟的基础上进行建设的。我们仅用了一年多的时间，便制止了恶性通货膨胀，创造了中外经济史上的奇迹；仅用了短短3年时间，便全面恢复了国民经济。旧中国从洋务运动开始起，积累的工业固定资产总值不过130多亿元。但从1953年开始进行的第一个五年计划建设时期，就新增工业固定资产214亿元，超过旧中国积累总和的60%；还使工业产值占工农业总产值的比重由30%上升为43%，重工业产值占工业产值的比重由35.5%上升为45%，大大改变了旧中国工业特别是重工业落后的局面。

　　我国国内生产总值1952年仅为679亿元，到1998年已达到近8万亿元，扣除价格因素，46年增长了29倍，年均增长7.7%，大大高于同期世界平均增长3%左右的水平，比发达国家同期增长的速度更快。在这46年里，国内生产总值翻了四番，其中前两番是在1952年到1978年这26年时间内完成的。改革开放后，我国国民经济的发展更加突飞猛进，仅用15年便使国内生产总值又翻了两番，而且社会生产力、综合国力和人民生活连上几个台阶，教育、科技、文化、体育、卫生等社会事业获得了全面发展，对外经济交流迅速扩大，城乡面貌日新月异，过去那种不合理的产业结构发生了深刻变化。目前，中国的经济总量在世界上已占第七位，外汇储备占世界第二位，谷物、肉类、棉花等主要农产品和钢、煤、水泥、化肥、电视机等主要工业品都跃居世界第一位。其中，粮食产量已接近5亿吨，是1949年的近5倍；钢产量超过1亿吨，是1949年的722倍。

　　新中国成立后的50年比起新中国成立前，变化最为显著的恐怕要算人民生活了。在旧中国，80%的人长期处于饥饿和半饥饿状态，而现在尚未解决温饱问题的只剩下生活在自然条件恶劣地区的4200万人口，不到全国人口的4%。过去，从事农业生产的人占社会劳动力的比重长期保持在80%，而现在已降为50%。1949年，城镇居民人均年现金收入不足100元，农村居民人均纯收入不足50元，而现在分别增加到5425元和2162元，扣除物价因素，实际翻了五番多。最可喜的是，长期困扰我们的商品短缺状况基本改变，人们多年期望的买方市场已初步形成。世界银行高级副行长、首席经济学家斯蒂格利茨先生感慨地说：

"从人类历史讲,中国在经济领域所取得的成就是最为显著的。因为,中国成功地在非常短的时期内使那么多人口脱贫,同时保持着高增长的速度。"

只有中国共产党才能在这么短的时间里,使国家获得完全的独立,使绝大部分领土获得统一,使占人口绝大多数的工人、农民、知识分子获得民主,使中华民族获得初步的繁荣昌盛。这是历史得出的结论。

要使中国实现独立、统一、民主、富强,就必须有一个能够团结全国人民并起到核心作用的党。在中国,只有中国共产党才能起到这样的作用。中国共产党从诞生的那一天起,就为中国的独立、统一、民主和富强而英勇奋斗,并为此付出了最大的牺牲。正因为如此,她从一个开始只有几十人的小党,迅速发展壮大,赢得了广大人民的信任和拥护,赢得了一切爱国力量的同情和支持,最终取得新民主主义革命的胜利。新中国成立后,她继续坚持全心全意为人民服务的宗旨,与人民群众保持密切联系。正因为如此,它才能在人民群众中享有崇高的威望,拥有巨大的凝聚力;才能紧密团结全国人民,充分发挥他们的聪明才智和积极性、创造性,万众一心地战胜前进道路上的种种困难。诚然,中国共产党执政以后,也犯过错误,出现了某些官僚主义、命令主义、以权谋私、腐化堕落等脱离群众的现象。但这些缺点和错误的存在,并没有改变中国共产党的性质和宗旨,也没有改变党的中央领导集体和绝大多数党组织、广大党员同人民群众的血肉关系。而且,正是中国共产党自己,在犯了错误之后,公开承认和深刻检讨错误,并予以认真地改正。这种情况在其他政党是没有的。

要使中国实现独立、统一、民主、富强,必须有一个能够给中国人民指明正确的前进方向的党。在中国,只有中国共产党才能起到这样的作用。中国共产党是以在中国建立社会主义,最终实现共产主义的社会制度作为自己纲领的。帝国主义列强的入侵虽然促进了中国商品经济的发展,但也阻碍了中国的工业化进程,堵死了中国变成资本主义强国的道路。在这种情况下,要使中国独立、统一、民主、富强,唯一的选择只能是社会主义。在发展中国家里,印度与中国的国情比较接近,由于它选择的是资本主义道路,所以至今仍然只能是有条件的独立,而且封建势力强大,政治纷争不断,经济发展缓慢。印度《金融时报》的社论说：在中国同印度的竞争中，"中国已成为明显的赢家"。我们在建设社会主义的过程中也发生过像"大跃进"，特别是像"文化大革命"那样的严重挫折，但这并不是社会主义制度造成的，不能因此而否定新中国成立后在各方面取得的成就。邓小平在 1980 年就说过："一定要充分肯定三十一年来的巨大成绩；缺点、错误要进行严肃的批评，但决不能说得一团漆黑。"[1] 江泽民同志在纪念新中国成立 40 周年大会上的讲话中也说：改革开放后的巨大成就，"是贯彻十一届三中全会以来路线、方针、政策的结果，也是前三十年中社会主义革命和建设成果的进一步发展"。[2] 正是由于总结了以往失败的教训，我们党才给人民进一步指明了建设有中国特色的社会主义道路。事实证明，只有社会主义能够救中国，也只有有中国特色的社会主义能发展中国。江泽民同志曾经深刻指出："如果今后不坚持社会主义，而是像有人主张的那样退回去走资本主义道路，用劳动人民的血汗去重新培植和养肥一个资产阶级，在我国人口众多、社会生产力水平很低的情况下，只能使大多数人重新陷入极其贫困的状态。这种资本主义，只能是原始的、买办式的资本主义，只能意味着中国各族人民再度沦为外国资本和本国剥削阶级的双重奴隶。"[3]

要在中国实现独立、统一、民主、富强，就必须有一个能够率领中国人民在前进道路上战胜各种困难的党。在中国，只有中国共产党才能起到这样的作用。在像中国这样一个人口众多、经济文化落后、各地发展极不平衡的东方大国中，要通过社会主义道路实现工业化和现代化，既没有现成方案可以搬用，也没有足够经验可以借鉴，其困难之多之大，可想而知。在这种情况下，如果没有马克思主义这一揭示人类社会发展普遍规律的科学的世界观作为行动指南，如果没有这一科学的世界观与中国社会主义建设具体情况的结合，要战胜各种困难是根本不可能的。中国共产党从成立那天起，就把马克思主义当作自己的指导思想，并且在把马克思主义同中国实际结合的过程中，产生了两次历史性的飞跃和两大理论成果：一个是关于中国革命和建设

① 《邓小平文选》第 2 卷，人民出版社 1994 年版，第 365 页。
② 《十三大以来重要文献选编》中，人民出版社 1991 年版，第 614 页。
③ 同上书，第 615 页。

经验总结的毛泽东思想，一个是作为毛泽东思想最新发展的、建设有中国特色社会主义指导思想的邓小平理论。正是因为有了毛泽东思想，我们党才能够面对新中国成立初期那种国内国际复杂困难的环境，从理论和实践上完成了在中国这样一个占世界人口近四分之一、经济文化落后的大国中建立社会主义制度的艰难任务，率领人民从新民主主义走上社会主义道路。正是因为有了作为毛泽东思想最新发展的邓小平理论，我们党才能够在"文化大革命"结束以后的重大历史关头，冲破"两个凡是"的禁锢，在纠正毛泽东晚年所犯错误的同时维护毛泽东思想的历史地位，制定出"一个中心、两个基本点"的社会主义初级阶段的基本路线，率领人民走上了建设有中国特色社会主义的新道路。同样，正是因为有了以江泽民为核心的第三代中央领导集体对马克思列宁主义、毛泽东思想、邓小平理论的创造性运用，我们党才能够面对现代化建设新阶段的新形势和新任务，确定了建立社会主义市场经济体制，制定出包括建设有中国特色社会主义政治、经济、文化在内的社会主义初级阶段的基本纲领，提出了诸如正确处理改革、发展、稳定三者关系等一系列重大方针，率领人民把建设有中国特色社会主义事业不断推向前进。

毛泽东在1954年曾经说过："我们要建成一个伟大的社会主义国家，大概经过五十年即十个五年计划，就差不多了，就像个样子了，就同现在大不一样了。现在我们能造什么？能造桌子椅子，能造茶碗茶壶，能种粮食，还能磨成面粉，还能造纸，但是，一辆汽车、一架飞机、一辆坦克、一辆拖拉机都不能造。……就是到五十年后像个样子了，也要和现在一样谦虚。"① 当前，我们正处于世纪之交，无论国内还是国际，都面临着大好的机遇，同时也面临着严峻的挑战。我们现在已经能够造汽车、飞机、坦克、拖拉机了，而且还能造很多更为现代化的东西。但正如毛泽东所说的那样，我们仍然要谦虚谨慎，仍然要清醒地看到未来任务的艰巨和复杂。我们要像过去的50年那样，继续埋头苦干，奋发图强，为在21世纪的前50年实现民族的全面振兴，步入中等发达国家的行列，为到新中国成立100周年时，把中国建成更加富强

---

① 《毛泽东文集》第6卷，人民出版社1999年版，第329页。

民主文明的社会主义现代化国家而努力奋斗。

（本文曾发表于1999年9月10日《光明日报》第1版。收入本书时略有修改）

新中国 60 年的历史是一个光辉的整体

新中国的 60 年，是中国由积贫积弱不断走向繁荣富强的 60 年，是中国历史上最为辉煌的 60 年。在这 60 年，根据我们党的路线、方针和任务的变化，可以划分出一些不同时期，其中最为显著的是改革开放前和改革开放后这两个时期。但要看到，这两个时期并不是割裂的，更不是对立的，而是内在统一、不可分割的光辉整体。我们既不能用前一个时期去否定后一个时期，也不能用后一个时期去否定前一个时期。

一　改革开放前后两个历史时期既有区别也有连续性

改革开放的历史新时期，是由我们党具有重大历史意义的十一届三中全会开启的。这个时期，开辟了中国特色社会主义道路，极大地调动了亿万人民的积极性，使社会主义和马克思主义在中国大地上焕发出勃勃生机，中华民族大踏步赶上了时代前进的潮流。看不到这个时期的鲜明特色，就不可能懂得中国特色社会主义道路究竟"特"在哪里，就会妨碍我们对改革开放伟大意义的认识。反过来，如果看不到这个时期与改革开放前的连续性，也不可能懂得中国特色社会主义道路为什么是社会主义而不是别的什么"主义"，就会妨碍我们对新中国 60 年历史的整体把握。

从党的指导思想上看。 改革开放后，纠正了毛泽东的晚年错误，否定了"以阶级斗争为纲"这个不适合于社会主义时期的错误口号，实现了工作重点向经济建设的转移，制定了党在社会主义初级阶段"一个中心、两个基本点"的基本路线，先后形成了邓小平理论、"三个代表"重要思想和科学发展观等马克思主义中国化的新成果。但同时，科学评价了毛泽东，把毛泽东的晚年错误与毛泽东思想加以区别，确立了毛泽东的历史地位，捍卫和高举毛泽东思想的伟大旗帜；继续把马克思主义作为党的指导思想，把四项基本原则当成党的基本路线中两个基本点中的一个基本点和立国之本。对于改革开放前后我们党在指导思想上的异同之处，邓小平曾作过一个很精辟的说明。他说：有的人"忽略了中国的政策基本上是两个方面，说不变不是一个方面不变，而是两个方面不变。人们忽略的一个方面，就是坚持四项基本原则，坚持社会主义制度，坚持共产党领导。人们只是说中国的开放政策是不是变了，但从来不提社会主义制度是不是变了，这也是不变的嘛！"[①]

从经济体制上看。改革开放后，打破了公有制和按劳分配一统天下的局面，改变了高度集中的计划经济体制，确立了社会主义市场经济体制；解散了农村人民公社，实行了家庭联产承包责任制；打开了对外开放的大门，并不断拓展开放的广度和深度。但同时，仍然坚持公有制和按劳分配为主体，把全民所有制和集体所有制作为社会主义经济制度的基础，把国有经济作为国民经济中的主导力量和支柱；明确社会主义市场经济是同社会主义基本制度结合在一起的，市场对资源配置的基础性作用要在国家的宏观调控之下来发挥；坚持农村土地集体所有制的性质，既发挥农民家庭经营的积极性，又发挥集体经济的优越性；坚持自力更生的方针，强调走中国特色自主创新道路，不断提高对外开放的安全性。

从政治体制上看。改革开放后，大力加强社会主义民主和法制建设，积极推进政治体制改革，不断改进党的领导，逐步落实对权力的制约、监督和对人权的尊重、保障等原则。但同时，始终坚持共产党在国家事务中总揽全局、协调各方的核心领导作用，坚持政治体制改革的正确方向和党的领导、人民当家作主、依法治国的有机统一，坚持全心全意依靠工人阶级，坚持党对军队的绝对领导，不搞西方的多党制和议会民主、三权分立。

从文化和社会政策上看。改革开放后，摈弃了以往在意识形态工作中"左"的做法，解除了在文艺创作和学术研究中设置的不必要的框

---

① 《邓小平文选》第 3 卷，人民出版社 1993 年版，第 217 页。

框和禁区，积极发展文化、教育、科学事业，深化教育改革和文化管理体制改革，促进人民精神生活和社会生活的多样化，健全基层社会管理体制，推动社会组织建设。但同时，仍然坚持马克思主义在意识形态领域的指导地位，要求共产党员坚定对共产主义远大理想的信仰，引导全体人民树立中国特色社会主义共同理想，把社会主义核心价值体系融入国民教育和精神文明建设的全过程，弘扬爱国主义、集体主义、社会主义思想，抵制各种错误和腐朽思想的影响；坚持社会主义先进文化的前进方向，全面贯彻党的教育方针，培养德智体美全面发展的社会主义建设者和接班人；健全党和政府主导的维护群众权益机制，高度警惕和坚决防范国内外敌对势力各种分裂、渗透、颠覆活动，切实维护国家意识形态安全。

从外交方针上看。改革开放后，随着国际形势的深刻变化，改变了过去关于时代特征的判断，认为和平与发展是当今时代的主题、中国的前途命运日益同世界的前途命运联系在一起，主张建设持久和平、共同繁荣的和谐世界，加强同发达国家的战略对话。但同时，继续实行新中国成立之初所制定的独立自主的和平外交政策和所倡导的和平共处五项原则，加强同广大发展中国家的团结合作，反对各种形式的霸权主义和强权政治，推动国际秩序朝着更加公正合理的方向发展。

以上说明，改革开放后与改革开放前相比，确实存在着党的路线、方针和任务上的一系列重大变化。但是，这种变化只不过是社会主义的自我完善和发展，政治的基本制度、国家的核心领导力量、意识形态的指导思想、党的宗旨和最终奋斗目标等，都没有变化。这两个时期都统一于科学社会主义的原则之下，都是共产党领导的、人民当家作主的、建设社会主义的历史。

二 改革开放前的历史对改革开放具有重要意义

改革开放 30 年来，我国经济飞速发展，综合国力明显增强，人民生活水平大幅度提高，为世界经济发展和人类文明进步作出了重大贡献。所有这些，都是世人有目共睹的。但这一切的起点，并非 1949 年旧中国留下的那个满目疮痍的烂摊子，而是 1978 年新中国在经过 29 年艰苦奋斗后建立起来的宏伟基业。正如胡锦涛总书记在党的十七大报告中所指出的："改革开放伟大事业，是在以毛泽东同志为核心的党的第一代中央领导集体创立毛泽东思想，带领全党全国各族人民建立新中国、取得社会主义革命和建设伟大成就以及艰辛探索社会主义建设规律取得宝贵经验的基础上进行的。新民主主义革命的胜利，社会主义基本制度的建立，为当代中国一切发展进步奠定了根本政治前提和制度基础。"① 如果没有改革开放前提供的基础，改革开放要取得如此显著的成就是不可想象的。这主要体现在以下几个方面。

提供了根本政治和制度前提。新中国成立后，取得了民族独立、主权和领土完整，实现了除台、港、澳地区之外的国家统一，铲除了帝国主义、封建势力的统治根基，建立了人民民主专政的政权和人民代表大会制度、中国共产党领导的多党合作和政治协商制度、民族区域自治制度等社会主义基本政治制度，奠定了社会主义全民所有制和集体所有制的经济基础。正是这一切，使中国结束了蒙受屈辱、战乱频仍、四分五裂、民不聊生的黑暗历史，使人民大众翻身做了国家主人，各民族实现了空前大团结，国家走上了社会主义康庄大道。

提供了基本的物质技术条件。新中国成立后，在一穷二白的基础上建立起了独立的比较完整的工业体系和国民经济体系，一定程度上改变了旧中国工业集中于沿海地区的不合理布局，并通过大规模农田水利基本建设，发展农药、化肥、农用机械工业及县办、社办小工业，大幅度改善了农业和农村的生产条件，提高了农作物单位面积产量。同时，大力发展科教事业，使全国高校毕业生超过旧中国 36 年累积总数的 14 倍，专业技术人员达到新中国成立初期同类人员的 13 倍多。《中共中央关于建国以来党的若干历史问题的决议》（以下简称《历史决议》）在评价改革开放前的历史贡献时指出："我们现在赖以进行现代化建设的物质技术基础，很大一部分是这个期间建设起来的；全国经济文化建设等方面的骨干力量和他们的工作经验，大部分也是在这个期间培养和积累起来的。"②

---

① 胡锦涛：《高举中国特色社会主义伟大旗帜，为夺取全面建设小康社会新胜利而奋斗》，《中国共产党第十七次全国代表大会文件汇编》，人民出版社 2007 年版，第 7 页。

② 《三中全会以来重要文献选编》下，人民出版社 1982 年版，第 804 页。

　　提供了思想上的一定保证。胡锦涛同志指出：毛泽东思想"是被实践证明了的关于中国革命和建设的正确的理论原则和经验总结"。①改革开放以来，毛泽东思想中关于实事求是、群众路线，关于要把我国建设成现代化社会主义强国、对人类作出较大贡献，关于不要机械搬用外国经验，关于社会主义时期要严格区分、正确处理两类不同性质矛盾，关于要调动一切积极因素、化消极因素为积极因素，关于百花齐放、百家争鸣、古为今用、洋为中用等思想，都被邓小平理论、"三个代表"重要思想和科学发展观所吸收，发挥着重要指导作用。改革开放前开展过的一系列政治运动存在对形势判断过于严重、做法过于简单粗暴、打击面过宽等问题，但其中关于防止执政党脱离群众、警惕"和平演变"和腐败变质的理念，却至今在党的建设中产生着深远影响。改革开放以来，我们党把过去政治运动中合理的部分作为优良传统加以继承和发扬，开展了连续不断的组织整顿和思想教育活动，对各级干部和党员在长期执政、实行市场经济和对外开放的条件下经受考验，起到了积极作用。

　　提供了正反两方面的经验。改革开放前，在探索社会主义建设规律的过程中，形成了许多反映国情、符合客观的认识，积累了一系列对于今天改革开放仍然具有重要价值的宝贵经验。同时，我们党也犯过不少错误，积累了很多教训。其中最大的教训，就是错误发动"文化大革命"。但正如邓小平所说："没有'文化大革命'的教训，就不可能制定十一届三中全会以来的思想、政治、组织路线和一系列政策。……'文化大革命'变成了我们的财富。"②

　　提供了相对有利的国际环境。新中国成立后，挫败了外国侵略势力的一系列孤立、封锁、干涉、挑衅行径，积极支持亚非拉民族解放和独立运动，发展同中间地带国家的友好关系，先后研制成功"两弹一星"和核潜艇，打破了超级大国的核垄断和核讹诈。面对苏联霸权主义的军事威胁，毛泽东提出关于三个世界划分的理论，实现了中美和解，进而推动了中国同日本、西欧许多国家关系的改善，并在第三世界国家的支

---

① 《十六大以来重要文献选编》上，中央文献出版社 2005 年版，第 641—642 页。
② 《邓小平文选》第 3 卷，人民出版社 1993 年版，第 272 页。

持下恢复了在联合国的合法席位，大大增强了我国国际地位，为和平建设争取了时间。邓小平讲得好："毛泽东同志在世的时候，我们也想扩大中外经济技术交流，包括同一些资本主义国家发展经济贸易关系，甚至引进外资、合资经营等等。但是那时候没有条件，人家封锁我们。后来'四人帮'搞得什么都是'崇洋媚外'、'卖国主义'，把我们同世界隔绝了。毛泽东同志关于三个世界划分的战略思想，给我们开辟了道路。"①

改革开放是在"文化大革命"已经结束，但"两个凡是"的错误方针又使党和国家工作出现前进中徘徊局面的大背景下，以邓小平为核心的党的第二代中央领导集体作出的政治决断和战略抉择。没有改革开放，新中国的历史显然难以为继。但没有改革开放前那段历史打下的基础，改革开放也是难以起步的。改革开放前，国家各项事业的发展和人民生活面貌的改变远没有改革开放后那么显著，但这绝不表明那段历史对于改革开放无足轻重、可有可无。如同盖楼一样，打地基时不容易让人看出成绩，但楼房盖得快盖得高，反过来说明了地基打得牢。

三　改革开放前取得的建设成就是那段历史的主流

新中国成立到改革开放前，我们党在领导人民探索社会主义建设规律的过程中，有过不少失误和错误，有的错误甚至是全局性、长期性的，给党、国家和人民的事业造成过严重损失。我们说新中国 60 年是光辉的整体，当然不等于说那些错误也是光辉的。但另一方面，我们也必须正确看待那段历史所犯的错误，绝不能因为存在那些错误，就否定那段历史是新中国光辉 60 年的重要组成部分。

要把那段历史中的错误与取得的成就加以比较。对于改革开放前的历史性成就，党中央在改革开放后的不同时期曾作过许多评价，观点是始终明确和一贯的。例如，1979 年邓小平指出："我们尽管犯过一些错误，但我们还是在三十年间取得了旧中国几百年、几千年所没有取得过

---

① 《邓小平文选》第 2 卷，人民出版社 1994 年版，第 127 页。

的进步。"①1989 年江泽民同志指出："中华人民共和国成立以来的四十年，是中国历史发生翻天覆地变化的四十年，是经历艰难曲折、战胜种种困难、不断发展进步的四十年，是中华民族扬眉吐气、独立自主、在国际事务中日益发挥重要作用的四十年。"② 2006 年胡锦涛总书记指出："在社会主义革命和建设时期，我们确立了社会主义基本制度，在一穷二白的基础上建立了独立的比较完整的工业体系和国民经济体系，使古老的中国以崭新的姿态屹立在世界的东方。"③ 上述评价如实反映和高度概括了改革开放前历史的基本方面，是我们总体评价那段历史的主要依据。只要把那段历史中的错误，包括"大跃进"和"文化大革命"那种严重错误，同上述基本面放在一起比较，孰重孰轻、什么是主流什么是支流，就会一目了然。

要对那段历史的错误进行具体分析。改革开放前，有的错误是全局性的、根本性的，也有的错误只是局部性的，居于次要位置。如果不加分析，以偏概全，看到哪件事情中有缺点有错误就予以全盘否定，势必会得出改革开放前的历史是一连串错误集合的结论。例如，新中国成立初期，在思想文化领域进行过几场比较大的批判运动，有把思想性、学术性问题简单化、政治化的倾向，有的甚至混淆了敌我、敌友的界限，伤害了不少知识分子的感情。但应当看到，正是那些大张旗鼓的批判，加上与此同时进行的知识分子思想改造运动，使文艺界、学术界、教育界原先存在的封建主义和资产阶级的思想受到强烈冲击和迅速清理，使辩证唯物主义和历史唯物主义、为人民服务和人人平等等无产阶级思想，为大多数旧社会过来的知识分子所接受，很快占领了学校讲坛和各种文化宣传阵地，并且直到今天仍然在意识形态领域居于指导地位。

要把那段历史中的错误放在当时的历史条件下来看。所谓放在当时历史条件下看，就是看那些错误在当时客观条件限制下，是可以避免的还是难以避免的。例如，改革开放前很长时间内，积累率过高，人民生活水平提高不快，农村大部分地区面貌变化不大。这既与当时搞建设急于求成的主观指导思想有关，也与对积累和消费比例的安排缺少经验有

① 《邓小平文选》第 2 卷，人民出版社 1994 年版，第 167 页。
② 《十三大以来重要文献选编》中，人民出版社 1991 年版，第 611 页。
③ 《人民日报》2006 年 7 月 1 日第 1 版。

关。但基本原因还在于，新中国成立初期，一方面经济基础极为薄弱，人才、资金、资源极为缺乏；另一方面，面对帝国主义侵略的威胁和人民群众要求迅速改变落后面貌的强烈愿望，需要通过优先发展重工业来加快工业化建设步伐。为此，只能实行集中统一的计划经济体制和统购统销政策，以便最大限度地集中财力、物力、人力，从而不得不暂时抑制人民的消费，限制农民进城，维持适当比例的工农业产品剪刀差。可见，那个时期的消费品生产不足，人民生活提高不快，从根本上说，是为工业化打基础所必须付出的代价。问题在于，后来的"大跃进"、反右倾，特别是"文化大革命"等错误，使生活困难的程度更为加重、时间更为延长罢了。

要把那段历史中的错误与犯错误的时期加以区别。改革开放前，有些错误持续时间较长，但这并不意味着那个时期只有错误。例如，"文化大革命"长达十年时间，但在那十年里，除了"文化大革命"运动，我们党和人民还做了许多其他有益工作，"我国社会主义制度的根基仍然保存着，社会主义经济建设还在进行，我们的国家仍然保持统一并且在国际上发挥重要影响"。"国民经济虽然遭到巨大损失，仍然取得了进展。""在国家动乱的情况下，人民解放军仍然英勇地保卫着祖国的安全。对外工作也打开了新的局面。"[①] 这说明，不能把"文化大革命"与"文化大革命"时期简单画等号，不能因为要彻底否定"文化大革命"，就否定"文化大革命"时期各项建设事业取得的重大成就，更不能因此而否定那一时期我们党、国家和社会的性质。

要把那段历史中好心办坏事与个人专断、个人专断与专制制度加以区别。

在可以避免的错误中，有属于急于求成的，也有缘于个人专断的。对急于求成的毛病，邓小平曾分析道："我们都是搞革命的，搞革命的人最容易犯急性病。我们的用心是好的，想早一点进入共产主义。这往往使我们不能冷静地分析主客观方面的情况，从而违反客观世界发展的规律。中国过去就是犯了性急的错误。"[②] 对个人专断，《历史决议》指

---

① 《三中全会以来重要文献选编》下，人民出版社 1982 年版，第 815—816 页。
② 《邓小平文选》第 3 卷，人民出版社 1993 年版，第 139—140 页。

出，其根源在于骄傲，脱离实际和群众；社会原因是党内民主和国家政治生活中的民主缺少制度化、法律化，权力过分集中于个人；历史原因是长期封建社会造成的封建专制主义思想的影响。但必须看到，受封建专制主义思想影响与封建专制制度本身，毕竟是性质完全不同的两码事。因为存在个人或少数人专断的现象，就妄言改革开放前是什么封建专制主义社会，完全是对历史的歪曲。

新中国即将走过自己的60年。这个时候回顾历史，认识新中国60年的整体性，具有特别重要的意义。对自己民族和国家历史的认知，从来是一个民族、一个国家主流文化和核心价值体系的重要组成部分，是这个民族、这个国家的重要精神支柱之一。各个阶级各种政治力量，无论是为了维护一个政权还是为了推翻一个政权，都无不高度重视对历史特别是对国家史解释的话语权。古人说过："灭人之国，必先去其史。"毛泽东也说过："历史上不管中国外国，凡是不应该否定一切的而否定一切，凡是这么做了的，结果统统毁灭了他们自己。"[1]历史告诉我们，只有社会主义才能救中国，只有改革开放才能发展中国、发展社会主义、发展马克思主义。我们要实现中华民族的伟大复兴，就要重视和加强马克思主义指导下的中华人民共和国史的研究和宣传，抵制各种歪曲新中国历史的错误思潮和观点，努力巩固全党全国各族人民团结奋斗的共同思想基础，坚定不移地沿着中国特色社会主义道路奋勇前进。

（本文曾发表于《中直党建》2009年第8期）

---

① 毛泽东：《1959年2月2日在省、市、自治区党委书记会议上的讲话》，《党的文献》2007年第5期。

能否正确对待毛泽东的历史评价问题是关系党和国家生死存亡的大问题[*]

再过三天，就是毛泽东诞辰 112 周年的纪念日。回顾毛泽东的一生，他所作出的决策何止千万，但最艰难的决策对他来说并不很多。胡乔木生前说过："我在毛主席身边工作 20 多年，记得有两件事毛主席很难下决心。一件是 1950 年派志愿军入朝作战，一件就是 1946 年我们准备同国民党彻底决裂。"《毛泽东的艰难决策》一书，记述的正是这两件事。

毛泽东是中国共产党第一代中央领导集体的核心，是中国人民解放军和中华人民共和国的主要缔造者。他的实践活动不仅贯穿中国新民主主义革命的整个历史时期，而且在中国社会主义革命和建设时期的头 27 年，一直处于历史最为显著的位置。因此，对他的评价，不仅涉及对党史、军史的评价，而且涉及对中华人民共和国史的评价。正如邓小平所指出的："对毛泽东同志的评价，对毛泽东思想的阐述，不是仅仅涉及毛泽东同志个人的问题，这同我们党、我们国家的整个历史是分不开的。要看到这个大局。"①

关于毛泽东的历史评价问题，我们党在《关于建国以来党的若干历史问题的决议》中早有全面、明确的论述。《决议》一方面指出了毛泽东同志所犯的错误，他应当负的责任；另一方面也分析了他犯错误的复杂原因，指出不能把所有错误都归咎于他个人，他的功绩远远大于他的过失，要把作为科学理论的毛泽东思想同他晚年的错误区别开来。正

　＊ 这是在解放军总后勤部政治部和中国社会科学出版社于 2005 年 12 月 23 日举办的纪念毛泽东诞辰 112 周年暨《毛泽东的艰难决策（1—2）》出版座谈会上发言的一部分。

　① 《邓小平文选》第 2 卷，人民出版社 1994 年版，第 299 页。

是因为有了这个决议，我们现在无论研究还是撰写新中国成立以后的历史，都可以做到实事求是地面对历史，可以不必再回避毛泽东的错误。这是我们党不断成熟和进步的表现，是社会主义民主向前发展的标志，是来之不易的成果，是每一个关心党和国家前途命运的人都应当十分珍惜的。

但是，现在有些人在谈论毛泽东的错误时，却违背了《决议》的精神。他们离开肯定毛泽东和毛泽东思想历史地位这个大前提，不去注重于分析当时的历史条件和着眼于总结历史经验，而是一味追究个人责任，津津乐道于所谓"个人品质"，并且随意编造奇闻，甚至任意褒损、恶意中伤。这种现象是很值得警惕的。经验告诉我们，国内外敌对势力要颠覆共产党的领导、搞垮社会主义制度，往往把丑化革命领袖、歪曲共产党和社会主义国家的历史作为重要手段。前苏联由于妖魔化斯大林、进而否定列宁和十月革命，最终导致亡党亡国，便是一个鲜活的证明。古人说过："灭人之国，必先去其史；隳人之枋，败人之纲纪，必先去其史；绝人之才，湮塞人之教，必先去其史。"① 可见，在共产党执政的社会主义国家，能否正确对待革命领袖的历史评价问题，也是关系党和国家生死存亡的大问题。我们今天纪念毛泽东同志诞辰 112 周年，有必要对此给予高度关注，不使前苏联发生的悲剧在中国重演。

必须看到，我们今天取得的所有举世瞩目的辉煌成就，都是党的十一届三中全会所开辟的改革开放新局面的结果。但同样必须看到，这些辉煌成就也是建立在毛泽东等老一辈革命家们千辛万苦所奠定的基础之上的。江泽民同志曾指出："毛泽东同志的革命精神具有强大的凝聚力，他的伟大品格具有动人的感染力，他的科学思想具有非凡的号召力。""他的名字、他的思想和精神永远鼓舞着中国共产党人和各族人民，继续推动着中国历史的前进。""中国出了个毛泽东，是我们党的骄傲，是我们国家的骄傲，是中华民族的骄傲。"② 胡锦涛总书记也指出："毛泽东同志毕生最突出最伟大的贡献，就是领导我们党和人民找到了新民主主义革命的正确道路，完成了反帝反封建的任务，建立了中

---

① 龚自珍：《古史钩沉论二》，载《龚自珍全集》上，中华书局 1959 年版，第 21—22 页。
② 见 1993 年 12 月 27 日《人民日报》。

华人民共和国，确立了社会主义基本制度，并从中国实际出发探索社会主义建设的道路，为古老的中国赶上时代发展潮流、阔步走向繁荣昌盛创造了根本前提，奠定了坚实的理论基础和实践基础。"① 我们今天纪念毛泽东诞辰 112 周年，就应当用更多的力量去研究他和其他老一辈革命家在探索具有中国特点的社会主义道路过程中的宝贵经验，用更多的笔墨去宣传他们为中国革命和新中国建设立下的丰功伟绩，用更多的实际行动去弘扬他们立党为公、执政为民、清正廉洁、艰苦奋斗的优良作风，把他们开创的事业不断推向前进，使改革开放和社会主义现代化建设事业更加顺利地向前发展。

（本文曾发表于《中国井冈山干部学院学报》2006 年第 2 期。收入本书时略有修改）

---

① 见 1993 年 12 月 27 日《人民日报》。

菲力普·肖特著
《毛泽东传》中文版序言*

2003 年的 12 月 26 日，是中国人民的伟大领袖、中华人民共和国的缔造者毛泽东 110 周年诞辰。正在这时，中国青年出版社推出了英国历史学家和传记作家菲力普·肖特的著作《毛泽东传》。我以为这并非巧合，而是出版社与作者向这一有着重要纪念意义的日子献上的一份厚礼，是菲力普·肖特先生对中国人民友好感情的真挚表达。

菲力普·肖特生于英国，现居住在法国。19 世纪末，他的祖父曾在香港当过海关检查员；20 世纪二三十年代，他的叔叔曾作为船长到过广东、福建一带。因此，早在学生时代，中国这个东方的古老国度便对他产生了很大的吸引力。1966 年夏天，他刚从剑桥大学毕业，就向中国驻英代办处提出去北京当教师的申请。可惜，那时中国刚刚爆发"文化大革命"，致使这一申请未能得到批准。但他想到中国来工作的心愿，却一直没有因此而放弃过。"四人帮"被粉碎后，机会终于来了。他被选做英国国家广播公司（BBC）驻北京站的首任站长，派往中国，而且一干就是四年。那几年正是中国对内对外政策发生重大转变的时期，这使他得以亲眼目睹了一个正在走上改革开放之路的焕发出勃勃生机的充满着无限希望的中国，也使他从此深深爱上了中国，以至最终娶了一位中国姑娘为妻。1981 年，他虽然离开了中国，但他和中国所结下的不解之缘，不仅引导他经常到中国游历，而且还促使他于1992 年和 1997 年，先后提笔为 BBC 与中央人民广播电台、中国国际广播电台的合作项目——电视专题片《长江》和《长征》撰写过脚本。

---

* 该书由中国青年出版社于 2004 年出版。

　　为了撰写《毛泽东传》，菲力普·肖特历时五年，沿着毛泽东一生活动的轨迹，走遍了韶山、井冈山、茅坪、吉安、瑞金、于都、富田、赣州、东陂、黎平、遵义、泸定、松潘、毛儿盖、吴起、保安、瓦窑堡、延安，以及杭州和广州等地；翻阅了中国出版的中共中央文件选集、毛泽东著作和大量有关毛泽东的回忆录、研究成果，还采访了许多与毛泽东有过交往的当事人。1999年，这本书的英文版同时在英国和美国出版，后来又被译成法文、保加利亚文、捷克文、俄文、西班牙文，目前正在翻译德文本。它作为迄今西方出版的关于毛泽东生平的最新和最具权威性的著作，在国外读者中产生了比较大的影响。2002年，我代表中国社会科学院去英国参加英国学术院成立100周年的纪念活动，就看见伦敦书店中在醒目的地方摆放着这本书。

　　毛泽东的一生跨越了20世纪的大部分时间，他的思想和活动不仅改变了中国的命运，也极大地影响了世界的命运。直到今天，人们仍然随时可以感受到他留给中国和世界的印记。正因为如此，他的一生不仅是许多中国学者、作家感兴趣的研究和写作对象，也是国外一些研究中国问题的人们所热衷的课题。

　　最早向世界介绍毛泽东的外国人有美国记者埃德加·斯诺和艾格尼丝·史沫特莱，英国记者贝特兰和安娜·路易丝·斯特朗。他们所写的《红星照耀中国》(《西行漫记》)、《中国的战歌》、《在延安》、《毛泽东印象记》等，曾经让西方人比较真实详细地了解到毛泽东和中国共产党。但这些著作大多产生于中国人民进行新民主主义革命的年代，而且都是通讯性质的。中华人民共和国成立之后，关于毛泽东思想与活动的带有学术性、传记性的外国著作，当首推1951年出版的美国学者史华兹的《中国的共产主义和毛的崛起》，以及1966年出版的英国学者斯图尔特·施拉姆的《毛泽东》(中文版根据1967年修订版译出，于1987年由红旗出版社出版)。许多西方研究毛泽东的著作都把它们列为主要参考书，并经常援引其中的观点和材料。但由于这两本书成书时毛泽东尚在世，因此还算不上是关于毛泽东一生的传记著作。真正涵盖毛泽东一生的具有学术价值的传记著作，在菲力普·肖特的《毛泽东传》出版之前，主要有两部：一部是1980年出版的美国学者罗斯·特里尔的《毛泽东传记》(中文版有1989年世界知识出版社节译的《毛泽东的后半生》和河北人民出版社全译的《毛泽东传》），另一部是 1979 年出版的英国学者迪克·威尔逊的《历史巨人——毛泽东》（中文版于2000 年由中央文献出版社出版，书名为《毛泽东》）。这两部书都力求按照历史的真实来描述和评价毛泽东，但由于它们利用的二手资料较多，因此有一些不准确或失实的地方。

与以往出版的外国人介绍和研究毛泽东生平的著作相比，菲力普·肖特的这本书在对毛泽东的评价上更为客观和公允，在对历史的把握上也更为全面和深刻。这与他在中国的工作经历和他对中国的多次访问有关，更与他为撰写这本书所做的大量准备和辛勤努力分不开。另外值得一提的是，这本书虽然是学术性的传记著作，但它同时具有十分优美生动的文笔和浓郁的文化韵味，使人不感觉枯燥乏味。当然，作为一个外国学者，他在书中所表现出的观察问题的角度和分析事物的观点，都是与我们不完全一样的。但在我看来，我们也不应当要求他和我们完全一样。相反，在一定意义上，可能正是这些不一样的地方，才使中国的读者有机会将自己与西方人眼中的毛泽东之间做一个比较。而这无论对于我们更深入地认识中国，还是更深入地了解世界，都是会有益处的。

我不是研究毛泽东的专家，之所以不揣冒昧地接受了为《毛泽东传》中文版写序的请求，一来因为菲力普·肖特先生的盛情难却，二来因为我所供职的中国社会科学院当代中国研究所眼下正在与法国的欧洲电视台（ARTE）筹划以菲力普·肖特先生这本《毛泽东传》为脚本基础，为欧洲观众摄制一部电视纪录片。借此机会，我谨向《毛泽东传》中文版的出版表示热烈祝贺，同时衷心预祝当代中国研究所与AR-TE 的合作早日获得成功。

加强国史研究的
学科建设

论中华人民共和国史研究

中华人民共和国史（以下简称国史）研究是一门相对年轻的新兴学科。它最早的成果可以追溯到由中共中央宣传部等有关部门组织编写、人民教育出版社 1955 年出版的《中国人民解放战争和新中国五年简史》，以及 1958 年由河北北京师范学院师生编写、人民出版社出版的《中华人民共和国史稿》。但从严格意义上说，国史研究是从 1978 年中共十一届三中全会后总结新中国成立以来历史开始的。1979 年，中共中央在准备庆祝新中国成立 30 周年大会讲话稿的过程中，对新中国成立以来的历史及其经验教训进行了简要回顾和初步总结。① 接着，用一年零八个月时间起草了《关于建国以来党的若干历史问题的决议》（以下简称《历史决议》），在 1981 年的中共十一届六中全会上通过。《历史决议》讲的虽然是党的历史问题，但这些问题同时也是国家的重大历史问题；具体起草的虽然是专门的写作班子，但邓小平、陈云等一些老一代革命家提出了许多指导性意见，在党内四千多名高中级干部和一部分党外人士中还进行过认真讨论。因此，制定决议的过程可以说是一次高层次集体研究国史的过程，为此后的国史研究指明了正确的理论方向。

接着，在胡乔木②的倡议下，中国社会科学院提出了关于对新中国成立以后各条战线的历史经验作出有科学价值的总结、编撰系列专著的方案，并经中共中央书记处批准，中央宣传部部署，编辑出版了大型丛书《当代中国》。这套丛书按照部门、行业、省市、专题分卷，历经十

---

① 见叶剑英在庆祝中华人民共和国成立 30 周年大会上的讲话，《三中全会以来重要文献选编》上，人民出版社 1982 年版，第 207—247 页。
② 胡乔木时任分管意识形态工作的中共中央书记处书记。

余年，先后动员约十万多名学者和干部参与编写，陆续出版了152卷，211册，总计1亿字，3万幅图片。它的规模之宏伟庞大，利用档案资料之丰富确凿，包含内容之全面系统，在新中国出版史上都是空前的。同时，有关方面还出版了大量可供国史研究利用的文献档案资料。其中有毛泽东、周恩来、刘少奇、朱德、邓小平、陈云等共和国主要领导人的文选、文集、文稿、传记、年谱，有1949年至1965年的《建国以来重要文献选编》和自1978年中共十一届三中全会起，历次党的代表大会的重要文献集，[①] 有《中华人民共和国经济档案资料选编》，[②] 以及薄一波、杨尚昆等共和国重要领导人的日记、回忆录。所有这些，都为国史研究的开展提供了基础性条件。

20世纪90年代初，当时的中共中央党史领导小组借鉴中国历史上由国家设立国史馆的传统，提议并经中央批准，成立了专事编纂和研究国史的当代中国研究所。该所建立后，创办了以出版国史著作为主业的当代中国出版社和刊发国史研究成果的杂志《当代中国史研究》，成立了联系全国国史学界的学术团体——中华人民共和国国史学会；自2001年起，又经中共中央书记处原则批准，集中力量编写并陆续出版编年史书《中华人民共和国史编年》，还建立了面向国史学界的学术年会制度，同中国社会科学院研究生院合作创办了国史系。与此同时，中央许多部门和省、自治区、直辖市一级政府纷纷建立本部门或本地区的当代史研究机构，很多地方社会科学院和高等院校也把当代史列入研究课题，有的高等院校还开设了国史课程，设立了以国史为专业方向的硕士、博士学位点。如果算上各级地方志部门对新中国成立后志书的编修，各级地方档案部门对新中国成立后历史档案的整理研究，全国研究国史的机构就更多了。这些机构产生了不胜枚举的研究成果，培养了众多的专门学者，促使国史研究作为史学的一门分支学科，逐步登上了学术舞台。

尽管如此，国史研究（包括国史编纂）与史学的其他分支学科相比，目前从总体上看尚处于初创阶段。多年来，国史学界的学者们在国史研

---

① 以上均由人民出版社或中央文献出版社出版。

② 此书的1949—1952年各卷，已由中国社会科学出版社、社会科学文献出版社等出版；1953—1957年各卷，已由中国物价出版社出版。

究的理论探索和国史学的学科建设上做了大量工作，进行了不懈努力，但对许多问题的认识仍有待于深化和系统化。本文试图在学界已有工作的基础上，再就其中的几个主要理论问题作进一步的探讨，以为国史研究学科体系的构建添砖加瓦，抛砖引玉。

一　关于国史与国史研究的定义

（一）什么是国史？

国史，顾名思义，是指 1949 年中华人民共和国成立后，共和国 960 万平方公里土地和 300 万平方公里管辖海域范围内，社会及社会与自然界关系的历史。它是中国历史的自然延伸，是正在行进并且不断向前发展着的中国断代史，是中国历史的现代部分或当代部分，即中国现代史或中国当代史。

现代史、当代史与近代史、古代史一样，都是史学工作者对历史分期的表述。从各国情况看，有的把近代史、现代史、当代史加以区别；有的把近代史与现代史合并，只称近代史；有的则把现代史与当代史合并，只称现代史。而且，对近代史、现代史、当代史的内涵，不同国家、不同时间、不同学者的界定也不一样。就是说，这些概念都不是绝对的，并没有统一的标准。

唯物史观认为，由生产力与生产关系、经济基础与上层建筑矛盾运动所决定的社会形态，是人类社会不同阶段相互区别的主要标志。因此，历史分期主要应当依据社会形态的变化。我国史学界正是运用这一观点，把 1840 年中国由封建社会进入半殖民地半封建社会作为中国古代和近代史的分水岭。如果仍然运用这一观点，本来应当把 1949 年中国由半殖民地半封建社会走向和进入社会主义社会，作为区分中国近代史和现代史的分水岭。然而在新中国成立后，我国史学界、教育界一度把 1919 年五四运动爆发作为中国现代史的开端。这样划分近代史和现代史，旨在突出新旧民主主义革命的区别，但却忽略了社会性质问题，混淆了革命史与国家史的界限。尽管也有学者主张近代史应延伸至 1949 年，但由于那时新中国刚成立不久，国史研究没有提到日程上来，这种分期在学术上的矛盾还不十分尖锐。自 20 世纪 80 年代国史研究兴起之初，人们为了避开对"现代史"的既有定义，提出了"当代史"的概念，使这一矛盾又被暂时掩盖起来。但随着新中国历史的发展和中国近代史及国史研究的深入，"现代史"原有定义的弊端日益突出，到了非改变不可的地步。

目前，国家学位工作涉及的学科、专业目录，在历史学的二级学科里设有世界史、中国古代史和中国近现代史等专业，却没有中华人民共和国史或中国当代史专业，给国史、当代史的研究与教学造成了种种不便和困难。为了解决这一问题，有些高等院校又把国史、当代史放到了近现代史专业中。应当说，这两种做法都不合适，尤其后一种做法更不妥当。因为，中国现代史原有定义是把 1919 年作为起点的，如果在不改变这个起点的前提下就把国史和当代史并入现代史，势必模糊 1949 年中华人民共和国的成立对于中国社会形态变化的划时代意义。正确的做法应当是，统一中国历史阶段划分的标准，将中国近代史的上下限由原来的 1840 年至 1919 年改为 1840 年至 1949 年，并将中国现代史的起点由原来的 1919 年推迟至 1949 年。在这个前提下，再把中国现代史与国史、当代史合并。合并后，可以称"中国现代史"，也可以称"国史"或"中国当代史"。不管称什么，都应当把中国现代史专业从现有的中国近现代史专业中独立出来。这个意见，史学界早已有人提出，近些年更成为广泛的共识。新近被高等院校政治理论课采用为教材的《中国近现代史纲要》，就是这样分期的。不过，要使它被国家的学位工作所接受，最终还需要得到教育主管部门的认可。

历史分期是动态性的，不会一劳永逸，随着时间的延续，原有古代史、近代史、现代史、当代史的上下限，还会发生相应改变。例如，再过 100 年，可能需要从现代史中分出一个独立的当代史来。不过，这是由后人考虑和解决的问题了。

（二）什么是国史研究？

这个问题要比什么是国史稍微复杂一些。一般说，国史研究是以 1949 年中华人民共和国成立以来的中国历史为研究对象的。具体说，它不仅包括政治、经济、社会、科技、教育、文化、外交、军事等领域的历史，也包括人类活动造成的生态灾害，或气候异常、地震、泥石流等给人类造成的自然灾害史；不仅要对国家整体历史进行研究，也涉及地方史、部门史、行业史等专史的研究；不仅对中央政府管辖区域内的历史要研究，对暂时未受中央政府管辖的一些地区的历史也要研究。在这个层次上，国史研究与中国现代史或当代史的研究是完全吻合的。

有些情况下，国史研究（包括国史编纂）只指对国史的宏观研究。在这个层次上，国史研究的内涵与中国现代史或当代史研究稍有不同。它只研究国史中带整体性、全局性的内容，而不研究地方史、部门史、行业史等专史的内容；只研究中央为促进祖国统一而作出的各种努力，以及中央政府管辖区域同暂时未受中央政府管辖区域，例如1949年后的大陆与台湾之间，大陆与1997年和1999年主权回归前的香港、澳门之间，在政治、经济、文化、人员方面的互动情况，而不研究这些区域社会发展变化的情况。现在已经出版或正在编纂的国史书，如各种简史、史稿、史纲，大多属于这个层次的国史研究。

要明确什么是国史研究，尤其需要弄清楚它与中共党史新中国成立后部分的研究之间的关系。因为这个问题不弄清楚，不仅影响人们对国史研究内涵的理解，甚至会引起人们对国史研究必要性的怀疑。

毋庸讳言，中国共产党是中华人民共和国的核心领导力量，党的理论、路线、方针、政策、重大决定等，必然对共和国的建设和发展有着决定性的作用。从这个意义上说，党史是国史的核心内容，新中国成立后的党史走向决定着国史的走向。因此，国史研究与党在新中国成立后历史的研究，内容上难免会有许多交叉和重合。比如，党在新中国成立后的历次代表大会及中央全会，以及毛泽东、周恩来、刘少奇、朱德、邓小平、陈云等党的领袖人物，同时也是国史上的重大事件和重要人物，国史研究对这些不可能不涉及。另外，国史研究与党在新中国成立后历史的研究，理论上肯定也有一些相同、相近、相通之处，很难截然区分。比如，一个国史学者对国史分期、主线、主流等问题的看法，很可能也是他对党史新中国成立后部分同类问题的见解。

但应当看到，中共党史研究与国史研究的学科属性毕竟不同。党史研究的对象是中国共产党的历史，它的学科定位为政治学；即使从史学角度看，它也属于专史研究的范畴。而国史研究的对象是中国在现代或当代的历史，与中国古代史、近代史研究相衔接，纯属史学学科，而且是断代史性质。因此,党史研究与国史研究无论在研究角度、范围、重点上,还是在研究方法上,都必然会有很多不同。

1. 关于研究角度。中共党史研究是从执政党的角度出发,研究党在新中国成立后的历史。它研究的是中国共产党作为执政党,如何制定党的路线、方针、政策,如何把这些路线、方针、政策变成国家意志,如何处理与各参政党之间的关系,如何与国外政党交往,如何进行自身建设,等等。而国史研究,则是从整个国家的角度出发来研究这一历史的。它要研究的是国家政权机关如何贯彻中国共产党的路线、方针、政策,如何组织国家的经济、社会、文化、外交、国防等各项事业的建设,如何进行机构改革和提高自身效率,以及各参政党在中国共产党的领导下是如何参政议政的。比如,同样是研究改革开放的历史,党史研究主要应从制定政策的背景、过程和结果入手,而国史研究则应从改革开放本身的过程,以及在这一过程中经济、社会方方面面的变化入手。

2. 关于研究范围。中共党史新中国成立后部分的研究,主要对象是中国共产党在当代中国的发展及其执政规律和经验。因此,它研究的范围必然是中共作为执政党自身及其影响之内的事务,例如党的路线、方针、政策,党的重要会议、重要事件、重要人物,以及在它们的作用下,社会领域发生的某些变迁。至于社会领域更大范围里的变迁,例如人口、婚姻、民俗、服饰、饮食、娱乐方式、人际交往,乃至语言的变化等等,尽管与中共党史或多或少也有一定关联,党史研究也会有所涉及,但却不可能专门研究,不可能在党史研究中设人口史研究、社会史研究、民俗史研究等等研究方向。另外,中共存在自己的经济思想史、法制思想史、宗教政策史等,因此可以也应当进行这方面研究,但不存在中共经济史、中共法制史、中共宗教史,因此也就不可能开展这些方面的研究;在党史研究中可以也应当研究中国共产党与八个参政党之间的关系,但却不可能也不应当研究这些参政党自身的历史,否则就不成其为中共党史研究了。而上述内容对于国史研究来说,却恰恰是可以研究也是必须研究的。这说明,国史研究的范围要比党史研究宽得多。

3. 关于研究重点。中共党史对建国后部分的研究,重点应当是党的路线、方针、政策的制定和重大决策出台的过程,党的思想理论建设、组织建设、制度建设和统一战线工作的发展状况,党的会议和文献，党的重要人物和模范，以及党执政的经验和教训。国史研究虽然也会涉及其中一些最为重要的内容，但更多的应当研究全国人民代表大会及其常委会和国务院的决策过程，法律的制定和修订过程，各级国家权力机关、行政机关、审判机关、检察机关的重大活动和举措，各级政治协商会议参政议政的情况，国家各项建设事业的进展和有突出贡献的人物，国家机关建设及施政的经验与教训，等等。例如，在经济问题上，党史研究应当侧重于基本经济制度和宏观经济政策的建立与制定过程，而国史研究则要侧重于相对具体一些的经济制度经济政策、和经济建设的发展变化过程，如财税制度、金融制度、产业政策、外贸政策等等建立与制定的情况，土地使用状况、产业结构、进出口贸易、货币发行、税收种类、城乡居民收入等等变化的情况。

4. 关于研究方法。中共党史研究和国史研究都应当遵循唯物史观的基本原理和方法论，例如，都要从历史事实出发，充分收集、慎重选择和严谨考证史料；都要对问题进行整体和系统分析，通过比较来认识事物；都要把问题放到一定历史范围之内，用社会存在说明社会意识，并进行阶级或阶层分析；都要借鉴中国传统史学和国外史学，特别是西方新史学的有益方法；都要汲取社会科学中其他学科的科学方法，争取与自然科学相关学科的合作，开展跨学科的研究。但是，中共党史研究作为政治学的分支学科，无疑需要更多地运用政治学的方法，而且更多地研究中共执政后所遇到的一些在中国古代史、近代史中没有遇到过的问题，如中国共产党在政权中的领导地位、马克思主义在意识形态领域的指导等问题。而国史研究作为历史学的分支学科，则应当基本运用史学的方法，更多地研究一些在中国古代史、近代史中就存在的问题，如财税制度、政区划分、农村社会组织、民间宗教、灾害救济、防疫机制等等。在史书的编纂方面，国史研究除了要运用当今通行的章节体外，还要考虑如何创造性地继承中国史学的传统体裁与体例，如纪传体、编年体、纪事本末体、典制体、方志体、史地体等，以便做到与中国历代史书相呼应。

总之，国史研究与中共党史研究各有各的学科属性、研究任务和社会作用，谁也代替不了谁。现在一些国史书与党史书存在内容雷同或近似的现象，并非它们的本质属性使然，而是由于国史书过多地写了本该由党史书来撰写的内容，党史书则过多地写了本该由国史书来撰写的内容。这正是今后需要通过加强国史研究和党史研究这两门学科的学科建设来加以解决的问题，而不应当成为怀疑国史研究存在必要性的理由。

二　关于国史的分期

对历史进行分期，即所谓给历史"断限"，既是史学工作者为了便于自己研究而惯用的方法，也是他们为引导人们按照某种观点认识历史发展本质特征的途径，是历史研究的重要理论问题之一。同时，由于历史分期取决于史学工作者的历史观和对历史认识的角度、重点和方法，因此，它同时也是历史研究中分歧最多的问题之一。前面所讲的关于近代史、现代史、当代史的分期，是不同社会形态历史的分期，同样，在同一种社会形态下的历史，也有分期问题。

目前，国史学界对新中国成立以来历史的分期方法，大致有以下五种：

1. 二分法。即以中共十一届三中全会为界，分为改革开放前后两个历史时期。

2. 四分法。即根据《历史决议》，将国史划分为"基本完成社会主义改造"的七年，"开始全面建设社会主义"的十年，"进行'文化大革命'"的十年，"伟大历史转折以后"的时期（包括粉碎"四人帮"以后的头两年）。

3. 五分法。即在四分法的基础上，将基本完成社会主义改造的七年，再以开始实行过渡时期总路线为界，分为"国民经济恢复"或"新民主主义社会"的三年和"社会主义改造"的四年两个时期。

4. 六分法。即在五分法的基础上，将"伟大历史转折以后的时期"，再以中共十一届三中全会的召开为界，分为"在徘徊中前进的两年"（即粉碎"四人帮"以后的头两年）和"社会主义建设历史新时期"。

5. 八分法。即在六分法的基础上，将"社会主义建设历史新时期"进一步分为三个阶段，再以邓小平发表南方谈话和中共十四大召开为界，划分为"改革开放初期"的13年和"由计划经济体制向社会主义市场经济体制转变"的 11 年；然后以中共十六届三中全会提出树立和落实科学发展观为界，把 2003 年以后作为"社会主义市场经济体制初步建立、经济社会进入科学发展的改革开放新阶段"。就是说，把迄今为止的国史概括为八个时期：三年恢复，四年改造，十年探索，十年"文化大革命"，两年徘徊前进，改革开放之初 13 年，建立市场经济 11 年，进入科学发展阶段。

当然，上述分期只是比较有代表性的几种。如果细分，还可以再分出一些。比如，"文化大革命"的十年，在《历史决议》中就被分成了三段，即"五一六"通知到中共九大，中共九大到十大，中共十大到"四人帮"被粉碎。

以上对国史的几种分期，都有一定道理。不过，为了更大程度地体现国史的特点，我倾向于从经济社会发展道路或目标模式的角度来观察和划分历史时期。如果按照这种分期方法，共和国成立至今的历史大致可以分为以下五个时期：

1. 1949—1956 年。这是结合中国实际学习苏联社会主义建设道路的时期，或者说是以苏联的建设道路为目标模式的时期。

2. 1956—1978 年。这是探索中国社会主义建设道路的时期，或者说是要突破苏联模式，试图用计划经济体制加群众运动搞建设的时期。

3. 1978—1992 年。这是开创中国特色社会主义建设道路的时期，或者说是在经济体制上试图采用计划经济加市场调节模式的时期。

4. 1992—2003 年。这是开创中国特色社会主义道路新局面的时期，或者说是确定建立并初步建立了社会主义市场经济体制的时期。

5. 2003 年至今。这是中国特色社会主义建设进入新的发展阶段的时期，或者说是在社会主义市场经济初步建立的前提下，开始注重经济与社会协调发展、科学发展、和谐发展的时期。

上述分期方法之所以把十年探索、十年"文化大革命"和两年徘徊前进统统放在一起，都作为对中国社会主义建设道路的探索时期，是因为十年"文化大革命"虽然造成了灾难性后果，但就其本质来说，仍然是对中国自身道路的一种探索。《历史决议》在分析"文化大革命"发生的历史原因时讲："社会主义运动的历史不长，社会主义国家的历史更短，社会主义社会的发展规律有些已经比较清楚，更多的还有待于继续探索。我们党过去长期处于战争和激烈阶级斗争的环境中，对于迅速到来的新生的社会主义社会和全国规模的社会主义建设事业，缺乏充分的思想准备和科学研究。""从领导思想上来看，由于我们党的历史特点，在社会主义改造基本完成以后，在观察和处理社会主义社会发展进程中出现的政治、经济、文化等方面的新矛盾新问题时，容易把已经不属于阶级斗争的问题仍然看做是阶级斗争，并且面对新条件下的阶级斗争，又习惯于沿用过去熟习而这时已不能照搬的进行大规模急风暴雨式群众性斗争的旧方法和旧经验，从而导致阶级斗争的严重扩大化。""对于党和国家肌体中确实存在的某些阴暗面，当然需要作出恰当的估计并运用符合宪法、法律和党章的正确措施加以解决，但决不应该采取'文化大革命'的理论和方法。"毛泽东在"文化大革命"中犯严重错误的时候，"还始终认为自己的理论和实践是马克思主义的，是为巩固无产阶级专政所必需的，这是他的悲剧所在"。① 这些分析说明，"文化大革命"虽然是对社会主义的一种失败的探索，但毕竟是对社会主义的探索。因此，把那十年纳入到从 1956 年开始的对中国道路的探索，既符合历史实际，也有利于科学地认识那段历史。另外，两年徘徊前进期间，虽然停止了"文化大革命"运动，但它所追求的目标仍然是回到"文化大革命"以前的那种探索状态。因此，把它放入探索中国自己发展道路的时期，也是合适的。

在国史分期问题上，无论某种意见多么接近真理，也仅具有相对的意义。列宁说过："自然界和社会中的一切界限都是有条件的和可变动的。"② 同样，历史的分期界限也不会是静止的。随着历史的发展，比如说到建国 100 年、200 年，人们再来给国史分期，肯定会和现在又有所不同。只要是从历史本身的客观事实出发，从反映历史阶段性特征与内在规律的角度观察，各种意见都可以也应当在学术范围内平等讨论，而不应当只把某种意见作为绝对正确，把其他意见斥为绝对的错误。

在历史分期上的不同意见当然不全是学术问题，其中也有政治性的问题。例如，有人提出，中国自 1840 年以来的历史只有两个时期，一

---

① 《三中全会以来重要文献选编》下，人民出版社 1982 年版，第 817、811、815 页。
② 《列宁选集》第 2 卷，人民出版社 1995 年版，第 693 页。

是从 1911 年开始的共和时期，一是从 1978 年开始的改革开放时期。这种分期从表面看似乎在提高改革开放的历史地位，实则完全无视 1949 年中华人民共和国成立给中国社会带来的根本性变革，因此，它所说的改革开放与我国实际实行的改革开放并不是一回事。我国实行的改革开放是建立在社会主义制度基础之上的改革开放，而上述意见所说的改革开放，是指继承资产阶级共和国道路的所谓改革开放。还有人提出，鸦片战争至今的中国历史有三个时期，新中国成立之前为近代史，新中国成立到改革开放为现代史，改革开放以后为当代史。这种观点从表面看好像也在抬高改革开放的历史地位，但深入分析一下就会发现，它把鸦片战争、新中国成立和改革开放并列作为历史断限的标志，势必抹杀新中国在改革开放前后两个历史时期社会形态的一致性，同样会导致对改革开放是社会主义制度自我完善和发展这一基本事实的否定。显然，这些观点不仅在政治上极其错误，在学术上也是十分荒谬的，不过是借历史分期为由，表达某种政治主张罢了，因此不在我们要讨论的范围之内。

三　关于国史的主线

所谓历史的主线，是指贯穿历史全部过程并始终支配历史沿着某种既定方向前进、反映历史发展内在动力的基本线索和基本脉络。认清历史的主线，有助于揭示历史发展的原因，认识其特点，掌握其规律，预测其趋势，因此是历史研究中又一个十分重要的问题。

历史主线如果是在历史发展最终根源这个层次、这种意义上去理解，可以说只有一条，就是生产力与生产关系、经济基础与上层建筑的矛盾运动。但如果把历史作为某个特定空间、时间内人的主体活动与客体物质关系交互作用的鲜活过程，从历史发展的具体动因这个层次、这种意义上理解，则主线不会只有一条，而会有多条。因为，历史是由人创造的，而人的动机、目的是多方面的，即使处于主导地位的动机和目的也不会只有一个。它们必然会与事先已确定的现实关系的前提和经济条件相互作用，共同影响、左右历史的发展，使历史就像交响乐有第一主题、第二主题那样，呈现出多条主线。国史当然也不例外。

目前在国史研究中，对国史主线的提法虽不止一种，但大多主张主线只有一条。这些提法大致有以下几种：

一种提法认为，国史的主线是中国人民在中国共产党领导下进行社会主义革命、建设和改革。这种提法虽然抓住了国史的本质特征，但并没有揭示出贯穿迄今为止国史全部过程、并始终左右着国史发展的基本动因。因此，与其说它是国史的主线，不如说是给国史下的一个定义。

再一种提法认为，国史的主线是解放和发展生产力。这种提法虽然说出了贯穿国史并反映其发展的内在原因，但它对于其他许多国家许多时段的历史同样适用，并没有揭示出左右中华人民共和国历史这一特定过程的特殊动因。因此，也不宜把它说成是国史的主线。

还有一种提法认为，国史的主线是探索中国社会主义的发展道路。这无疑是贯穿国史并左右国史、反映国史发展特殊动因、具有国史特点的一条主线；国史中一系列重大事件的深层原因，都可以从这条主线中找到答案。但它并非国史唯一的主线，因为只要再认真分析一下便会看到，在国史中还有一些贯穿始终的重大事件，另有与探索中国社会主义发展道路并行的动因，是这条主线所涵盖不了的。如果把它看成唯一的主线，会发生一些难以解释的问题。

比如，新中国成立前夕，毛泽东、刘少奇都说过建国后要搞一段新民主主义，允许资本主义经济发展10年、15年、20年，然后再向社会主义过渡。但新中国刚建立3年，毛泽东又提出从现在起就向社会主义过渡。为什么会发生这个变化？如果说国史的主线只有探索中国社会主义发展道路这一条，会使人得出提前向社会主义过渡的目的是为了尽快走上社会主义道路的结论。这不符合唯物史观的基本原理，也容易给反对向社会主义过渡的人提供口实。

实际情况是，新中国成立之前，毛泽东、刘少奇之所以主张建国后允许资本主义发展一个相当长的时期，主要是考虑中国要由农业国变为工业国，面对工业极其落后、国家资金不足的局面，只能先通过发展农业、轻工业逐步积累基金，然后再发展重工业；相应地，只能在国家把官僚买办资本主义经济变为社会主义经济的同时，尽可能利用私人资本主义的积极性，然后再向社会主义过渡。然而，进入1952年后，随着恢复国民经济任务的顺利完成，国营经济在工业生产中比重的增加，土地改革后农民互助合作化运动的普遍开展，以及朝鲜战局的趋于平稳，大规模工业化建设的任务被提上了日程。在编制"一五"计划草案时，财经部门对苏联等社会主义国家和美欧等资本主义国家工业化的道路进行了比较，反复权衡国内政治、经济和国际环境等诸多方面的利弊得失，认为形势不允许中国再按原先的设想，慢慢腾腾地搞工业化，要尽快提高国防工业、农业和轻工业生产的能力，必须学习苏联，走快速工业化即优先发展重工业的道路。因为，对于由中国共产党领导的新中国来说，一不能像帝国主义国家那样对外发动侵略战争，掠夺别国资源；二不能像资本主义国家那样对内实行剥削制度，搜刮人民的劳动成果，而只能像当年苏联那样，采取高度集中的计划经济体制，相应实行生产资料的国有化、公有化，在保证人民生活水平逐步提高的基础上，把资源最大限度地用于工业化的基础建设。显然，这样做已不再是新民主主义政策，而是社会主义政策了。

根据现有材料，毛泽东第一次正式提出提前向社会主义过渡的设想，是在1952年9月24日的中共中央书记处会议上。那次会议的主要议题是讨论"一五"计划的方针任务，并听取周恩来、陈云汇报就争取苏联全面援助我国"一五"计划建设与斯大林会谈的情况。这绝不是偶然的巧合，它反映了选择优先发展重工业的战略、苏联答应对中国给予全面援助，以及决定提前向社会主义过渡这三件事情之间的内在联系，体现了共和国第一代领导人抓住机遇、加快发展的指导思想和审时度势的高超领导艺术。而且，毛泽东当时说的从现在起开始过渡，并用15年左右时间完成过渡，与原先提出的先用15年左右搞新民主主义，然后一个早晨进入社会主义的设想，在最终时间上并没有太大差别。因此，是优先发展重工业的决策决定了向社会主义的提前过渡，而不是为了提前向社会主义过渡才优先发展重工业，更不是为了尽快实现社会主义而提前向社会主义过渡。

中国近代历史的特殊性决定了中国共产党从诞生之日起就肩负着两重使命：第一，实现工业化，使国家独立、民族富强；第二，实现社会主义，彻底解放工人阶级和劳苦大众。毛泽东在中共七大上说："中国工人阶级的任务，不但是为着建立新民主主义的国家而斗争，而且是为着中国的工业化和农业近代化而斗争。"[1] 新中国成立前提出先搞十几年至 20 年新民主主义、然后再向社会主义过渡是出于这一原因，新中国成立后提出提前向社会主义过渡、并用 15 年左右时间完成过渡，同样是出于这一原因；搞全行业公私合营是出于这一原因，搞农业合作化运动，同样是出于这一原因。早在制定社会主义过渡时期总路线时，毛泽东就指出，工业化是"主体"，对农业、手工业和资本主义工商业的社会主义改造是"两翼"。[2] 就是说，向社会主义过渡是围绕工业化、为着工业化的。尽管在 1955—1956 年"三大改造"运动高潮时存在要求过急、搞得过粗等缺点，但深入分析一下便不难看出，其根本原因还是为了使各种资源保证和满足工业化基础建设的需要。在 1958 年的"大跃进"、人民公社化运动中有过"提前进入共产主义"等荒唐口号，但透过那些表面的政治口号仍不难看出，其深层原因也是围绕工业化、为着工业化的，是试图通过群众运动和扩大农村核算单位等低成本办法，进行大规模农田和水利基本建设，以提高粮食、棉花等农作物单产，适应工业化基础建设高速度发展的需要。

后来，1964 年第三届全国人民代表大会，提出在 20 世纪末实现工业、农业、科学技术和国防的四个现代化；2002 年中共十六大又提出走新型工业化道路，在 21 世纪头 20 年内基本实现工业化。所有这些都说明，工业化、现代化始终是新中国追求的目标和发展的动力。实现这个目标是为了给社会主义社会提供雄厚的物质条件，而实行社会主义政策则是为了给工业化、现代化提供最优的制度保证。因此，争取早日实现中国工业化、现代化，同探索中国社会主义发展道路一样，都是贯穿国史、反映国史发展内在动因的主线。

还要看到，新中国成立后，在周边地区和边境一带进行过几场规模不等的局部自卫战争。如果说这些自卫性质的战争也是受探索中国社会主义发展道路或争取早日实现中国工业化、现代化动因的支配，同样会导致错误的结论，似乎探索社会主义发展道路或争取实现工业化、现代化，就要同周边国家摩擦、打仗。然而，这些自卫战争的实际原因并不

---

① 《毛泽东选集》第 3 卷，人民出版社 1991 年版，第 1081 页。

② 逄先知、金冲及主编：《毛泽东传（1949—1976）》上，中央文献出版社 2003 年版，第 269 页。

是这样，而是由于中国的安全、主权、领土完整受到了威胁和侵犯。可见，除了探索中国的社会主义发展道路，争取早日实现中国的工业化、现代化这两条主线贯穿国史之外，还有一条主线在国史中起作用，那就是维护国家的安全、主权和领土完整。新中国在周边地区和边境一带进行的一系列自卫战争，受的是这条主线的支配，平定西藏少数分裂分子的叛乱、反对"两霸"、收回港澳主权、遏制"台独"、打击"藏独"和"疆独"、坚持在领海岛屿和岛礁问题上的立场等等，也都是由这条主线支配的。

所以，我认为国史的主线至少有三条：探索中国社会主义的发展道路，争取早日实现中国的工业化和现代化，维护中国的国家安全、主权和领土完整。在这三条主线中，第一条最重要，但它代替不了另外两条主线。新中国近 60 年的历史说明，这三条主线既相互区别又相互联系，共同影响和左右着国史的发展，共同决定着我们国家始终以中国最广大人民的利益和中华民族的利益为自己的最高利益。迄今为止在国史中发生的所有重大事件，几乎都可以从这三条主线中找到答案。同时，从这三条主线也可以预测出中国的未来走向。它们就像三个主题，交汇演奏了和正在继续演奏着恢宏壮丽的共和国史交响曲。

四 关于国史的主流

所谓国史的主流，指的是在迄今为止的国史中，究竟成就是主要的还是失误、错误是主要的；抑或对国史的评价，总体上究竟应当以正面为主还是以负面为主。目前，国史学界对改革开放后的历史，分歧不大，多数都认为成就是主要的；但对改革开放前的历史，分歧就大了，不少人或明或暗地认为失误和错误是主要的，个别人甚至把那段历史描绘成专制的、黑暗的历史，比旧中国更坏更糟。因此，要回答什么是国史主流的问题，关键在于如何看待改革开放前的历史，特别是那段历史中发生的失误和错误。

从新中国成立到现在，如果以中共十一届三中全会召开划分的话，刚好前后各占一半。应当承认，前 29 年确实有过不少失误和错误，有的错误甚至是全局性、长时期的，给社会主义事业造成了严重挫折和损失。对此绝不应忽视，更不应掩盖，否则不可能从中吸取教训。但如果不是客观、全面而是孤立、片面地看待它们，同样不可能正确总结经验，还会一叶障目，把改革开放前的历史看成一无是处、一团漆黑，导致对那段历史的全盘否定，从而影响对新中国整个历史的客观评价。

要正确看待改革开放前那段历史的失误和错误，我认为应该树立以下四个观点。

第一，要把失误和错误与那段历史取得的成就放在一起权衡轻重，分清主流与支流。

对于改革开放之前 29 年的历史性成就，党中央在改革开放后的不同时期都作过评价，观点是明确的、一贯的。例如，1979 年邓小平指出："社会主义革命已经使我国大大缩短了同发达资本主义国家在经济发展方面的差距。我们尽管犯过一些错误，但我们还是在三十年间取得了旧中国几百年、几千年所没有取得过的进步。"① 1981 年《历史决议》指出：中华人民共和国成立以后的历史，"总的说来，是我们党在马克思列宁主义、毛泽东思想指导下，领导全国各族人民进行社会主义革命和社会主义建设并取得巨大成就的历史。社会主义制度的建立，是我国历史上最深刻最伟大的社会变革，是我国今后一切进步和发展的基础"。② 1989 年江泽民同志指出："中华人民共和国成立以来的四十年，是中国历史发生翻天覆地变化的四十年，是经历艰难曲折、战胜种种困难、不断发展进步的四十年，是中华民族扬眉吐气、独立自主、在国际事务中日益发挥重要作用的四十年。"③ 2006 年胡锦涛同志指出："在社会主义革命和建设时期，我们确立了社会主义基本制度，在一穷二白的基础上建立了独立的比较完整的工业体系和国民经济体系，使古老的中国以崭新的姿态屹立在世界的东方。"④ 这些评价都涉及改革开放前 29 年的基本成就，应当是我们总体评价那段历史的主要依据。只要把改革开放前那段历史的失误、错误，包括像"大跃进"和"文化大革命"那种严重的错误同上述历史性成就放在一起比较，孰重孰轻，什

① 《邓小平文选》第 2 卷，人民出版社 1994 年版，第 167 页。
② 《三中全会以来重要文献选编》下，人民出版社 1982 年版，第 794 页。
③ 《十三大以来重要文献选编》中，人民出版社 1991 年版，第 611 页。
④ 《十六大以来重要文献选编》下，人民出版社 2007 年版，第 520 页。

么是主流什么是支流，便会不言自明。

第二，要对失误和错误进行具体分析，不能因为某些历史事件中有失误、错误就全盘否定那些事件。

首先，分析失误和错误是普遍的、全局的现象，还是个别的、局部的现象。例如，改革开放前曾发动过一系列政治运动。其中，像"大跃进"中的高指标、瞎指挥、浮夸风、"共产风"，"文化大革命"中的"打倒一切、全面内战"等等错误，都是普遍的、全局性的。但像新解放区土改运动和"三反"、"五反"运动中的错误，则是个别的或局部性的，而且一经发现，很快得到了纠正。如果不加分析，看到哪个运动有缺点有错误就否定哪个运动，势必会得出改革开放前29年的历史是一连串错误集合的结论。

其次，失误和错误有多少就说多少，不能夸大，更不能以偏概全，把正确的合理的地方也说成是错误。例如，新中国成立初期，思想文化领域进行的几场比较大的批判运动，曾发生过把思想性、学术性问题简单化、政治化的倾向，有的甚至混淆了敌我、敌友的界限。这显然是十分错误的。但也应当看到，正是那些大张旗鼓的批判，加上与此同时进行的知识分子思想改造运动，使文艺界、学术界、教育界原先存在的封建主义的和资产阶级唯心主义、民主个人主义、自由主义的思想受到了强烈冲击和迅速清理，使辩证唯物主义和历史唯物主义、为人民服务和人人平等等无产阶级思想很快为大多数从旧社会过来的知识分子所接受。如果不加分析，把那几场批判运动中的错误连同其中合理的正确的成分一概否定，那就难以解释，过去仅在革命根据地、解放区占主导地位的马克思主义，为什么能在短短几年内就成为全国特别是城市中的主流意识形态；也难以解释，为什么马克思主义直到今天仍然能占据我国意识形态的指导地位。

再次，把犯错误和犯错误的时期加以区别，不能因为某个时期犯了错误，就把那个时期的工作统统否定。例如，"文化大革命"是新中国成立后犯的最为严重的错误，但在它持续的十年时间里，我们党除了开展"文化大革命"运动，还做了许多其他工作。《历史决议》说：在那个期间，"我国社会主义制度的根基仍然保存着，社会主义经济建设还在进行，我们的国家仍然保持统一并且在国际上发挥重要影响"。"国民经济虽然遭到巨大损失，仍然取得了进展。""在国家动乱的情况下，人民解放军仍然英勇地保卫着祖国的安全。对外工作也打开了新的局面。当然，这一切决不是'文化大革命'的成果，如果没有'文化大革命'，我们的事业会取得大得多的成就。"① 可见，不能把"文化大革命"运动与"文化大革命"时期简单画等号，不能因为要彻底否定"文化大革命"，就否定"文化大革命"时期党和政府所做的必要工作和建设上取得的重大成就，更不能因此而否定那一时期我们党和国家的性质。如果哪个时期有错误就把哪个时期从新中国历史中分隔出去，势必使国史变得支离破碎。

第三，要把失误和错误放在当时特定的历史条件下，把在当时可以避免的和由于客观条件限制难以避免的错误区分开来。

所谓客观条件限制有两种：一种是实践不够，缺少经验；另一种是物质不够，缺少条件。例如，改革开放前在很长时间内积累率过高，对消费品生产的资金和原材料安排不足，给人民生活造成许多困难；尤其是对农业、农民征收过多，造成农村大部分地区面貌长期变化不大。这固然有对积累与消费比重安排不当，对农业、农村、农民兼顾不够的一面，但也有受到当时物质条件限制的一面。前面说到，新中国成立后要尽快增强国力、巩固国防，只有走优先发展重工业，建立独立、完整工业体系和国民经济体系的道路。而发展重工业需要大量投资、大批物资和尽可能多的商品粮，从而要求实行集中统一的计划经济，以便把全国有限的财力、物力，最大限度地用于钢铁、机械、煤炭、电力、铁路等基本建设。这决定了不得不在一段时间内对粮食、棉花、油料等主要农副产品实行统购统销，对木材等原材料实行计划分配；不得不暂时抑制人民的消费，尤其是牺牲农民的一些利益。至于后来工作上的失误、错误，只不过是加重了这种困难的程度，延长了困难的时间罢了。凡事有利必有弊。从根本上讲，这些困难都是为给工业化打基础而付出的必要代价。在当年那种经济文化落后的条件下搞工业化建设，不付出代价是不可想象的。即使改革开放后的今天，在搞现代化建设的过程中，也不可能完全不付出代价。不能因为后来条件变了，就把前面实行的政策统

---

① 《三中全会以来重要文献选编》下，人民出版社1982年版，第815—817页。

统说成是错误。那样看问题不符合历史唯物主义，难以对历史作出公正的评价。

第四，要分析造成失误和错误的主观原因，同时也要把好心办坏事与个人专断、个人专断与专制制度加以区别。

在改革开放前29年犯的错误中，有经验不足等难以避免的问题，也有思想方法、工作方法、工作作风不够端正等可以避免的问题；在可以避免的问题中，有个人专断造成的，也有急于求成造成的。急于求成固然不对，但正如邓小平所说："搞革命的人最容易犯急性病。我们的用心是好的，想早一点进入共产主义。这往往使我们不能冷静地分析主客观方面的情况，从而违反客观世界发展的规律。"① 而个人专断则与此不同。《历史决议》指出，这种问题的根源在于骄傲，在于脱离实际和脱离群众；社会原因在于党内民主和国家政治生活中的民主缺少制度化、法律化，权力过分集中于个人；历史原因在于长期封建社会造成的封建专制主义思想的影响。但必须看到，受封建专制主义思想的影响与封建专制制度毕竟是两码事。前者是思想作风问题，后者是社会性质问题。社会主义制度从本质上讲，是与个人专断之类封建专制主义思想格格不入的。正因为如此，中国共产党才能在社会主义制度下提出并着手纠正这种现象，才能在指出这一问题时不是把它仅仅归咎于某个人或某些人，而是注重于总结经验，并在党和国家的政治体制上进行改革，以免后人重犯类似错误。中共十七大报告在讲到严格执行民主集中制时强调，要"健全集体领导与个人分工负责相结合的制度，反对和防止个人或少数人专断"。② 这再次说明，封建专制主义思想影响是有其深厚历史根源的，不会只在某个人或某些人身上起作用，也不会在短时间内清除干净。因此，不能因为存在个人或少数人专断的现象，就妄言社会制度是什么封建专制主义的。

正确看待改革开放前那段历史的主流，除了要正确分析那段历史中发生的失误和错误外，还要看到那段历史对改革开放的意义，看到改革开放前后两个历史时期的相互联系。中共十七大报告在阐述改革开放历

① 《邓小平文选》第3卷，人民出版社1993年版，第139—140页。
② 《中国共产党第十七次全国代表大会文件汇编》，人民出版社2007年版，第50页。

史进程时指出："改革开放伟大事业，是在以毛泽东同志为核心的党的第一代中央领导集体创立毛泽东思想，带领全党全国各族人民建立新中国、取得社会主义革命和建设伟大成就以及艰辛探索社会主义建设规律取得宝贵经验的基础上进行的"；还指出："改革开放和社会主义现代化建设，是新中国成立以后我国社会主义建设伟大事业的继承和发展。"① 这些论述为我们正确认识改革开放前那段历史对于改革开放的意义，提供了重要的指导思想。

改革开放前那段历史对于改革开放的意义，具体可以从以下五个方面来看。

第一，为改革开放提供了政治前提。新中国成立后，建立并巩固了人民民主专政的政权，取得了民族独立、主权和领土完整，实现了除台、港、澳地区之外的国家统一，铲除了帝国主义、封建势力的社会基础；取得了抗美援朝等自卫战争的胜利，消除了外国侵略的威胁；实行了各民族一律平等的政策，实现了中华民族的空前团结和共同进步；进行了对农业、手工业和资本主义工商业的社会主义改造，奠定了社会主义的经济基础；研制并成功爆炸了原子弹和氢弹，发射并回收了人造卫星，制造并在军队装备了核潜艇，打破了超级大国的核垄断和核讹诈；实行了和平外交政策，提倡了和平共处五项原则，取得了广大发展中国家的普遍尊重；结束了中美之间的敌对状态，改善了中国同日本、欧洲、北美洲、澳洲资本主义国家的关系，恢复了中国在联合国的一切合法权利。所有这些，使改革开放得以在政权稳固、社会安定和国际形势对我有利的条件下展开。

第二，为改革开放奠定了制度基础。新中国成立后建立了以人民代表大会制度、中国共产党领导的多党合作和政治协商制度、民族区域自治制度为核心的社会主义基本政治制度，以及以生产资料全民所有制和集体所有制为基础的基本经济制度。改革开放后，尽管对一些具体政治制度做过不少改革并在继续深化改革，但上述基本政治制度至今仍在坚持并不断完善。在基本经济制度上，虽然根据生产力发展水平进行了较大改革，但仍然以生产资料公有制为主体，国有经济仍然控制着国民经

---

① 《中国共产党第十七次全国代表大会文件汇编》，人民出版社 2007 年版，第 7、54 页。

济的主要领域和关键部门。正是这些制度，社会主义民主政治的建设和社会主义市场经济体制的建立与完善，得以在政治安定、组织保障有力和实践平台广阔的环境下进行。

第三，为改革开放奠定了物质技术基础。新中国成立后，通过没收官僚买办资产阶级的资产、改造资本主义工商业的企业和连续五个五年计划的建设，到改革开放前，已积累了全民所有和集体所有的巨大财富；改变了旧中国工业集中于沿海地区的不合理布局，建立起了独立的比较完整的工业体系和国民经济体系；同时，通过大规模农田和水利基本建设，发展地方和社队工业，极大改善了农业生产条件。这些都为改革开放时期工农业生产的飞速发展，提供了雄厚的物质基础。另外，新中国成立后的 29 年，培养了超过旧中国 36 年总和 15 倍的大学生和超过旧中国近 30 倍的专业技术人员，为改革开放后的经济、科技、教育大发展准备了必要的人才条件。《历史决议》在评价改革开放前特别是"文化大革命"前的历史贡献时指出："我们现在赖以进行现代化建设的物质技术基础，很大一部分是这个期间建设起来的；全国经济文化建设等方面的骨干力量和他们的工作经验，大部分也是在这个时期培养和积累起来的。"①

第四，为改革开放提供了一定的思想保证。中国特色社会主义理论体系是几代中国共产党人带领人民不懈探索实践的智慧和心血的凝结，是同马克思列宁主义、毛泽东思想既一脉相承又与时俱进的科学理论。事实一再证明，毛泽东思想中关于实事求是、群众路线，关于独立自主、自力更生，关于全心全意为人民服务，关于要把我国建设成现代化社会主义强国、对人类作出较大贡献，关于不要机械搬用外国经验，关于社会主义时期仍然存在矛盾和要严格区分、正确处理两类不同性质矛盾，关于要调动一切积极因素、化消极因素为积极因素，关于思想政治工作是经济工作和其他一切工作生命线，关于百花齐放、百家争鸣、古为今用、洋为中用等思想，不仅没有过时，而且在改革开放的各项工作中发挥了和继续发挥着重要的指导作用。另外，改革开放前，中共内部开展过一系列政治运动，虽然有的存在对

---

① 《三中全会以来重要文献选编》下，人民出版社 1982 年版，第 804 页。

形势判断过于严重、做法过于简单、打击面过宽和坏人整好人等问题，但总体上看，它们在巩固社会主义政权、树立马克思主义在意识形态领域的指导地位、防止执政党脱离群众等方面，还是起到了积极作用。其中有些正确思想，至今深入人心，在党的建设中仍然发挥着重要影响。以邓小平、江泽民为核心的中共第二代、第三代中央领导集体反复强调，要防止党和国家"改变面貌"，警惕帝国主义搞"和平演变"、打"没有硝烟的战争"；以胡锦涛为总书记的党中央反复告诫全党，要坚决惩治和有效预防腐败，保持党同人民群众的血肉联系。这些明显与以毛泽东为核心的党的第一代中央领导集体关于党的建设的思想，存在着一定传承关系。对于过去政治运动的做法，改革开放以来一方面排除其中"左"的东西，另一方面，把合理的地方作为优良传统加以继承和发扬。例如，虽然不再重复过去那种妨碍正常工作、影响安定团结的运动式整风，但仍然进行了1980年整党、1990年党员重新登记、1999年"三讲"教育、2004年"党员先进性教育"和2008年开始目前仍在开展的深入学习实践科学发展观活动，并且每次都要开门听取群众意见。这种连续不断的组织整顿和思想教育活动，其他国家曾经执政过的共产党中是很少见的，但对于中国共产党在长期执政和实行市场经济、对外开放条件下，经受国内国际各种风浪的考验，确实起到了重要作用。

第五，为改革开放提供了正反两方面经验。改革开放前，我们党在进行社会主义建设的过程中，形成了许多反映我国国情、符合客观规律的认识，积累了一系列对于今天改革开放仍然具有重要价值的宝贵经验。例如，以工业为主导，以农业为基础；正确处理沿海工业与内地工业，经济建设与国防建设，积累与消费，国家、集体与个人三者利益的关系；使经济按比例发展，搞好综合平衡，建设规模与国力相适应；以自力更生为主，争取外援为辅等等。另外，我们党也犯过不少错误，积累了不少教训。其中最大的教训，就是错误发动了"文化大革命"。但邓小平也说过："没有'文化大革命'的教训，就不可能制定十一届三中全会以来的思想、政治、组织路线和一系列政策。三中全会确定将工作重点由以阶级斗争为纲转到以发展生产力、建设四个现代化为中心，受到了全党和全国人民的拥护。为什么呢？就是因为有'文化大革命'

作比较，'文化大革命'变成了我们的财富。"①可见，我们所以能实行改革开放，能在改革开放中走出一条中国特色的社会主义道路，与改革开放前正反两方面的经验都是分不开的。

总之，改革开放不是在 1949 年旧中国满目疮痍的基础上进行的，而是在新中国的前 29 年建设成就与经验的基础上进行的。没有改革开放，前 29 年的历史将难以为继，但没有前 29 年的历史，改革开放也难以起步。与改革开放后 30 年的历史相比，前 29 年的建设成就和人民生活变化远没有那么显著，但这并不表明前 29 年的成就不重要。如同盖楼一样，打地基时不容易让人看出成绩，但楼房盖得快盖得高，反过来说明地基打得牢。从这个意义上也可以说，新中国的前 29 年历史，成就是主要的，主流是好的，总体评价应当是正面的。

五　关于国史研究的科学性和社会功能

在阶级社会中，历史学科中的各分支学科无一例外地具有鲜明的阶级性、政治性和意识形态性，国史研究当然也不例外。只不过，国史研究的对象是实行共产党领导的以工农联盟为基础的人民民主专政的社会主义国家的历史，因此，其阶级性、政治性、意识形态性显得更强烈些罢了。现在一些论著中充斥与《历史决议》截然对立的言论，便充分说明了这一点。学术研究不是自娱自乐，更不应当用来为少数人谋利益，而要站在人民群众的立场上。在今天的中国，也就是要站在中国特色社会主义的立场上，分析问题、判断是非。所谓学术研究要"价值判断中立"，要"终止使用自己或他人的价值观念"，要"排除来自政治的、意识形态的和思想权威的各种干扰"的主张，不过是一相情愿、自欺欺人的幻想。提出这种主张的人，自己就做不到"价值判断中立"。因为，这种主张本身就是受某些"政治的、意识形态的和思想权威的干扰"的结果。

说国史研究具有较强的阶级性、政治性和意识形态性，并不是否定国史的客观性和国史研究的学术性、科学性。在社会科学领域，一门学

①《邓小平文选》第 3 卷，人民出版社 1993 年版，第 272 页。

科是否是科学研究，并不取决于这门学科是否具有政治性，或政治性的强弱，而在于它追求的是否是客观真理，反映的是否是客观规律，是否具有完整系统的知识体系和符合科学研究要求的学术规范。国史研究既然是一项学术性工作，就必须像其他史学研究一样，首先要尽可能详尽地收集掌握和仔细考证历史材料，通过运用科学的理论和方法，对材料进行归纳分析，弄清历史事实，阐明历史原委，总结历史经验，探寻历史规律，预测历史前途。只要抱着实事求是的科学态度，刻苦钻研，严谨治学，遵守公认的学术规范，那么，国史研究的阶级性、政治性、意识形态性与其学术性、科学性之间，就不会相互对立，而会相互统一；国史研究者坚持正确的政治方向，就不仅不会妨碍其做学问，而且一样可以做出好学问、大学问。

对于史学的社会功能，人们有过各种各样的表述。有的说是咨政育人，有的说是认识世界、传承文明、咨政育人，有的说是积累经验、教育后人、观察未来。这些表述都不错，但我认为，历史尤其是国史研究还有一个功能，是上述表述中没有说到的，那就是"护国"的功能。

清代思想家龚自珍讲过一句名言，叫做"灭人之国，必先去其史"。[①] 就是说，要灭掉一个国家，先要否定这个国家的历史，这个国家的历史被否定了，这个国家也就不攻自灭了。他的这个观点已为大量的历史事实所验证。当年日本帝国主义为霸占中国的台湾和东北三省，推行奴化教育，把台湾和东北历史从中国历史中剥离出去。陈水扁当政时，为了搞"台独"，竭力推行"去中国化"运动，也把台湾史从中国史中分割出去，把没有台湾的中国史放入世界史课本。他们都是妄图通过否定、割裂中国历史，达到灭亡、分裂中国的目的。

否定别人的历史可以达到否定别人的效果，否定自己的历史同样会酿出否定自己的苦酒。毛泽东就说过："历史上不管中国外国，凡是不应该否定一切的而否定一切，凡是这么做了的，结果统统毁灭了他们自己。"[②] 大量历史事实同样验证了他的这个观点。最新的例子就是，戈尔巴乔夫在苏联掀起一场从否定斯大林到否定列宁和十月革命，再到否

---

① 龚自珍：《古史钩沉论二》，载《龚自珍全集》上，中华书局1959年版，第21页。
② 《毛泽东在省、市、自治区党委书记会议上的讲话（1959年2月2日）》，《党的文献》2007年第5期，第16页。

定马克思、恩格斯和科学社会主义历史的逐步升级的运动，使广大人民产生严重的信仰危机，最终导致苏共下台、苏联解体的悲剧。最近几年，俄罗斯为了重振大国雄风，对过去那种违背事实、全盘否定苏联历史的做法进行了反思。例如，2002 年出版的由俄罗斯教育部审定的教科书《20 世纪祖国史》，对 20 世纪 30 年代的苏联工业化建设和农业集体化的历史作用作出了新的比较合乎实际的评价。① 2007 年俄罗斯政府发给各地中学一本历史教学参考书《俄罗斯现代史（1945—2006）》，其中重新评价了包括苏联时期在内的俄罗斯现代史，对斯大林的历史作用作了较为全面的分析，称他"被视为苏联最成功的领导人"。② 这种变化再次说明，一个民族如果要树立自豪感和对前途的自信心，就不能割断历史，不能用轻率的、历史虚无主义的态度对待自己的历史。

既然去人之史可以灭人之国，反过来说，卫己之史不是也可以护己之国吗？正是从这个意义上，我认为历史研究尤其是国史研究，也有"护国"的功能。这与史学尤其国史研究所具有的经世致用的功能完全一致，也与近代以来中国史学家尤其马克思主义史学家的爱国主义优良传统相互吻合。对国家史的认识和解释，历来是意识形态领域各个阶级、各种政治力量较量的重要战场。统治阶级为了维护统治，总是高度重视对国家史的解释，并把它视作国家主流意识形态和核心价值体系的组成部分；而要推翻一个政权的阶级和政治力量，也十分看重对历史的解释，总要用它说明原有统治的不合理性。这是一个具有普遍规律的社会现象，区别只在于进步的阶级和政治力量顺应历史前进方向，对历史的解释符合或比较符合历史的本来面貌；而反动的阶级和政治力量背逆历史前进方向，对历史的解释难以符合历史的本来面貌。

当前，一些人为了反对中国共产党的领导和中国的社会主义制度，总是喜欢拿历史尤其是国史做文章，采取夸大事实、以偏概全、偷换背景、捕风捉影、胡编滥造、耸人听闻等手法，竭力歪曲、丑化、伪造、诬蔑、攻击新中国的历史。对此，我们一方面要理直气壮地用事实予以

① 吴恩远：《"还历史公正"——俄罗斯对全盘否定苏联历史的反思》，《高校理论战线》2004年第 8 期，第 46 页。

② ［俄］亚·维·菲利波夫著：《俄罗斯现代史（1945—2006）》，吴恩远等译，中国社会科学出版社 2009 年版，第 76 页。

抵制和批驳，以维护共和国的利益和荣誉；另一方面，要大力加强唯物史观指导下的国史研究，在社会公众尤其是青年学生中开展国史教育，普及国史知识，把正确认识和解释国史纳入建设社会主义核心价值体系的工作中去，用以树立以爱国主义为核心的民族精神，坚定全国各族人民建设中国特色社会主义的决心和信心。

与国史研究的学科性质和社会功能相关联的还有两个问题，即当代人能不能写当代史和国家史能不能由国家机构主持编写。

先说第一个问题，即当代人能不能写当代史。中国古代确实有过当代人不写当代史的说法，而且在"二十四史"中，自《后汉书》以下，都是后代人写的前朝史。但是，中国除了"二十四史"之外，每个朝代几乎都有本朝人写的"当代史"，只不过有的是半成品，有的是对史料的编纂，有的没有流传下来罢了。它们对"二十四史"的撰写都曾起过重要的作用，与"二十四史"之间是历史记载与历史撰述的关系。另外，即使在"二十四史"中，也有"当代人"写"当代史"的事例。如司马迁写《史记》，陈寿撰《三国志》等。所以，说中国古代不修"当代史"，有悖于历史实际。

还应当看到，在中国封建社会，所谓当代、前代是以帝王姓氏为标志的朝代来划分的。在帝王专制统治下，史学家写"当代史"往往颇多忌讳，难以秉笔直书，只好等到改朝换代再写前朝史。另外，由于交通、通信、印刷等手段落后，各种资料的积累和信息的反馈需要较长时间，"当代人"写"当代史"在客观上也存在不少条件上的限制。然而，随着人民民主制度的建立和科学技术的发展，尤其是改革开放以来，民主政治的发展和网络通信的普及，过去那些"当代人"写"当代史"的不利因素已有了根本性的改变。今天的当代人不仅有条件写当代史，而且有着了解当代史、参与当代史撰写的强烈兴趣和愿望。近些年来，由各类机构和学者个人编撰的国史著述如雨后春笋般，报刊、网络上对国史问题的讨论也与日俱增。国外早已有学者在从事当代中国历史的研究与编撰，近些年更是越来越多。要求当代人不写当代史，实际上已经做不到了。

再说第二个问题，即国家史能不能由国家机构主持编写。西方学者普遍认为，历史尤其是国家史不能由国家机构主持编写。在他们看来，史学应当作为国家的对立面存在，由国家机构主持编写历史很难做到客观公正。在这一理念的支配下，欧美等国的国家史一般由私人或非官方机构编写，很少由国家设立国史编研机构。但国家史究竟应当由私人写还是由国家机构主持写，不仅和国家政权的性质有关，也和每个国家的文化传统有关。在中国，自商周时期开始，国家就设有掌管史料、记载史事、撰写史书的史官，称作大史、小史、内史、外史、左史、右史等，秦汉时期称太史令，三国魏晋以下设著作郎。由南北朝的北齐创始，在唐初正式设置了专为编写国史的史馆，由宰相监修。宋、辽、金、元设国史院，清设国史馆。辛亥革命后不久，北京政府即成立了中华民国国史馆。一些受中国传统文化影响较大的亚洲国家，也有设立国史编纂机构的，如韩国政府就设有国史编纂委员会。不仅如此，中国自唐宋以来，历代还把修志作为官职、官责。正因为如此，现存全部古籍中，史书志书占有相当大的比重。它们是中华民族的宝贵财富，一直为外国人羡慕不已。应当看到，中华文明在最先发达起来的少数几个古代文明中，所以能够延续至今而没有中断，很大程度上得益于这种由国家或官府主持修史修志的传统。

至于史书能否做到客观公正，关键不在于由国家主持写还是由学者个人写。中国历史上的史官中，就有为如实记载历史而不怕杀头的，例如，春秋时齐国的太史和晋国的史官董狐。而且，这里还有一个什么叫作"客观公正"的问题。对"客观公正"理解不同，"客观公正"的评判标准自然不同。前面说到，中国从事国史研究的机构除当代中国研究所外，在中央和国家机关以及高等院校中还有很多。很多国史范围内的综合史、专门史、地区史的著作，也都出自学者个人之手。当然，这些机构与当代中国研究所的性质不完全相同，这些学者与西方的自由撰稿人也不完全一样。但无论怎样，研究或编纂国史都必须尊重客观事实，符合历史的真实。在这方面只有一个标准，没有第二个标准。

任何学科要想最终作为一门科学而立足，都需要有自己合乎客观规律的，独立、完整、系统的学科理论。做到这一点不可能一蹴而就，而是要经过长期奋斗的。但我相信，只要有国史学界学者们的共同努力和锲而不舍的精神，国史及国史学的理论一定会逐步完善和成熟起来，国史研究的学科体系也一定会最终建立起来。

（本文曾发表于《中国社会科学》2009 年第 1 期，被中国人民大学复印报刊资料《中国现代史》2009 年第 6 期转载。在收入中国社会科学出版社出版的《36 位著名学者纵论新中国发展 60 年》一书时略作修改）

关于中国当代史学科
建设中的几个问题[*]

　　1949 年中华人民共和国的成立，标志着中国当代史的开始。此后，对当代史的研究工作就随着历史的发展而产生了。但严格意义上的当代史研究，是从党的十一届三中全会以后开始的。1979 年 9 月，党的十一届四中全会讨论并通过了叶剑英同志在庆祝新中国成立 30 周年大会上的讲话稿。这个讲话简要回顾了新中国成立后 30 年的历史，对其中的经验教训进行了初步总结。当时，客观形势要求党对新中国成立后的历次重大运动、对毛泽东同志的历史功过作出更加深入、更加明确、更加经得住历史检验的结论，于是，党的十一届六中全会及时通过了《关于建国以来党的若干历史问题的决议》。这个决议是在邓小平同志主持和指导下制定的，起草时间长达一年零八个月，许多老一代革命家提出了重要意见，还在党内 4000 人范围进行了讨论，又在一部分党外人士中征求了意见。因此，制定决议的过程也可以说是一次高层次的集体研究当代史的过程。决议对当代史研究中的许多难点、热点问题作出了科学的回答，为进一步深入研究指明了正确方向。随后，由胡乔木同志倡议、中国社会科学院提出方案，经中共中央书记处批准、中央宣传部部署，从全国抽调力量组织编辑了《当代中国》丛书。这套大型丛书按照部门、行业、省市、专题分卷，先后参与编写的领导干部、专家、实际工作者有 10 万多人，至 1999 年出版了 150 卷，共 1 亿字，3. 万幅图片。它利用大量丰富、确凿的档案资料，叙述内容包括新中国成立后各条战线、各个地方的发展历程、主要成就和基本经验，为系统研

* 这是 2003 年 9 月 12 日在当代北京史研究会第二届理事会第一次全体会议上讲话的节选。

究当代史奠定了坚实的基础。与此同时，由中央党史领导小组提议并经党中央批准，于1990年成立了主要任务是研究、撰写、宣传中华人民共和国史的当代中国研究所。1992年，又以当代中国研究所为依托，成立了团结当代史学界专家、学者的学术团体——中华人民共和国国史学会。这一切，标志着当代史作为一门新兴学科，正式登上了学术舞台。

随着党的十一届三中全会后实事求是思想路线的深入贯彻、学术环境的日益宽松和当代史资料的大量披露出版，人们对当代史研究的兴趣也越来越浓厚。在《历史决议》的指引和中央有关部门与各省、市、自治区的支持下，当代史研究的机构陆续成立，成果相继问世。据不完全统计，目前地方的临时性机构有21个、常设机构有9个，主要研究成果除《当代中国》丛书中的各省、市、自治区卷以外，还有《中华人民共和国地方简史》丛书，已经出版了20卷，有一卷正在发排；另外，近十几年来，出版的国史通史、专著、工具书也不下百种，涉及当代史的文选、传记、年谱、大事记、回忆录、论文集、资料汇编等更是不计其数。这些机构的成立和成果的发表，使当代史研究的学术园地呈现出百花齐放、硕果累累的繁荣景象。在上述背景下，当代史自身的学科建设问题很自然地摆在了人们面前。下面，我想利用今天这个机会，就其中的几个主要问题谈一点粗浅的原则性的认识。

第一，关于当代史研究存在的理由。

在中国悠久的史学长河中，确实存在过当代人只写前代史而不写当代史的习惯。但这个习惯是在封建社会造成的。在封建社会，所谓当代、前代是以帝王姓氏为标志的朝代来划分的。在某姓帝王的专制统治下，历史学家编写当朝的历史，颇多忌讳，难以做到秉笔直书，只好等到改朝换代后再"盖棺论定"。另外，在封建时代，由于交通、通信、印刷等手段落后，各种资料的积累和信息的反馈需要较长时间，客观上也给当代人写当代史造成种种不便。现在，这些当代人写当代史的不利因素大多不复存在。更重要的是，在封建时代，写不写当代史仅仅是史家的事，人民群众并不关心；而今天，掌握了自己命运的人民群众，要求了解中国特色社会主义的规律，希望看到有关当代史的著作。当代中国研究所前年进行的千人问卷调查统计显示，认为作为一名共和国公民有必要了解国史的占98%，对国史感兴趣的占88%，便是一个有力的说明。特别是进入改革开放时期以后，提高领导干部领导水平和执政水平的任务十分紧迫，更需要我们加强对当代史的研究。江泽民同志在党的十五届二中全会上指出："近年来走上各级领导岗位的中青年干部，相当一部分同志对建党以来和建国以来的历史不是很熟悉甚至很不熟悉，有的同志对改革开放以来的历史也不太熟悉，这就更需要自觉地用这些历史的实践经验来提高和丰富自己。"现在，实际工作中确实有不少问题有待我们从分析新中国成立后的历史中寻找答案。例如，过去讲"以阶级斗争为纲"，历史证明这个认识是错误的。但不以阶级斗争为纲，是否意味社会主义社会就不存在阶级斗争了？如果还存在阶级斗争，它主要表现在哪些方面？有哪些带规律性的东西？应当如何对待？又例如，某些干部急于出政绩、好"刮风"、喜欢"一刀切"，这些现象在过去50多年里曾以各种形式反复出现过，这其中是否有规律？规律是什么？对于类似问题，如果能给以科学的回答，无疑有助于我们少走弯路，少犯错误。

可见，对当代史进行研究，是当今时代特点决定的，是客观的要求，而不是主观的强求。况且，即使在封建社会，也不乏当代人写当代史的事例。比如，司马迁是西汉初年人，他写的《史记》共130篇，其中写西汉初年人物和事件的有51篇，重点写这一时期历史的有15篇，合计占《史记》一半以上的篇幅。因此，说《史记》是一部当代人写的当代史并不为过。诚然，与研究对象相隔时间太近，容易造成史学工作者认识上的局限。但是，这可以通过不断提高当代史学工作者的认识能力来加以弥补。而且，后代人写他们没有经历过的历史，往往会显得隔膜，也有他们的局限性。因此，我们应当从变化了的实际情况出发，摒弃过去时代留下的当代人不能写当代史的成见。

有些同志或许认为，既然中共党史也研究新中国成立以后的历史，再把当代史作为一个单独学科来对待似乎没有必要。不错，中国共产党是中华人民共和国的核心领导力量，一部共和国的历史就是中国人民在中国共产党领导下进行社会主义建设的历史。因此，党史的新中国成立后部分与当代史在研究对象、内容上不可避免地会有交叉，有重合。但应当看到，党史是专史，而当代史是通史，它与党史无论在研究范围、研究重点还是研究角度上都有很大不同。当代史研究除了涉及新中国成立后中国共产党的执政史，还要研究其他政党的参政议政史，以及政权建设史、政治制度史、法制史、经济史、科技史、文化史、教育史、社会史、民族史、国防史、外交史等等，还要研究疆域、人口、婚姻、民俗的变迁和气候、生态、资源、灾害等自然因素对历史的影响；除了要研究党中央的决策过程，更多的是要研究全国人民代表大会及其常委会、国务院的决策过程，以及各级权力机关、行政机关、审判机关、检察机关、军事机关的重大举措；除了要研究党的路线、方针、政策，更多的是要研究各级政府是如何根据这些决策来组织各项建设的，全国各族人民又是如何在这些决策的指导和影响下从事各自工作、开展各项活动的。现在一些有关党史新中国成立后部分和当代史的出版物确实存在内容雷同的现象，但究其原因，是因为党史过多地写了本来应由当代史去写的内容，当代史也过多地写了本来属于党史的内容，并非它们的本质属性所决定。这是我们今后需要通过加强党史和当代史两个学科建设来解决的问题，而不应当成为怀疑当代史学科存在的理由。

第二，关于当代史研究的指导思想。

当代史研究是一门综合学科和交叉学科，但归根到底属于史学的分支。因此，当代史研究也和其他史学学科一样，指导思想应当是而且只能是马克思主义的历史唯物主义。近些年来，随着国际共产主义运动进入低潮，西方史学界出现了一股攻击、否定历史唯物主义的思潮。这股思潮也影响到国内，一些人指责唯物史观有"理论缺陷"，"已经过时"，并且鼓吹"指导思想要多元化"，说历史唯物主义只是一个"学派"，应与其他学派"地位平等"。要不要坚持历史唯物主义的指导地位，这对于史学尤其是当代史研究来说，不仅仅是一个政治方向问题，而且是一个关乎自身学科建设的大问题。

例如，对中华人民共和国的产生，或者说社会主义制度在中国大陆获得胜利的原因，长期以来存在不同的甚至是截然相反的看法。有人认为，社会主义制度不适合中国国情，中华人民共和国的产生纯属历史的偶然，不过是因为共产国际支持，或共产党人抓住了日本侵华战争的机会，或国民党内部派系林立而造成的结果。事实真是如此吗？在这个问题上如果没有正确认识，当代史研究便会从一开始就走上歧路，进入死胡同。再例如，新中国成立后党在指导思想上有过失误，历史出现过曲折，甚至遭受过严重挫折。但当代中国史的主流究竟是曲折还是成就？优先发展重工业的道路是延误还是促进了中国的现代化进程？对资本主义工商业的改造是解放还是束缚了生产力的发展？对这一系列问题如果没有正确认识，当代史研究也是搞不好的。再例如，前一段时间国外公布了一些有关朝鲜战争的档案，有人便借此鼓噪，说什么朝鲜是侵略者，中国人民进行抗美援朝战争是"帮助侵略"，耽误了国内建设，并据此要求把《谁是最可爱的人》从中学语文课本中删除。可见，如果在当代史研究中不以历史唯物主义的观点为指导，不用毛泽东思想、邓小平理论、"三个代表"重要思想作为衡量、判断是非功过的标准，我们就不可能透过表面现象揭示历史的本质，就不可能从大量纷繁的事物中理清历史发展的主线，就不可能驾驭各种各样的史料而会被史料牵着鼻子走。现在有那么一些所谓的历史作品，由于抛弃了历史唯物主义的指导而陷入唯心史观，结果歪曲了历史的真实，产生了很不好的社会效果。这一现象从反面说明，坚持不坚持历史唯物主义的指导，关系到当代史研究的政治方向，也关系到当代史研究的学术性和科学性。

胡锦涛总书记在今年的"七一"讲话中指出："理论创新必须以坚持马克思主义基本原理为前提"，而"辩证唯物主义和历史唯物主义的世界观和方法论，是马克思主义最根本的理论特征"。[①] 这就告诉我们，要坚持以马克思主义为指导，就必须坚持以历史唯物主义为指导。我们应当按照党中央的要求，把学习和掌握历史唯物主义的基本观点作为当代史学科建设的首要任务，并在这个过程中，勇于和善于进行理论创新，不断丰富和发展历史唯物主义的理论。

第三，关于当代史研究的特点。

当代史研究既然是史学的一个分支，它就和史学的各个学科一样，具有鲜明的科学性和学术性。当代史研究是一门学问，是一项学术性工作，而不是政治工作，更不是宣传工作。它像其他史学学科一样，不仅要弄清历史发展的过程，而且要探寻其中的原因，发现其中的规律，总结其中的经验。同时，它与其他史学学科一样，在阶级社会里又脱离不

---

① 《十六大以来重要文献选编》上，人民出版社 2004 年版，第 365、362 页。

了政治性和意识形态性；而且，由于它研究对象的特殊性，决定了它比其他史学学科尤其是古代史学科具有更强的政治性和意识形态性。

当代史研究的政治性和意识形态性首先表现在党所领导的当代史研究，必须遵守党中央关于建国后历史的各种决议、决定和指导性意见，特别是党的十一届六中全会通过的《关于建国以来党的若干历史问题的决议》。当代史研究所要研究的对象是中国共产党领导的人民民主专政的社会主义国家，坚持四项基本原则是我国的立国之本。站在不同阶级的立场上，用不同阶级的意识形态来观察，对同样的事实势必得出不同甚至截然相反的结论。因此，从事当代史研究的学者，要自觉地把政治性、意识形态性和学术性、科学性统一起来，绝不能搞所谓的"价值判断中立"，不加区别地提什么"排除来自政治的、意识形态的和思想权威的各种干扰"。境外也有人在研究中华人民共和国史，无论他们抱有什么目的，用什么思想指导，都不可能做到"价值判断中立"，不可能在"选定研究课题"后就"终止使用自己或他人的价值观念"。

其次，当代史研究的政治性和意识形态性表现在涉及政治敏感问题的研究成果，发表时必须遵守"研究无禁区、宣传有纪律"的原则。这是因为，研究成果一旦公开发表，问题就由学术领域进入了宣传领域，而在宣传领域，是有纪律约束的。当代史研究者应当从当代史研究的特点出发，坚持正确的政治方向，提高政治敏锐性和政治辨别力，注意维护党和国家工作的大局，懂得"灭人之国，必先去其史"① 的道理。当前，国内外敌对势力总是千方百计地歪曲、否定中华人民共和国的历史，丑化党和国家领导人的形象，诋毁人民群众的奋斗精神。他们的用心，说到底就是要用"历史"这个意识形态的"软武器"，摧垮我们民族的精神支柱，进而摧垮我们整个民族和整个国家。现在，有些社会主义国家不是已经被他们用这样的"软武器"摧垮了吗？我们要引以为戒，不仅不能因为自己的不慎而为他们的攻击提供炮弹，而且还要通过自己的科学研究回击他们的攻击。在事关国家安危存亡的问题面前，当代史学者肩上的担子和手中的笔都重若千金，务必应当保持清醒的头脑。

---

① 龚自珍：《古史钩沉论二》，载《龚自珍全集》上，中华书局1959年版，第21页。

再次，当代史研究的政治性和意识形态性还表现在它的资治教化、咨政育人的功能上。如果说一般史学都具有咨政和教化作用的话，那么，这一作用在当代史研究上尤为明显。当代史研究者要为中国特色社会主义事业贡献力量，除了要总结历史经验、探寻历史规律外，还需要通过研究不断挖掘新中国成立以来，人民群众在各个历史时期涌现出的可歌可泣的英雄事迹，为弘扬和培育以爱国主义为核心的团结统一、爱好和平、勤劳勇敢、自强不息的伟大民族精神提供历史依据。党的十六大报告指出："一个民族，没有振奋的精神和高尚的品格，不可能自立于世界民族之林。"新中国成立后的半个世纪，是中国历史上翻天覆地、突飞猛进的半个世纪。然而近年来一部分群众特别是青年对党和社会主义的信心信念产生了动摇，其中一个不可忽视的原因就是，在当代史研究中对错误的研究比较多，而对成就的研究相对不够；尤其是对错误的研究，又往往没有放到当时的历史条件下，在有的人眼里，似乎只有研究"错误"才是学问，而研究成就不算学问，是歌功颂德。这其实是一种误解。既然新中国的历史成就是第一位的，当代史研究当然应当把成就及其经验作为研究重点。研究成就和成功的经验，并不像有人想象的那么容易，是要有大量细致的工作要做的。例如，我们既要研究像"两弹一星"、浦东新区这样举世瞩目的辉煌业绩，也要研究普通人生活方式等不易被人觉察的进步；既要研究它们的现象，也要研究这些现象的原因。对共和国历史中的失误，当代史研究者当然不能回避。但研究失误，重点也应放在分析原因和总结教训上。要把好心犯错误同趁党犯错误而搞阴谋诡计的人加以区别，要多研究广大干部群众以各种形式对错误进行的抵制，而不应热衷于搞什么"深揭秘"，过多描绘领导人犯错误的细节和领导人之间的分歧与恩怨，更不能混淆历史的主流与支流，把共和国的历史写成一连串错误的集合。

江泽民同志在阐述"三个代表"重要思想时指出："我们党在革命、建设、改革的各个历史时期，总是代表着中国先进社会生产力的发展要求，代表着中国先进文化的前进方向，代表着中国最广大人民的根本利益。"[①]各个历史时期，当然包括党犯错误的时期。党犯了错误，

---

① 《江泽民文选》第3卷，人民出版社2006年版，第2页。

不等于党的性质、国家的性质就变了。苏东剧变的重要原因之一，便是这些国家的共产党在指出和纠正党执政的失误时，大肆攻击、全盘否定自己的历史，从而形成历史虚无主义思潮，使广大党员和人民群众对党和社会主义产生怀疑，失去了信任和信心。这说明，社会主义国家的国史研究绝不单纯是一个学术问题，同时也是关系到工人阶级政党能否巩固自己执政地位的重大而现实的政治问题。我们要记取苏东剧变的教训，绝不能自毁历史，重蹈它们的覆辙。当代史研究者有责任用自己的研究成果告诉广大群众：没有共产党就没有新中国，就没有中国的现代化；只有社会主义才能救中国，只有中国特色社会主义才能发展中国。

另外，还要看到当代史是一个正在发生发展着的历史，历史和现实之间的界限往往不是分得很清楚。昨天还是现实的事，今天就可能成为历史；同样，今天发生的事，明天就可能成为历史。当代史研究的这个特点，也决定了当代史研究者必须密切关注现实问题，既要研究与现在时间相隔较远的事件，也要研究不久前刚刚发生的事件。马克思曾经说过："人体解剖对于猴体解剖是一把钥匙。"同样，研究现实问题也有助于我们理解那些过去没有亲身经历过的事。当然，当代史研究者研究现实问题是从历史角度进行的研究，即着重于总结经验和揭示规律，从而为政策的制定提供历史依据；而不是搞对策研究，更不是直接地生硬地用历史为现行政策作注释。

第四，关于当代史研究的理论与方法。

当代史研究属于史学，因此，它的研究理论与方法，首先要继承和发扬中国马克思主义史学派的传统。中国的马克思主义史学派过去在很多方面和很大程度上是通过苏联历史学家的介绍来接受唯物史观的，在这个过程中确实受到由于苏联教条主义式地对待唯物史观而出现的简单化、概念化、公式化倾向的影响；同时，由于我们自己在指导思想上一度犯有"左"的错误，因此对待唯物史观理论的理解上，也产生了某些偏差。但应当看到，苏联的历史学家在把马克思主义经典著作中关于历史唯物主义的论述加以系统化、通俗化方面，是有贡献的，对中国的马克思主义史学派接受唯物史观是起了积极作用的。老一辈马克思主义史学家们在运用唯物史观的理论与方法研究中国历史的同时，无一例外地吸收了中国传统史学中那些进步的科学的理论与方法，最终形成了自己的史学理论框架和话语体系。我们今天要建立当代史学科，首先应当以他们为榜样，努力构筑马克思主义当代史研究的理论框架和话语体系。

构筑马克思主义当代史学的理论框架和话语体系，也要借鉴西方各派史学特别是西方新史学派的一切有价值的理论与方法。西方新史学派主张扩大历史研究的视野，不仅要描写民族的兴亡和伟大人物，也要描写文化形态的变化和普通人的情感世界；认为文字史料未必能真实反映当时的情况，历史学家不能满足于考证、校勘史料，也要解读史料所用语言背后的意义；强调历史学应与其他相关学科建立密切联盟，不断完善历史学家的知识结构，开展多学科的综合研究，并因此产生了一系列历史学的新的分支学科，如经济历史学、地理历史学、生态历史学、人类历史学、社会历史学、文化历史学、心理历史学、家庭历史学、计量历史学、比较历史学、口述历史学等等。这些理论与方法当然不能取代唯物史观，但其中科学的部分与唯物史观并不矛盾，相反有助于丰富马克思主义当代史研究的理论与方法，我们完全可以也应当在国史学科建设中有选择地吸收。

（本文曾发表于《当代中国史研究》2003 年第 6 期，被中国人民大学复印报刊资料《中国现代史》和《历史学》2004 年第 2 期转载。收入本书时略作修改）

共和国史、中国当代史与中国现代史三者关系的思考

中华人民共和国史（以下简称国史），顾名思义，指 1949 年中华人民共和国成立后的历史。由于过去很长时间里，中国 1919 年至 1949 年的历史一直被称为中国现代史，为了区别那段历史的名称，人们便把始于 1949 年的国史称为当代中国史或中国当代史。但是，现在一方面有人把中国现代史的研究或编纂延伸到 1949 年以后；另一方面，国史、当代史的研究或编纂又在很多地方被排斥在史学学科之外，造成国史、当代史、现代史三者概念与关系的混乱，很有必要尽快加以澄清。

党的十一届三中全会之后，学术意义上的国史或中国当代史研究逐渐开展起来。1985 年，由中共中央书记处批准、中央宣传部部署、中国社会科学院组织实施，按照部门、行业、省市、专题分卷，先后动员十多万干部、专家和学者，历经十多年时间，出版了 150 卷、约 1 亿多字、3 万幅图片的《当代中国》大型丛书，为国史研究提供了系统翔实的史料。1990 年，经中共中央批准，设立了编纂、研究中华人民共和国史的专门机构——当代中国研究所（以下简称当代所），并由当代所创办了国史研究的专业学术刊物——《当代中国史研究》，成立了联系国史工作者的国家一级学会——中华人民共和国国史学会。2001 年以来，当代所先后制定并报经中央批准了国史研究的第一个科研规划，建立了面向全国学术界的国史学术年会制度，在中国社会科学院研究生院设立了国史系，与一些高等院校合作招收了以国史为研究方向的博士研究生，将研究课题"国史研究的理论与方法"列入了国家社科基金的资助项目。与此同时，中央许多部门和大部分省、市、自治区，也都相继设立了当代中国行业史、地方史的研究机构。有关当代中国的通史和

专题史，如经济史、法制史、文化史、科技史、军事史、外交史等方面的专著、论文集、工具书层出不穷，人物传记、年谱、回忆录、资料汇编和地方志（新中国成立后部分）更是不计其数。这些都表明，国史或中国当代史的研究作为中国史研究的分支学科，已经具备自立于学术舞台的条件。

然而，时至今日，在国家学科、专业目录隶属历史学下的二级学科里，仍然只有世界史、中国古代史和中国近现近史等专业，却没有中华人民共和国史或中国当代史专业。为了解决这一问题，有人主张把国史、当代史放在近现代史专业中。我认为此议十分不妥。因为，在现有的学科定义中，中国近代史的下限和现代史的上限是1919年。如果把国史、当代史并入现代史，势必抹杀1949年中华人民共和国成立这一在中国历史上标志半殖民地半封建社会开始进入社会主义社会的重大事件的划时代意义。那么，出路何在呢？正确的做法应当是首先改变中国现代史的现有定义，将它的上限由原来的1919年推至1949年。在这个前提下，也只能在这个前提下，把中国现代史与国史和当代史合并。合并后，可以称中国现代史，也可以称中国当代史或国史，不管叫什么，中国现代史都应从中国近现代史专业中独立出来，作为隶属历史学下的二级学科。

根据唯物史观，对人类社会或某个国家历史时代的划分，主要应当依据其社会形态的变化。当初中国史学界之所以把1919年作为近代史和现代史的分水岭，目的在于用五四运动区分新旧民主主义革命的历史。这实际上是对革命史阶段的划分，本不应成为中国近代史和现代史的分期。但那时中华人民共和国刚刚建立不久，这样划分在学术研究上的矛盾还不明显。然而，现在中华人民共和国已经有了近60年的历史，如果再把1919年作为近代史和现代史的分水岭，不仅从历史分期的角度站不住脚，而且也容易给国史、当代史的学科定位造成障碍。

历史分期是历史研究中的一个重要课题。每个国家对古代史、近代史、现代史、当代史的分期，都会与其他国家有所不同。即使一个国家内部，不同学派、不同学者对历史时期的划分也不会完全一样。而且，历史分期是一件动态性的工作，不会一劳永逸，随着时间的延续，原有古代史、近代史、现代史、当代史的上下限势必会相应改变。另外，在一些国家的语汇中，也没有与中文相对应的当代史一词。但在目前阶段，把1949年中华人民共和国成立作为中国近代史的终点和现代史的起点，我认为是比较符合我国历史实际情况的，已经有越来越多的史学工作者持有这种观点，可以说在史学界已形成广泛的共识。不过，这涉及学科和专业设置问题，仅有学者的主张是不够的，最终还需要由国家有关部门认定。至于100年以后要不要再从中国现代史中分出一个独立的当代史，可以留待那时的人们去考虑解决。

（本文曾发表于《光明日报》2007年3月30日第9版。收入本书时略有修改）

警惕在中国近现代历史断限
问题上的"理论陷阱"

　　对历史特别是对国家史的解释，从来都是一个国家主流意识形态和核心价值体系的重要组成部分，在维护国家统一、促进政权稳固中具有至关重要的作用。近代思想家龚自珍说过："灭人之国，必先去其史。"① 胡锦涛总书记近来强调："历史经验告诉我们，经济工作搞不好要出大问题，意识形态工作搞不好也要出大问题。"② 因此，对于各种歪曲、诋毁中国共产党和中华人民共和国历史的言论，必须高度重视，据理批驳，绝不能视而不见，听之任之。

　　给历史断限，即通常说的进行历史分期，是史学工作者为了帮助人们认识不同历史时期的本质特征和内在规律性的一种方法，是历史研究的重要理论问题之一。由于历史分期既取决于史学工作者的历史观，也取决于他们研究历史时的不同角度和侧重点，因此，存在分歧是正常的，对学术研究也是有益处的。但应当看到，近来在中国近现代历史研究领域中一些有关历史断限问题的言论，却并非单纯的学术观点，而是有着明显的政治诉求。

　　例如，有人提出，中国自 1840 年鸦片战争以后只有两个标志性事件，一个是 1911 年的辛亥革命，一个是 1978 年的改革开放。言外之意，中国近代以来的历史要以辛亥革命和中共十一届三中全会断限，辛亥革命直到三中全会是一个历史时期，三中全会之后开辟了另一个历史时期。还有人主张，将鸦片战争至今的中国历史分为三个时期，即新中

---

①　见龚自珍：《古史钩沉论二》，载《龚自珍全集》上，中华书局 1959 年版，第 21 页。
②　《十六大以来重要文献选编》下，人民出版社 2007 年版，第 684 页。

国成立之前为近代历史，新中国成立之后到十一届三中全会为现代历史，三中全会之后为当代历史。也就是说，鸦片战争的爆发、三中全会的召开和中华人民共和国的成立都是中国历史断限的标志性事件，以它们为起点的三个时期在中国近代以来的历史上具有并列的地位。这些观点从表面上看，似乎在抬高三中全会的地位。但仔细分析一下就会发现，它们实际上是一种在历史断限问题上的"理论陷阱"。因为，一旦接受了这些观点，就会无形中抹杀和贬低中华人民共和国成立在中国近代以来历史上的划时代意义。

根据唯物史观，给历史断限应当主要依据社会形态的变化。在中国历史上，鸦片战争的爆发标志中国由封建社会进入半殖民地半封建社会，中华人民共和国的成立标志中国由半殖民地半封建社会开始进入社会主义社会。而辛亥革命是一次不彻底的资产阶级革命，并没有改变半殖民地半封建社会的性质；十一届三中全会是社会主义制度的自我完善和自我发展，也没有改变社会主义社会的性质。否认这个基本事实，把辛亥革命和三中全会，或者把鸦片战争、新中国成立和三中全会并列当作历史断限的标志，势必导致两种后果：要么否定新中国成立前后两个历史时期社会形态的根本区别，把1949年后的新中国视为1911年资产阶级革命的继续；要么否定三中全会前后两个历史时期社会形态的根本一致性，把新中国成立至1978年十一届三中全会之前的时期与改革开放时期加以割裂和对立。

新中国成立之后，我国学术界、教育界曾将鸦片战争至五四运动的历史称为中国近代史，将五四运动至新中国成立的历史称为中国现代史，那是为了突出五四运动在中国革命史上的划时代意义。20世纪90年代初兴起中华人民共和国史的研究后，人们为了回避当时对"中国现代史"的既有定义，给新中国成立后的历史起了个"当代史"的名称。但近些年来，学术界越来越多的人认为，给历史断限应当统一以社会形态的变化为标准，而五四运动改变的只是中国革命的旧民主主义性质，并没有改变中国社会的半殖民地半封建性质；因此，应当将中国近代史的下限延伸至新中国成立，而把新中国成立后的历史称为现代史。这种对中国现代史的新定义，与当代史的定义完全重合，指的都是新中国成立后的历史，因此，叫作"现代史"可以，叫作"当代史"也可以。

党中央一直把十一届三中全会作为中国社会主义建设进入新时期的标志，从来没有说过它是中国近代历史进入新时期的标志。对此，全党认识一致，学术界、理论界也没有歧义。因此，把辛亥革命和三中全会，或者把鸦片战争、新中国成立和三中全会，并列作为近现代中国历史断限的标志，不仅在政治上极其错误，在学术上也是十分荒谬的。

主张用十一届三中全会划分中国现代史和当代史的观点，以党的十七大报告中多次出现"当代中国"一词作为自己的论据。但只要看过十七大报告的人就会知道，报告对"当代中国"一词只是作为时间的修饰词来使用的，并非把它当成历史学意义上的概念，更没有把它作为指称三中全会以来的中国的专有名词。报告有时用它泛指新中国成立后的历史时期，例如说："新民主主义革命的胜利，社会主义基本制度的建立，为当代中国一切发展进步奠定了根本政治前提和制度基础"；有时则专指当前，例如说："在当代中国，坚持中国特色社会主义道路，就是真正坚持社会主义。"[1] 可见，报告没有给那种把三中全会前后两个历史时期加以割裂和对立的观点提供任何根据。相反，其中关于改革开放伟大事业是建立在以毛泽东为核心的党的第一代中央领导集体"带领全党全国各族人民建立新中国、取得社会主义革命和建设伟大成就以及艰辛探索社会主义建设规律取得宝贵经验的基础上进行的"论述，关于改革开放和社会主义现代化建设"是新中国成立以后我国社会主义建设伟大事业的继承和发展"[2]的论述，倒是明白无误地告诉我们，改革开放前后两个时期都是中国现代史（或当代史）的组成部分，都内在地统一于科学社会主义的基本原则；前一个时期是后一个时期的基础，后一个时期是对前一个时期的扬弃、完善和发展。

今年是十一届三中全会召开和实行改革开放方针30周年。我们在纪念这一伟大历史事件时，应当特别注意全面准确地理解和解释三中全会的意义和改革开放的实质，切实把改革开放和四项基本原则统一于建设中国特色社会主义的伟大实践。我们要认真汲取苏联由于否定十月革

---

① 《中国共产党第十七次全国代表大会文件汇编》，人民出版社2007年版，第7、11页。
② 同上书，第7、54页。

命和社会主义历史而最终导致国家解体的惨痛教训，从维护共产党的领导和人民民主政权的高度，坚持《关于建国以来党的若干历史问题的决议》和党的历次代表大会对党史、国史的科学评价，抵制各种歪曲、诋毁党史、国史的错误言论的影响，用马克思主义指导下的党史、国史的研究成果，为贯彻党的十七大精神、高举中国特色社会主义旗帜服务，为建设社会主义核心价值体系、增强社会主义意识形态的吸引力和凝聚力服务。

（本文曾发表于《高校理论战线》2008 年第 10 期，被《马克思主义文摘》2009 年第 1 期转载）

用邓小平研究推动国史研究的发展[*]

　　今天是伟大的马克思主义者、我国社会主义改革开放和现代化建设的总设计师邓小平同志诞辰 100 周年的纪念日。为了纪念这个具有历史意义的日子，当代中国研究所在这里举行学术座谈会，深切缅怀邓小平同志的丰功伟绩，交流对邓小平生平和思想的研究成果，畅谈学习邓小平理论的心得体会。

　　加强邓小平研究，对于推进中华人民共和国史的研究具有特别重要的意义。

　　首先，邓小平同志作为以毛泽东同志为核心的第一代中央领导集体的重要成员，曾为新中国的诞生，为社会主义制度的创立和社会主义建设的开展，建立过不朽的历史功勋。党的十一届三中全会以后，他作为党的第二代中央领导集体的核心，率领全国人民开创了改革开放和社会主义现代化建设的历史新时期。是他率先破除了"两个凡是"的禁锢，领导全党总结了新中国成立以来的历史经验，纠正了"文化大革命"的错误，坚持科学地认识和评价毛泽东同志的历史地位和毛泽东思想的科学体系。是他创立和发展了中国特色的社会主义理论，制定了党在社会主义初级阶段"一个中心、两个基本点"的基本路线，制定了分三步走实现现代化的发展战略，确定了改革开放的全面部署。是他在 20 世纪 80 年代末和 90 年代初国际国内风云变幻的重大历史关头，为维护国家的独立、尊严、安全和稳定作出了巨大贡献，并为把改革开放和现代化建设事业推入新的发展阶段发挥了重要作用。以他为代表所创立的邓小平理论，是马克思列宁主义的基本原理同当代中国实践和时代特征

---

　　* 这是 2004 年 7 月 22 日在当代中国研究所纪念邓小平诞辰 100 周年学术座谈会上的讲话。

相结合的产物，是毛泽东思想在新的历史条件下的继承和发展，是当代中国的马克思主义。正是在这一理论的指引下，中国特色社会主义才显示了更加蓬勃的生机与活力，才经受住了各种严峻考验，才取得了令世界瞩目的辉煌成就。因此，邓小平同志的一生，同中华人民共和国的历史特别是同改革开放和社会主义现代化建设的历史息息相关，密不可分。我们要深入研究国史，必须进一步加强对邓小平生平和思想的研究。

其次，邓小平同志一贯重视总结历史经验，历来强调要学习和研究中国共产党特别是党在新中国成立以后的历史，始终提倡用历史唯物主义的立场、观点、方法分析历史问题，评价历史人物。他指出，研究和解决任何问题都不能离开一定的历史条件；总结历史不要着眼于个人功过，而应面向未来，开辟未来；分析历史上的错误要承认个人的责任，但更重要的是分析历史的复杂背景；评价历史人物和问题，要防止片面性和感情用事；历史上的成功是财富，错误也是财富。这些思想无论对国史研究还是国史学的学科建设，都具有十分重要的现实指导意义。我们要大力推进国史研究事业，必须把邓小平的这些思想作为指导方针。

再次，邓小平同志不仅提倡和强调用历史唯物主义观点指导历史研究，而且身体力行，运用历史唯物主义的观点，观察、分析和评价新中国成立后各个历史时期的一系列重大历史问题和重要历史人物，发表过大量精辟的论述，为我们正确研究国史树立了光辉典范。例如，关于毛泽东的伟大功勋永远不可磨灭，毛泽东的旗帜丢不得的论述；关于毛泽东思想是一个完整体系，要把毛泽东晚年错误与毛泽东思想加以区别的论述；关于新中国后头30年虽然犯了一些错误，做了不少蠢事，但毕竟在工农业和科学技术方面打下了一个初步基础，建立了比较完整的工业体系和国民经济体系，有了向四个现代化前进的阵地，取得了旧中国几百年、几千年所没有取得过的进步，比一些较大的发展中国家同期的成绩更大，发展速度更快的论述；关于新中国成立初期不镇压反革命就要脱离群众，只花3年时间就把一些丑恶现象一扫而光的论述；关于新中国头8年的发展是健康的，土改、"一五"建设、三大改造非常成功，对资本主义工商业改造是世界社会主义历史上最光辉的胜利之一的论述；关于高饶的阴谋是夺取党和国家最高权力，揭露高饶问题没有错的论述；关于"文化大革命"前的 10 年成绩是主要的，发展基本上是健康的论述；关于反右派斗争是必要的，没有错，问题是扩大化了的论述；关于 20 世纪 60 年代中国如果没有造出原子弹、氢弹和卫星，就不可能有现在的国际地位的论述；关于"文化大革命"前的 17 年的教育工作和文艺路线基本上是正确的，社会风气是健康的论述；关于"文化大革命"的错误是严重的、全局性的，但对"文化大革命"时期的历史应该科学地历史地看，那 10 年党还在，外事工作也取得了很大成绩，1974 年到 1975 年还试验过一段改革的论述。所有这些论述，不仅为国史研究奠定了重要的政治理论基础，而且已成为邓小平理论的有机组成部分。我们要在国史研究中牢牢把握主线，全面分析问题，正确总结经验，深入探寻规律，必须认真学习和深入领会邓小平的上述论述。

今年年初，为响应中央七部委纪念邓小平同志诞辰 100 周年学术研讨会的征文通知，全所大多数研究人员报了名，并撰写了论文。中国社会科学院推荐给研讨会组委会的论文总共只有 9 篇，其中就有当代所的两篇。今后，我们要进一步加强对邓小平理论，尤其是邓小平有关新中国历史问题论述的学习与研究，推动国史研究及其学科建设不断向前发展。

缅怀王震对国史研究事业的贡献[*]

　　王震同志是中华人民共和国国史学会的首任名誉会长。我今天着重谈谈他对国史研究事业的关心与支持，以此纪念这位伟大的无产阶级革命家、政治家、军事家诞辰 100 周年，表达广大国史工作者对他的深切怀念。

　　国史学会是 1991 年 3 月由当代中国研究所发起、民政部批准成立的国家一级社团。学会的任务是广泛联系和团结一切致力于国史研究、热心于国史事业的专家、学者及各界人士，以推动国史的研究、宣传和教育，为振奋民族精神、建设中国特色社会主义和推进祖国统一大业服务。当年负责筹办此事的领导同志和专家学者酝酿，需要找一位德高望重并热心国史事业的老一辈革命家出任名誉会长，以扩大学会的影响，并一致认为王震同志是最合适的人选。当他们向王老提出这个请求时，王老不仅没有半点推脱，相反十分痛快地答应下来。他笑着说："新民主主义革命时期的斗争史，当然要继续研究，但争议不大了。中华人民共和国的建立和壮大，开辟了中国历史的新纪元，对世界历史进程产生了重大影响。中华人民共和国国史研究是新兴学科，是刚刚开发的宝藏。正确总结和吸取中国社会主义革命和社会主义建设的正反两方面的经验教训，任务艰巨，意义十分重大。恭敬不如从命，我愿为研究国史尽一点微薄之力。"

　　1992 年 12 月 8 日，国史学会在北京召开成立大会。王震同志虽然由于在外地治病不能与会，但发来了一封热情洋溢的贺信。贺信中说：

---

　　[*] 这是 2008 年 4 月 18 日在中华人民共和国国史学会和中国延安精神研究会联合召开的纪念王震同志诞辰 100 周年座谈会上的发言。

"听到国史学会召开成立大会，我非常高兴。国史学会要运用辩证唯物主义和历史唯物主义的立场、观点、方法，研究和宣传我们伟大的中华人民共和国的光辉历史，研究和宣传我们伟大的中华民族的光辉历史，进行爱国主义、集体主义、社会主义和共产主义思想教育，维护中华人民共和国的利益和荣誉，维护中华民族的主权和尊严，推进有中国特色的社会主义事业的发展。国史学会要广泛团结拥护党的基本路线、拥护社会主义的人，广泛团结热爱祖国、拥护'一国两制'、赞成祖国统一和民族振兴的人，调动一切积极因素，为国家的繁荣昌盛作出应有的贡献。国史学会要承担起吸引、培养一代又一代年轻研究者的庄严职责。"此后，王老一直关注国史学会的工作，就在临去世前一个多月，还十分关切国史学会和国史研究工作的进展情况，谆谆嘱咐："治史一定要实事求是，一定要经得起历史的检验。"

王震同志不仅关心和支持国史学会，而且十分关心和支持国史学会的主办单位当代中国研究所。1990年当代中国研究所经中共中央批准成立后，由于没有办公地点，只能借用其他单位的房子，工作很不方便。当时的国家计委考虑到这一实际情况，给当代中国研究所特批了建筑指标和建设经费。为了加快征地、拆迁的速度，当代中国研究所的领导找到王老，希望他能向北京市的领导打个招呼，请他们给予大力支持。王老当即同意，批示当时的市委、市政府领导，希望有关部门能"给予优待建筑各项条件"。在王老的关心和北京市的支持下，当代中国研究所的第一栋办公楼很快建成，使当代中国研究所有了起码的工作条件。吃水不忘掘井人。当代中国研究所能有今天的发展，与王老当初的关怀是分不开的。我们每一个当代中国研究所的工作人员都不应当忘记，也永远不会忘记王老对国史研究事业的鼎力相助。

王震同志对国史工作的关心和支持，还表现在他对一大批开国元勋立传工作的高度重视和亲力亲为上。贺龙元帅在"文化大革命"中遭林彪、江青反革命集团迫害致死，"四人帮"垮台不久，王老就积极支持《贺龙传》和《贺龙年谱》的编写工作。1984年春，近40万字的年谱初稿送给他审阅时，他表示：我与贺老总于1934年相识，长期在贺老总领导下工作，我对他早年的革命活动也有所了解。这部年谱我有责任审看，可以每周用两个晚上来看。他说到做到，硬是在三个月内每周用两个晚上审读书稿，并提出了许多修改意见。定稿后，他又亲笔题写书名，撰写序言，还多次过问出版过程中遇到的困难，使这本年谱于1988年1月问世。对于在"文化大革命"中被林彪、江青反革命集团迫害致死的陈毅元帅，王震同志也十分尊敬，热情推动并积极参与他的传记编写工作。他不仅与文学传记《霜重色愈浓》的作者长谈自己对陈毅事迹的了解，还怀着不尽思念的深情为该书作序。王老对叶剑英元帅更是一向敬重，在"文化大革命"期间与他保持着密切联系。叶帅病逝以后，王老非常关心《叶剑英传》的编写工作，多次向传记编写组忆述叶帅的革命事迹，并为纪实文学《叶剑英在1976年》作序。开国时的五大书记之一任弼时的选集、年谱、传记，也是在王老关心推动下得以编纂出版的。那是1982年，王老经中央书记处同意，主持召开了关于编辑出版任弼时著作、年谱、传记问题的座谈会。会后，中央批准在中央文献研究室设立了任弼时文集编辑组，专门负责任弼时文集、年谱及传记的编撰。任弼时诞辰80周年前夕，王老又建议中央届时开会纪念，并在会议举行时到会讲话，高度评价任弼时的革命功绩和他的革命思想、品德和作风。他还先后向中央写出报告，建议责成有关部门成立李富春、张闻天、王稼祥、廖承志的传记编写组，并分别在纪念董必武、林伯渠诞辰100周年的座谈会上发表了讲话。

王震同志对国史工作的关心和支持，特别突出地体现在他对中华人民共和国的主要缔造者和中国社会主义建设事业的主要奠基人毛泽东主席的历史评价上。改革开放之初，他针对党内和社会上出现的否定毛泽东同志历史地位和毛泽东思想的错误思潮，旗帜鲜明地指出："学了近代史，纵观一百多年的沧桑变化，觉得还是毛主席雄才大略，学问广博，识见深远，毅力坚强，功绩伟大。大家知道，陈毅同志是有很高才华的人，要他佩服谁不容易，但他说他就是佩服我们的毛主席。当然，中国近代史上还有许多杰出的人物，例如周恩来、刘少奇、朱德也都是我们党和全国人民的杰出领袖。另外，还有许多著名的思想家、政治家、军事家，以及优秀的学者和艺术家。应该说，我们中华民族今天能够站起来，是和这些杰出的历史人物，特别是和毛主席的名字分不开的。我们不能因为毛主席在'文化大革命'中犯了错误，就否定他在中国历史上的不朽功勋。"在《读薄一波同志新著感言》一文中，他又写道：新中国成立后，在以伟大领袖毛主席为核心的中国共产党的领导下，我国人民迅速医治战争创伤，恢复和发展国民经济，不失时机地进行社会主义改造，消灭了剥削制度，建立了崭新的社会主义制度，以和平改造的方式，实现了我国历史上最深刻、最伟大的社会变革，为我国社会的一切发展和进步奠定了基础。没有毛主席的领导，没有中国共产党的领导，就没有新民主主义革命的胜利，就没有社会主义革命的胜利，也就没有共和国和人民的今天。

1983 年毛泽东同志诞辰 90 周年前夕，王震同志正在中央党校校长任上。他不仅带头写回忆文章，还在全国党校系统的纪念大会上发表讲话，充分肯定毛主席的历史功绩，指出毛泽东同志的伟大业绩和贡献将永远铭记在人民心中。1992 年毛泽东诞辰 100 周年前夕，中央文献研究室致函王老，希望他能写一篇回忆文章。王老欣然应允，并确定了文章内容。遗憾的是，时隔不久，他重病不起。但即使在病中，他仍念念不忘此事，有时还强忍病痛向身边同志谈当时经历的情况。

王震同志对国史事业的关心和支持，出于他对党和共和国的无限深情。1989 年他曾讲过一段话，生动而真切地反映了他的心境。这段话的大意是：我十二三岁参加革命，到今天快 70 年了。我亲眼看到千万名忠诚的共产党人和革命战士为中国人民的解放事业大无畏地壮烈牺牲了他们的生命，我算是这些奋斗者中的一个幸存者。我对中华民族、对我们的党，对社会主义的中华人民共和国，对共产主义的伟大事业，怀有深厚的感情。我今年 81 岁，做不了很多事情了，但我坚定地相信，中国共产党的旗帜，社会主义、共产主义的旗帜，一定会在中国大地上永远高举，永远飘扬！

王震同志对国史事业的关心和支持，还缘于他对年轻一代进行爱国主义教育的重视。1981 年底，王老在手术后专门约请中宣部、中央书记处研究室和团中央等单位的同志去他家，面谈他对学习中国近现代史的体会，提议大家都来推动干部和青年学习历史，促进社会读书风气的高涨，以此激发民气，鼓舞斗志，发扬中华民族奋发图强的爱国主义精神。他说：近两年，我趁养病之机读了几种历史书。这些书可以使人比较系统地知道缔造中华人民共和国之不易，同时也有助于我们理解《关于建国以来党的若干历史问题的决议》中谈到的许多问题。过去，中国曾经是任人宰割的半殖民地。今天，我们的国家不仅完全掌握了自己的命运，独立自主地决定自己的政策，而且在平等互利的原则上，同世界上各个国家和民族进行政治、经济、文化往来，对世界和平和人类进步的正义事业起着应有的作用。毛主席在延安讲过，我们不仅要知道今天的中国，还要知道昨天的中国。这个号召，对于今天的青年来说更加重要。我们要引导广大干部和青年好好学习，包括好好学习历史，不能忘记我们民族走过来的艰难曲折的道路，不能数典忘祖。通过学习历史，青年人会看到我们的国家、民族历尽劫难而不死，屡遭侵略而未亡，都是我们伟大的人民不屈不挠的英勇奋斗、不怕牺牲的结果。这当中不知经历了多少失败和挫折，最后才找到了马克思主义，成立了中国共产党，推翻了三座大山，建立了中华人民共和国。我们要珍惜已经取得的成果，在已经取得的成果的基础上奋发图强。

王震同志关心国史工作，关心给老一辈革命家立传，关心对毛泽东同志的正确评价，却唯独不讲自己的功劳，从来没有半句夸耀自己的话。他曾给老家一位生病的长辈写信，劝他死后不要做墓，并建议乡党委立个碑，把每个先烈和已故去的老党员的名字刻在上面，用以表彰他们的业绩，激励后来者，说将来这块石碑能刻上他王震的名字，他就足以欣慰了。后来，他又在遗嘱中写道：死后火化，"骨灰撒在天山上，永远为中华民族站岗，永远向往壮丽的共产主义"。这是何等广阔的胸怀，何等崇高的境界！我们今天纪念王老诞辰100周年，就要向他的这种精神学习，坚定不移地坚持国史研究的正确方向，坚定不移地坚持以马克思主义指导国史研究，坚定不移地用国史研究捍卫中华人民共和国的最高利益，努力发挥国史研究咨政、育人、护国的功能，绝不辜负王老对国史研究事业寄予的殷切希望！

努力建设中国特色的马克思主义口述史学[*]

十多年前，我在中央文献研究室工作时，为了撰写老一代革命家的年谱，曾经拿着录音机，采访过一些知情的老同志，整理过访谈笔记，有的还经被访谈人审阅后发表过。但我当时并不知道这就是从事口述史工作；即使后来知道了口述史是一门新兴学科，但究竟什么是口述史，自己仍然不甚了了。只是因为这次应邀来参加口述史论坛，临时抱佛脚，现找了一些有关的书和文章学习，这才对口述史有了一点粗浅的认识。

究竟什么是口述史呢？据我所知，目前学术界对于这个问题的看法并不完全一致。我认为，从广义讲，所谓口述史应当是指历史工作者利用人们对往事的口头回忆而写成的历史。在这个意义上，中国可以说是一个有着悠久口述史传统的国家。孔子著《春秋》，就运用口头传说追述了唐、尧、虞、舜的历史；司马迁写《史记》，更是大量引用口述史料，从而使笔下的秦始皇、荆轲、陈胜、刘邦、项羽、韩信等人物显得栩栩如生。但是，科学意义上的历史研究必须是建立在真实性基础之上的，而传统口述史的致命弱点恰恰是，或者口头传说在流传过程中，或者历史工作者在记述某种口述史料的过程中，往往容易出现失真的情况，从而有损作为主体的历史的科学性。因此，在20世纪三四十年代，当人类发明了录音机，以后又发明了录像机时，西方发达国家出现了历史工作者利用现代声像技术手段访问历史口述者以保证口述史料不失真

＊ 这是2004年12月11日在中国社会科学院近代史研究所、当代中国研究所、扬州大学、中国现代文化学会、江苏省社会科学界联合会、江苏省社会科学院等单位发起，由扬州大学承办的"首届中华口述史高级论坛暨学科建设会议"开幕式上讲话的节选。

的方法。我们现在所说的口述史，正是这种由史学工作者与口述者合作的建立在录音、录像技术基础之上的现代口述史。我们现在所要研究的口述史学，也是这种现代意义上的口述史学。无疑，这个意义上的口述史和口述史学，对于我们国家来说还是比较年轻的。

我国改革开放以来，随着与国际史学界交流的不断扩大和史学与其他学科之间合作的不断深入，以及录音、录像设备的日益普及，现代口述史也逐步发展起来，并有不少成果相继问世。例如，扬州大学立足本地，开展了有关辛亥革命和扬州人物的口述史实践活动；中国社会科学院近代史所和中国现代文化学会，也在对近现代国共两党人物和思想文化界名人，以及对 20 世纪六七十年代知识青年上山下乡运动等问题的研究中，进行了口述史的有益尝试。但从整体上看，我们无论在口述史实践还是口述史学科建设方面，都还处于相对落后的状态。因此，由史学界召开这个口述史的高级论坛，回顾和展望中国大陆的口述史工作，交流近年来口述史工作的经验，研究口述史的学科分类和学科建设问题，讨论并设法制定口述史的工作规范、标准和原则，是非常必要的，对于我国的口述史发展及其学科建设具有积极的推动作用，必将产生深远的影响。

口述史是建立在口述基础上的史学研究方法，为了保证口述本身的真实性，口述者的口述无论是以人物、事件，还是以专题为中心，都应当是他的亲历、亲见、亲闻，就是说，应当是"活史料"。显然，这一要求在古代史研究领域是无法做到的；就是在近代史研究领域，随着时间的推移，也越来越难以满足。相比之下，中华人民共和国史或当代中国史的研究，以及地方志当代部分的编修，恰恰是最适宜运用口述史方法的领域；同时，历史研究和地方志编修中的当代部分，也是口述史最能大显身手的时段。因此，从事中华人民共和国史研究、当代中国地方史研究，以及地方志编修的学者，应当高度重视口述史工作，并和口述史学的研究者密切合作，共同推动口述史学科的发展。

口述史不仅是历史研究的一种工作方法，一种成果形式，也是一种新的理念。它突破了以往历史著述偏重于政治和上层、较多地"自上而下"写历史的传统，使普通人的生活、社会的变迁、人民大众对历史的认识更多地走进了史学领域，从而有助于把"自上而下"写历史和"自下而上"写历史结合起来。这种新的史学理念，特别适于中华人民共和国史的研究。大家知道，国史研究是从中共党史研究中分离出来的，国史研究离不开党史研究。但是，国史研究与党史研究无论在研究范围上，还是在研究重点、角度上都有很大不同。国史不仅要研究中国共产党与其他参政党的关系史，而且要研究其他参政党本身的历史；不仅要研究中国共产党领导人民进行社会主义建设的历史，而且要研究国家政权史、经济史、文化史、科技史、教育史、军事史、民族史、宗教史、社会史、体育史、卫生史、灾害史等等，甚至还要研究民间风俗、服饰、饮食、居住、交通等百姓日常生活变化的历史；不仅要研究国家最高权力机关的决策过程，而且要研究各级政府是如何组织实施这些决策的，各族人民又是如何在这些决策的指导和影响下从事各自工作的。国史研究的这些特点使它相对党史研究来说，更加需要通过开展口述史来拓展自己的研究视野，活跃自己的研究思路，并弥补史料之不足，丰富写作之内容。

任何一门学科，只要它是科学的，就必须有自己的学术规范。现代口述史作为历史科学的分支学科，自然也有它被学术界普遍认同的学术规范。例如，口述史工作计划的形成，访谈者与访谈对象契约的签订，访谈前的研究准备，访谈中的录音、录像技术要求，访谈后的记录整理补充，口述档案的存放、保管，口述史成果的发表形式，以及著作权的归属等等，都需要有一套为学术界公认的规则。这方面，是不分中国和外国，也不分社会主义和资本主义的。对于西方发达国家在大半个世纪中形成的口述史工作的有益经验，我们可以也应当学习和借鉴。但是，我们同时应当实事求是地看到，我国不仅有悠久的历史，而且有着自己优秀的治史、修史经验，在口述史的学科建设过程中，我们也要充分吸收和利用这笔丰富的民族遗产。另外，口述史既然属于史学范畴，它就和其他史学分支学科一样，不可避免地具有政治性。由于口述史主要适用于当代史研究，因此，它与现实的距离较近，政治性也更强一些。我们在开展口述史工作和进行口述史学科建设时，更要注意把握正确的政治方向，要始终站在中国人民根本利益的立场上，要坚持马克思列宁主义、毛泽东思想、邓小平理论和"三个代表"重要思想的指导，要贯彻党的"一个中心、两个基本点"的基本路线，要遵守党中央有关建国以来历史问题的决议、决定。文字史有文字史的缺陷，口述史也有口述史的缺陷。我们无疑应当重视口述史，但也应当防止不恰当地夸大口述史的可信性和作用的偏向。我相信，只要我们坚持学术性和政治性的统一，牢牢把握正确的学术方向，努力使口述史工作在中国特色的社会主义建设事业中发挥积极的作用，那么，口述史工作和口述史的学科建设就一定会得到领导机关和社会各方面的大力支持，就一定会拥有无限广阔的发展前景。

当代中国研究所成立时间虽然比较晚，但它自成立以来就一直十分重视对口述史料的收集和整理，并陆续发表和出版过一些口述史的成果。我们为能和在座的史学界朋友们结识，共同研讨口述史的学科建设而深感荣幸。我们非常愿意在今后和诸位继续就有关口述史学的问题进行学术交流，共同为建设中国特色的马克思主义口述史学而不懈努力。

（本文曾发表于《当代中国史研究》2005年第1期，被《中国地方志》2005年第2期、《扬州大学学报》2005年第2期转载，并收入中国社会科学出版社出版的《口述历史》第4辑）

积极促进当代史研究与
地方志工作的联合[*]

方志学究竟属于历史学还是地理学、编纂学，抑或是独立于其他各门学科之外的学问，对此，学术界尚有不同看法，完全可以继续讨论下去。但是，多数人认为，方志学属于历史学范畴，地方志编修是历史学的一个分支学科。有人甚至认为，方志体不过是中国古代史籍中除纪传体、编年体、本末体、典志体、史地体之外的又一种体裁罢了。可见，在我国，史志本是一家，历史编纂与地方志编修具有天然的联系。

改革开放后，我国开展了大规模的新编地方志工作和地方当代史研究，并普遍设立了相应机构。在一些省市，这两个机构从一开始就是放在一起的。当前，全国第一轮修志已基本结束。正在开展的全国第二轮修志，记述对象大体为 20 世纪 70 年代末至 20 世纪末或 21 世纪初之间的事情，就是说，已完全进入到新中国历史的领域。根据国务院颁布的《地方志工作条例》关于地方志每 20 年左右编修一次的规定，今后地方志编修所要记述的内容，将和当代史，特别是地方当代史研究的内容，越来越趋于一致。

史志在大的方面说虽是一家，但具体来说，还是有区别的。历史研究的任务是在弄清历史事实的基础上，揭示历史变化的原因，探究历史发展的规律，总结历史得失的经验。因此，史书的特点是述论结合，夹述夹论，以述带论。而志书是资料性文献，地方志编修的任务是客观全面系统记述特定区域内自然与社会的历史和现状。其特点是述而不论，寓观点于记述之中。正是因为史志之间有这样的区分，更显出二者加强

---

* 这是 2009 年 3 月 24 日在当代北京史研究会第三届理事会第一次全体会议上讲话的一部分。

联系与合作的必要。而第二轮修志记述对象的上下限，使地方当代史研究与地方志编修工作之间联系与合作的必要性，具有了更大的现实可能性。我们应当充分利用这个好条件，更主动地同地方志工作部门进行学术交流，更自觉地运用地方志收集的资料和编纂成果，使地方当代史研究与地方志编修之间取长补短，相辅相成，相互促进，共同发挥存史、咨政、育人的作用，共同为本地的经济、社会、文化建设服务。

（本文曾发表于《当代北京研究》2009 年第 2 期。收入本书时略有修改）

高度重视当代国外中国学的研究[*]

今年夏天，中国社会科学院文献信息中心主任黄长著同志找到我，说由该中心研究员、院国外中国学研究中心副主任何培忠同志主持的院A类重大课题"改革开放以来的国外中国研究"已经完成，并产生了一部题为《当代国外中国学研究》的专著，因为我兼任当代中国研究所的所长，所以希望我能为该书出版写一个序言。我对他说，当代中国研究所研究的是当代中国的历史，虽然也关注和收集国外研究中国当代史的情况，但这远谈不上是对当代国外中国学的研究。因此，由我写序实在不得其人。但他表示，对于写序的事他们已经考虑了很久，还是觉得由我写比较合适，并把肯不肯为这本书写序的问题，上升到对他们的这项研究工作是不是支持的高度，言辞颇为恳切。于是，我只好答应。

答应是答应了，但我对国外中国学没有什么研究的实际情况并不会因此而改变。我最怕的就是拿自己不懂的事情讲话写文章，更不用说给人家的书作序。"以其昏昏"，怎么可能"使人昭昭"呢？但由于工作岗位的缘故，这类事也难免会有推不掉的。凡遇到这种情况，我的办法是自己先学，从一些最基本的知识学起，把问题搞明白后，再讲一点对这些常识性的东西的学习体会。为《当代国外中国学研究》一书写序，当然也只能照此办理。

首先碰到的一个问题是，什么叫"中国学"？什么叫"国外中国学研究"？

顾名思义，"中国学"是关于中国的学问，或关于中国问题的研

---

　　* 这是为《当代国外中国学研究》一书写的序言，该书于 2006 年由商务印书馆出版。本文标题系后拟。

究。很长时间以来，国外有关中国的学问一直被称为"汉学"——在日本有上千年，在欧洲有三四百年，即使作为学术上的独立学科至少也有上百年。但第二次世界大战以后，特别是新中国成立以后，这门学问在一些国家一些学者中开始被称作"中国学"。目前，国内外学术界对如何称呼关于中国问题的研究，存在着不同的见解。有的主张仍然延续"汉学"的称谓，有的主张"汉学"与"中国学"两种称谓并用，有的主张用"中国学"取代"汉学"的称谓。我以为，无论称"汉学"还是"中国学"，都与敦煌学、藏学、徽学不同。后者不仅国外有，国内也有；而前者，只是国外有，国内并没有。因为国内不存在，也不可能存在一个把中国当作整体来研究的学问，无所谓国内的"汉学"或"中国学"，有的只是对国外"汉学"或"中国学"的研究。例如，国外关于汉语的研究，叫"汉学"或"中国学"中的汉语研究，而在国内就叫汉语研究或中文研究、普通话研究，除非你要研究的是国外对汉语的研究。既然如此，国外学术界对中国问题的研究究竟称"汉学"好还是称"中国学"好，还是尊重国外学者的习惯和意见为宜，不必由我们来统一。

但是，对国外关于中国问题研究的研究，却是或者主要是国内学术界的事，如何称谓，自然应当由国内学者经过认真考虑反复切磋后来决定。对于这个问题，我是赞成《当代国外中国学研究》一书把国外有关中国问题的研究统一称为"中国学"这个意见的。这是因为，第一，"汉学"原本指汉代的训诂学，用以称国外对中国的研究并不确切；何况汉代早已成为历史，再用它作为国外有关中国问题研究的名称显然缺乏时代感，也不符合中国是多民族国家的实际。第二，在国外，原来意义上的"汉学"一般侧重于研究中国的语言、哲学、文学、历史等人文学科，原来意义上的"中国学"一般侧重于研究当代中国的政治、经济、社会等社会科学的学科。但近几十年来，许多称为汉学家的人突破了传统"汉学"的领域，也在研究属于社会科学的学科；而许多称为中国学家的人超出了当代和社会科学的范围，开始出现向文学、史学等人文学科延伸的趋势。在传统"汉学"与"中国学"界限逐渐模糊的情况下，如果要从中选出一个词来称呼国外关于中国问题的研究，"中国学"当然要比"汉学"恰当。何况，现在一些国外研究中国问题的学者也已主张用"中国学"一词取代"汉学"一词。所以，把国内对国外有关中国问题研究的研究称为"国外中国学研究"，而不叫"国外汉学研究"，是合乎实际也是合乎逻辑的。

其次碰到的问题是，"国外中国学研究"究竟有什么意义？

中国两千多年前就有人讲过："知彼知己，百战不殆。"不过，那时讲的"知彼知己"，还只是指了解双方的情况。其实，要做到全面彻底地了解双方情况，仅仅"知彼知己"是不够的，还应当"知彼之知己"。就是说，要了解对方对自己的了解。因为只有这样，才能更深刻地了解对方，也更深刻地了解自己。我想，"国外中国学研究"大概就属于这种"知彼之知己"的学问和途径吧。

通过《当代国外中国学研究》一书可以看出，研究"国外中国学"起码有以下三个好处。

第一，有助于我们加强对外工作的主动性、针对性和有效性。中国有句俗话叫"旁观者清，当局者迷"。如果把中国作为研究对象，国外的中国学家当然可以说是旁观者；但如果把"国外中国学"作为研究对象，旁观者就不再是国外学者，而是我们了。他们的研究结果究竟符合不符合中国的实际情况，我们要比他们更清楚，更有发言权。研究"国外中国学"，可以使我们了解到国外学者在对中国问题的研究中哪些符合实际，哪些不大符合实际，哪些完全违背实际，从而在学术交流时主动地针对他们研究中存在的问题去做工作。例如，在中华人民共和国成立后的一段时间，美国的中国学研究受到麦卡锡主义和西方中心主义的支配，深深影响到它的研究方法、评价标准，乃至资金来源。20世纪80年代后，由于国际关系的变化，美国中国学研究中的客观性逐渐增加，但冷战思维的影响并没有完全消除，仍然时有表现。如果我们能通过研究美国中国学的现状，了解到其中的偏误及其对政策制定的影响，在对美工作中就会更有针对性，工作效果也会更加理想。

第二，有助于我们汲取国外学者的好见解、好建议。世界上无论哪一种文化，都是在与其他文化的反复交流、碰撞中得到发展的。而一国对另一国的研究以及被研究国对这种研究的研究，往往是两种文化交流与碰撞的重要媒介，可以促进被研究国更全面地认识自己，更多地借鉴他人经验，更充分地扬长避短。因为，一国对另一国的研究总是会以被研究国最显著的地方为对象，并且常常夹带对于被研究国来说比较新鲜的研究理念、研究视角和研究方法；而被研究国在反过来对对方研究时，如果能关注对方对自己的研究，很容易从对方的研究中了解到自己的长处和短处，并接触到对方在研究中不同于自己的一些理念、视角和方法，使自己从中获益。当代国外中国学研究的开展，便起到了这样的作用。就拿对日本的中国学研究来说，当国外中国学研究者把中国学家伊藤道治20世纪70年代提出的中华文明的源头不应称"黄河文明"而应称"河（黄河）江（长江）文明"的观点介绍到国内后，立即引起国内学者的注意，并得到了广泛认同；当国外中国学研究者把包括中国学家在内的研究小组《关于中国建设"小城镇"的研究》的报告介绍到国内后，其中有关中国农民问题将日益成为全国性问题的预测，也受到有关方面的重视，并被实践证明是正确的。这种研究对于国内正在进行的各项建设事业无疑都是很有好处的。

第三，有助于我们增进与国外学者之间的沟通与了解。国外中国学研究是关于国外社会科学状况研究的重要组成部分，是我国学术界与国外学术界最易于接触与交流的领域之一。自中华人民共和国成立特别是实行开放政策以来，国外中国学逐渐成为一门显学，研究队伍日益扩大。以美国为例，目前仅职业中国学专家就有6000人之多，稍有名气的大学里几乎都设有中国学的教授席位，而且每年都有一批人获得中国学领域的博士学位。我们开展国外中国学研究，势必要收集、翻译、评述他们的论文、著作，寻找并创造同他们对话的机会。而这样做的结果，肯定可以为双方学者增添新的学术交流平台，从而使我们更多地了解国外学者对中国问题的看法，同时也使国外学者更多地了解我们对他们看法的看法。

由于工作的原因，我接触较多的是国外对中国当代史的研究。从20世纪五六十年代开始，国外陆续涌现出许多研究中国当代史的学者和著作。其中，在美国有费正清及其《美国与中国》、《新旧中国》、《伟大的中国革命（1800—1985）》，麦克法夸尔及其主编并有众多知名学者参与撰稿的《剑桥中华人民共和国史》和《毛泽东的中国》，傅高义及其《社会变革：农业中国的问题》，沈大伟及其《现代中国政府》，特里尔及其《毛泽东传》，迈斯纳及其《毛泽东的中国及后毛泽东的中国》；在俄罗斯有齐赫文斯基院士及其《我的一生与中国》、《重返天安门》，季塔连科及其《中国的文明与改革》，以及由他主编的《在现代化和改革道路上奋进的中国》；在日本有竹内实及其《毛泽东与中国共产党》、《现代中国的展开——曲折与现状》，加加美光行及其《现代中国的走向》，国分良成及其《中国政治和民主化》，天儿慧及其《中华人民共和国史》；在英国有施拉姆及其《毛泽东》，威尔逊及其《历史巨人——毛泽东》、《周恩来传：1898—1976》；在澳大利亚有泰伟斯及其《从毛泽东到邓小平》；在瑞典有沈迈克及其《中国的文化大革命》；在法国有菲力普·肖特及其《毛泽东传》；在德国有弗兰茨及其《邓小平传》，等等。这些书大部分已被译成中文并在中国大陆发行。为了沟通国内外中国当代史的研究，当代中国研究所在中华人民共和国成立55周年前夕，举办了一个以"当代中国与她的外部世界"为主题的国际论坛，邀请包括上述一些学者在内的国外中国学家前来赴会。通过坐在一起讨论，不仅使双方进一步了解了对方在中国当代史问题上的观点，而且建立和增进了彼此的友谊，为消除国外特别是西方学者对中华人民共和国历史的某些误解、扩大双方的共识起到了积极作用。

正因为国外中国学研究具有如此积极的意义，因此它越来越受到国内学术界和有关方面的重视。仅从我经历的一件事，就很可以看出这种重视到了何等程度。在前面提到的当代中国研究所举办的那次国际论坛期间，美国学者沈大伟提交了一篇题为《1949年以来的故宫博物院：国宝与政治对象》的论文，被安排作大会发言。当文化部副部长兼故宫博物院院长郑欣淼听到这个消息时，正在主持一个重要会议，而且紧接着还要参加一个重要会议，但他还是赶来听了沈大伟的发言，并与他在大会上进行了即席交流。

我还听说，早在改革开放之前，中国社会科学院情报研究所就设立了一个"国外中国学研究室"，并编辑出版了《国外研究中国》丛书、《国外中国研究》、《美国的中国学家》、《美国中国学手册》、《国外西藏研究概况》等著作。后来，这个研究室因机构改革而被撤销，但中国社会科学院又以新成立的文献研究中心为依托，成立了非实体的"国外中国学研究中心"，并在文献中心办的刊物《国外社会科学》中开辟了"中国学研究"专栏。另外，我请"改革开放以来的国外中国研究"课题组了解了一下，知道自 20 世纪 80 年代以来，国内陆续成立的国外中国学研究机构中，还有北京大学的中国古代文献中心海外汉学研究室和比较文学与比较文化研究所，清华大学的国际汉学研究所，华东师范大学的海外中国学研究中心，北京外国语大学海外汉学中心，四川外语学院的中外文化研究所，苏州大学的海外汉学（中国文学）研究中心，北京语言文化大学的比较文学与比较文化研究所，西安外国语大学的比较文化研究所，等等；而且这些机构大多办有国外中国学研究的刊物，如《海外中国学评论》、《国外中国学论丛》、《国际汉学》。正是这些机构和刊物，使国外中国学研究在近 20 年来有了长足的进步。但尽管如此，当我听说全国从事国外中国学研究的专职研究人员加在一起才不过百十来人时，还是感到有些吃惊。显然，这个数字无论相对于国外对中国学的研究规模来说，还是相对于中国的人口以及经济、社会、文化与对外宣传等各项事业发展的需要来说，都实在是太少了。

《当代国外中国学研究》一书是"改革开放以来的国外中国研究"课题组用四年时间而完成的研究成果，是迄今为止第一部按照国别全面而系统介绍国外中国学历史渊源与当代发展状况的著作。该课题组在形成这一成果的同时，还建立了国外中国学学者、机构团体和期刊的数据库。这些都为国内学者了解国外中国学的整体面貌，为国外中国学研究的深入开展打下了良好基础。我衷心祝贺他们，并希望他们在这一研究领域继续攀登，为构建和完善国外中国学研究的学科体系，培养和扩大国外中国学研究的力量，以便更好地发挥中国社会科学院作为党中央、国务院思想库、智囊团的作用，作出自己新的贡献。

坚持和发展马克思主义的史学理论

"三个代表"与历史唯物主义[*]

　　江泽民同志在 7 月 1 日庆祝中国共产党成立 80 周年大会上的重要讲话（以下简称"'七一'讲话"），对"三个代表"重要思想的科学内涵和精神实质进行了系统阐述，为我们全面正确地理解"三个代表"、实践"三个代表"、当好"三个代表"指明了方向。通过学习，使我们认识到"三个代表"思想虽然面对的是新的世纪，分析的是新的历史条件，体现的是新的时代精神，但闪烁的却是马克思主义尤其是历史唯物主义的光芒，是马克思主义尤其是历史唯物主义在新形势下的创造性运用。

　　"七一"讲话在阐述"党要始终代表中国先进生产力的发展要求"时，是先从生产力与生产关系的矛盾运动讲起的。讲话指出："生产力是最活跃最革命的因素，是社会发展的最终决定力量。生产力与生产关系、经济基础与上层建筑的矛盾，构成社会的基本矛盾。这个基本矛盾的运动，决定着社会性质的变化和社会经济政治文化的发展方向。""无论什么样的生产关系和上层建筑，都要随着生产力的发展而发展。如果它们不能适应生产力发展的要求，而成为生产力发展和社会进步的障碍，那就必然要发生调整和变革。""七一"讲话在阐述"党要始终代表中国最广大人民的根本利益"时，也是先从人民群众在历史上的地位与作用讲起的。讲话指出："任何时候我们都要坚持尊重社会发展规律与尊重人民历史主体地位的一致性"，"人民是历史的真正创造者"，"群众是真正的英雄的历史唯物主义观点不能丢"。这充分表明，

---

* 这是 2001 年 8 月 22 日在中国社会科学院马克思主义研究所、中国历史唯物主义学会、中共云南省委党校联合举办的"'三个代表'重要思想与历史唯物主义"理论研讨会开幕词的节选。

"三个代表"思想是根据历史唯物主义的基本原理、结合党的历史和党所面临的新形势新任务而提出的，是与历史唯物主义观点一脉相承的。

在"七一"讲话中，江泽民同志除了运用历史唯物主义的基本观点阐述"三个代表"思想外，还结合实际论述了其他一些属于历史唯物主义范畴的重要观点。比如，论述了"社会主义与资本主义的根本区别，就在于它们的生产关系和上层建筑不同"；"人类社会必然走向共产主义"等等属于马克思主义社会形态理论的观点。再比如，论述了"我们党从成立之日起，就把自己定为中国工人阶级的政党，始终坚持工人阶级先锋队的性质，为保持自身的先进性奠定了坚实的阶级基础"；我们要"坚持和完善工人阶级领导的、以工农联盟为基础的人民民主专政"；"党领导的人民解放军是无产阶级专政的坚强柱石"；"在世界社会主义发生严重曲折、国内外风云急剧变化的局面中，我们党砥柱中流、岿然不动"等等属于马克思主义阶级和阶级斗争学说的观点。在当前历史唯物主义的上述基本观点受到少数人曲解、质疑和攻击的情况下，"七一"讲话的发表无疑具有极强的现实针对性。历史证明，马克思主义越是受到挑战，越是自身发展的大好机遇。我们要把"七一"讲话作为典范，在同非马克思主义和反马克思主义思潮的斗争中，坚持并发展历史唯物主义。

这里特别需要指出的是，"七一"讲话不仅结合当前面临的重大理论问题和实践问题论述了历史唯物主义的基本观点，而且运用这些观点和"三个代表"的思想，分析了中国人民自鸦片战争以来"两个80年"的奋斗历史，评价了新中国成立后的若干重大历史事件，为我们理论工作者用历史唯物主义指导历史研究作出了表率。例如，关于如何看待中国共产党的成立？讲话指出："这是近代中国社会矛盾发展和人民斗争深入的必然结果。"应当如何看待社会主义制度的建立和完善？讲话指出：这是"为我国社会生产力的解放和发展打开了广阔的道路"。关于如何看待确立人民民主专政为核心的新的政治上层建筑？讲话指出：这是"从根本上解放被束缚的生产力"。关于如何看待对农业、手工业和资本主义工商业的社会主义改造？讲话指出：这"是为了确立社会主义生产关系，并在这种经济基础上进一步确立社会主义上层建筑，以继续解放和发展生产力"。关于如何看待十一届三中全会以来的改革开放？讲话指出：这"也是为了进一步解放和发展生产力"。事实告诉我们，在分析和评价我们党和国家的历史问题时，只有运用历史唯物主义和"三个代表"思想，才能使人们更加清楚地认识历史的本质和主流，才有助于增强人们对党和社会主义的信心信念，从而把全国人民的力量凝聚于建设有中国特色社会主义的伟大事业中。

苏东剧变的重要原因之一，便在于这些国家的执政党抛弃了历史唯物主义观点，在指出和纠正党执政的失误过程中，大肆批判、全盘否定党的领袖人物，形成丑化共产党、诋毁社会主义的历史虚无主义思潮，使共产党和社会主义的形象遭到严重歪曲，使广大党员和人民群众对党和社会主义产生怀疑。这说明，能不能坚持用历史唯物主义看待历史，不仅是一个学术问题，而且也是一个关系到工人阶级政党能否巩固自己执政地位的重大而现实的政治问题。我们一定要记取苏东剧变的惨痛教训，绝不让这样的悲剧在中国重演。

历史唯物主义同马克思主义的其他组成部分一样，是不断发展的理论。随着实践的发展而发展，是马克思主义充满无限生命力的源泉。"三个代表"思想反映了马克思主义这种与时俱进的理论品质，表现了马克思主义的理论勇气和创新精神。我们应当用"三个代表"思想所体现出来的大胆探索、开拓进取的精神，在历史唯物主义理论研究上也能有所发现，有所创新，有所前进。为繁荣和发展历史唯物主义研究，以及在历史唯物主义研究指导下的历史研究，作出自己应有的贡献。

（本文曾发表于 2001 年 9 月 13 日《中国社会科学院院报》，被收入中国社会科学出版社出版的《"三个代表"与历史唯物主义》一书，标题为《"三个代表"思想是历史唯物主义在新形势下的创造性运用》。收入本书时略作修改）

坚持和发展唯物史观与构建
社会主义和谐社会[*]

唯物史观是指导中国共产党的理论基础的重要组成部分，也是新中国史学工作的根本指导思想。不久前召开的中共十六届六中全会，正是通过把唯物史观的基本原理与当前中国社会的实际问题相结合，作出了关于构建社会主义和谐社会的重大决策；同时，全会要求加强马克思主义理论的研究和建设，在意识形态领域中坚持马克思主义的指导地位，在史学等哲学社会科学研究中坚持以马克思主义为指导，建设以社会主义核心价值体系为根本的和谐文化。因此，构建社会主义和谐社会的战略部署，既为我国史学工作者坚持和发展唯物史观提出了新的历史性任务，也提供了新的历史性机遇。我们应当认清使命，抓住机遇，一方面自觉地用坚持和发展唯物史观的理论为构建社会主义和谐社会服务；另一方面，在构建社会主义和谐社会中坚持和发展唯物史观的理论。

一　构建社会主义和谐社会
需要坚持和发展唯物史观

十六届六中全会通过的《关于构建社会主义和谐社会若干重大问题的决定》（以下简称《决定》），反映了建设富强民主文明和谐的社会主义现代化国家的内在要求，体现了全党全国各族人民的共同愿望。它既提出了构建社会主义和谐社会的指导思想、目标任务和原则，也提出

---

* 这是在 2006 年 11 月 10 日中国社会科学院文史哲学部和《中国社会科学》杂志社联合主办的"坚持和发展唯物史观理论研讨会"上的发言。

了包括"建设和谐文化，巩固社会和谐的思想道德基础"在内的一系列主要任务。① 因此，要弄清楚坚持和发展唯物史观与构建社会主义和谐社会的关系，必须弄清楚什么是《决定》中所讲的"和谐社会"以及与之相适应的"和谐文化"。

首先，《决定》指出："我们要构建的社会主义和谐社会，是在中国特色社会主义道路上，中国共产党领导全体人民共同建设、共同享有的和谐社会。"为了建设这样的和谐社会，《决定》提出，"必须坚持以马克思列宁主义、毛泽东思想、邓小平理论和'三个代表'重要思想为指导，坚持党的基本路线、基本纲领、基本经验"。这里所说的党在新的历史时期的基本路线、基本纲领、基本经验，其中也都有坚持马克思主义指导这一条。

其次，《决定》指出：建设和谐文化的根本是建设社会主义核心价值体系。而构成这一价值体系的四个基本内容的第一条，正是"马克思主义的指导"。《决定》还要求，建设和谐文化"必须坚持马克思主义在意识形态领域的指导地位，牢牢把握社会主义先进文化的前进方向"。众所周知，社会主义先进文化的先进性，也首先表现在坚持马克思列宁主义、毛泽东思想、邓小平理论和"三个代表"重要思想为指导上。

再次，围绕建设和谐文化，《决定》作出了四个方面的部署。在其中"建设社会主义核心价值体系，形成全民族奋发向上的精神力量和团结和睦的精神纽带"的方面，《决定》要求必须"坚持用马克思主义中国化的最新成果武装全党、教育人民"；"加强马克思主义理论研究和建设，增强党的思想理论工作的创造力、说服力、感召力"。在其中"坚持正确导向，营造积极健康的思想舆论氛围"方面，《决定》要求"哲学社会科学要坚持以马克思主义为指导，以重大现实问题研究为主攻方向，发挥认识世界、传承文明、创新理论、咨政育人、服务社会的作用"。

由此可见，构建社会主义和谐社会也好，建设与之相适应的和谐文

① 本文中《关于构建社会主义和谐社会若干重大问题的决定》的引文，均引自人民出版社2007年出版的《十六大以来重要文献选编》下。

化也好；建设社会主义核心价值体系也罢，繁荣和发展哲学社会科学也罢，都离不开马克思主义的指导，离不开马克思主义的中国化。什么是马克思主义呢？恩格斯说：社会主义之所以变成科学，归功于马克思的"两个伟大的发现——唯物主义历史观和通过剩余价值揭开资本主义生产的秘密"。① 毛泽东说："马克思主义有几门学问：马克思主义的哲学，马克思主义的经济学，马克思主义的社会主义——阶级斗争学说，但基础的东西是马克思主义哲学。""马克思主义的理论基础，即辩证唯物论和历史唯物论。"② 胡锦涛说："辩证唯物主义和历史唯物主义的世界观和方法论，是马克思主义最根本的理论特征。"③ "毛泽东思想、邓小平理论和'三个代表'重要思想虽然形成于我国革命、建设和改革的不同历史时期，面对着不同的历史任务，但都贯穿了辩证唯物主义和历史唯物主义的世界观和方法论。"④ 这些论述说明，马克思主义最基础最根本的东西不是别的什么，正是辩证唯物主义和唯物史观。我们说要以马克思主义为指导，一定意义上就是说要以辩证唯物主义和唯物史观为指导。因此，构建社会主义和谐社会和建设与之相适应的和谐文化，理所当然地要求我们坚持和发展唯物史观；建设社会主义核心价值体系、繁荣和发展哲学社会科学，更要求我们坚持和发展唯物史观。

稍加分析就不难看出，《决定》提出的许多重要观点，作出的许多重要部署，都是建立在唯物史观基本原理基础之上的。例如，要把构建社会主义和谐社会摆在更加突出的地位，要始终把最广大人民的根本利益作为党和国家一切工作的出发点和落脚点，要坚持党的领导、人民当家作主和依法治国的有机统一，要把构建和谐文化作为构建社会主义和谐社会的重要任务，要使党和政府的重大决策、工作部署都从人民群众的创造性实践中汲取智慧、经受检验和依靠人民群众付诸实践、取得实效，要坚定不移地通过改革破除各种障碍、完善公平竞争机制、不断解放和发展生产力，要增强人们对中国共产党的领导、社会主义制度、改

① 《马克思恩格斯选集》第 3 卷，人民出版社 1995 年版，第 366 页。
② 《毛泽东文集》第 6 卷，人民出版社 1999 年版，第 396、395 页。
③ 《十六大以来重要文献选编》上，中央文献出版社 2005 年版，第 362 页。
④ 同上书，第 644 页。

革开放事业、全面建设小康社会目标的信念和信心等等。所有这些观点都是从唯物史观的理论中派生出来的，都是把唯物史观与当前社会实际情况紧密结合的产物。要把这些道理从根本上讲清楚，使广大党员和群众深刻理解和自觉投入构建社会主义和谐社会的伟大实践，必须加强对唯物史观的理论研究和宣传教育。而这就为马克思主义史学工作提供了新的广阔舞台，也为唯物史观的创造性发展提供了新的广阔天地。

有人可能会问，建设和谐社会、和谐文化，是以崇尚和谐、追求和谐为价值取向的，而马克思主义，或者说辩证唯物主义和唯物史观，是工人阶级及其政党的世界观、方法论，以这个理论为指导，岂不是要让全社会的人都信仰马克思主义，都信仰辩证唯物主义和唯物史观吗？这岂不是与建设和谐社会、和谐文化的理念背道而驰了吗？这种看法是一种误解。不错，马克思主义、辩证唯物主义和唯物史观是工人阶级及其政党的世界观和方法论，但它同时也是建立在迄今为止人类最优秀最先进文化成果基础之上的最为科学的思想体系。正如列宁所说："马克思的历史唯物主义是科学思想中的最大成果"，① 是"唯一科学的历史观"。② 因此，它不仅仅是为工人阶级及其政党服务的，也是为全人类根本利益服务的；不仅可以作为工人阶级争取自身解放的思想武器，也可以作为指导社会主义和谐社会、和谐文化建设的思想基础。毫无疑问，社会主义的和谐文化建设并不等于就是马克思主义，并不要求全社会的人都信仰马克思主义。但同样毫无疑问的是，和谐文化建设必须以马克思主义指导下的社会主义核心价值体系、社会主义先进文化作为自己的主体、主流和主导方向，从而引领社会思潮向着科学、健康、向上的方向发展。因此，坚持和发展唯物史观，不仅与构建社会主义和谐社会、建设和谐文化之间不矛盾，相反，是它的题中应有之义。

还有人可能会问，建设和谐文化要求人们尊重差异，包容多样，最大限度地形成社会思想共识，那为什么不可以把马克思主义同中国的传统文化比如儒学，同西方的文化比如自由主义思想融合起来呢？这种看法也是一种误解。不错，建设和谐文化需要继承和发扬我国优秀传统文

---

① 《列宁选集》第 2 卷，人民出版社 1995 年版，第 311 页。
② 《列宁选集》第 1 卷，人民出版社 1995 年版，第 10 页。

化，也需要借鉴世界优秀文明成果。但是，什么是优秀的传统文化，什么是优秀的文明成果，都存在以什么指导思想作为科学和价值判断标准的问题。我们要建设的和谐文化，本质上属于社会主义的意识形态范畴，而社会主义的意识形态只能以马克思主义作为评判各种文化、文明中哪些内容是科学，哪些内容有价值的核心标准。江泽民同志指出："任何一个社会的意识形态领域，总是由那个社会的统治阶级的思想占统治地位的。任何一个国家的统治阶级，为了巩固其政治统治，都要维护和发展自己占统治地位的意识形态。这是一条普遍的社会规律。"[1] "西方国家从来就不允许马克思主义在他们的意识形态中居于指导地位。"[2] 他还说："经过长期努力，马克思主义已经成为全党全国人民团结前进的思想基础和精神支柱……如果在意识形态领域不能巩固马克思主义的指导地位，东一个主义，西一个主义，在指导思想上搞多元化，搞得五花八门，最终必然由思想混乱导致社会政治动荡。"[3] 这就告诉我们，在社会主义社会，让马克思主义占据指导地位，把马克思主义占指导地位的意识形态作为主流意识形态，完全符合人类普遍的社会规律，也是确保社会主义社会自身和谐、稳定、安全的前提条件。我们当然要尊重差异，包容多样，但这必须是在坚持马克思主义为指导这个前提之下，不能离开这个前提。在指导思想上只能是一元的，绝不能搞多元化。

二　坚持和发展唯物史观必须　　回应唯心史观的挑战

当前，唯物史观在理论界、学术界，尤其是在史学界的地位，同马克思主义在我国意识形态领域的总体态势是一致的。中共十一届三中全会以后，我们在指导思想上实现了拨乱反正，恢复了马克思主义辩证唯物主义和历史唯物主义的思想路线。在新的时代条件下，我们党继续推进马克思主义的中国化，又相继产生出邓小平理论和"三个代表"重

---

[1] 《江泽民文选》第3卷，人民出版社2006年版，第228页。
[2] 同上书，第86页。
[3] 同上书，第228页。

要思想等重大理论成果。而这些理论成果，也都"是当代中国共产党人对辩证唯物主义和历史唯物主义的创造性运用和发展"。① 与此同时，以唯物史观为指导的史学理论和方法论研究受到党中央空前的重视。由党中央直接组织的包括编写《史学概论》和《中国近现代史纲要》在内的马克思主义理论研究和建设工程，正在加紧实施。在中央政治局集体学习时，胡锦涛同志更是多次强调学习历史的重要性，强调用中国历史特别是中国革命史来教育党员干部和人民。另外，党报党刊以及一些史学类学术刊物也加大了对马克思主义唯物史观的宣传力度。所有这一切，为史学界在研究和教学实践中坚持和发展唯物史观，营造了良好氛围。

但我们也要清醒地看到，唯物史观与唯心史观的斗争如同意识形态其他领域里的斗争一样，仍然是长期的、艰巨的、复杂的。在某种程度上，唯物史观甚至可以说遇到了新中国成立以来前所未有的挑战。这种挑战，大体上有以下几个方面的表现：

第一，公开反对唯物史观和唯物史观的基本原理。例如，有的提出马克思的理论体系，包括唯物史观和劳动价值论这两大马克思主义的基石都"是错误的"，唯物史观有"根本缺陷"，已经"过时"，"不能指导新兴史学门类的研究"，因此要"超越"唯物史观，要用所谓"唯人史观"、"选择史观"等等代替唯物史观；有的虽然没有从总体上否定唯物史观，但却否定支撑唯物史观的一个个基本原理，如社会存在决定社会意识、生产力决定生产关系、经济基础决定上层建筑、人类社会形态的变化是由低级向高级的发展过程、人民群众是历史的创造者、阶级斗争是文明历史的直接动力、阶级斗争必然导致无产阶级专政等等，并且反对在历史研究中运用阶级分析、社会结构分析、社会形态分析等理论和方法。

第二，全盘接受西方资产阶级史学理论。例如，不加分析批判地把西方资产阶级史学理论、方法论视为圭臬，将其代表人物奉为先哲，甚至专门挑选反共的历史哲学家、史学家的著作拿来翻译出版；主张对历史进行"碎化"，只研究小问题，反对所谓"宏大叙事"；否定历史矛

---

① 《十六大以来重要文献选编》上，中央文献出版社 2005 年版，第 363 页。

盾运动的客观规律性，否定历史学的科学性和客观实在性，宣扬后现代主义的史学理论将要推动中国史学界发生"深刻革命"，历史研究不能带"框框"，要做到"价值判断中立"，要"去国家化"，要把中国史学的"希望寄托于后现代主义"。

第三，竭力否定马克思主义对中国历史研究的指导作用。例如，吹捧拒绝学习马克思主义史学理论的所谓"独立人格"，贬损郭沫若、范文澜、吕振羽、翦伯赞、侯外庐、刘大年等马克思主义史学大师和唯物史观指导下的史学研究成果，诽谤陈垣、顾颉刚等老一代史学家在新中国成立后对马克思主义的自觉学习是"沦为集权主义国家主义的祭品"，否认中国马克思主义史学所取得的理论成就，讽刺以唯物史观为指导的史学研究工作是什么"帝国史学"、"皇家史学"、"国家主义史学"、"官方史学"、"马屁史学"、"垃圾史学"，咒骂以唯物史观为指导的历史教育"训练出来的不是人，而是狼"。

第四，大肆鼓吹历史虚无主义思潮。例如，提出在历史编纂和教育中"淡化革命"、"告别革命"，用所谓"文明史观"、"现代化史观""解构"和重写世界历史、中国历史，特别是中国近现代史、中国革命史、中国抗战史、中国共产党史和中华人民共和国史；否认中国古代存在封建地主经济，质疑近代中国的社会性质是半殖民地半封建社会，妄称"五四运动"并没有反帝反封建；诬蔑马克思主义的产生是"历史的反动"、中国接受马克思主义是"历史的误会"，并且妖魔化历代农民起义和革命运动，丑化中国共产党和中华人民共和国的领袖人物，逐一歪曲我们党和共和国的历史事件，把新民主主义和社会主义革命的历史描绘为"血腥的历史"，把社会主义建设时期的历史写成一连串错误的集合；与此同时，百般美化帝国主义、封建统治势力和官僚买办资产阶级，说它们才是"推动历史进步的力量"，"鸦片战争一声炮响，给中国送来了近代文明"，"西方传教士为中国的富强和进步煞费苦心"，"中国如果当美国的'孙子'早就现代化了"，"慈禧并没有反对维新变法"，"曾国藩具有不顾个人屈辱的爱国情怀"，"李鸿章主和是明智之举"，袁世凯的主张"反映了当时社会历史发展的趋势"；更有甚者，混淆"爱国"与"卖国"的客观标准，为早有定论的汉奸卖国贼大做翻案文章，把他们打扮成"民族融合和对外开放的先锋"。

　　凡此种种，都表明唯心史观在我国史学界不仅仍然拥有相当大的市场，而且在有的时候有的场合下还表现得肆无忌惮，十分嚣张，大有将唯物史观一口吃掉的架势。为什么会出现这种局面呢？要回答这个问题，仍然需要借助唯物史观的理论和方法。唯物史观认为："物质生活的生产方式制约着整个社会生活、政治生活和精神生活的过程。不是人们的意识决定人们的存在，相反，是人们的社会存在决定人们的意识。"① 早在1957年，毛泽东就根据这个道理，对新中国成立之初极少数人反对马克思主义、对于马克思主义抱敌视态度的现象进行过剖析。他说："我们现在是处在一个社会大变动的时期。中国社会很久以来就处在大变动中间了。抗日战争时期是大变动，解放战争时期也是大变动。但是就性质来说，现在的变动比过去的变动深刻得多。""这样的大变动当然要反映到人们的思想上来。存在决定意识。在不同的阶级、阶层、社会集团的人们中间，对于这个社会制度的大变动，有各种不同的反映。广大人民群众热烈地拥护这个大变动，因为现实生活证明，社会主义是中国的唯一的出路。推翻旧的社会制度，建立新的社会制度，即社会主义制度，这是一场伟大的斗争，是社会制度和人的相互关系的一场大变动。"他指出："知识分子中，绝大多数人都是爱国的，爱我们的中华人民共和国，愿意为人民服务，为社会主义的国家服务。有少数知识分子对于社会主义制度是不那么欢迎、不那么高兴的。他们对社会主义还有怀疑，但是在帝国主义面前，他们还是爱国的。对于我们的国家抱着敌对情绪的知识分子，是极少数。这种人不喜欢我们这个无产阶级专政的国家，他们留恋旧社会。一遇机会，他们就会兴风作浪，想要推翻共产党，恢复旧中国。"② 毛泽东这里所说的留恋旧社会的思想，距离现在虽然已经近半个世纪了，但对于具有相对独立性的一种社会意识来说，要它们完全退出历史舞台，这点时间还是太短了些。

　　如果说毛泽东的上述分析只是把极少数人反对马克思主义的思想放在当年那个社会制度变动的大背景之下的话，那么，以江泽民为核心的党的第三代中央领导集体和以胡锦涛为总书记的党中央，则把当前反马

---

① 《马克思恩格斯选集》第2卷，人民出版社1995年版，第32页。
② 《毛泽东文集》第7卷，人民出版社1999年版，第268页。

克思主义、非马克思主义思潮的滋生放在改革开放的大背景下，作出了更为具体的分析。他们指出："改革开放和现代化建设，带来了经济的快速发展和社会的巨大进步，增强了人们的竞争意识、效率意识、民主法制意识、开拓创新精神……同时，由于社会经济成分、组织形式、就业方式、利益关系和分配方式日益多样化，人们思想活动的独立性、选择性、多变性、差异性明显增加。""我们实行对外开放，有利于人们开阔眼界、增加见识、活跃思想，但国外资产阶级腐朽思想文化也会乘机而入。"① 他们还指出：西方敌对势力正在加紧对我国实施西化、分化的政治图谋，通过各种手段对我国进行思想渗透，利用各种渠道攻击我国的政治制度，企图动摇马克思主义在我国意识形态领域的指导地位，搞乱人们的思想。随着对外开放的不断扩大，西方资产阶级腐朽思想观念不可避免地要在我国社会、政治、思想、文化等领域产生这样那样的消极影响。特别要看到，世界范围内社会主义和资本主义在意识形态领域的斗争和较量是长期的复杂的，有时甚至是非常尖锐的。我们是当今世界最大的社会主义国家，必然会长期面对各种敌对势力在意识形领域的渗透活动，面临西方资本主义国家传播其意识形态、进行文化扩张和渗透的更大压力。

从以上分析可以看出，反马克思主义、非马克思主义的思潮是建立在资本主义经济基础之上的社会意识，当前在我国之所以滋生蔓延，既与我国市场经济活动的弱点及其消极影响有关，也与西方资本主义国家利用我国对外开放之机兜售它们的意识形态、进行思想渗透有关。唯心史观向唯物史观的挑战，正是这种思潮的一种具体表现，本质上反映的仍然是在中国走资本主义道路的要求。特别是那些否定和攻击世界社会主义运动的历史、中国革命和中国共产党的历史、中华人民共和国的历史的言论，更是直接为反对中国共产党的领导、反对社会主义制度服务的。事实反复说明，历史虚无主义必然导致民族虚无主义，民族虚无主义必然导致国家分裂衰亡。古人早就说过："灭人之国，必先去其史。"② 这一真理，已为苏联由"乱史"、"亡史"最终走向亡党亡国的

---

① 《江泽民文选》第3卷，人民出版社2006年版，第81、82页。
② 龚自珍：《古史钩沉论二》，载《龚自珍全集》上，中华书局1959年版，第21页。

悲剧所再次验证。因此，唯心史观对唯物史观的攻击，对于构建社会主义和谐社会来说，势必是一种不和谐之音，是对社会主义的社会和谐与文化和谐的破坏。我们要贯彻十六届六中全会精神，把社会主义核心价值体系融入国民教育和精神文明建设全过程、贯穿现代化建设各方面；要用马克思主义中国化的最新成果武装全党、教育人民，用民族精神和时代精神凝聚力量、激发活力，倡导爱国主义、集体主义、社会主义思想，加强理想信念教育，加强国情和形势政策教育；要不断增强人民群众对中国共产党领导、社会主义制度、改革开放事业、全面建设小康社会目标的信念和信心；要牢牢掌握意识形态工作的主动权，切实维护我国意识形态的安全，就不能不同这股思潮进行积极的思想斗争。

邓小平曾经指出："要搞四个现代化，要实行开放政策，就不能搞资产阶级自由化。自由化的思想前几年有，现在也有，不仅社会上有，我们共产党内也有。自由化思潮一发展，我们的事业就会被冲乱。总之，一个目标，就是要有一个安定的政治环境。不安定，政治动乱，就不可能从事社会主义建设，一切都谈不上。治理国家，这是一个大道理，要管许多小道理。"① 江泽民同志也说过："对于反马克思主义的挑战和攻击，必须进行积极的思想斗争，不能听之任之。如果面对错误的思想政治观点，不闻不问，不批评，不斗争，听任它们去搞乱人们的思想、搞乱我们的意识形态，那是极其危险的，势必危害整个国家和社会的安定团结。"② 因此，马克思主义史学工作者今天面临的一个迫切任务，就是迎接唯心史观的挑战。这是我们坚持和发展唯物史观的必然要求，也是我们参与构建社会主义和谐社会、建设和谐文化的重要途径。

三　回应唯心史观的挑战应当适应构建
社会主义和谐社会的总体要求

构建社会主义和谐社会是我们党从中国特色社会主义事业总体布局和全面建设小康社会全局出发提出的重大战略任务，是摆在全党面前的

---

① 《邓小平文选》第 3 卷，人民出版社 1993 年版，第 124 页。
② 《江泽民文选》第 3 卷，人民出版社 2006 年版，第 88 页。

一个新的时代课题。十六届六中全会的决定要求我们在建设和谐文化的过程中，必须把社会主义核心价值体系作为根本，坚持马克思主义在意识形态领域的指导地位，牢牢把握社会主义先进文化的前进方向，打牢全党全国各族人民团结奋斗的思想道德基础。作为史学工作者，尤其是在党领导下的史学研究机构的史学工作者，我们当然要服从和服务于全党的工作大局，积极参与到构建社会主义和谐社会的伟大实践中，自觉回应唯心史观对唯物史观的挑战，绝不能对各种不利于或有损于建设社会主义核心价值体系、树立社会主义荣辱观、营造积极健康的思想舆论氛围的错误思想言论视而不见，不闻不问，听之任之，任其泛滥。

应当看到，当前一定范围的特殊形式的阶级斗争依然存在，有时还会很尖锐，否认阶级斗争、反对用阶级和阶级斗争观点分析问题、认为讲和谐就不能讲矛盾讲斗争的看法是不对的。然而，革命时期那种大规模的急风暴雨式的群众阶级斗争毕竟早已结束了，如果再沿用那时处理阶级斗争问题的某些做法，已经不能适应今天的实际情况了。我们国家的国体虽然仍然是工人阶级领导的以工农联盟为基础的人民民主专政，认为在强调社会和谐的形势下再讲人民民主专政就不合时宜的观点也是错误的。然而，今天法律和法制都已日趋完备，这与新中国成立之初旧的法制被废除而新的法制尚未建立的情况有着很大不同；特别是我们党已经执政近 60 年，不仅积累了丰富的执政经验，而且拥有了构建社会主义和谐社会的物质条件和思想条件。在这种新的历史条件下，需要清醒地认识我国发展的阶段性特征，科学地分析影响社会和谐的矛盾和问题及其产生的原因，更加积极主动地正视矛盾、化解矛盾，最大限度地增加和谐因素，最大限度地减少不和谐因素，不断促进社会和谐。因此，我们同唯心史观的斗争已不适于再过多采用行政的手段，也不宜于用大批判的方式。总之，在斗争方式方法上，我们也要适应构建社会主义和谐社会和建设和谐文化的总体要求。

如何使同唯心史观的斗争适应构建社会主义和谐社会和建设和谐文化的总体要求呢？首先，要把政治是非与学术问题加以区别。对于学术性质的问题，要按照党的百家争鸣的方针，平等讨论，相互切磋。其次，对于政治是非问题，也要区分思想认识和立场问题。对于其中的思想认识问题，要采取心平气和的态度，用说服而不是压服的办法。毛泽东说过：不赞成马克思主义的人在很长时间内都会有。"我们应该允许他们不赞成。例如一部分唯心主义者，他们可以赞成社会主义的政治制度和经济制度，但是不赞成马克思主义的世界观。""我们作宣传工作的同志有一个宣传马克思主义的任务。这个宣传是逐步的宣传，要宣传得好，使人愿意接受。不能强迫人接受马克思主义，只能说服人接受。"① 这句话虽然是对宣传工作者说的，但其原则对于史学工作者同样适用。再次，对于政治是非中的立场问题，凡是以学术面目出现的，也应把它权当成"学术"来对待，即以严谨治学的态度，先从收集材料、核实材料做起，力争占有更多更准确的材料，然后以学术争鸣的方式，用摆事实讲道理的方法，即充分说理的、有分析的、有说服力的方法，戳穿其在论据上歪曲事实、以偏概全、攻其一点不及其余等手法的伪科学性，批驳其在论证中混淆研究对象的具体历史条件、偷换概念等手法的荒谬性，并指出其论点在政治上的欺骗性、复旧性和危害性，从学术上战而胜之。在这个问题上，我们一方面要改变过去习惯于等中央有关部门表态的思维定式，凡遇到错误的思想言论，无论他来自哪里，无论他有多高的学术地位，多耀眼的学术光环，都要按照中央早已明确并反复强调的方针，据理批评，绝不能任其畅行无阻、自由泛滥。另一方面，也要全面准确理解"不争论"的方针，在坚持正面宣传为主的同时，积极主动地支持坚持唯物史观的史学理论工作者，对已经公开发表的属于政治是非性质的错误言论予以公开批驳，改变一些地方一度存在的错误言论发表后只是禁止扩散而不准批评但实际上又禁止不住的被动局面，真正掌握意识形态工作的主动权，在意识形态领域中多打主动仗。最后，要随着法制化建设的深入，加快涉及意识形态工作的立法。比如，借鉴国外对"篡改历史"和"滥用言论自由的权利"的行为予以治罪的经验，结合我国具体情况，制定相应的法律法规，以便运用法律手段，同那些公开赞扬帝国主义侵华战争等"篡改历史"和"滥用言论自由的权利"的行为作斗争。

随着信息传播技术迅速发展和信息传播渠道的日益多样化，我国社会舆论环境和舆论格局发生了深刻变化。我们应当也可以最大限度地压

① 《毛泽东文集》第7卷，人民出版社1999年版，第269、270页。

缩错误言论的传播空间，但要让错误言论完全不传播，客观上已经做不到了。这种局面当然会给我们用马克思主义思想、社会主义思想占领舆论阵地、争夺广大群众和青年带来一定困难。但也要看到，只要我们有充分的思想准备，这种局面从一定意义上恰恰有利于唯物史观的发展，有利于马克思主义史学理论队伍的成长。毛泽东早就说过："同那些反马克思主义的东西进行斗争，就会使马克思主义发展起来。这是在对立面的斗争中的发展，是合于辩证法的发展。""真理是在同谬误作斗争中间发展起来的。马克思主义就是这样发展起来的。""某些错误东西的存在是并不奇怪的，也是用不着害怕的，这可以使人们更好地学会同它作斗争。大风大浪也不可怕。人类社会就是从大风大浪中发展起来的。"① 他还说过："在我们国家里，马克思主义已经被大多数人承认为指导思想，那末，能不能对它加以批评呢？当然可以批评。马克思主义是一种科学真理，它是不怕批评的。如果马克思主义害怕批评，如果可以批评倒，那末马克思主义就没有用了……马克思主义者不应该害怕任何人批评。相反，马克思主义者就是要在人们的批评中间，就是要在斗争的风雨中间，锻炼自己，发展自己，扩大自己的阵地。"② 邓小平在苏东剧变后也说过："我坚信，世界上赞成马克思主义的人会多起来的，因为马克思主义是科学。它运用历史唯物主义揭示了人类社会发展的规律……不要惊慌失措，不要认为马克思主义就消失了，没用了，失败了。哪有这回事！"③ 今天重温他们的这些教导，对于我们勇敢地冷静地应对唯心史观的挑战是十分必要和大有益处的。

现在，党中央一再要求我们要组织宏大的马克思主义理论队伍，要防止把马克思主义变成脱离实践的干巴巴的教条，要增强马克思主义理论工作的创造力、说服力、感召力，要在马克思主义基本原理的指引下不断推进理论创新。如果我们果真能够迎接唯心史观的挑战，并在同唯心史观及其种种具体表现的斗争中，讲清楚为什么要坚持和发展唯物史观，以及哪些是必须坚持的唯物史观的基本原理，哪些是唯物史观中需要修正的个别结论和需要丰富发展的理论判断，从而使更多的群众特别

---

① 《毛泽东文集》第 7 卷，人民出版社 1999 年版，第 279—281 页。
② 同上书，第 231—232 页。
③ 《邓小平文选》第 3 卷，人民出版社 1993 年版，第 382—383 页。

是广大青年从内心深处愿意接受唯物史观，使原本属于思想认识问题的人们心服口服、转变认识，那么，唯心史观的挑战不仅丝毫无损于唯物史观及其指导下的历史研究，相反，只会更加壮大唯物史观的理论队伍，更加扩大唯物史观的群众基础，更加促进唯物史观的理论创新。马克思主义是真理，真理是越辩越明的。我们应当有这个自信。

构建社会主义和谐社会，需要全社会的共同努力。只要我们把坚持和发展唯物史观与构建社会主义和谐社会紧密结合起来，马克思主义史学工作就一定能为中国特色社会主义的伟大事业作出新的贡献，并使自己在这个过程中得到更大的繁荣和发展。

（本文曾发表于《历史研究》2007 年第 1 期；后应《求是》杂志社之约，将其压缩，在该刊 2007 年第 18 期刊出，题为《坚持和发展唯物史观》；被《中国社会科学文摘》2007 年第 3 期、中国人民大学复印报刊资料《历史学》2007 年第 6 期转载）

关于加强马克思主义史学理论建设的几个问题[*]

一 关于建设史学研究的创新体系

2005 年 5 月，为贯彻落实《中共中央关于进一步繁荣发展哲学社会科学的意见》，中国社会科学院提出要构建哲学社会科学创新体系。建设史学研究创新体系，就是从"建设中国社会科学院哲学社会科学创新体系"这一提法中引申出来的。因此，我们要理解和实现史学研究的创新体系，首先应当全面准确地理解"建设中国社会科学院哲学社会科学创新体系"的含义，切实弄清楚这一蓝图的指导方针、主要目标和任务，以及为实现这一要求在体制、机制上的创新和在政治、组织上的保证。所谓"建设中国社会科学院哲学社会科学创新体系"，指的是力争用 10 年时间，通过建设"六项重大工程"，即马克思主义研究和建设工程，重大课题研究和理论创新工程，重点学科建设工程，人才队伍建设工程，网络信息化建设工程，国际学术交流基地建设工程；形成"五大研究中心"，即马列主义、毛泽东思想、邓小平理论和"三个代表"重要思想研究中心，经济与社会发展研究中心，社会主义民主法治研究中心，中华文明和社会主义文化研究中心，国际问题理论与国际战略研究中心；充分发挥"四大作用"，即马克思主义坚强阵地的作用，党中央、国务院智囊团的作用，人文社会科学交流中心的作用，哲学社会科学在推进社会主义建设中不可代替的作用，从而把中国社会科学院建成以马克思主义为指导的人才荟萃、学科布局合理、体制完善、机制灵活、在国际上有广泛影响、在国内位居前列的哲学社会科学

---

　　* 这是在 2005 年 7 月 15 日中国社会科学院史学理论研究中心成立大会、7 月 30 日中国社会科学院第五次史学理论座谈会、8 月 26 日中国史学会史学理论分会第二届理事会暨第十二届学术研讨会上三次讲话的节选。

研究机构。从这一点出发，我认为建设史学研究创新体系，需要做好以下几个方面的工作：

第一，要更有力地加强马克思主义特别是历史唯物主义在史学研究领域中的指导，大力推进马克思主义史学理论的学习、研究和宣传，把中国社会科学院各史学研究机构和史学刊物建设成马克思主义史学的坚强阵地。在有关专家学者参加中央组织实施的马克思主义理论研究与建设工程史学组研究任务的同时，提倡中国社会科学院的各史学研究机构结合史学各分支学科的特点，由集体或个人选择马克思主义史学理论研究中的热点、难点问题，开展专题研究。通过深入研究，进一步丰富和发展马克思主义的史学理论，理清学术界和非学术界对唯物史观的种种责难，旗帜鲜明地批驳史学领域中的资产阶级自由化观点，为巩固马克思主义在史学领域的指导地位营造良好氛围。

第二，要大力发扬中国史学经世致用和中国马克思主义史学把学术研究与党和人民的前途命运紧密结合的优良传统，在抓紧基础研究的同时，从党和国家的工作大局出发，围绕社会主义建设和国际斗争的需要，选择并设置一批现实意义较强的重大研究课题。例如：无产阶级专政的历史经验研究、新中国成立以来国家机构改革研究和我国医疗卫生制度改革研究、古代社会建设问题研究、台湾史与海峡两岸关系研究、东北边疆历史与现状研究、新疆治理研究、云桂边疆地区社会稳定研究、中日历史问题与中日关系研究、中国与周边国家关系史研究，等等。通过这些研究，为党和政府的决策服务，为改革开放和现代化建设服务，为弘扬和培育民族精神服务，使史学研究在发挥我院作为党中央、国务院思想库、智囊团的作用中，占有一定位置，作出积极贡献。

第三，要努力加强史学领域中传统学科的建设，保持和创立优势学科和特色学科，推动新兴学科和交叉学科，不断建设和完善以马克思主义为指导、具有中国特色、中国风格、中国气派的史学学科体系和理论体系。在一些重点学科和重点研究领域，如：中国古代国家的起源与王权的形成、甲骨学、礼与中国古代社会、经学思想史、近代中国与世界、历代边乱与边政、世界古代中世纪史、西欧史、外国史学理论、古代都城的考古发现和研究、考古学的方法和技术等课题研究中，加大人、财、物投入的力度，使其在学术积累上更加丰富，在队伍结构上更加合理，在科研实力上更加雄厚，在科研手段上实现现代化，在学术创新上继续保持或达到国内领先水平。对于其中部分优势学科，如：新石器时代考古、夏商周考古、汉唐考古、先秦史、秦汉史、隋唐至明清的断代史、中华民国史、中国思想史、中外关系史，以及当代史和方志学研究等，要努力保持或逐步达到国际知名水平。应当看到，加强史学的基础研究同样是发挥我院党中央、国务院思想库、智囊团作用中不可或缺的重要方面。

第四，要主动加强中国社会科学院各史学研究机构之间，中国社会科学院史学研究机构与国内外相关组织和团体之间的学术联系。应当进一步整合院内史学研究机构的力量，加强相互之间的交流与合作，充分发挥我院史学学科齐全、研究力量雄厚、研究成果丰富、学术影响广泛的优势，为全国史学界坚持正确方向和严谨学风，起好带头作用。在这方面，我们有很多工作可以做。比如，把由中国社会科学院科研局和七个史学研究机构连续召开了五次的史学理论座谈会继续坚持下去，并形成制度；把由世界历史所、历史所、近代史所共同承担的"马克思主义史学思想史"的研究课题抓紧抓好；把中国社会科学院新成立的史学理论研究中心切实办好，使它真正成为院内外史学理论工作者交流与合作的平台；把由中国社会科学院承办的 2007 年国际历史科学大会成员国代表会议筹备好，为我国争取 2015 年国际历史科学大会的主办权，使中国社会科学院真正发挥历史学科国际学术交流中心的作用。

二　关于重视和加强史学理论的学科建设

关于加强史学理论研究的问题，早在 1979 年 3 月召开的全国历史学规划会议时就提出过，并得到了广大史学工作者的认同。1983 年 5 月，在全国哲学社会科学规划会议上，对于加强史学理论研究的问题又给予了进一步强调。当时，中国社会科学院历史所、近代史所、世界历史所的有关领导和专家，曾为此组成了一个历史规划组史学理论小组，在我院科研局领导下担负起这方面的具体工作。进入 21 世纪后，我院于曲阜召开的史学研究机构工作会议再次提出了加强史学理论研究的问题。由世界历史所牵头的中国社会科学院史学理论研究中心，就是在这一背景下成立的。

史学理论研究中心的主要任务是围绕史学理论的学科建设，将相对分散的研究力量组织起来，开展重大课题研究，组织学术会议，举办学术报告或讲座，收集有关信息，促进国际国内交流，给有志于史学理论研究的学者搭建一个相互交流的平台，为繁荣和发展以马克思主义为指导并以马克思主义史学理论为主体的史学理论研究作贡献。

史学理论是历史学科的重要组成部分。党的十一届三中全会后，中国史学走向全面复兴，史学理论和方法论的研究不断加强，不断有新的研究成果问世。中外史学的发展历史证明，有影响的史学家无一不是对史学理论有独特贡献的人，史学理论历来为史学家尤其是马克思主义史学家所重视，史学的发展任何时候也离不开史学理论的发展。

史学理论研究的范畴很广，涉及的问题十分复杂，并和现实生活有着极为密切的关系。这是因为，历史认识的价值判断，往往是和社会认识的价值判断联系在一起的。马克思曾经说过："在政治经济学领域内，自由的科学研究遇到的敌人，不只是它在一切其他领域内遇到的敌人。政治经济学所研究的材料的特殊性质，把人们心中最激烈、最卑鄙、最恶劣的感情，把代表私人利益的复仇女神召唤到战场上来反对自由的科学研究。"[①] 今天，史学研究也遇到了同政治经济学研究几乎同样的命运。苏联解体、东欧剧变后，西方垄断资产阶级的代表宣布"历史已经终结"，欢呼"资本主义已经战胜了社会主义"，着手致力于建立资本主义的世界新秩序。于是，国际上掀起了新一轮攻击、否定马克思主义的思潮，国内也出现了否定唯物史观基本原理、鼓吹历史虚无主义的错误倾向。正是由于这个原因，当前加强马克思主义指导下的史学理论研究，对于保证我国史学研究沿着科学的健康的道路发展，尤其具有重要的现实意义。

我国是一个有着悠久历史的国家，也是一个有着悠久史学传统的国家。但是，历史学只是在得到历史唯物主义理论的指导后，才成为了一门科学。无论人类过去的历史还是今天的实践都证明，"马克思的历史

---

① 《马克思恩格斯选集》第 2 卷，人民出版社 1995 年版，第 102 页。

唯物主义是科学思想中的最大成果",① 是"唯一科学的历史观"。② 我国马克思主义历史学的老前辈们之所以能在史学研究中取得开创性的重大成果,无不与他们学习和掌握唯物史观的理论与方法有着直接的密切的关系。但也应当看到,唯物史观诞生以来的150余年,人类社会生活各个领域都发生了许多深刻的变化,提出了许多新的重大的理论问题。因此,不断加强史学理论的研究,也是包括唯物史观在内的史学理论自身发展、不断创新的需要。同时,我们要防止有人假借理论创新之名,行根本否定唯物史观之实。凡是离开唯物史观基本原理指导和脱离实践基础的所谓"创新",不仅不会是真正的创新,相反只会走到复旧的邪路上去。

改革开放以来,西方重要的史学理论、史学方法、史学流派、史学思潮,以及西方史学理论研究中的一些热点问题、前沿问题,被大量翻译、介绍到国内。其引进规模之大、内容之多、范围之广,是近代中国自接触"西学"以来未曾有过的。这对于中国史学界了解世界,并从中汲取可资借鉴的有益内容,无疑起了积极的作用。但同时应当看到,有些翻译者、介绍者、出版者在引进这类著作时,不加选择,不加分析,不加批判;更有甚者,极少数主张"全盘西化"的人专门热衷于挑选那些集中宣扬西方资产阶级世界观、价值观和历史观的糟粕,并大肆褒扬,借以动摇马克思主义史学理论的根基。受此影响,一些读者尤其是一些涉世不深的青年学生,把西方史学理论尤其是"新史学",奉为圭臬,盲目接受。对此,我们也需要把分析和批判有代表性的、在中国产生一定消极影响的西方史学理论,作为当代中国史学理论研究的一项重要任务,通过加强对西方史学理论的鉴别工作,引导读者特别是青年学生,用唯物史观正确分析和认识西方的史学理论,帮助他们澄清思想上的混乱。

当前,包括史学在内的我国哲学社会科学事业和意识形态领域总的形势是好的。中共中央《关于进一步繁荣发展哲学社会科学的意见》明确指出,繁荣发展哲学社会科学必须坚持马克思主义的指导地位,要

---

① 《列宁选集》第2卷,人民出版社1995年版,第311页。
② 《列宁选集》第1卷,人民出版社1995年版,第10页。

把马克思主义的立场、观点、方法贯穿到哲学社会科学工作中，用发展着的马克思主义指导哲学社会科学，绝不能搞指导思想多元化。由中央组织并实施的马克思主义理论研究和建设工程已经全面启动，包括《史学概论》在内的各主要学科的教材正在加紧编写。胡锦涛总书记在主持中央政治局第九次集体学习时特别强调学习历史的重要性，指出中华民族历来就有治史、学史、用史的传统，我们党在领导革命、建设和改革的过程中一贯重视对历史经验的借鉴和运用；在新形势下要更加重视学习历史知识，更加注重用中国历史特别是中国革命史来教育党员干部和人民；不仅要学习中国历史，还要学习世界历史，不仅要有深远的历史眼光，而且要有宽广的世界眼光。与此同时，党报党刊以及一些史学类学术刊物，加大了对马克思主义唯物史观的宣传力度。所有这一切，为大力开展史学理论研究指明了正确方向，营造了良好氛围，提供了难得机遇。我们要抓住机遇，把史学理论研究中心的工作积极开展起来，使其在史学理论的学科建设中，在马克思主义史学理论的研究中，进而在整个史学领域中，切实发挥积极作用。

三 关于回应对唯物史观的挑战

史学理论既包括历史观，也包括历史研究的方法论，是从事史学工作的前提。古今中外的史学研究中产生过形形色色的历史观，比如，天命观、循环观、宗教观、英雄史观、进化史观、人道史观、唯物史观，等等。即使在同属于某种历史观的理论中，也有观点上的种种差异，比如，在西方资产阶级历史观中有法国年鉴学派、德国文化史学派、美国新史学派、英国新社会史学派，等等。然而，作为哲学层面的历史观来说只有两种，一种是唯心史观，一种是唯物史观。毫无疑问，无论哪种历史观，都应当是史学理论研究的对象。但是，当前摆在史学理论研究会和广大史学理论工作者面前的最为紧迫的任务，是加强对唯物史观的研究。这不仅是因为唯物史观诞生 150 年来，人类社会发生了许多深刻变化，提出了许多新的重大理论问题，需要我们解放思想、实事求是地对新的实践进行新的理论概括，丰富和发展唯物史观的概念和理论范畴；也不仅是因为只有加强对唯物史观的研究，才能适应继承和发扬中国史学理论和方法论优秀传统的需要，才能适应批判和借鉴西方史学理论的需要。更主要的原因是，唯物史观及其在史学领域的指导地位，今天受到了来自资产阶级自由化思潮空前严重的挑战，需要马克思主义史学理论工作者去迎接这个挑战。

对于唯物史观为什么会在今天遇到如此严重挑战的问题，也只有借助唯物史观来分析才能看得清楚。毛泽东于 1957 年说过："我们现在是处在一个社会大变动的时期。""这样的大变动当然要反映到人们的思想上来。存在决定意识。在不同的阶级、阶层、社会集团的人们中间，对于这个社会制度的大变动，有各种不同的反映。广大人民群众热烈地拥护这个大变动，因为现实生活证明，社会主义是中国的唯一的出路。""知识分子中，绝大多数人都是爱国的，爱我们的中华人民共和国，愿意为人民服务，为社会主义的国家服务。有少数知识分子对于社会主义制度是不那么欢迎、不那么高兴的。他们对社会主义还有怀疑，但是在帝国主义面前，他们还是爱国的。对于我们的国家抱着敌对情绪的知识分子，是极少数。这种人不喜欢我们这个无产阶级专政的国家，他们留恋旧社会。一遇机会，他们就会兴风作浪，想要推翻共产党，恢复旧中国。"① 毛泽东的这个分析，距离现在虽然已经近半个世纪，但对建立在旧社会、旧制度土壤上的意识形态来说，这点时间还是太短了。

如果说毛泽东的上述分析只是把反对马克思主义的思想放在了社会制度变动的大背景之下的话，那么，党的第二代、第三代中央领导集体则把当前这股反马克思主义思潮，放在了改革开放的背景下，进行了更为深入的分析。邓小平指出："我们在实行对外开放政策的时候，已经意识到将带进资本主义国家的一些消极影响。西方好的东西，应该借鉴、学习。但开放也会带来一些坏的东西，影响人们的思想，特别是青年的思想。所以我们同时必须反对资产阶级自由化。"② 江泽民同志说："改革开放和现代化建设，带来了经济的快速发展和社会的巨大进步，增强了人们的竞争意识、效率意识、民主法制意识、开拓创新精神……

---

① 《毛泽东文集》第 7 卷，人民出版社 1999 年版，第 268 页。
② 《邓小平文选》第 3 卷，人民出版社 1993 年版，第 210—211 页。

同时，由于社会经济成分、组织形式、就业方式、利益关系和分配方式日益多样化，人们思想活动的独立性、选择性、多变性、差异性明显增加。""我们实行对外开放，有利于人们开阔眼界、增加见识、活跃思想，但国外资产阶级腐朽思想文化也会乘机而入。"①

以胡锦涛为总书记的党中央进一步强调，国际敌对势力正在加紧对我国实施西化、分化的政治图谋，通过各种手段对我国进行思想渗透，利用各种渠道攻击我国的政治制度，企图动摇马克思主义在我国意识形态领域的指导地位，搞乱人们的思想。随着对外开放的不断扩大，西方资产阶级腐朽思想观念也不可避免地要在我国社会、政治、思想、文化等领域产生这样那样的消极影响。特别要看到，世界范围内社会主义和资本主义在意识形态领域的斗争和较量是长期的复杂的，有时甚至是非常尖锐的。我国是当今世界最大的社会主义国家，必然会长期面对各种敌对势力在意识形态领域的渗透活动，面临西方资本主义国家传播其意识形态、进行文化扩张和渗透的更大压力。以上这些分析，运用的都是唯物史观的理论和方法。

包括唯物史观在内的马克思主义所受到的空前攻击，不仅表现在对唯物史观理论体系和基本原理的否定上，而且表现在对历史虚无主义的鼓吹和对中国近代当代历史的肆意伪造、歪曲、丑化、颠倒上。这当然是件坏事，因为经验告诉我们，"去其史"从来是为了"灭人国"。苏联少数当权者抛弃马克思主义、纵容国内外敌对势力否定自己的历史而最终导致亡党亡国的惨痛教训，就是一个很有力的证明。但是，坏事也可以变好事。因为，真理从来是在同谬误作斗争中发展起来的，温室里培养出来的东西难有强大的生命力，极少数别有用心的人对马克思主义、对唯物史观的攻击，对近代革命史和当代社会主义建设史的谩骂，反过来可以促使一些对马克思主义信仰不够坚定的人认清真相、坚定起来，使原来就坚定的人更加坚定。毛泽东说得好："在我们国家里，马克思主义已经被大多数人承认为指导思想，那末，能不能对它加以批评呢？当然可以批评。马克思主义是一种科学真理，它是不怕批评的。如果马克思主义害怕批评，如果可以批评倒，那末马克思主义就没有用

---

① 《江泽民文选》第 3 卷，人民出版社 2006 年版，第 81、82 页。

了。事实上，唯心主义者不是每天都在用各种形式批评马克思主义吗？抱着资产阶级思想、小资产阶级思想而不愿意改变的人们，不是也在用各种形式批评马克思主义吗？马克思主义者不应该害怕任何人批评。相反，马克思主义者就是要在人们的批评中间，就是要在斗争的风雨中间，锻炼自己，发展自己，扩大自己的阵地。"①他的这段话今天读起来，仍然使人感到很强的现实针对性，令人受到启迪和鼓舞。

不过，坏事变好事是需要一定转化条件的。要把对唯物史观攻击的坏事变成发展唯物史观的好事，至少应当具备两个条件。首先，要和攻击唯物史观的言论展开旗帜鲜明的斗争，对它们进行有科学分析的和有说服力的批判，绝不能视而不见，听之任之，任凭它们去占领市场。其次，要在捍卫唯物史观的科学体系和基本原理的同时，注意发现和弥补唯物史观理论上的不足，并结合新的实践，对这一理论进行丰富和发展。在这方面，"三个代表"重要思想为我们树立了光辉的典范。胡锦涛同志指出："始终代表中国先进生产力的发展要求，是对马克思主义关于生产力和生产关系、经济基础和上层建筑的辩证关系这一基本原理的运用和阐发；始终代表中国先进文化的前进方向，是对马克思主义关于物质生活和精神生活、社会存在和社会意识的辩证关系这一基本原理的运用和阐发；始终代表中国最广大人民的根本利益，是对马克思主义关于人民群众是推动历史前进的动力这一基本原理的运用和阐发。"②这充分说明，唯物史观的原理是需要坚持也是一定能够得到坚持的，是需要发展也是一定可以得到发展的。

十几年前，当苏联、东欧的社会主义国家发生政局突变时，一些资产阶级的预言家们曾断言马克思主义将从此寿终正寝。与他们的预言相反，在当今中国等社会主义国家，马克思主义仍然牢固地居于意识形态的指导地位，相信她的人不是少了，而是更多了。即便在西方发达的资本主义国家，马克思主义也是当今最有影响的社会思潮之一。尤其发人深思的是，在1999年英国广播公司所作的"千年最伟大最有影响的人"的网上调查中，不是资产阶级的思想家、政治家，而是马克思名

---

① 《毛泽东文集》第7卷，人民出版社1999年版，第231—232页。
② 《十六大以来重要文献选编》上，中央文献出版社2005年版，第362页。

列榜首。苏东剧变后，邓小平说过一句话："我坚信，世界上赞成马克思主义的人会多起来，因为马克思主义是科学。"① 事实验证了他的话。只要我们勇于同各种非马克思主义和反马克思主义思潮进行斗争，回应唯物史观面临的种种挑战，并使唯物史观的理论随着科学的发展而发展，随着社会的进步而进步，那么，对唯物史观的攻击不仅不会伤害它的一毫一毛，相反，只会使相信它的人越来越多，使它赢得更多的群众。

西方一些自我标榜或被人称作"马克思主义者"的人，充其量只是把马克思主义当成纯粹的学问来做，这同我们是不一样的。我们首先是把马克思主义当成工人阶级的指导思想和理论武器，是为了中国特色社会主义事业发展、马克思主义理论发展的需要而研究，不是为了研究而研究。党中央一再要求理论工作者要理论联系实际，围绕党和国家的工作大局，从理论和实践的结合上，回答经济建设与社会生活中提出的重大问题；要深入研究和准确阐述马克思主义经典著作中的基本观点，帮助人们分清哪些是必须长期坚持的马克思主义基本原理，哪些是需要结合新的实际加以丰富发展的理论判断，哪些是必须破除的对马克思主义的教条式的理解，哪些是必须澄清的附加在马克思主义名下的错误观点，以便用科学的态度对待马克思主义，用发展着的马克思主义指导新的实践。这些要求，我认为同样适用于史学理论工作者，同样是史学理论工作者义不容辞的责任。史学理论分会的同志要认清使命，在不断深化马克思主义史学理论研究方面，在发挥史学理论对历史研究的积极导向方面，在建立中国马克思主义史学理论的话语体系方面，在树立史学界的良好学风方面，作出自己新的贡献。

（本文曾发表于《中国社会科学院研究生院学报》2005 年第 6 期，题为《史学理论建设三题》，被中国人民大学复印报刊资料《历史学》2006 年第 3 期转载；后收入中国社会科学出版社出版的《中国社会科学院年鉴（2007）》时，改为现题，并对文章作了少量修改）

---

① 《邓小平文选》第 3 卷，人民出版社 1993 年版，第 382 页。

一篇有着旺盛生命力的史学论文[*]
——纪念郭沫若《甲申三百年祭》发表60周年

今年又轮到甲申年。60年前，我国杰出的马克思主义历史学家郭沫若先生为纪念明朝灭亡和李自成起义失败的第五个甲申年，发表了轰动一时的史学论文——《甲申三百年祭》。60年过去了，这篇长不过1.6万多字的史论不仅没有失去它的影响，而且还被人们集会纪念，这在史学界即使不是绝无仅有的，恐怕也是极其罕见的。是什么原因促使这篇史论有着如此旺盛的生命力呢？我想，原因大概主要有以下几个。

首先，是这篇史论适应了中国共产党防骄拒腐的需要，为党加强自身建设提供了生动的历史教材。郭老在文章中总结了李自成起义由胜利走向失败的深刻教训，道出了争取执政或已经执政的政治力量要想取得政权和长久执政就必须防止骄傲和腐化的铁律。文章指出："进了北京以后，自成便进了皇宫。丞相牛金星所忙的是筹备登极大典，招揽门生，开科选举。将军刘宗敏所忙的是拶夹降官，搜括赃款，严刑杀人。纷纷然，昏昏然，大家都象以为天下就已经太平了的一样。近在肘腋的关外大敌，他们似乎全不在意。山海关仅仅派了几千兵去镇守，而几十万的士兵却屯积在京城里面享乐。"^① 正是这一分析，引起了毛泽东的注意。他不仅马上指示有关部门把这篇论文列入1944年的整风文件，印发全党学习，而且在延安党的高级干部会议上作报告时特别指出："我党历史上曾经有过几次表现了大的骄傲，都是吃了亏的。……全党

---

* 这是2004年3月8日在中国社会科学院历史研究所和郭沫若纪念馆、中国郭沫若研究会联合举行的纪念《甲申三百年祭》发表60周年学术座谈会上的发言。

① 郭沫若：《甲申三百年祭》，《郭沫若全集》（历史编）第4卷，人民出版社1982年版，第195页。

同志对于这几次骄傲，几次错误，都要引为鉴戒。近日我们印了郭沫若论李自成的文章，也是叫同志们引为鉴戒，不要重犯胜利时骄傲的错误。"① 中央宣传部和军委总政治部在印发此文的联合通知中也告诫各级组织，不要重蹈李自成的覆辙，强调《甲申三百年祭》"对我们的重大意义，就是要我们全党，首先是高级领导同志，无论遇到何种有利形势与实际胜利，无论自己如何功在党国、德高望重，必须永远保持清醒与学习态度，万万不可冲昏头脑，忘其所以"。② 以后，毛泽东在致郭老的信中又说："小胜即骄傲，大胜更骄傲，一次又一次吃亏，如何避免此种毛病，实在值得注意。"③

显然，郭老的这篇史论给正在思考我们党在胜利面前如何保持旺盛斗志这一历史性课题的毛泽东，留下的印象实在太深刻了。抗日战争胜利前夕和解放战争胜利前夕的中共七大预备会和七届二中全会上，他多次强调：我们现在还没有胜利，前面还有困难，我们必须谦虚谨慎，戒骄戒躁。今后胜利了，党内可能因为胜利而使骄傲情绪、以功臣自居的情绪、停顿起来不求进步的情绪、贪图享乐不愿再过艰苦生活的情绪得以生长；因为胜利，人民感谢我们，资产阶级也会出来捧场。因此，"务必使同志们继续地保持谦虚、谨慎、不骄、不躁的作风，务必使同志们继续地保持艰苦奋斗的作风"。④ 1949 年 3 月 23 日，他在离开西柏坡前往北平时，再次提到了李自成的教训，并把此行比做进京"赶考"，说"我们决不当李自成，我们都希望考个好成绩"。⑤ 由于中国共产党高度重视防止胜利后骄傲和腐化的问题，得以在新中国成立初期保持了与人民同甘共苦的优良传统和作风，经受住了执政的考验。

进入历史新时期后，面对改革开放和实行社会主义市场经济的新形势，我们党的第二代和第三代中央领导集体都继承了毛泽东同志关于要借鉴李自成失败的教训、注意防止骄傲和腐化的思想。邓小平指出：

① 《毛泽东选集》第 3 卷，人民出版社 1991 年版，第 947—948 页。
② 转引自王锦厚：《郭沫若学术论辩》，成都出版社 1990 年版，第 118 页。
③ 《毛泽东文集》第 3 卷，人民出版社 1996 年版，第 227 页；《毛泽东同志给郭沫若同志的信》，《人民日报》1979 年 1 月 1 日。
④ 《毛泽东选集》第 4 卷，人民出版社 1991 年版，第 1438—1439 页。
⑤ 薄一波：《不能忘记的历史启示》，《若干重大决策与事件的回顾》上卷，中共中央党校出版社 1991 年版，第 155 页。

"我们的党员、干部，特别是高级干部，一定要努力恢复延安的光荣传统。"① 他强调："整个改革开放过程中都要反对腐败。"② "不惩治腐败，特别是党内的高层的腐败现象，确实有失败的危险。"③ 1991 年，面对东欧剧变、苏联解体的严峻形势，江泽民在讲话中两次提到要重新读一读《甲申三百年祭》。他在 2000 年视察广东时还指出："经济发展了，生活条件好了，领导干部仍然要保持艰苦奋斗的优良作风。"④ 2002 年 12 月，胡锦涛在当选中共中央总书记后不到一个月，面对十六大提出的全面建设小康社会的奋斗目标和反腐败斗争的艰巨任务，率领中央书记处全体同志来到西柏坡，重温毛泽东同志在党的七届二中全会上的讲话。他说："我们一定要牢记毛泽东同志倡导的'两个务必'，首先要从自身做起，从每一位领导干部做起！"他指出："一个没有艰苦奋斗精神作支撑的政党，是难以兴旺发达的。""我们党是靠艰苦奋斗起家的，也是靠艰苦奋斗发展壮大、成就伟业的。""艰苦奋斗作为我们党的优良传统和作风，作为我们马克思主义政党的政治本色，是凝聚党心民心、激励全党和全体人民为实现国家富强、民族振兴共同奋斗的强大精神力量，是我们党保持同人民群众血肉联系的一个重要法宝。""越是改革开放和发展社会主义市场经济，越要弘扬艰苦奋斗的精神。即使将来我们的国家发达了，人民的生活富裕了，艰苦奋斗的精神也不能丢。"⑤

这一切说明，郭老的《甲申三百年祭》已经与中国共产党汲取历史教训、防止骄傲和腐化的一贯努力紧密联系在了一起。这篇论文不断提醒我们党不要重犯因胜利而骄傲、因骄傲而失败的错误，我们党防止骄傲和腐化的努力也在不断为这篇论文注入新的生命力。实践反复证明，像我们这样一个代表无产阶级和最广大人民利益的大党，敌人要想从外面把它打垮是很难的，如果要垮，必然是垮在内部的骄傲和腐化

---

① 《邓小平文选》第 2 卷，人民出版社 1983 年版，第 260 页。
② 《邓小平文选》第 3 卷，人民出版社 1993 年版，第 327 页。
③ 同上书，第 313—314 页。
④ 《江泽民在广东考察工作强调紧密结合新的历史条件加强党的建设始终带领全国人民促进生产力的发展》，《人民日报》2000 年 2 月 26 日。
⑤ 《大力发扬艰苦奋斗作风，全面落实党的十六大精神——胡锦涛和中央书记处同志到西柏坡学习考察》。

上。可以肯定地说，只要我们党巩固执政地位、防止由盛而衰的历史任务没有完结，《甲申三百年祭》对于我们党的警示作用就会继续发挥下去。

其次，是这篇史论体现了中国共产党所领导的马克思主义史学派的政治责任感和历史使命感。郭老以前长期研究的是中国古代社会，研究明史并非他的专长。但当重庆文化界在中共中央南方局领导下，决心以纪念甲申三百周年来批驳蒋介石的《中国之命运》对所谓"流寇"、"匪患"的污蔑时，他便毅然放下原来的研究计划，改为撰写和创作有关李自成领导的农民起义的史论和史剧，而且一上手就对明末历史发生了极大兴趣。正如他事后所说："明末农民革命的史实以莫大的力量引起了我的注意。……我的史剧创作欲又有些蠢动了。"[1]

郭老在《甲申三百年祭》中针对蒋介石"攘外必先安内"的谬论，批判了国民党御用文人对于崇祯皇帝的评价。郭老指出："其实崇祯这位皇帝倒是很有问题的。他仿佛是很想有为，然而他的办法始终是沿着错误的路径。"他"虽然屡次在下《罪己诏》，申说爱民，但都是口惠而实不至"。郭老经过分析得出结论：导致明朝260年统治垮台的责任，"崇祯帝和牛金星所犯的过失最大"。[2] 在这场学术领域的政治斗争中，郭老不仅开了头炮，而且一炮打响，使《甲申三百年祭》成为射向国民党反动派的一枚"重型炮弹"。正因为如此，国民党反动派也把攻击的火力集中到了郭老身上。当《甲申三百年祭》在《新华日报》分四次连载完毕的第二天，国民党《中央日报》就发表社论，污蔑郭老是"鼓吹败战主义和亡国思想"，含沙射影地说什么李自成领导的农民起义是"蔓延于黄河流域及黄河以北的流寇"，"于外患方亟之时，颠覆了明朝"，造成了"260年的亡国局面"。[3]《中国之命运》的执笔人陶希圣还搜寻史料，匆忙写成文章，"证明清军入关，只打明朝的国军，不打李闯的寇军。明朝失败乃是失败于清军与流寇夹攻之下"。[4] 这足

---

① 郭沫若：《十批判书·后记》，《沫若文集》第15卷，人民文学出版社1961年版，第482页。

② 郭沫若：《甲申三百年祭》，《郭沫若全集》（历史编）第4卷，人民出版社1982年版，第177、204页。

③ 《纠正一种思想》，《中央日报》1944年3月24日。

④ 陶希圣：《潮流与点滴》，台湾传记文学杂志社1979年6月再版，第217页。

以说明，郭老的这篇史论确实引起了那些为蒋介石消极抗日、积极反共辩护的反动文人们的恐慌。同时也说明，郭老撰写此文，绝非发思古之幽情，而是有感于现实而成。

郭老面对当时中国共产党所代表的光明前途和国民党所代表的黑暗前途的激烈较量，以高度的使命感和责任感，把个人的学术研究与革命的需要和人民的利益紧密相连。这种服从革命需要和人民利益的精神所体现的，既是马克思主义史学派的党性原则，也是中国史学经世致用的优良传统。不久前，党中央在《关于进一步繁荣发展哲学社会科学的意见》中，充分肯定了我们党领导下的哲学社会科学工作对于中国革命、建设和改革开放所发挥的重要作用，要求哲学社会科学工作者继续发挥哲学社会科学认识世界、传承文明、创新理论、咨政育人、服务社会的作用，通过研究，深化对共产党执政规律、社会主义建设规律、人类社会发展规律的认识。可以说，《甲申三百年祭》在这方面早已为我们树立了极好的榜样。我们现在所进行的中国特色社会主义的建设是前无古人的伟大事业，面对的问题比以往任何时候都更丰富、更复杂、更深刻，更需要从几千年的中国历史中汲取营养，以资借鉴。我们应当向郭老学习，把自己置身于人民群众的伟大实践之中，自觉地以科学的历史研究成果，为党和国家的工作大局服务，为全面建设小康社会和中华民族的伟大复兴服务。

再次，是这篇史论树立了以马克思主义指导历史研究的典范。早在20世纪的二三十年代，中国一些先进的历史学家就接受了马克思主义，并且逐渐形成了中国的马克思主义史学派，郭老便是其中的创建者之一。但在很长一段时间里，马克思主义史学研究主要围绕的是诸如中国社会的性质、中国的古代史、思想史等问题。因此，郭老的《甲申三百年祭》很自然地成为中国马克思主义史学家研究农民起义的开山之作。它开辟了马克思主义史学的一个新的重要研究领域，对马克思主义史学关于农民战争史的研究起到了很大的推动作用。

按照传统的史学观点，包括李自成在内的历代农民起义都是"盗贼"、"流寇"、"匪患"，封建王朝才是正统。即使在近代北洋军阀和国民党的统治下，这种观点仍然是史学界占据统治地位的主流观点。对此，郭老曾经作过这样的描述："帝王时代之传统史观仍被视为天经地义，有起而驳正之者即被认为'歪曲历史'。洪秀全仍是叛徒，曾国藩依然圣哲。李自成万年流寇，崇祯帝旷代明君。似此情形，颇令人啼笑皆非，真不知人间何世?"① 郭老在《甲申三百年祭》中，运用马克思主义的唯物史观，分析明末社会农民阶级与封建地主阶级之间不可调和的阶级矛盾，揭示了农民革命的历史必然性，"使这沉浮数百年的真相大白于世"，② 把这个被颠倒了的历史"颠倒"了过来。他说得好，这种学术论争的实质，"是帝王思想与人民思想的斗争"。③ 尤其难能可贵的是，他在这篇论文中还运用唯物史观的观点，分析了农民阶级的局限性，指出："自成的大顺朝即使成功了（假使没有外患，他必然是成功了的），他的代表农民利益的运动早迟也会变质，而他必然也会做到汉高祖、明太祖的藏弓烹狗的'德政'，可以说是断无例外。"④如果没有马克思主义的指导，郭老是难以完成这一史学理论创新的。

另外，我们要看到，郭老的这一理论创新绝非重复或者照搬马克思主义词句所能奏效，而是他把马克思主义理论与具体的学术研究相结合的结果，是建立在大量的史料收集、深入的历史考证以及严谨的学术思考基础之上的。据有人统计，《甲申三百年祭》一共引用了近50条史料，其中存在争论的有17条，而在这17条中，15条是关于李岩其人其事的。这一方面是由于当时在收集史料上受到了条件的限制，另一方面也与他以李岩为主人公的史剧创作计划有关。而对李岩这个人物的历史真实性来说，史学界直到今天仍然是有不同见解的。因此，从整体看，这篇史论不愧为一篇马克思主义指导下的学术杰作。

究竟是马克思主义的唯物史观正确，还是资产阶级的唯心史观正确，这个争论至今没有结束。现在有人质疑唯物史观的正确性，也有人极力反对唯物史观对史学研究的指导地位，还有人以唯心史观指导学术研究和文艺创作，试图把已被马克思主义史学"颠倒"过来的历史再

---

① 郭沫若：《为革命的民权而呼吁》，《沫若文集》第13卷，人民文学出版社1961年版，第161页。

② 丁易：《庄烈帝与李自成》，《大学》第3卷第9、10期，1944年11月。

③ 郭沫若：《历史人物·序》，《郭沫若全集》（历史编）第4卷，人民出版社1982年版，第5页。

④ 郭沫若：《甲申三百年祭》，《郭沫若全集》（历史编）第4卷，人民出版社1982年版，第203—204页。

重新颠倒过去。其实,这种现象说怪也不怪。自古以来,凡是进步的科学的思想要最终为全社会所接受,都要经过同错误思想的反复较量。马克思主义作为工人阶级的思想武器,作为人类最科学的世界观,要取得最后的胜利,当然更不会是一帆风顺的事情。唯其如此,《甲申三百年祭》所表现出的以马克思主义指导史学研究的方向,才会在学术领域中更加长久地显示它的现实意义。

最近,继党中央发出《关于进一步繁荣发展哲学社会科学的意见》文件之后,全国人大十届二次会议上的总理工作报告和国家发改委的报告,都写入了社会科学和自然科学并重、促进社会科学事业发展的内容。这对于包括史学在内的哲学社会科学来说,无疑会起到积极的推动作用。我们应当抓住机遇,更好地继承和发扬郭老的治学精神,大力加强历史研究,充分发挥史学咨政育人的功能,为推进中国特色社会主义事业的发展作出自己应有的贡献。

（本文曾发表于《当代中国史研究》2004年第3期,被《郭沫若学刊》2004年第2期、《中国史研究动态》2004年第7期、中国人民大学复印报刊资料《历史学》2004年第7期转载,并收入人民出版社出版的《甲申三百年祭——风雨六十年》和中共中央党校出版社出版的《历史这样告诉我们——〈甲申三百年祭〉给中国共产党人的历史昭示》）

学习范老治学精神，
继承范老未竟事业[*]

——纪念范文澜先生诞辰 110 周年

今年是我国著名马克思主义学者、历史学家范文澜先生诞辰 110 周年。范老的一生经历了中国的旧民主主义革命和新民主主义革命年代，也经历了社会主义革命和建设的时代。他把自己的学术生涯与革命事业有机地融合在一起，是近现代中国追求真理、勇于创新、集学者与革命者于一身的知识分子的杰出代表。范老虽然离开我们已经 30 多年了，但我们面对这位前辈的治学精神和为人风范，仍然有一种高山仰止、心向往之的钦佩、崇敬之情。

范老于 1893 年 11 月 15 日生于浙江绍兴一户世代读书人家，早年曾师从著名的音韵学、训诂学家黄侃先生，在传统学术方面颇有造诣，是一位饱富旧学、成就卓著的国学大学者。他的治学领域涉及经史子集诸方面，著有《文心雕龙讲疏》、《文心雕龙注》、《水经注写景文钞》、《正史考略》、《群经概论》、《诸子略论》等。尽管这些著述已经奠定了范老在学术界的地位，但他目睹旧中国战乱不已、民族危亡的惨状，并没有陶醉在已有的学术成就中，而是忧国忧民，把个人的命运与民族的命运紧密联系在一起，最终从纯学术的圈子中走出来，投身于抗日和革命的洪流中，并且成长为中国马克思主义史学派的重要奠基人之一。

范老早在 1926 年大革命时期就加入了中国共产党。大革命失败后，由于党的地下组织遭受破坏，他一度失去组织关系。但他不改初衷，仍

---

* 这是 2003 年 12 月 29 日在中国社会科学院近代史研究所纪念范文澜先生诞辰 110 周年学术研讨会上讲话的节选。

以"左派"教师面貌参加党所领导的左翼文化组织，先后两次被捕，经受住了生死考验。1936年，他由北平来到河南大学文史系任教；进而脱下长衫，积极参加抗战的宣传鼓动和干部培训工作；进而投笔从戎，在确山竹沟加入抗日武装，成为新四军中的一员，从而完成了由研究国学到研究史学，由文质彬彬的教授到文武双全的战士的人生转变。当时的豫南省委领导认为他完全符合一个共产党员的条件，于1939年批准他重新入党，使他实现了多年的心愿。他如饥似渴地学习马克思主义理论，尤其是在1940年来到延安后，受到了马克思主义与中国革命实际相结合的产物——毛泽东思想的熏陶，使世界观产生了质的飞跃。

在延安，毛泽东为了加强对干部的历史教育，以便进一步克服教条主义的影响，亲自交待范老撰写一部简要的中国通史。范老以马克思主义的唯物史观为指导，在窑洞和油灯下，只用一年多时间便完成了56万字的《中国通史简编》上、中册。毛泽东看到后极为高兴，称这是为我们党做的"一件大事"，说明共产党人对中国几千年的历史"有了发言权"，拿出了"科学著作"，还为此请范老吃了一顿饭。随后，范老又写作了近百年政治史，于1946年冠以《中国近代史》的书名出版。这两部著作是中国马克思主义史学发展的代表作，也是20世纪中国史学发展的里程碑。对于这两部著作，戴逸教授曾评价说：它们全面系统地阐明了中国的全部历史，教育、影响了后代的历史学家，也教育、影响了当时千千万万的革命者。它们奠定了范老在历史学界崇高而不朽的地位，同时，在某种意义上，也是时代的要求，是时代精神的体现。用历史唯物主义观点写中国通史的，范老是第一人。这一评价是十分中肯的，也是十分深刻的。

新中国成立后，范老是中国史学会负责日常工作的副会长，成为新中国史学界的领导人，在学术界享有崇高的威望。党和国家也很重视范老在学术界的影响，给予他很高的荣誉。在党的八大和九大上，他先后当选为中央候补委员和中央委员。同时，他还是第三届全国政协常委和全国人大第三届委员会的常委。但范老并没有因此而在学术上懈怠，相反，以极大的精力投入到中国科学院近代史所的创建和《中国通史简编》的修订工作中。他根据社会主义建设和反对达赖集团分裂活动的需要，受毛泽东、周恩来和其他领导同志的委托，同吴晗等人一起，组织和推动了《资治通鉴》、二十四史前四史的标点工作，先后主持编辑了《西藏地方历史资料选辑》、《中国地震资料年表》等书。在"文化大革命"中，他也和许多正直的马克思主义学者一样，受到陈伯达、康生之流的迫害，只是由于有毛主席的保护，他才得以幸免遭难。1969年他病逝前，嘱咐亲属将其骨灰撒入钱塘江，表现了一个共产主义者的广阔胸怀。

我们今天纪念范老，就要像范老那样坚持用马克思主义唯物史观指导对中国历史的研究，同时反对简单化、庸俗化、教条化的做法。范老总是强调，学习马克思主义要力求"神似"，不要"貌似"，不要把自己限制在某些抽象的公式里；要区别哪些是人类历史发展的普遍规律，哪些是特殊规律，要把普遍规律与中国历史的特殊规律相结合，以便解决中国的具体问题。现在有一种论调，说什么唯物史观"有严重理论缺陷"，"已经过时"，"不应当再用来指导历史研究"。这既不符合历史唯物主义理论本身的实际，也不符合历史唯物主义传播与应用的实际。中国的历史学之所以成为一门科学，正是因为有了唯物史观作指导的结果。中国20世纪三四十年代之所以涌现出一批获得巨大成功的史学家，如郭沫若、范文澜、吕振羽、翦伯赞、侯外庐等等，正是因为他们掌握了唯物史观并用以考察和分析中国历史变迁中物质生产方式的变更与人民群众的意志的结果。范老之所以能够创立中国马克思主义的通史研究体系，为科学的通史研究奠定了基础，为中国历史著作的撰写提供了新的范式，也首先是因为他接受了唯物史观的结果。今天，一切有志气的史学工作者应当继续沿着范老等老一辈史学家的足迹前进，在新的历史条件下，壮大有中国特色的马克思主义史学派的队伍，进一步构筑当代中国的史学理论框架和话语体系，从而把中国史学科学化的事业不断推向新的更高的境界。

我们今天纪念范老，也要像范老那样继承中国古代史学的优良传统和精华。中华民族自古就有重史、治史的传统，在数千年文明史中产生了众多优秀的史学家和史学著作，形成了具有中国文化特色的史学遗产和风格。仅就史书体裁而论，就有编年体、纪传体、本末体和学案、会典、艺文、方志、史评等等；近代又借鉴西方史书的体裁，产生了章节体。但无论哪种体裁，只要是优秀的历史著作，都离不开扎实细致的史料搜集和考证，离不开形象生动的史实叙述和描绘，离不开冷静理智与爱憎分明相结合的理论分析。古人说："良史莫不工文。"在我国古代，优秀的史学家中不乏优秀的文学家，优秀的史学著作往往同时也是优秀的文学作品。范老的著作、文章之所以引人入胜，脍炙人口，一个重要原因就在于他有深厚的国学功底。因此，他描述起历史来总是条理分明，有血有肉；议论起问题来总是旁征博引，入木三分。现在，我们有些史学工作者写出的东西，不是装腔作势、晦涩难懂，就是空洞无物，不知所云，语法、逻辑既不通，修辞、文采更谈不上。我们要在史学领域成就一番事业，如果不向范老等老一辈史学家学习，继承中国的治史传统，从训练基本功入手，从打牢基础做起，那是根本不可能做到的。

我们今天纪念范老，还要像范老那样发扬不图名利、严谨治学的精神。范老一贯提倡"坐冷板凳"、"吃冷猪肉"的"二冷"决心和"甘于寂寞，不慕虚荣，埋头苦干，不急于求功"，不"三心二意、见异思迁"的作风。他是这么说的，也是这么做的，为我们树立了道德文章皆为楷模的典范。他一生俭朴，洁己奉公，到延安后，把过去在大学执教时的私人藏书悉数捐给马列学院的历史研究室；《中国通史简编》和《中国近代史》几次再版重印的稿费，他全部上交国家，并且给刊物写文章也以不收稿费为先决条件。他潜心学问，不求虚名，在1950年筹建中国科学院时，坚决不肯担任上级已经内定的副院长职务；1957年，又请求中宣部批准由刘大年同志主持近代史所的工作，自己集中精力写书。当前，在史学界，特别是在一些刚出校门不久的年轻同志身上，不同程度地存在急于求成、心浮气躁的心态和逐名逐利、随波逐流的风气。我们如果真的要拿出经得住历史检验的学术成果，真的要成为史学研究的大家，那就应当认真向范老等老一辈史学家的治学精神学习，切实克服这些不良的心态，抵制这些有害的风气。否则，在学术界立足尚未可知，遑论成为大家。

范文澜先生是中国史学界的学术大师，也是中国社会科学界的学术大师；是中国社会科学院的骄傲，也是中国学术界的骄傲。我希望范老的治学精神在中国社会科学院乃至整个中国学术界，都能不断得到发扬光大。

顾颉刚先生治学生涯的启示[*]

——纪念顾颉刚先生诞辰 110 周年

2003 年 5 月 8 日，是中国社会科学院历史研究所一级研究员、我国著名历史学家顾颉刚先生诞辰 110 周年。顾先生一生在学术园地辛勤耕耘，创辟路径，培育人才，对中国古代史、历史文献学、历史地理学、民俗学等学科的建设和发展作出了多方面的重要贡献。他的贡献归纳起来，主要表现在以下三个方面：

首先，顾先生是"古史辨学派"的创建者，他提出的"层累地造成的中国古史"说，开辟了中国古史研究的新局面。

在"五四"新文化运动的大背景下，顾先生以批判的态度重新审视传统文化，积极进行古史古籍的考辨，去伪存真，于 1923 年提出"层累地造成的中国古史"这样一个观念。其主要内容是："时代愈后，传说的古史期愈长。"比如，周代人心目中最古的人是禹，到孔子时有尧、舜，到战国时有黄帝、神农，到秦时有三皇，到汉以后有盘古。"时代愈后，传说中的中心人物愈放愈大。"比如舜，在孔子时只是一个无为而治的圣君，到《尧典》就成了一个"家齐而后国治"的圣人，到孟子时就成了一个孝子的模范了。我们虽然不知道上古时期某一件事的真确状况，但可以知道这件事在传说中的最早状况。比如，我们不能知道东周时的东周史，但至少可以知道战国时的东周史；我们不能知道夏商时的夏商史，但至少可以知道东周时的夏商史。以后，他又沿着自己开辟的这条新路，由此及彼，提出要打破非信史造成的"民族出于

---

　　[*] 这是 2003 年 8 月 8 日在中国社会科学院历史研究所纪念顾颉刚先生诞辰 110 周年学术研讨会上讲话的节选。

一元"、"地域向来一统"、"古史人化"、"古代为黄金世界"等四个观念，并提出"五德终始下的政治和历史"观。

顾先生的这一学说虽然是继承了中国古代从刘知几到崔述等疑古派学者的研究成果，但不再像他们那样是为某种经学理论而辨伪，因而第一次体现了现代史学的观念，并由此产生了"古史辨学派"，在当时的史学界造成了惊天动地的影响，极大地推动了后来古史研究的进展。蔡元培先生称誉他的观点是"烛照千载之前，发前人所未发"。[①] 郭沫若同志在 1930 年也高度评价"层累"说"的确是个卓识"，"有先见之明"，"在旧史料中凡作伪之点大体是被他道破的"。[②] 胡绳同志在 1957 年曾著文指出：顾先生在"古史辨"名义下进行的工作"不应当被抹煞"，所谓"疑古"精神是"当时反封建思潮的一个侧面"，"层累"说对整理周秦两汉时代记载古史的文献"是有用的"。1993 年，他在纪念顾先生诞辰 100 周年学术研讨会上又重申："顾颉刚先生用'层累地造成古史'的观点，进行古史传说的考辨，做出了许多有价值的贡献。"[③]

现在的考古挖掘表明，夏王朝之前也有类似国家那样的社会存在。但我们评价一个学术成就和一个历史事件一样，都应当把它放到当时的历史条件下，何况即使夏王朝之前还有王朝，也不能断定尧、舜、禹和三皇、五帝、盘古就是真实的历史人物，古书上对他们的记载就是真实的历史。在中国古代文献和民间传说中，"层累"情况的确是个普遍存在的现象。例如，有人考证就连上海龙华寺和龙华塔的历史，也是越早的记载越简单，建造年代越晚；越近的记载越详细，建造年代越早。历史科学的前提是史料的可靠，从这个意义上讲，无论今后考古学界有什么新的发现，都不可能磨灭"古史辨"学术思想对于历史研究的巨大价值。就是我们搞当代史研究的人，现在不是也要警惕和注意剥离史料中那些看起来很具体生动，但实际上却是出于想象的、附会的甚至是编造的成分吗？

其次，顾先生是我国民俗学研究的开拓者，他用神话、戏剧、歌

① 转引自王熙华《试论顾颉刚的疑古辨伪思想》，刊《中国哲学》第 17 辑，1996 年。
② 郭沫若：《中国古代社会研究》，人民出版社 1954 年版，第 274—275 页。
③ 胡绳：《在顾颉刚先生诞辰一百周年学术讨论会上的讲话》，《社会科学管理》1999 年第 3 期。

谣、故事、传说、宗教等民俗学材料来印证古史，把民间文化和民众生活纳入学术研究的轨道，用传统的治学方法开辟出一个崭新的学术领域。

以民俗学材料来印证古史，是顾先生治学的一大特点。古史记载中本来包含着许多神话传说的成分，相互冲突，难以在考古学上得到直接的印证，而借用民俗学的研究往往可以作出合理的解释。比如，他通过孟姜女等故事的演变，论证了古史如何由简单变为复杂，由局部地方变为全国，由神话变为史事。他又通过民间歌谣论证了《诗经》是古代诗歌总集，其中有大量的民间创作。他和北大同人于 1925 年对妙峰山香会的考察，是我国第一次有目的、有计划、有组织的民俗学田野调查。他于 1926 年出版的《吴歌甲集》，除具有丰富的资料之外，还有详细的注释、解说和对一些问题的理论探索，不只是一般的歌谣资料集，而是我国第一部具有科学价值的歌谣学著述。20 世纪 20 年代后期，顾先生在中山大学工作期间，又主编《民俗周刊》，创办我国第一个正式的民俗学会，出版《民俗学会丛书》，将民俗学运动由北方推进到了南方。尽管他的这些工作还只是初步的，还有许多粗糙之处，但有谁能否定这些工作对于我国民俗学研究的开创意义呢？

再次，顾先生是我国现代历史地理学的奠基者，他创办的"禹贡"学会和《禹贡》半月刊造就了"禹贡学派"，为我国历史地理学培养了整整一代人才。

古代史料研究离不开古代地理研究，因此顾先生在古史研究中对古代地理也投入了极大的精力。但是清末民初以来，这方面的研究衰落到了极点。为扭转这种状况，顾先生除了自己撰写论文、进行深入探讨外，还于 20 世纪 30 年代初在燕京大学和北京大学开设了"中国古代地理沿革史"课，与学生共同研究《尚书·禹贡》。1934 年，他进一步联合燕大、北大、辅仁三校师生创办《禹贡》半月刊，成立"禹贡"学会，通过学术团体的公开讨论，推进历史地理的研究。后来，随着民族危机的加深，顾先生又带领学会同人把研究重心由沿革地理转向边疆地理和民族演进史。为此，他们在《禹贡》半月刊上出版了很多这方面的专号，其中的文章在学术水平上均属上乘，有不少还是第一次向学术界提出问题或资料，至今仍是深入研究的必读之作。

在短短三年多时间里,"禹贡"学会和《禹贡》半月刊聚合了各方面的人才,取得了巨大成绩,可以毫不夸张地说,我国现代历史地理学领域里的大师,几乎全是当年禹贡学会的会员。现在人们常说,一个成功的杂志不能只靠名人来支撑,不能以发表多少名人的文章来衡量其成绩,而要看它通过自己的努力造就出了多少名人。以此而论,《禹贡》半月刊堪称中国现代学术史上办得最成功的杂志之一。

顾先生的以上三大学术贡献对于一个学者的一生来说,只要有其中一个贡献就已经很够了。我们今天在这里纪念他,我认为不应当只是讲一讲他有过多少贡献,更重要的,是应当想一想他为什么会作出这些贡献,或者换句话说,他的学术生涯给了人们哪些启示,为后人留下了哪些值得学习的精神。

我以为,顾先生第一个值得我们学习的是他追求真理的精神。这种精神首先表现在他创立"古史辨学派"过程中的那种求真务实、不畏圣贤、勇于探索、敢于创新的学术风格上,同时也表现在他对待唯物史观的态度上。诚然,顾先生不是马克思主义者,至少在提出"层累"说时还不是马克思主义者。但他是一个朴素的唯物主义者,这一点则是确定无疑的。尤其可贵的是,他早在 1933 年就声明:他"决不反对唯物史观",他辨别古书、古史真伪的工作是为了从事唯物史观的人将来搜取材料时"更方便",是以他的"下学"以利唯物史观的"上达";而"研究古代思想和制度时,则我们不该不取唯物史观为其基本观念"。① 正因为如此,胡绳同志说顾先生"是马克思主义者的朋友","很早就表示对马克思主义唯物史观的同情,并且认为唯物史观的历史研究需要有确实可靠的史料辨别工作为其基础"。② 新中国成立以后,顾先生的思想仍然随着时代的前进而前进。有人回忆,他常说"在马列主义的学习和运用上,自己还是个小学生"。愈是到晚年,他"对马列主义的学习愈是如饥似渴"。他住在医院,桌上"除了一本本古文献外,几本重要的指导史学研究的马列主义原著非常引人注目,拿起来仔细看时,上面密密麻麻地写满了他的心得体会"。③ 可是今天一些自称

① 顾颉刚:《古史辨》第四册"序",上海古籍出版社 1982 年版,第 22—23 页。
② 胡绳:《在顾颉刚先生诞辰一百周年学术讨论会上的讲话》,《社会科学管理》1999 年第 3 期。
③ 李民:《可贵的治学精神——悼念顾颉刚先生》,《郑州大学学报》1981 年第 2 期。

是马克思主义者的人，却带头说什么唯物史观"有严重缺陷"，"过时了"，要用其他理论来"代替"了。他们与顾老先生对唯物史观的态度相比，难道不应当感到羞愧吗？

顾先生追求真理的精神还表现在他对待学术争论，尤其是对待自己的错误上面。他欢迎争鸣，一旦别人指出错误，自己也认识到了，便马上公开承认。例如，他曾经认为禹可能是一种爬行动物的人化，经人指出谬误后，立即放弃。他也曾提出对夏史的怀疑，但一旦听说偃师二里头遗址发掘后，便马上指出，其"说不定是夏代物"，并指出"河、洛之间为夏代政治中心"。① 即使对于晚辈的质问，他也认真对待，虚心领教。例如，谭其骧先生在读他的研究生时，不同意他关于《尚书·尧典》里讲的十二州是西汉武帝时的制度，认为应当是东汉的制度。他听后要谭先生把意见写成文字，并在第二天回了一封六七千字的长信，说明哪些赞成哪些不赞成。以后，他把两个人之间关于这个问题的来往信件加上附说作为讲义的一部分，印发给班上的学生。到了 20 世纪 60 年代，顾先生已是 70 多岁的人了，但看到一位青年学生关于《尚书·盘庚》制作年代的论文与他看法不一致后，马上请这位学生到北京长谈，要其写成与他辩论的文章，由他向杂志推荐发表，甚至找了几条有利于这位学生观点的证据。他这是什么精神呢？是科学的精神，实事求是的精神，唯真理是从的精神。今年也是毛泽东同志诞辰 110 周年，毛主席曾经说过："凡真理都不装样子吓人，它只是老老实实地说下去和做下去。"②他还说："科学是老老实实的学问，任何一点调皮都是不行的。"③从顾先生的一生观察，他对待真理的态度可以说同共产党人所提倡的精神是完全一致的。

顾先生第二个值得学习的，我以为是他的刻苦治学的精神。顾先生常常对人说，他做学问的"秘诀"就是一个"笨"字。我想，这大概就是今天人们说的"下笨功夫"的意思吧。单是为了搞清孟姜女故事的渊源和演变，他就写了 10 万字以上的卡片资料。而他在这些资料基础上写成的文章，有的不过几千字。1925 年对妙峰山香会进行调查后，

---

① 李民：《可贵的治学精神——悼念顾颉刚先生》，《郑州大学学报》1981 年第 2 期。
② 毛泽东：《反对党八股》，《毛泽东选集》第 3 卷，人民出版社 1991 年版，第 835 页。
③ 毛泽东：《改造我们的学习》，《毛泽东选集》第 3 卷，人民出版社 1991 年版，第 800 页。

共得到 29 篇文章，人们公认其中最有分量的是顾先生的文章。而他的方法主要就是沿途抄录各种香会的会贴，从中统计它们到底有多少组织，分布在哪些地方，会费如何募集，组织中有什么机构，香会有多大规模等等。他说过："不做学问则已，如其要做学问，便应当从最小的地方做起。"学者的本分就像农夫和土工一样，"须一粒一粒地播种，一篑一篑地畚土"。① "学问是一点一滴积起来的，一步不走便一步不到，决没有顿悟的奇迹，所以肯用我的全力在细磨的工夫上，毫不存侥幸取巧之心。"② "我以为一种学问的完成，有待于长期的研究，决不能轻易便捷像民意测验及学生的考试答案一样。"③

正因为如此，顾先生很注意从别人的东西中汲取点滴营养。据他的女儿统计，他从 1914 年至 1980 年的 66 年间，仅读书笔记就积累了约 200 册，400 万言。他在对待自己的东西上更是一丝不苟，他说："我不敢自己欺骗自己，更不敢欺骗别人。"④他曾用 4 年时间写成一部研究《尚书·大诰》的 30 余万字的书稿，于 1962 年底交出版社。事后，他仍不断推敲细节，常常夜不能寐，就在即将发排的前夕，突然把书稿要了回去，做认真的修改补充。就这样，送去又要回，约有三四次以上，有一次仅仅是为了修改一个地名。最后眼看就要付印，可"文化大革命"又来了，结果耽误了十来年才得以出版。

这样做学问苦不苦呢？当然是苦的。但在顾先生看来："学者本是作苦工的人而不是享受的人，只要有问题发生，便是学者工作的区域……不应因其困难复杂而贪懒不干。"⑤学者"只有作苦工的义务而没有吃现成饭的权利"，⑥ 相反须抱"宁可劳而不获，不可不劳而获"⑦之心。而这些苦对于顾先生说来，又实在是一种乐事，因为他属于那种"乐学"的学者。你看他，读到一直想读而未读的书时"大快"，获得一件研究课题需要的佐证时感到"极度的快乐"，见到友人从海外找回

---

① 顾颉刚：《古史辨》第一册《自序》，第 34 页。
② 同上书，第 83 页。
③ 顾颉刚：《古史辨》第二册《自序》，第 3 页。
④ 同上。
⑤ 顾颉刚：《古史辨》第三册《自序》，第 9 页。
⑥ 同上书，第 6 页。
⑦ 转引自《史念海自传》，刊《社会科学家传略》第一辑，1982 年。

他想要的资料时更有"说不尽的欣慰"。即使在学问上遭到别人批评责难，也使他感到"高兴"。他不愿吃老本，要一直不断地拿出新的科研成果，认为这才是"再幸福也不过了"。孔子称赞颜回，"一箪食，一瓢饮，在陋巷，人不堪其忧，回也不改其乐"。我们现在总讲要培养学术上的大家，可如果不力倡顾先生这种"扎硬寨打死仗"的精神，我想大家是不会出来的。

顾先生第三个值得学习的，我以为是他的经世致用的精神。世界上有没有纯粹的不抱任何社会目的的学问？这是一个人们长期争论的问题。顾先生虽然有时也说过他的某项研究只是"凭一时高兴，没什么用处"之类的话，但观其一生，中国古代学人"经世致用"的学术传统在他身上表现得还是十分明显的。就拿他的三大学术贡献来说吧，哪一个不是响应时代、社会、国家、民族的召唤而选择一个学术问题做出来的呢？只不过有的自觉，有的不那么自觉罢了。他的《古史辨》的发表，"层累"说的提出，无疑是在新文化运动"打倒孔家店"的时代潮流下发生的行为。但这一行为对他来说并非是被动的，而是主动的有意识的。早在1914年，他就受章太炎先生揭露袁世凯因蓄意称帝、奖励复古思想而使孔教会声势日盛的演说的启发，向《劝学》杂志投稿，痛骂孔教会，说六经是诸子所共有，不是孔子所专有，孔子只是九流中的一家，不是地位特高的教主，结果吓得杂志竟未敢刊登。正是在这种思想的支配下，顾先生才可能想到要清算一下儒家所造出的古史系统，找出其中的破绽，从而动摇整个封建社会的道统与价值观念。后来，他在谈到《古史辨》的产生时写道：《古史辨》"所要破坏的东西就是历代皇帝、官僚、地主为了巩固他们的反动政权而伪造或曲解的周代经典。这个反动政权是倒了，但他们在学术和历史上的偶像还没有倒"。[①]他这个看法很深刻，就是21世纪的今天，为被推翻的封建王朝和反动历史人物招魂、翻案的所谓学术文章和作品，不是仍然时隐时现、没有绝迹吗？

顾先生倡导民俗学研究，从一开始就坦言自己的学术目的。他说：

---

① 顾颉刚：《虬江市隐杂记三·整理古籍目的在批判接受》，刊《顾颉刚读书笔记》第4卷，台湾联合出版社1990年版，第2610页。

"自从民国成立以后，宪法上写明'人民一律平等'，时移世易，只要几个士大夫就可以造成有声有色的政治事业，不理会民众的贤人政治时代已经过去。如今，政治的责任要由全国人民共同承担，因此知识阶级应'到民间去'，接近民众，了解民众，从而达到教化民众的目的，使之担负起政治的责任。"[①]他还特别指出，妙峰山香会是"民众共求的表现，是民众信仰力和组织力的表现，如果你们要想把中华民族从根救起，对于这种事实无论是赞成或反对，都必须先了解了才可以走第二步啊！"[②]

"九一八"事变后，热河失守，华北危机，顾先生深感亡国的威胁，于是创办"三户书社"，取义于"楚虽三户，亡秦必楚"，隐喻中国人民的救亡决心，只是由于受到反动当局的压迫，才改名为"通俗读物编刊社"。他们编写大量利用京剧、大鼓词等形式宣传抗日救亡的普及读物，通过爱国艺人到民间传唱。与此同时，顾先生又创办了《禹贡》半月刊，发起成立"禹贡"学会，借《禹贡》这篇中华民族最古老的地理书名，表达以民族国土为念的深愿。"禹贡"学会的宗旨上明确写着："反对'为学术而学术'，力求把研究地理沿革、民族演进，与发扬光大民族文化的爱国热情结合起来，使这种研究贯穿经世致用的精神。"[③]他们表示，要用真实的学识，"使得荒塞的边疆日益受本国人的认识和开发，杜绝野心国的觊觎"；"要把我们祖先努力开发的土地算一总帐，合法地承受这份我们国民应当享有的遗产，永不忘记在邻邦暴力压迫或欺骗分化下被夺的是自己的家业"；"使国内各种族领会得大家可合不可离的历史背景和时代使命"，"以团结为一个最坚强的民族"。[④] 顾先生本人也在工作计划中指出："本会同人感念国事日非，惧民族衰亡之无日，深知抱'为学问而学问'之态度实未可以应目前之急，亦非学人以学术救国所应出之一途，爰纠集同志从事于吾国地理之研究，窃愿借以激起海内外同胞爱国之热诚，使于吾国疆域之演

---

① 顾颉刚：《妙峰山进香专号引言》，转引自吕微《国民时期的妙峰山民俗研究——纪念顾颉刚等人的妙峰山进香调查七十周年》，刊《妙峰山·世纪之交的中国民俗流变》，1996 年版。

② 顾颉刚：《妙峰山自序》，第9页。

③ 韩儒林：《回忆禹贡学会》，刊《历史地理》第 2 辑，1982 年。

④ 同上。

变有所认识，而坚持其爱护国土之意向。"① 正是在这种思想指导下，《禹贡》半月刊配合时局，连续出了《东北研究》、《西北研究》、《康、藏、察绥》、《后套水利调查》等专号。也正是由于这个原因，顾先生在日军进占北平后被列入黑名单，只得离城南下。

到了重庆，顾先生又办起了《文史杂志》。他在复刊词中这样写道："办这个杂志并不是有什么闲情逸致，我们只是认为……历史的传统是不能一天中断的，如果中断了就会衔接不起来。我们都是服务于文化界的人，自己的生命总有中止的一天，不值得太留恋，但这文化的蜡炬在无论怎样艰苦的环境中总得点着，好让孑遗的人们或子孙来接受这个传统。这传统是什么，便是我们的民族精神。"② 后来，侯仁之先生在回忆顾先生时说他"不是一个陶醉于古书堆中的所谓'书斋里的学者'，而是一个对伟大祖国怀有深厚感情的知识分子"。③ 许冠三先生也说他"无疑是一位纯学人"，但"并不是那种'两耳不闻窗外事'的'读书种子'"。④ 他们对顾先生的这些评价，是很中肯很切实的。

顾先生第四个值得学习的，我以为是他的提携后进的精神。这种精神，在他主持"禹贡"学会时表现得尤为突出。据一位同志回忆，他那时正读师范学校，因为发表了一篇批评高中地理课本的文章，引起地理历史学界的注意，顾先生去信请他参加"禹贡"学会。当得知他是一个农村的青年学生，因家境困难，靠稿费维持读书，且学历只相当于初中三年级，故不敢填写加入学会的表格时，顾先生一面鼓励他不要自卑，说一个大学毕业生也不见得能写出这样水平的论文；一面和同人们商量，把《大公报》副刊《史地周刊》的稿费节余拿出来给他做奖学金；还要他为学会审校一些地图，从中领取一定报酬。那时，顾先生兼任北大的教授，无论燕大、北大，只要是肯用功读书、有才气、有造诣的学生，他都延入学会，招徕培养。正是这种不拘一格选拔人才的胸怀，使"禹贡"学会产生出不少优秀的学者。例如童书业先生，原来也只是一个初中生，但在顾先生培养下，竟成了全国知名的教授；侯仁

---

① 转引自方诗铭《记顾颉刚先生主编的〈文史杂志〉》，刊《文史杂志》1985 年第 1 期。
② 同上。
③ 侯仁之：《师承小记——忆我师顾颉刚教授》，《中国历史地理论丛》1989 年第 4 辑。
④ 许冠三：《顾颉刚：始于疑终于信》，刊《新史学九十年》，1986 年。

之先生大学刚毕业，便在他的举荐下担任了燕京大学历史系主任助理的职务，边读研究生边协助他处理系里和学会的行政事务，终于成就为学术界的大师。

《禹贡》半月刊的初衷是刊登学生的课外作业，为此，顾先生往往亲自为学员指定题目，供应资料，教导写作方法；文成之后，还要亲自修改，对水平较差的文章给予补充润色，然后仍用原作者名字发表，有的文章与原稿已是面目全非了。他的目的很明确，就是要用这个办法来奖掖后进，使更多的学生辈能在刊物上露名。他认为，使有志有为的人都得到适当的名誉和地位，"是人生一乐"。他还说："若为自己成名计，自可专做文章，不办刊物……我们不能单为自己打算，而要为某一项学术的全部打算。"① 顾先生这种以培养人才为己任的思想境界，直到今天不仍然是值得学术界大力提倡的吗？

最后，我要说的是，我们党和政府对顾先生一直是十分尊重和器重的。早在1938年，毛主席就曾把《论持久战》一书寄赠给他。新中国成立后，又是在毛主席的提示下，中国科学院把他由上海请到北京，担任第一历史研究所的研究员。当时误传，说顾先生要求工资500元，否则不来。周总理听后说："500元就500元，中国有几个顾颉刚。"从1954年起，他担任了两届全国政协委员，并任政协文史委员会副主任。从1972年起，他又担任了两届全国人大代表。1954年，毛泽东建议成立标点《资治通鉴》的工作委员会，顾先生出任总校对。1962年，毛主席看了他发表在《民间文艺》第三期上的《我在民间文艺的园地里——在民间文艺研究会第一次学术讲座会上的报告》，看得非常仔细，在上面密密麻麻画了许多圈圈杠杠。1971年，又是经过毛主席的批准，周总理提议由他主持标点二十四史的工作。粉碎"四人帮"后，中央决定在原学部的基础上组建中国社会科学院，任命胡乔木为院长。胡乔木同志来院后，大力抓落实知识分子政策，办的实事之一就是通过国务院办公厅，把顾先生的家由原来住的大杂院搬入南沙沟为部长级干部修建的楼房里，并在南沙沟院里为他的助手安排了两间工作室，还设法为他的助手刘起釪先生安排了住房。今天，我们党和政府对于知识分

---

① 顾颉刚致谭其骧信，转引自吴丰培《顾颉刚先生的人生一乐》，《人物》1984年第4期。

子，无论是在作用发挥还是在待遇提高上，都可以说是历史上最好的时期。但回顾老一代革命家对顾先生的关照，仍然可以从中受到一些启迪，从而促进我们把知识分子工作做得更好一些。

（本文曾发表于《中国史研究》2003年第4期，后被印成《中国史研究》2003年第4期抽印本，并被收入中华书局出版的《顾颉刚先生诞辰110周年论文集》）

后　记

　　11 年前的 1998 年底，中央文献出版社曾出版过我的第一本自选文集，内有 27 篇文章，都在报刊上发表过，而且大部分是到中央文献研究室工作后的八年多，应学术研讨会和报刊约稿，挤出业余时间写的。为读者看着方便，我将这些文章按内容分成四类编排，即"关于十一届三中全会"，"关于讲学习、讲政治、讲正气"，"关于陈云研究"，以及"杂感"。鉴于当时正值党的十一届三中全会 20 周年前夕，故把其中一篇带有研究性质的回忆文章的题目——"我所知道的十一届三中全会"，作了那本书的书名。

　　书出版后不到一年，我被调到中央党史研究室；再一年多，又被调到中国社会科学院和当代中国研究所。从那时起至今的九年，我除了做职责内的各项工作外，仍少不了为学术研讨会和报刊的约稿写文章。积累至今，仅发表的已有百十来篇。今年恰逢新中国成立 60 周年，党史、国史学界的一些同志提议编辑出版一套《中华人民共和国史论丛》，并为此组织了一个编委会，拟出了一批书目，也包括我的文集在内。于是，我把到当代中国研究所这些年发表过和个别没有发表过的文章收集了一下，从中选出 32 篇。考虑到一些文章的相关性，我又把收入第一本文集中的 4 篇文章和我 1999 年发表过的一篇文章，加入到这本新的文集中。合在一起，共 37 篇。

　　这 37 篇文章按照内容，大体仍可以分为四类。一类是关于从工业化角度看中国当代史的问题，一类是关于十一届三中全会及其前后两个历史时期关系的问题，一类是关于国史研究学科建设的问题，一类是关于马克思主义史学理论建设的问题。所以，文章就以这四类设专题，依次编排。通过这些年的研究，我越来越强烈地意识到，力图尽快实现中国工业化，乃是解开新中国历史一系列重大问题最终答案的一把钥匙。

这个看法，其实是我学习唯物史观，并把它用于观察当代中国历史的主要收获；同时，它也是贯穿于我这本文集的一条主线，所以，本书被冠以了"中国工业化与中国当代史"的书名。

记得《我所知道的十一届三中全会》那本文集出版时，我在"自序"中曾写道：对于我这个半路出家的人来说，能够在报刊上发表这许多文字，而且有不少见之于权威报刊，还有几篇"大块文章"，似乎很可以聊以自慰、踌躇满志一番。但一旦被汇编成书，却只见薄薄一本，反倒颇感自惭形秽起来。原以为出了书，总算到了一站，可以休息休息了，谁知反倒给自己带来了新的"烦恼"，造成了"继续赶路"压力。如果书的出版真的能压着自己今后更加勤于笔耕，督促自己将来能有更厚的集子付梓，倒也不失为额外的收获。说这个话，一晃十多年过去了，我的成绩虽然还是不大，但没有偷懒、未敢懈怠这一点，却的确做到了。

去年，在十一届三中全会召开 30 周年前夕，我应当代中国出版社之约，将过去在刊物上发表过的那篇《我所知道的十一届三中全会》一文，补充了近 2 倍的文字，写成一本 8 万字的小册子，列入该社《当代中国口述史》丛书出版。今年，新中国成立 60 周年前夕，我除了把收入《中国工业化与中国当代史》这本文集的所有文章，从头到尾统改一遍之外，又应中国地方志指导小组办公室和方志出版社之约，将我分管全国地方志工作 8 年来的讲话、报告、文章集成一本 20 多万字的《地方志工作文稿》，也从头到尾统改了一遍。尽管累一点，但总算使这三部书稿赶在这两个对于当代中国历史具有重大意义的纪念日付梓。

说来也怪，这三部书稿接连出版和付梓后，我不仅没有了十多年前第一本文集出版时的那种可以"到站休息"的念头，而且没有了要"继续赶路"的压力。相反，倒是越来越感到自己知识的贫乏和基础的薄弱，越来越感到有太多的问题等着自己去探究，去回答。无论今后是否还有机会出书出集子，我想我都会听从先辈的教导，沿着陡峭山路不断攀登，活到老、学到老、奋斗到老，用手中的笔，尽可能多地产生维护共和国利益、经得起历史检验的研究成果，以回报祖国、人民和党对自己的培养。

热诚期待读者的批评指正。